ADOBE® INDESIGN® CS4
CLASSROOM IN A BOOK®

A239   Adobe InDesign CS4 : classroom in a book : guia oficial de
       treinamento / Adobe Creative Team ; tradução Edson
       Furmankiewicz. – Porto Alegre : Bookman, 2009.
       432 p. : il. color. ; 25 cm.

       ISBN 978-85-7780-545-7

       1. Software – Computação gráfica. 2. InDesign. I. Adobe
       Creative Team.

                                              CDU 004.4InDesign

Catalogação na publicação: Renata de Souza Borges CRB-10/1922

ADOBE® INDESIGN® CS4
CLASSROOM IN A BOOK®
Guia oficial de treinamento

Tradução:
Edson Furmankiewicz

Revisão técnica:
Vitor Vicentini
Consultor em Artes Gráficas
Consultor Adobe Systems Brasil
ACE - Adobe Certified Expert

2009

Obra originalmente publicada sob o título
Adobe InDesign CS4 Classroom in a Book

Authorized translation from the English language version edition, entitled ADOBE INDESIGN CS4 CLASSROOM IN A BOOK, 1st Edition by ADOBE CREATIVE TEAM, published by Pearson Education, Inc, publishing as Adobe Press, Copyright © 2009 Adobe Systems Incorporated and its licensors. All rights reserved. No part of this book may be reproduced or transmitted in any form by any means, electronic or mechanical, including photocopying, recording or by any information storage retrieval system, without permission of Pearson, Inc.

Portuguese language edition published by Bookman Companhia Editora Ltda, a division of Artmed Editora SA, Copyright © 2009.

Tradução autorizada a partir do original em língua inglesa da obra intitulada ADOBE INDESIGN CS4 CLASSROOM IN A BOOK, 1ª edição por ADOBE CREATIVE TEAM, publicado por Pearson Education, Inc., sob o selo da Adobe Press, Copyright © 2009 Adobe Systems Incorporated e todos os seus licenciados. Todos os direitos reservados. Este livro não pode ser reproduzido nem em parte nem na íntegra, nem ter partes ou sua íntegra armazenadas em qualquer meio, seja mecânico ou eletrônico, inclusive fotocópia, gravação ou qualquer sistema de armazenamento de informação, sem permissão da Pearson, Inc.

Edição em língua portuguesa publicada pela Bookman Companhia Editora Ltda., uma divisão da Artmed Editora SA, Copyright © 2009.

ISBN 978-0-321-57380-3

Capa: *Henrique Chaves Caravantes*, arte sobre capa original

Leitura final: *Monica Stefani*

Supervisão editorial: *Elisa Viali*

Editoração eletrônica: *Techbooks*

Reservados todos os direitos de publicação, em língua portuguesa, à
ARTMED® EDITORA S.A.
(BOOKMAN® COMPANHIA EDITORA é uma divisão da ARTMED® EDITORA S. A.)
Av. Jerônimo de Ornelas, 670 – Santana
90040-340 – Porto Alegre – RS
Fone: (51) 3027-7000   Fax: (51) 3027-7070

É proibida a duplicação ou reprodução deste volume, no todo ou em parte, sob quaisquer formas ou por quaisquer meios (eletrônico, mecânico, gravação, fotocópia, distribuição na Web e outros), sem permissão expressa da Editora.

SÃO PAULO
Av. Angélica, 1.091 – Higienópolis
01227-100 – São Paulo – SP
Fone: (11) 3665-1100   Fax: (11) 3667-1333

SAC 0800 703-3444

IMPRESSO NO BRASIL
PRINTED IN BRAZIL

SUMÁRIO

O QUE HÁ NO CD 11

INTRODUÇÃO

O Classroom in a Book 13
Pré-requisitos 13
Instale o software...................................... 14
Recursos adicionais................................... 15
Certificação Adobe 16
Verifique se há atualizações 17

1 APRESENTANDO A ÁREA DE TRABALHO

Visão geral da lição 18
Introdução 20
Conheça a área de trabalho 20
Trabalhe com painéis 27
Personalize a área de trabalho......................... 31
Mude a ampliação de um documento 32
Navegue por um documento 34
Utilize menus contextuais............................. 36
Explore por conta própria............................. 37
Localize recursos para utilizar o InDesign 37

2 CONHEÇA O INDESIGN

Visão geral da lição 40
Introdução 42
Visualize o documento da lição........................ 43
Faça a comprovação de arquivos à medida que você trabalha... 45
Mude o modo de exibição 46
Visualize as guias 46
Adicione texto... 47

Encadeie texto em quadros 48
Faça o ajuste fino no projeto 52
Trabalhe com estilos 56
Trabalhe com elementos gráficos 61
Explore por conta própria 66

3 CONFIGURANDO UM DOCUMENTO E TRABALHANDO COM PÁGINAS

Visão geral da lição 68
Introdução 70
Crie e salve configurações de página personalizadas 71
Crie um novo documento 72
Alterne entre documentos do InDesign abertos 73
Trabalhe com páginas-mestre 73
Adicione seções para alterar a numeração de página 92
Adicione novas páginas 94
Organize e exclua páginas 95
Insira texto e imagens nas páginas de documento 95
Substitua itens de página-mestre em páginas de documento 98
Visualize a página espelhada completa 101
Explore por conta própria 101

4 TRABALHANDO COM QUADROS

Visão geral da lição 104
Introdução 106
Trabalhe com camadas 107
Crie e edite quadros de texto 110
Crie e edite quadros de imagens 117
Trabalhe com quadros 127
Transforme e alinhe objetos 131
Selecione e modifique objetos agrupados 135
Finalize 137
Explore por conta própria 137

5 IMPORTANDO E EDITANDO TEXTO

Visão geral da lição	140
Introdução	142
Crie e insira texto	145
Alinhe texto verticalmente	146
Fluxo de texto manual	146
Trabalhe com estilos	148
Fluxo de texto automático	150
Adicione um número de página de linha de salto	152
Utilize fluxo semiautomático para inserir texto	154
Altere o número de colunas em um quadro	155
Carregue estilos de outro documento	156
Configure o fluxo do texto em um quadro existente	158
Adicione páginas e flua texto	159
Localize e altere texto e formatação	160
Verificação ortográfica	162
Edite texto arrastando e soltando	167
Utilize o Story Editor	168
Explore por conta própria	170

6 TRABALHANDO COM TIPOGRAFIA

Visão geral da lição	172
Introdução	174
Ajuste o espaçamento vertical	175
Altere fontes e estilos de tipo	178
Altere o alinhamento de parágrafo	183
Crie uma capitular	185
Ajuste o espaçamento entre letras e entre palavras	187
Configure tabulações	190
Adicione um fio acima de um parágrafo	194
Explore por conta própria	195

7 TRABALHANDO COM CORES

Visão geral da lição	198
Introdução	200
Defina requisitos de impressão	201
Crie e aplique cores	203
Trabalhe com gradientes	208
Crie um tom	211
Crie uma cor especial	213
Aplique cores ao texto	213
Utilize técnicas avançadas de gradientes	216
Configure o gerenciamento de cores no InDesign CS4	222
Uma breve visão geral do Adobe Bridge	223
Gerencie cores de imagens importadas no InDesign CS4	227
Explore por conta própria	237

8 TRABALHANDO COM ESTILOS

Visão geral da lição	240
Introdução	242
Crie e aplique estilos de parágrafo	243
Crie e aplique estilos de caractere	246
Aninhe estilos de caractere em estilos de parágrafo	250
Crie e aplique estilos de objeto	256
Crie e aplique estilos de tabela e de célula	261
Atualize estilos globalmente	266
Carregue estilos de outro documento	268
Explore por conta própria	270

9 IMPORTANDO E MODIFICANDO ELEMENTOS GRÁFICOS

Visão geral da lição	272
Introdução	274
Adicione elementos gráficos de outros programas	275
Compare elementos gráficos vetoriais e imagens de bitmap	275

Gerencie links para arquivos importados 276

Atualize imagens revisadas 279

Ajuste a qualidade da exibição 281

Trabalhe com traçados de recorte 282

Trabalhe com canais alfa 284

Insira arquivos nativos 289

Utilize uma biblioteca para gerenciar objetos 296

Crie uma biblioteca 297

Utilize o Adobe Bridge para importar elementos gráficos 299

Explore por conta própria 300

10 CRIANDO TABELAS

Visão geral da lição 302

Introdução 304

Insira e formate uma tabela 306

Utilize imagens dentro de tabelas 314

Formate o texto dentro de uma tabela. 318

Explore por conta própria 325

11 TRABALHANDO COM TRANSPARÊNCIA

Visão geral da lição 328

Introdução 330

Importe e colorize uma imagem em escala de cinza 331

Aplique configurações de transparência 334

Ajuste as configurações de transparência para imagens EPS. 338

Ajuste a transparência para imagens 339

Insira e ajuste arquivos do Illustrator que utilizam transparência. 340

Aplique configurações de transparência ao texto 342

Trabalhe com efeitos. 343

Explore por conta própria 351

12 TRABALHANDO COM DOCUMENTOS LONGOS

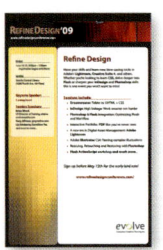

Visão geral da lição 354
Introdução 356
Inicie um livro 356
Crie um rodapé 360
Adicione uma nota de rodapé 363
Adicione uma referência cruzada 366
Sincronize um livro 368
Gere um sumário 371
Indexe um livro 375
Explore por conta própria 380

13 SAÍDA E EXPORTAÇÃO

Visão geral da lição 382
Introdução 384
Faça a comprovação de arquivos 385
Empacote arquivos 388
Crie uma prova Adobe PDF 389
Visualize separações 391
Visualize como a transparência será nivelada 392
Visualize a página 393
Imprima uma prova a laser ou em jato de tinta 394
Explore por conta própria 402

14 CRIANDO DOCUMENTOS INTERATIVOS

Visão geral da lição 404
Introdução 406
Configure um documento online 407
Adicione botões, transições de página e hiperlinks 409
Exporte como Flash 413
Exporte como Adobe PDF 415
Converta um documento impresso para uso online 417
Explore por conta própria 418

ÍNDICE **421**

O QUE HÁ NO CD

Uma visão geral do conteúdo do CD do *Classroom in a Book*

Arquivos da lição… e muito mais

O CD do *Adobe InDesign CS4 Classroom in a Book* contém os arquivos de lição necessários para completar os exercícios deste livro, bem como outras informações para ajudá-lo a aprender mais sobre o Adobe InDesign CS4 e utilizá-lo com eficiência e facilidade. O diagrama abaixo representa o conteúdo do CD a fim de auxiliá-lo a encontrar os arquivos necessários com rapidez.

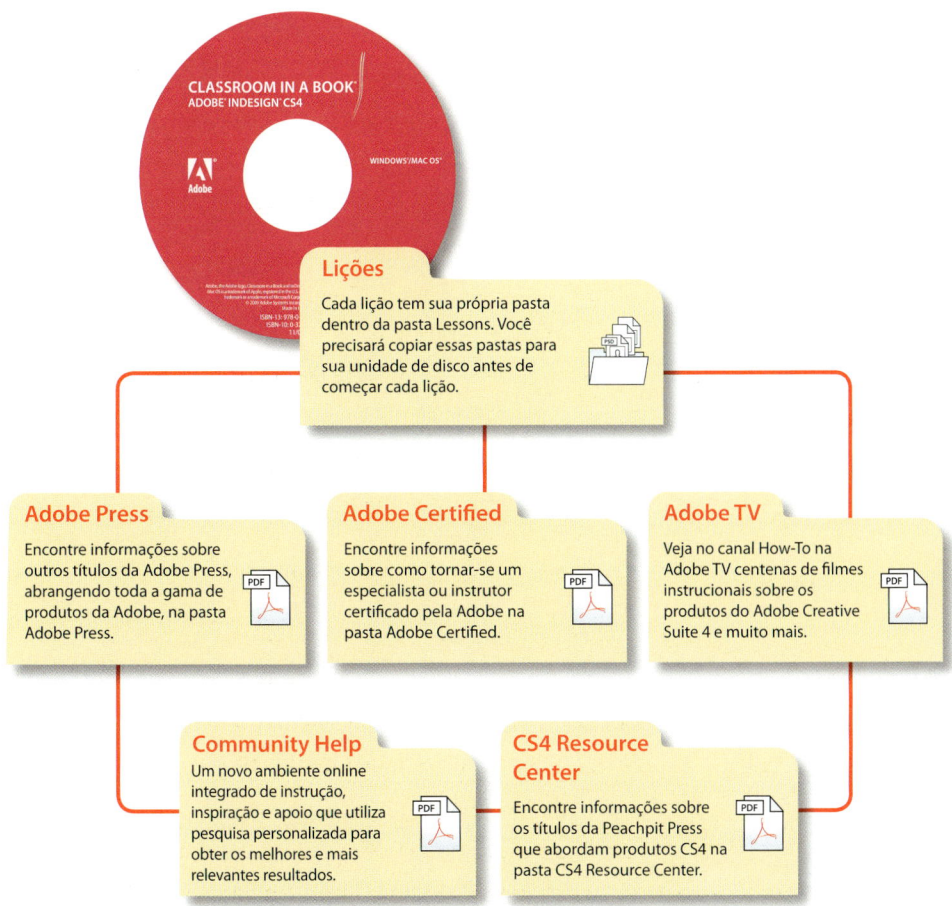

INTRODUÇÃO

Bem-vindo ao Adobe® InDesign® Creative Suite 4, um poderoso aplicativo de design e produção que oferece precisão, controle e integração transparente com outros programas gráficos profissionais da Adobe. Com o InDesign, é possível produzir materiais de qualidade profissional para serem impressos em máquinas de alta tiragem da indústria gráfica ou em uma ampla variedade de dispositivos de saída e formatos, inclusive impressoras desktop e dispositivos de geração de imagens de alta resolução. Também é possível criar documentos dinâmicos que podem ser exportados como arquivos Adobe Flash® com botões, hiperlinks e transições de página ou como arquivos PDF (Portable Document Format) com marcadores, hiperlinks, botões, filmes e clipes de som e também converter seus documentos para uso na Internet exportando layouts para XHTML ou XML.

Escritores, artistas, designers e editores podem se comunicar com um público muito mais amplo e por uma variedade de mídias nunca antes vista. O InDesign suporta isso com sua integração transparente com outros componentes do Creative Suite 4.

O Classroom in a Book

O *Adobe InDesign CS4 Classroom in a Book*® faz parte da série de treinamento oficial para software de publicação e tratamento gráfico da Adobe Systems, Inc.

As lições foram criadas para que você aprenda no seu próprio ritmo. Se for iniciante em Adobe InDesign CS4, você vai dominar os fundamentos e aprender a trabalhar de modo eficiente com o software. Se já utilizou o Adobe InDesign CS4, verá que este livro ensina muitos recursos avançados, incluindo dicas e técnicas para utilizar a última versão do InDesign.

Cada lição apresenta instruções passo a passo para criar um projeto específico. Você pode ler a obra do início ao fim ou fazer apenas as lições que atendem aos seus interesses e necessidades. Cada lição termina com uma seção de revisão que resume o que foi visto.

Pré-requisitos

Antes de começar a usar o *Adobe InDesign CS4 Classroom in a Book*, você deve ter um conhecimento do funcionamento do computador e de seu sistema operacional. Certifique-se de que você sabe como utilizar o mouse e os comandos e menus padrão e também como abrir, salvar e fechar arquivos. Se precisar revisar essas técnicas, consulte a documentação impressa ou online que acompanha seu sistema operacional.

Instale o software

Antes de começar a utilizar *Adobe InDesign CS4 Classroom in a Book*, certifique-se de que o sistema está configurado corretamente e de que você instalou o software e hardware adequados.

O software Adobe InDesign CS4 não está incluído no CD do Classroom in a Book; você deve comprá-lo separadamente. Para instruções completas sobre a instalação do software, veja o arquivo Read Me do Adobe InDesign CS4 no DVD do aplicativo ou na Web em www.adobe.com/br/support.

Instale as fontes do Classroom in a Book

Os arquivos de lição do Classroom in a Book utilizam fontes que vêm com o Adobe InDesign CS4. Algumas fontes podem ser localizadas no DVD do produto e outras serão instaladas com o InDesign. Essas fontes são instaladas nos seguintes locais:

- Windows: [*Disco rígido*]\Windows\Fonts\
- Mac OS: [*Disco rígido*]/Library/Fonts/

Para informações adicionais sobre fontes e instalação, consulte o arquivo Read Me do Adobe InDesign CS4 que acompanha o seu produto.

Copie os arquivos do Classroom in a Book

O CD do *Adobe InDesign CS4 Classroom in a Book* inclui pastas contendo todos os arquivos eletrônicos das lições do livro. Cada lição tem sua própria pasta; você deve copiar as pastas para o disco rígido a fim de completar as lições. Para economizar espaço em disco, você pode instalar somente a pasta necessária para cada lição e removê-la ao terminar.

Para instalar os arquivos de lição do Classroom in a Book, siga estes passos:

1 Insira o CD do *Adobe InDesign CS4 Classroom in a Book* na unidade de CD-ROM.

2 Crie uma pasta na unidade de disco com o nome **InDesignCIB**.

3 Siga um destes procedimentos:
- Copie a pasta Lessons para a pasta InDesignCIB.
- Copie apenas a pasta da lição que você precisa para a pasta InDesignCIB.

Salve e restaure o arquivo InDesign Defaults

O arquivo InDesign Defaults armazena preferências de programa e configurações padrão, como configurações de ferramenta e a unidade padrão de medida. Para assegurar que as preferências e configurações padrão do seu programa Adobe InDesign CS4 correspondam àquelas utilizadas neste livro, você deve mover o arquivo InDesign Defaults atual para uma localização diferente antes de começar a fazer as lições. Depois de terminar o livro, você pode retornar o arquivo InDesign Defaults salvo à pasta original, o que restaura as preferências e configurações padrão utilizadas antes de você trabalhar nas lições.

Para salvar o arquivo InDesign Defaults atual, siga estes passos:

1 Feche o Adobe InDesign CS4.

2 Localize o arquivo InDesign Defaults.

- No Windows, o arquivo InDesign Defaults está localizado na pasta Documents e Settings*Nome do usuário*\Application Data\Adobe\InDesign\Version 6.0\en_US.

- No Mac OS, o arquivo InDesign Defaults está localizado em /Users/*seu nome de usuário*/Library/Preferences/Adobe InDesign/Version 6.0/en_US.

3 Arraste o arquivo InDesign Defaults para outra pasta na unidade de disco rígido.

Quando você carrega o Adobe InDesign CS4 depois de mover o arquivo InDesign Defaults para outra pasta, um novo arquivo InDesign Defaults é automaticamente criado e todas as preferências e os padrões são redefinidos de acordo com as configurações originais.

● **Nota:** No Windows, se a pasta Application Data estiver oculta, escolha Opções de Pasta no menu Ferramentas, clique na guia Modo de Exibição e selecione Exibir Arquivos e Pastas Ocultos. Clique em OK para fechar a caixa de diálogo Folder Options e salvar qualquer modificação.

Para restaurar o arquivo InDesign Defaults salvo depois de completar as lições, siga estes passos:

1 Feche o Adobe InDesign CS4.

2 Localize seu arquivo InDesign Defaults salvo, arraste-o de volta até a pasta original e substitua o arquivo InDesign Defaults atual.

Recursos adicionais

O objetivo do *Adobe InDesign CS4 Classroom in a Book* não é substituir a documentação que vem com o programa, nem ser uma referência completa para cada recurso do InDesign CS4. Somente os comandos e as opções utilizados nas lições são explicados neste livro. Para informações abrangentes sobre os recursos do programa, consulte qualquer um destes recursos:

- O Adobe InDesign CS4 Community Help, que você pode visualizar escolhendo Help > InDesign Help. Community Help é um ambiente online integrado de instrução, inspiração e suporte, que inclui pesquisa personalizada de conteúdo relevante selecionado por especialistas dentro e fora do Adobe.com. O Community Help combina conteúdo do Adobe Help, Support, Design Center, Developer Connection e Forums – junto com um excelente conteúdo da comunidade online para que os usuários possam encontrar com facilidade os melhores e mais atualizados recursos. Obtenha acesso a tutoriais, suporte técnico, ajuda online a produtos, vídeos, artigos, dicas e técnicas, blogs, exemplos e muito mais.

- O Adobe InDesign CS4 Product Support Center, onde você pode localizar e navegar pela área de suporte e de aprendizagem de conteúdo em Adobe.com. Visite www.adobe.com/support/indesign/.

- A Adobe TV, onde você localizará a programação sobre produtos Adobe, incluindo um canal para designers gráficos e um canal How To que contém centenas de filmes sobre o InDesign CS4 e outros produtos na linha de produtos Adobe Creative Suite 4. Visite http://tv.adobe.com/.

Também confira estes links úteis:

- Homepage do produto InDesign CS4 em www.adobe.com/products/indesign/.
- Os fóruns de usuário do InDesign em www.adobe.com/support/forums/ para discussões interativas sobre os produtos da Adobe.
- InDesign Exchange em www.adobe.com/cfusion/exchange/ para extensões, funções, código e mais.
- Plug-ins do InDesign em www.adobe.com/products/plugins/indesign/.

Certificação Adobe

O objetivo do programa Adobe Certified é ajudar os clientes e instrutores da Adobe a aprimorar e promover suas habilidades e proficiência no uso do produto. Há quatro níveis de certificação:

- Adobe Certified Associate (ACA)
- Adobe Certified Expert (ACE)
- Adobe Certified Instructor (ACI)
- Adobe Authorized Training Center (AATC)

O certificado Adobe Certified Associate (ACA) assegura que o profissional tem as habilidades básicas para planejar, projetar, construir e manter uma comunicação eficaz utilizando diferentes formas de mídia digital.

O programa Adobe Certified Expert é uma maneira de os usuários especialistas poderem atualizar suas credenciais. Você pode utilizar a certificação Adobe para pleitear um aumento salarial, encontrar um emprego ou aumentar sua experiência.

Se você é um instrutor de nível ACE, o programa Adobe Certified Instructor eleva o nível de suas habilidades e dá acesso a um amplo espectro de recursos da Adobe.

Os Adobe Authorized Training Centers oferecem cursos e treinamento em produtos Adobe, empregando apenas instrutores certificados pela Adobe. Um diretório de AATCs está disponível em http://partners.adobe.com.

Para informações sobre os programas de certificação da Adobe, visite www.adobe.com/support/certification/main.html.

Verifique se há atualizações

A Adobe fornece periodicamente atualizações para o software, que podem ser obtidas facilmente por meio do Adobe Updater, desde que você tenha uma conexão ativa com a Internet.

1 No InDesign, escolha Help > Updates. O Adobe Updater verifica automaticamente as atualizações disponíveis para seu software Adobe.

2 Na caixa de diálogo Adobe Updater, selecione as atualizações que você quer instalar e clique em Download And Install Updates para instalá-las.

● **Nota:** Para configurar suas preferências para futuras atualizações, clique em Preferences. Escolha com que frequência você quer que o Adobe Updater verifique as atualizações, para quais aplicativos e se é preciso baixá-las automaticamente. Clique em OK para aceitar as novas configurações.

1 APRESENTANDO A ÁREA DE TRABALHO

Visão geral da lição

Nesta lição, você vai aprender a:

- Trabalhar com ferramentas
- Utilizar a barra Application e o painel Control
- Gerenciar janelas de documentos
- Trabalhar com painéis
- Salvar sua área de trabalho personalizada
- Mudar a ampliação do documento
- Navegar por um documento
- Utilizar menus contextuais

 Esta lição levará aproximadamente 45 minutos.

A interface intuitiva do InDesign CS4 ajuda a criar páginas impressas e interativas atraentes como esta. É importante entender a área de trabalho do InDesign para aproveitar ao máximo as poderosas capacidades de layout e design. A área de trabalho inclui a barra Application, o painel Control, a janela de documento, os menus, a pasteboard (uma extensão da área de trabalho), o painel Tools e outros painéis.

Introdução

Nesta lição, você vai usar a área de trabalho e navegar por algumas páginas da *Check Magazine*, uma publicação impressa e online. Essa é a versão final do documento – você não irá alterar ou adicionar texto nem imagens, apenas a utilizará para explorar a área de trabalho do InDesign CS4.

● **Nota:** Se você ainda não copiou os arquivos de recursos desta lição do CD do Adobe InDesign CS4 Classroom in a Book para o seu disco rígido, faça isso agora. Veja "Copie os arquivos do Classroom in a Book", na página 14.

1 Para assegurar que as preferências e configurações padrão do seu programa Adobe InDesign CS4 correspondam àquelas utilizadas nesta lição, mova o arquivo InDesign Defaults para uma pasta diferente seguindo o procedimento em "Salve e restaure o arquivo InDesign Defaults" na página 14.

2 Inicie o Adobe InDesign CS4. Para assegurar que os comandos de painéis e menu correspondam àqueles utilizados nesta lição, escolha Window > Workspace> [Advanced] e escolha Window > Workspace > Reset Advanced.

3 Escolha File > Open e abra o arquivo 01_Start.indd na pasta Lesson_01, localizada dentro da pasta Lessons, na pasta InDesignCIB do disco rígido. Role para baixo a fim de ver a página 2 do documento.

4 Escolha File > Save As, renomeie o arquivo como **01_Magazine.indd** e salve-o na pasta Lesson_01.

Conheça a área de trabalho

▶ **Dica:** Se estiver familiarizado com o InDesign CS3, você poderá ver o que é novo no CS4 escolhendo Window > Workspace> What's New. Clique em cada menu para ver os novos comandos destacados. Para retornar a uma área de trabalho padrão, escolha uma opção em Window > Workspace.

A área de trabalho do InDesign inclui tudo o que você vê assim que abre ou cria um documento:

- Barra Application (nova no InDesign CS4)
- Painel Tools
- Painel Control, outros painéis e menus
- Janela de documento
- Extensão da área de trabalho e páginas

Você pode personalizar e salvar a área de trabalho para adaptar-se ao seu estilo de trabalho. Por exemplo, é possível exibir apenas os painéis mais usados, minimizar e reorganizar grupos de painéis, redimensionar janelas, adicionar mais janelas de documento e assim por diante.

A configuração da área de trabalho é referida como Workspace. Você pode escolher entre configurações padrão e especial (Typography, Printing e Proofing, etc.) e salvar suas próprias áreas de trabalho.

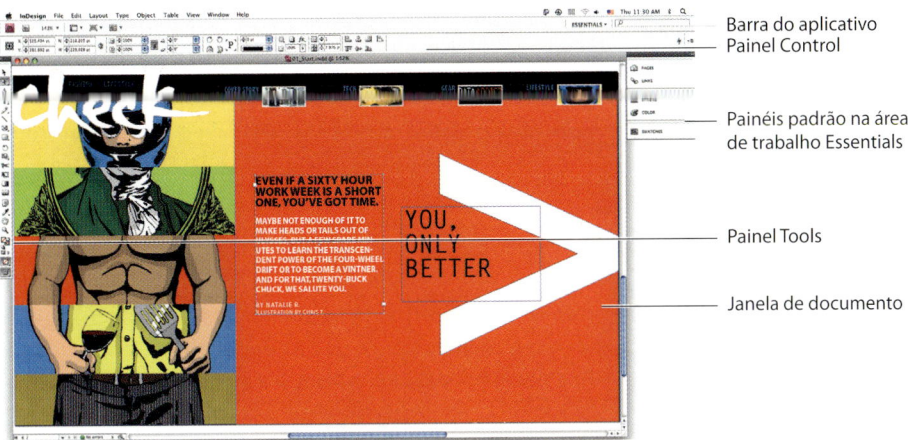

Barra do aplicativo
Painel Control

Painéis padrão na área de trabalho Essentials

Painel Tools

Janela de documento

O painel Tools

O painel Tools contém ferramentas para selecionar objetos, trabalhar com texto e desenho, bem como controles para aplicar e alterar preenchimentos de cor, traçados e gradientes. Por padrão, o painel Tools é encaixado (essencialmente, colado) no canto superior esquerdo da área de trabalho. Neste exercício, você vai desencaixar o painel Tools, mudá-lo para a horizontal e testar a seleção de ferramentas.

1 Localize o painel Tools. Role para a esquerda a fim de ver o painel Tools contra a área de trabalho em vez do documento.

2 Para desencaixar o painel Tools e torná-lo flutuante na área de trabalho, arraste o painel pela sua barra de título cinza para soltá-lo na área de trabalho.

▶ **Dica:** Para desencaixar o painel Tools, arraste a barra de título ou a barra pontilhada cinza abaixo da barra de título.

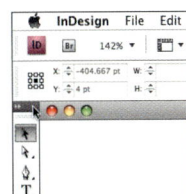  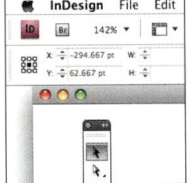

Se o painel Tools estiver flutuando ele poderá ser um painel vertical de duas colunas, um painel vertical de coluna simples ou uma linha horizontal de coluna simples.

3 Com o painel Tools flutuando, clique na seta dupla (▶▶) na parte superior do painel Tools. O painel Tools torna-se uma linha horizontal.

Ao longo do livro, você aprenderá a função específica de cada ferramenta. Aqui você se familiarizará com o painel Tools e algumas de suas ferramentas.

▶ **Dica:** Você pode selecionar uma ferramenta clicando nela na barra de ferramentas ou pressionando o atalho de teclado da ferramenta. Como os atalhos de teclado padrão funcionam somente quando não há um ponto de inserção de texto, você também pode adicionar outros comandos de teclado para selecionar ferramentas, mesmo quando estiver editando texto. Para fazer isso, utilize o comando Edit > Keyboard Shortcuts. Para informações adicionais, procure Keyboard Shortcuts no InDesign Help.

4 Posicione o cursor sobre a ferramenta Selection (▶) no painel Tools. Observe que o nome da ferramenta e o atalho são exibidos em uma dica de ferramenta.

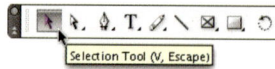

5 Clique na ferramenta Direct Selection (▶) e mantenha pressionado o botão do mouse para exibir um menu pop-up de ferramentas. Selecione a ferramenta Position (🖐) e observe como ela substitui a ferramenta Direct Selection.

Algumas ferramentas no painel Tools exibem um pequeno triângulo preto no canto inferior direito para indicar que há ferramentas adicionais relacionadas ocultas. Para selecionar uma ferramenta oculta, clique e mantenha pressionado o botão do mouse para exibir o menu; selecione então a ferramenta que você quer.

6 Clique na ferramenta Position novamente, mantenha pressionado o botão do mouse para exibir o menu e escolha a ferramenta Direct Selection. Essa é a ferramenta padrão que é exibida.

7 Posicione o cursor sobre cada ferramenta no painel Tools para ver seu nome e atalho. Para ferramentas com um pequeno triângulo preto, clique na ferramenta e mantenha pressionado o botão do mouse para ver seu menu pop-up de ferramentas adicionais.

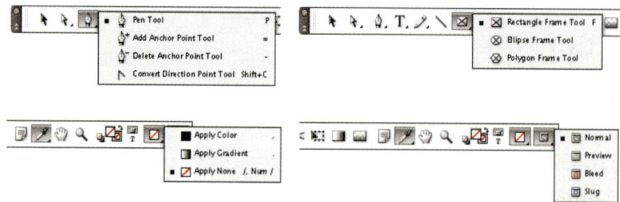

8 Clique na seta dupla (⇒) no painel Tools para convertê-lo em um painel vertical de duas colunas. Clique na seta dupla novamente para retornar ao painel Tools padrão.

9 Para encaixar o painel Tools novamente, arraste a linha pontilhada cinza na parte superior do painel Tools até a extremidade esquerda da tela. Solte o painel Tools para que ele se ajuste perfeitamente na lateral da área de trabalho.

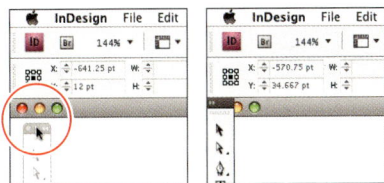

10 Escolha View > Fit Page In Window para reposicionar a página no centro da janela de documento, se ainda não estiver centralizada.

Revise a barra Application

Na parte superior da área de trabalho padrão está a barra Application, que permite carregar o Adobe Bridge CS4; alterar a ampliação do documento; mostrar e ocultar ajudas de layout como réguas e guias; alterar o modo de tela entre opções como o modo Normal e Preview; e controlar como as janelas de documentos são exibidas. Na extrema direita, você pode selecionar uma área de trabalho e pesquisar recursos na ajuda da Adobe.

- Para familiarizar-se com os controles na barra Application, aponte para cada um a fim de exibir sua dica de ferramenta.

- Para exibir e ocultar a barra Application no Mac OS, escolha Window > Application Bar. Você não pode ocultar a barra Application no Windows.

▶ **Dica:** Quando você oculta a barra Application, os controles de escala de visualização são exibidos no canto inferior esquerdo da janela de documento.

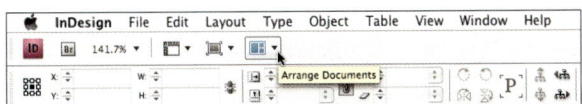

Revise o painel Control

O painel Control (Window > Control) oferece acesso rápido a opções e comandos relacionados ao item de página atual ou a objetos que você seleciona. Por padrão, o painel Control é encaixado abaixo da barra Application; mas você pode encaixá-lo abaixo da janela de documento, convertê-lo em um painel flutuante ou ocultá-lo completamente.

1 Role até o centro da primeira página na janela de documento.

2 Com a ferramenta Selection (▶), clique no texto "Fashion + Lifestyle" na página um. Observe as informações no painel Control. Elas refletem a posição, o tamanho e outros atributos do objeto selecionado.

3 No painel Control, clique nas setas X e Y para ver como reposicionar um quadro selecionado.

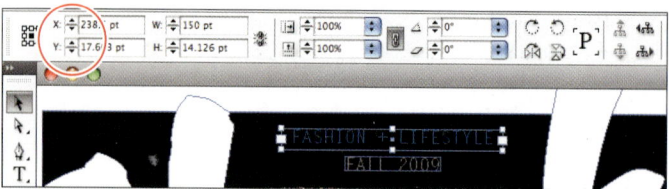

4   Utilizando a ferramenta Type (T), selecione o texto "Fall 2009". Observe que as informações no painel Control mudaram. As opções e os comandos que agora aparecem permitem controlar a formatação do texto.

5   No canto superior esquerdo do painel Control, clique no botão "A" para exibir os controles de formatação de caracteres. Escolha uma opção diferente no menu Type Style para reformatar o texto selecionado.

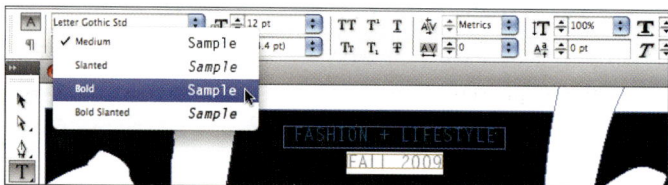

O painel Control também pode ser movido se você não gostar dele encaixado na parte superior da janela de documento.

6   No painel Control, arraste a barra vertical para a esquerda até a janela de documento. Solte o botão do mouse para fazer o painel flutuar.

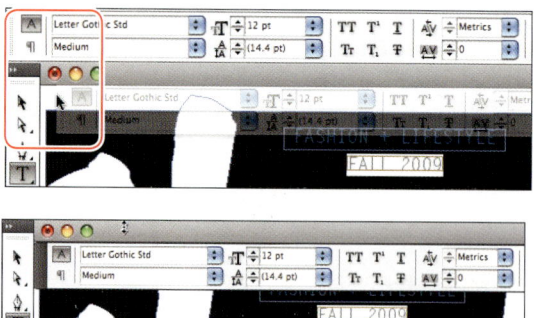

O painel Control pode ser encaixado na parte superior ou inferior da área de trabalho.

LIÇÃO 1 | 25
Apresentando a Área de Trabalho

7 Para encaixar o painel Control novamente, arraste a barra vertical no lado esquerdo de volta à parte superior da janela, um pouco abaixo da barra Application. Uma linha azul aparece indicando onde o painel será encaixado quando você soltar o botão do mouse.

Revise a janela de documento

A janela de documento contém todas as páginas no documento. Cada página ou spread (página dupla ou página espelhada) é cercada pela sua própria área de trabalho (pasteboard), que pode armazenar objetos para o documento enquanto você cria um layout. Os objetos na área de trabalho não são impressos. A área de trabalho também fornece espaço adicional ao longo das bordas do documento para estender objetos além da borda da página, o que chamamos de sangrado. Os sangrados são utilizados quando um objeto deve imprimir até a borda de uma página. Controles para trocar páginas no documento estão na esquerda inferior da janela de documento.

● **Nota:** No Mac OS, a barra Application, as janelas de documentos e os painéis podem ser agrupados em uma única unidade chamada quadro Application. Isso simula o trabalho em um aplicativo Windows. Para ativar o quadro Application, escolha Window > Application Frame.

1 Para ver o tamanho completo da área de trabalho das páginas nesse documento, escolha View > Entire Pasteboard.

2 Se necessário, clique no botão Maximize para ampliar a janela de documento.

- No Windows, o botão Maximize está na caixa do meio no canto superior direito da janela.

- No Mac OS, o botão Maximize é o botão verde no canto superior esquerdo da janela.

3 Escolha View > Fit Page In Window para restaurar a visualização.

Agora você vai passar para a outra página.

▶ **Dica:** O Pasteboard é uma extensão da área de trabalho. Você pode importar múltiplas imagens ou arquivos de texto e armazená-los na área de trabalho até que esteja pronto para utilizá-los.

4 Na parte inferior esquerda da janela de documento, clique na seta ao lado da caixa Page Number.

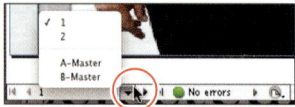

5 No menu do documento e páginas-mestre que aparece, escolha 2.

6 Clique na seta à esquerda de Page Number Box para voltar à página 1.

Trabalhe com múltiplas janelas de documento

Você pode ter mais de uma janela de documento aberta por vez. Aqui, você vai criar uma segunda janela para que, enquanto trabalha, possa ver duas visualizações diferentes do mesmo documento simultaneamente.

1 Escolha janela Window > Arrange > New Window.

Uma nova janela intitulada 01_Magazine.indd:2 abre. A janela original agora está intitulada 01_Magazine.indd.

▶ **Dica:** A barra Application oferece acesso rápido a opções para gerenciar janelas. Clique no botão Arrange Documents para ver todas as opções.

2 No Mac OS, escolha Window > Arrange > Tile para exibir as janelas lado a lado.

3 Selecione a ferramenta Zoom (🔍) no painel Tools.

4 Na janela à esquerda, desenhe uma moldura em torno da caixa branca que contém o cabeçalho "Operative Words" para ampliar o trabalho.

Observe que a janela à direita permanece na mesma ampliação. Essa configuração permite ver como as modificações que você faz na caixa branca afetam o restante do layout.

5 Escolha Window > Arrange > Consolidate All Windows. Isso cria uma guia para cada janela.

6 Clique nas guias no canto superior esquerdo (abaixo do painel Control) para controlar qual janela de documento é exibida.

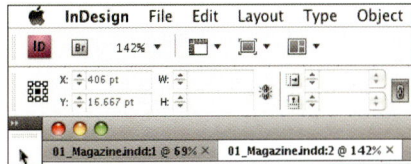

7 Feche a janela 01_Magazine.indd:2 clicando no botão Close Window (o X) na guia. A janela de documento permanece aberta.

8 No Mac OS, redimensione e reposicione a janela restante clicando no botão Maximize na parte superior da janela de documento.

Trabalhe com painéis

Os painéis fornecem acesso rápido a ferramentas e recursos comumente utilizados. Por padrão, os painéis são encaixados no lado direito da tela (exceto o painel Tools mencionado anteriormente e o painel Control). Os painéis padrão diferenciam-se dependendo da área de trabalho selecionada e cada área de trabalho mantém a configuração do painel. Você pode reorganizar os painéis de várias maneiras. Aqui você vai testar como ocultar, fechar e abrir os painéis padrão na área de trabalho Advanced.

Expanda e oculte painéis

Neste exercício, você vai ampliar e recolher um painel, ocultar os nomes do painel e ampliar todos os painéis no encaixe.

1 No encaixe padrão à direita da janela de documento, clique no ícone do painel Pages para ampliar o painel Pages.

● **Nota:** Um encaixe é uma coleção de painéis que são "colados" em conjunto.

Essa técnica é útil se você quiser abrir um painel, utilizá-lo rapidamente e então fechá-lo.

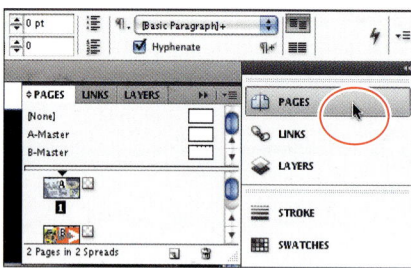

Você pode escolher várias técnicas para recolher um painel.

2   Depois de utilizar o painel Pages, clique nas setas duplas à direita dos nomes do painel ou clique no ícone do painel Pages novamente para recolher o painel.

▶ **Dica:** Para localizar um painel oculto, escolha o nome do painel no menu Window. Se o nome do painel já tiver uma marca de seleção, então o painel já está aberto e na frente de qualquer outro painel no seu grupo de painéis. Se você escolher um nome de painel marcado no menu Window, o painel fechará.

Agora você abrirá um painel que não está sendo exibido nessa área de trabalho, escolhendo-o a partir da barra de menus.

3   Escolha Window > Info para exibir o painel Info.

4   Para adicionar o painel Info ao encaixe, arraste-o pela sua barra de título abaixo do painel Character Styles; solte o botão do mouse quando a linha azul aparecer.

Você pode arrastar o ícone do painel Info para cima ou para baixo dentro do encaixe a fim de reposicioná-lo. Em seguida, você vai ocultar os nomes do painel para exibir somente os ícones e, posteriormente, ampliar todos os painéis no encaixe.

5   Arraste a borda esquerda do encaixe do painel para a direita até que os nomes sejam ocultos.

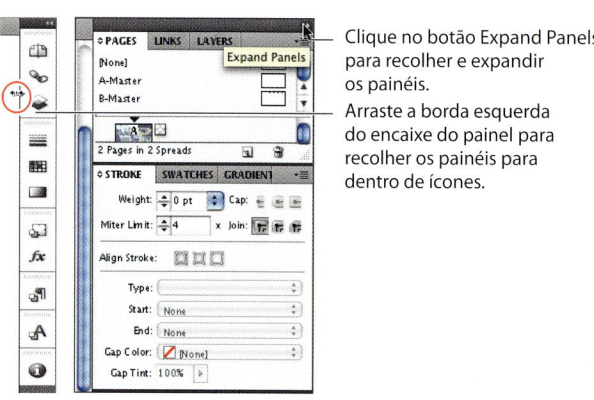

Clique no botão Expand Panels para recolher e expandir os painéis.

Arraste a borda esquerda do encaixe do painel para recolher os painéis para dentro de ícones.

6   Para ampliar todos os painéis no encaixe, clique na seta dupla no canto superior direito do encaixe.

Se você clicar na seta dupla novamente, os painéis serão recolhidos a ícones sem nomes.

Reorganize e personalize painéis

Neste exercício, você arrastará um único painel para fora do encaixe para criar um painel flutuante livre. Posteriormente, você arrastará outro painel até esse painel para criar um grupo de painéis personalizados. Por fim, os painéis deverão ser desagrupados, empilhados e recolhidos dentro de ícones.

1 Com o encaixe expandido, arraste a guia do painel Paragraph Styles para remover o painel do encaixe.

● **Nota:** Para obter uma boa visualização dos painéis, role para a direita a fim de exibir a área de trabalho atrás dos painéis em vez da página de documentos.

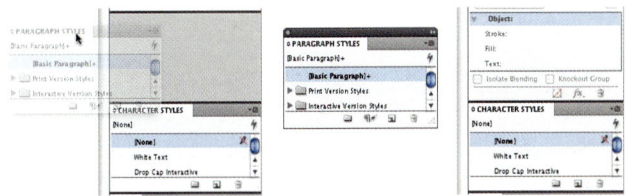

Um painel desencaixado é chamado painel flutuante.

2 Para adicionar o painel Character Styles ao painel Paragraph Styles flutuante, arraste sua guia até a área em branco da barra de título do painel Paragraph Styles. Solte o botão do mouse quando a linha azul aparecer ao longo do perímetro do painel Paragraph Styles.

Essa ação cria um grupo de painéis; você pode arrastar qualquer painel em um grupo. Agrupar os painéis Character Styles e Paragraph Styles pode ser útil se você estiver editando texto e não precisar que outros painéis sejam expandidos.

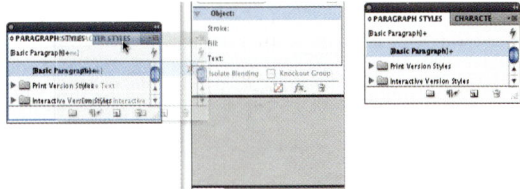

3 Para desagrupar os painéis, arraste uma das guias do painel para fora do grupo de painéis.

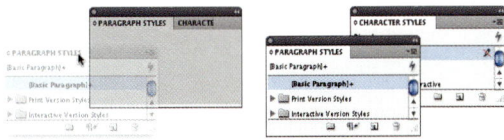

Você também pode empilhar painéis flutuantes em um arranjo vertical, o que será feito a seguir.

4 Arraste a guia do painel Paragraph Styles até a parte inferior do painel Character Styles. Solte o painel quando uma linha azul aparecer.

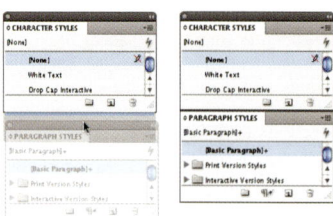

Agora os painéis estão empilhados em vez de agrupados. Os painéis empilhados são anexados verticalmente um ao outro. Você pode mover os painéis como uma unidade arrastando a barra de título na parte mais superior.

Em seguida, você vai redimensionar os painéis empilhados.

5 Arraste o canto inferior direito de cada painel para redimensioná-los. Clique na seta dupla no canto superior direito, ou simplesmente na barra de título ao longo do topo, a fim de recolher os painéis empilhados para dentro de ícones.

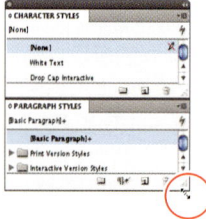

6 Clique na seta dupla ou na barra de título novamente para ampliar os painéis.

7 Reagrupe os painéis arrastando a guia do painel Paragraph Styles até a próxima guia do painel Character Styles. Minimize o grupo de painéis clicando na área cinza ao lado da guia de um painel. Clique na área novamente para ampliar os painéis.

8 Deixe os painéis dessa maneira para um exercício posterior.

Utilize menus de painel

A maioria dos painéis tem opções adicionais específicas. Para acessá-las, clique no botão de menu do painel e será exibido um menu com comandos e opções adicionais para o painel selecionado.

Neste exercício, você vai alterar a exibição do painel Swatches.

1 Arraste o painel Swatches para fora do encaixe à direita para criar um painel flutuante livre.

2 Na parte superior direita do painel Swatches, clique no botão de menu do painel ( ) para exibir o menu do painel.

Você pode utilizar o menu do painel Swatches para criar novas amostras de cor, carregar amostras a partir de outro documento e mais.

3 Escolha Large Swatch no menu do painel Swatches.

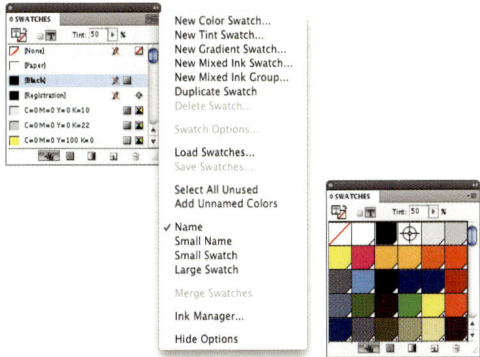

4 Deixe o painel Swatches como está para o próximo exercício.

Personalize a área de trabalho

Uma área de trabalho é uma configuração de painéis e menus. O InDesign apresenta várias áreas de trabalho padrão para propósitos especiais, como Books, Printing e Proofing e Typography. Não é possível modificar as áreas de trabalho padrão, mas você pode salvar a sua própria. Neste exercício, você vai salvar as personalizações realizadas nos exercícios anteriores.

1 Escolha Window > Workspace > New Workspace.

2 Na caixa de diálogo New Workspace, digite **Swatches and Styles** na caixa Name. Se necessário, selecione Panel Locations e Menu Customization. Clique em OK.

▶ **Dica:** Você pode controlar quais comandos aparecem nos menus do InDesign escolhendo Edit > Menus. Você pode salvar a personalização de menu com sua área de trabalho personalizada.

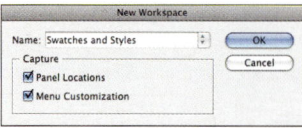

3 Escolha Window > Workspace para ver se sua área de trabalho personalizada está selecionada. Escolha cada uma das outras áreas de trabalho para ver diferentes configurações padrão. Clique nos menus para também examinar os painéis; os recursos específicos da área de trabalho são destacados.

4 Escolha Window > Workspace> [Advanced] para retornar à área de trabalho Advanced.

● **Nota:** Se você quiser excluir a área de trabalho personalizada, escolha Window > Workspace > Delete Workspace. Selecione Swatches and Styles no menu Name e clique em Delete.

5 Escolha Window > Workspace > Reset Advanced para retornar à configuração padrão.

Mude a ampliação de um documento

Os controles no InDesign permitem visualizar documentos em qualquer nível entre 5 e 4000%. Quando um documento está aberto, a porcentagem de ampliação atual é exibida na caixa Zoom Level na barra Application (acima do painel Control) e ao lado do nome do arquivo na guia do documento ou na barra de título. Se você fechar a barra Application, os controles de zoom aparecerão no canto inferior esquerdo da janela de documento.

Utilize os comandos de visualização e o menu de ampliação

Você pode expandir ou reduzir facilmente a visualização de um documento fazendo o seguinte:

• Escolha uma porcentagem no menu Zoom Level na barra Application para ampliar ou reduzir a exibição em qualquer incremento predefinido.

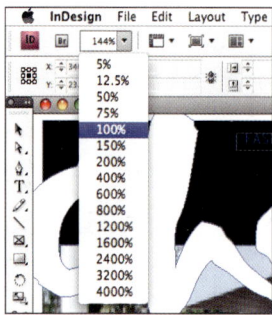

- Digite uma porcentagem na caixa Zoom Level posicionando um ponto de inserção na caixa, digitando a porcentagem de exibição desejada e então pressionando a tecla Return ou Enter.
- Escolha View > Zoom In para expandir a exibição por um incremento predefinido.
- Escolha View > Zoom Out para reduzir a exibição por um incremento predefinido.
- Escolha View > Fit Page In Window para exibir a página selecionada na janela.
- Escolha View > Fit Spread In Window para exibir a página espelhada selecionada na janela.
- Escolha View > Actual Size para exibir o documento com uma ampliação de 100%. (Dependendo das dimensões de seu documento e da resolução da sua tela, você pode ou não ver o documento inteiro na tela.)

Utilize a ferramenta Zoom

Além dos comandos de exibição, você pode utilizar a ferramenta Zoom, que será mostrada neste exercício, para ampliar e reduzir a visualização de um documento.

1 Role até a página 1. Se necessário, escolha View > Fit Page In Window para posicionar a página no centro da janela.

2 Selecione a ferramenta Zoom (🔍) no painel Tools e posicione-a sobre o carro amarelo à direita. Note que um sinal de adição aparece no centro da ferramenta Zoom.

3 Clique uma vez. A visualização muda para a próxima ampliação predefinida, centralizada no ponto em que você clicou. Agora você reduzirá a visualização.

4 Posicione a ferramenta Zoom sobre o carro e mantenha a tecla Alt (Windows) ou Option (Mac OS) pressionada. Um sinal de subtração aparece no centro da ferramenta Zoom.

5 Com a tecla Alt ou Option ainda pressionada, clique uma vez sobre o carro; a visualização é reduzida.

Você também pode utilizar a ferramenta Zoom para fazer uma área de seleção (*marquee*) em torno de uma parte de um documento para ampliar uma área específica.

6 Com a ferramenta Zoom ainda selecionada, mantenha o botão do mouse pressionado e faça uma área de seleção em torno do carro e, então, solte o botão do mouse.

A porcentagem pela qual a área é ampliada depende do tamanho da área de seleção: quanto menor a área de seleção, maior será o grau de ampliação.

▶ **Dica:** Você também pode alterar sua ampliação com os comandos de teclado. Utilize Ctrl+= (Windows) ou Command+= (Mac OS) para aumentar a ampliação e Ctrl+– (Windows) ou Command+– (Mac OS) para diminuir a ampliação.

7 No painel Tools, dê um clique duplo na ferramenta Zoom para retornar a 100% de visualização.

Como a ferramenta Zoom é mais utilizada durante o processo de edição para ampliar e reduzir a visualização do documento, você pode selecioná-la temporariamente a partir do teclado a qualquer hora sem a necessiade de trocar de ferramenta. Você fará isso agora.

8 Clique na ferramenta Selection (▸) no painel Tools e posicione-a na janela do documento.

9 Mantenha as teclas Ctrl+barra de espaço (Windows) ou Command+barra de espaço (Mac OS) pressionadas para que o ícone da ferramenta Selection torne-se o ícone da ferramenta Zoom e, então, clique no carro para ampliar a visualização. Quando você soltar as teclas, o cursor retorna à ferramenta Selection.

● **Nota:** O Mac OS X talvez sobrescreva esse atalho de teclado e abra a janela Spotlight. Você pode desativar os atalhos de sistema em Preferences System do Mac.

10 Mantenha as teclas Ctrl+Alt+barra de espaço (Windows) ou Command+Option+barra de espaço (Mac OS) pressionadas e clique para ampliar.

11 Escolha View > Fit Page In Window para centralizar a página.

Navegue por um documento

Há vários modos de navegar por um documento do InDesign, incluindo o uso do painel Pages, a ferramenta Hand, a caixa de diálogo Go To Page e os controles na janela de documento.

Vire páginas

Você pode mudar de páginas utilizando o painel Pages, os botões de página na parte inferior da janela do documento, as barras de rolagem ou outros comandos. O painel Pages fornece ícones de página para todas as páginas em seu documento. Dar um clique duplo em qualquer ícone ou número de página no painel exibe essa página ou página espelhada na visualização. Neste exercício, você vai virar páginas.

▶ **Dica:** Para virar páginas, você também pode utilizar comandos no menu Layout: First Page, Previous Page, Next Page, Last Page, Next Spread e Previous Spread.

1 Clique no ícone do painel Pages para expandir o painel Pages.

2 Dê um clique duplo no ícone da página 2 para centralizar a segunda página na janela de documento.

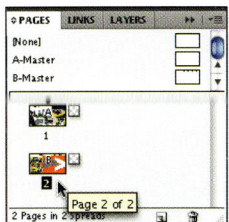

3 Dê um clique duplo no ícone B-Master acima dos ícones de página para exibi-lo na janela de documento. Clique no ícone do painel Pages para recolher o painel Pages.

4 Para retornar à primeira página do documento, utilize o menu na parte inferior esquerda da janela de documento. Clique na seta que aponta para baixo e escolha 1.

Agora você vai utilizar os botões de página na parte inferior da janela do documento para alterar páginas.

5 Clique no botão Next Page (seta apontando para a direita) ao lado da caixa Page Number a fim de passar para a segunda página.

▶ **Dica:** Além dos botões Next Page e Previous Page ao lado da caixa Page Number, você pode utilizar os botões First Page e Last Page.

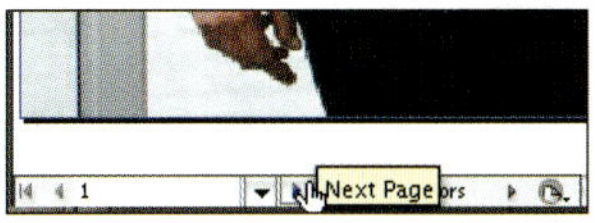

6 Clique no botão Previous Page (seta apontando para a esquerda) ao lado da caixa Page Number para voltar à primeira página.

7 Escolha Layout > Go to Page.

8 Na caixa Page, digite **2**. Clique em OK.

▶ **Dica:** É importante lembrar-se do atalho de teclado para o comando Go To Page, pois você irá utilizá-lo frequentemente: Ctrl+J (Windows) ou Command+J (Mac OS).

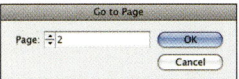

9 Utilizando a barra de rolagem vertical, volte à página 1.

Utilize a ferramenta Hand

A ferramenta Hand no painel Tools, que será utilizada neste exercício, permite movimentar as páginas de um documento até você encontrar exatamente aquilo que quer visualizar.

▶ **Dica:** Ao utilizar a ferramenta Selection, você pode pressionar a barra de espaço para acessar temporariamente a ferramenta Hand. Ao utilizar a ferramenta Type, pressione a tecla Alt (Windows) ou Option (Mac) para utilizar a ferramenta Hand.

1 Com a página 1 centralizada na janela de documento, selecione a ferramenta Hand ( ).

2 Clique e arraste em qualquer direção para mover a página e então arraste para cima na janela de documento para navegar até a página 2.

3 Clique na ferramenta Hand. Clique na página e mantenha pressionado o botão do mouse para exibir um retângulo de visualização. Arraste o retângulo para visualizar uma área diferente da página ou uma página diferente. Solte o botão do mouse para exibir a página.

4 No painel Tools, dê um clique duplo na ferramenta Hand para ajustar a página espelhada na janela.

Utilize menus contextuais

Além dos menus na parte superior de sua tela, você pode utilizar menus contextuais para exibir comandos relevantes à ferramenta ou seleção ativa.

▶ **Dica:** Você pode exibir um menu contextual quando a ferramenta Type está selecionada e no texto. O menu contextual Type permite inserir caracteres especiais, corrigir a ortografia e realizar outras tarefas relacionadas ao texto.

1 Utilizando a ferramenta Selection ( ), clique em qualquer objeto na página (como o quadro que contém o nome da revista, "Check").

2 Clique com o botão direito do mouse (Windows) ou clique com a tecla Control pressionada (Mac OS) no quadro do texto. Observe quais opções estão disponíveis.

Para exibir os menus contextuais, posicione o cursor sobre um objeto selecionado ou em qualquer lugar da janela de documento e clique com o botão direito do mouse (Windows) ou clique com Control (Mac OS) pressionada.

3 Selecione diferentes tipos de objetos na página e exiba os menus de contexto para elas a fim de ver quais comandos estão disponíveis.

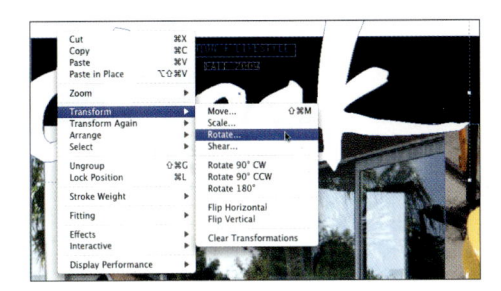

Explore por conta própria

Agora que você explorou a área de trabalho, faça as seguintes tarefas utilizando o documento 01_Magazine.indd ou um documento próprio.

1 Escolha Window > Info para exibir o painel Info. Observe as informações fornecidas sobre o documento quando nenhum objeto está selecionado. Clique para selecionar objetos individuais e ver como o painel Info muda à medida que você os seleciona.

2 Aprenda mais sobre os comandos de teclado existentes e como você pode alterá-los explorando a caixa de diálogo Keyboard Shortcuts (Edit > Keyboard Shortcuts).

3 Revise as configurações de menu e como você pode editá-las na caixa de diálogo Menu Customization (Edit > Menus).

4 Tente organizar os painéis para atender suas necessidades e crie sua própria área de trabalho escolhendo Window > Workspace > New Workspace.

● **Nota:** Se o InDesign detectar que você não está conectado à Internet ao iniciar o aplicativo, escolher Help > InDesign Help abre as páginas Help HTML instaladas com o InDesign. Para informações adicionais atualizadas, acesse os arquivos de Ajuda online ou faça o download do PDF atual para referência.

Localize recursos para utilizar o InDesign

Para informações completas e atualizadas sobre como utilizar painéis, ferramentas e outros recursos de aplicativo do InDesign, visite o site Web da Adobe. Escolha Help > InDesign Help. Você será conectado ao site Web da Adobe Community Help, onde você pode pesquisar o InDesign Help e documentos de suporte bem como outros sites relevantes aos usuários do InDesign. É possível estreitar os resultados da pesquisa para visualizar apenas a ajuda e os documentos de suporte da Adobe.

Se você planeja trabalhar no InDesign sem estar conectado à Internet, baixe a versão em PDF mais atual do InDesign Help em www.adobe.com/go/documentation.

Para recursos adicionais, como dicas e técnicas e informações mais recentes sobre produtos, consulte a página Adobe Community Help em community.adobe.com/help/main.

Perguntas de revisão

1 Descreva duas maneiras de alterar a ampliação da visualização de um documento.
2 Como você seleciona ferramentas no InDesign?
3 Descreva três maneiras de exibir um painel.
4 Descreva como criar um grupo de painéis.

Respostas

1 Você pode escolher comandos no menu View para ampliar ou reduzir a visualização de um documento, ou ajustá-lo na tela. Também é possível utilizar a ferramenta Zoom no painel Tools e clicar ou arrastar sobre um documento para ampliar ou reduzir a visualização. Além disso, os atalhos de teclado podem ser usados para ampliar ou reduzir a exibição. Você também pode utilizar a caixa Zoom Level na barra Application ou a janela de documento.

2 Para selecionar uma ferramenta, você pode selecioná-la no painel Tools ou pressionar o atalho de teclado da ferramenta. Por exemplo, pressione V para selecionar a ferramenta Selection do teclado. Você seleciona ferramentas ocultas posicionando o cursor sobre uma ferramenta no painel Tools e mantendo pressionado o botão do mouse. Quando as ferramentas ocultas forem exibidas, selecione a ferramenta.

3 Para fazer um painel aparecer, clique no ícone do painel ou na guia dele, ou escolha seu nome no menu Window, por exemplo, Window > Object & Layout > Align. Você também pode acessar painéis específicos a partir do menu Type.

4 Arraste o ícone de um painel para fora do encaixe para criar um painel flutuante livre. Arraste a guia de qualquer outro painel na barra de título até o novo painel flutuante livre. Um grupo de painéis pode ser movido e redimensionado como um único painel.

2 CONHEÇA O INDESIGN

Visão geral da lição

Nesta lição, você vai aprender a:

- Utilizar o Adobe Bridge para acessar arquivos
- Verificar potenciais problemas de produção com o painel Preflight
- Visualizar e navegar por seu documento
- Criar, inserir e aplicar estilo a texto
- Posicionar e manipular elementos gráficos
- Nomear camadas

Esta lição levará aproximadamente 60 minutos.

Esta demonstração interativa do Adobe InDesign CS4 apresenta uma visão geral dos principais recursos.

Introdução

Comece o roteiro abrindo um documento parcialmente concluído. Você vai adicionar os toques finais a este artigo de seis páginas sobre arte popular mexicana, escrito para uma revista de viagem imaginária. No processo, você vai organizar seu trabalho e testar diferentes técnicas para criar um layout e ajustar seu design.

● **Nota:** Se você ainda não copiou os arquivos de recurso desta lição do CD do Adobe InDesign CS4 Classroom in a Book para o seu disco rígido, faça isso agora. Veja "Copie os arquivos do Classroom in a Book", na página 14.

1 Para assegurar que as preferências e configurações padrão do seu programa Adobe InDesign CS4 correspondam àquelas utilizadas nesta lição, mova o arquivo InDesign Defaults para uma pasta diferente seguindo o procedimento em "Salve e restaure o arquivo InDesign Defaults" na página 14.

2 Inicie o Adobe InDesign CS4.

3 Quando Welcome Screen aparecer, feche-a. Para assegurar que os comandos de painéis e menu correspondam àqueles utilizados nesta lição, escolha Window > Workspace> [Advanced] e depois Window > Workspace > Reset Advanced.

4 Clique no botão Go To Bridge ( ) no painel Control. Por padrão, o painel Control é encaixado no topo da janela de documento.

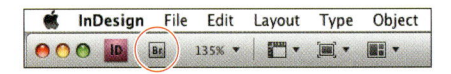

5 No painel Folders no Adobe Bridge, clique na pasta Lesson_02, localizada dentro da pasta Lessons na pasta InDesignCIB na sua unidade de disco rígido.

6 No painel Content, no meio da janela Adobe Bridge, clique no arquivo 02_End.indd. O painel Metadata, no lado direito da janela Adobe Bridge, exibe as informações sobre o arquivo 02End.indd.

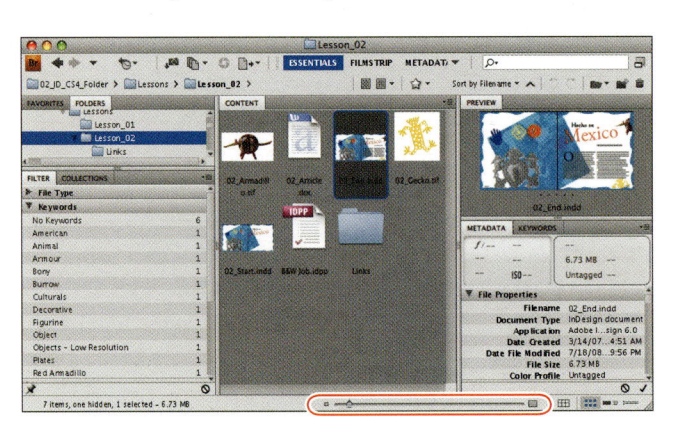

Rolando pelo painel Metadata, é possível visualizar as informações sobre o documento, incluindo cores, fontes, versão do InDesign utilizada para criá-lo, etc. Você pode redimensionar as miniaturas de visualização no painel Content utilizando o controle deslizante Thumbnail na parte inferior da janela Adobe Bridge.

7   Dê um clique duplo no arquivo 02_End.indd no Adobe Bridge para abri-lo. Essa é a aparência do documento depois que você terminar esta lição.

8   Role pelo documento para ver todas as páginas. Você pode deixar esse arquivo aberto para que ele funcione como um guia ou escolha File > Close para fechá-lo.

Visualize o documento da lição

Antes de começar a trabalhar no layout da revista, examine o documento que você está prestes a formatar.

1   O Adobe Bridge permanece aberto até você fechá-lo. Retorne ao Adobe Bridge e dê um clique duplo no arquivo 02_Start.indd.

2   Escolha File > Save As. Digite o novo nome, **02_Tour.indd**, na caixa de diálogo Save As. Deixe o tipo de arquivo como um documento do InDesign CS4 e clique em Save.

3   Clique no ícone Pages ( ) no encaixe à direita para visualizar o painel Pages.

▶ **Dica:** Fique à vontade para mover e reorganizar os painéis nesta lição conforme necessário. Para informações sobre como gerenciar painéis, consulte a Lição 1, "Apresentando a área de trabalho".

4 Arraste a guia do painel Pages para a esquerda, fora do grupo de painéis. Agora você pode reposicionar o painel Pages conforme necessário.

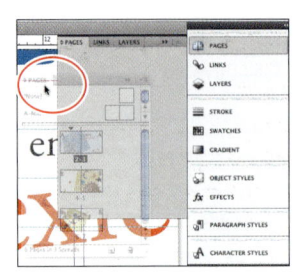

▶ **Dica:** Para iniciar um documento em uma página par, selecione a primeira página no painel Pages e então escolha Numbering & Section Options no menu do painel. Digite 2 (ou outro número par) na caixa Start Page Numbering At e clique em OK.

Como você pode ver, o documento da lição começa em uma página par – página 2. Essa é uma configuração comum para um artigo de revista ou outro tipo de documento. Por padrão os documentos na página oposta sempre começam em uma página ímpar.

5 No painel Pages, dê um clique duplo nos números 6-7 abaixo dos ícones de página para visualizar a última página espelhada do documento. Você pode precisar rolar para visualizá-las.

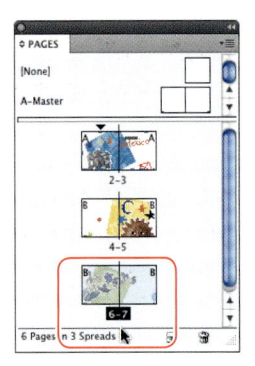

6 Examine cada página no documento, tentando os seguintes métodos:

- Dê um clique duplo nos números abaixo dos ícones de página para exibir as páginas espelhadas na janela de documento.
- Dê um clique duplo no ícone de uma página individual para exibir apenas essa página na janela de documento.
- Para centralizar as páginas espelhadas na janela, dê um clique duplo na ferramenta Hand ( ) no painel Tools.

Agora que você viu as três páginas espelhadas, vamos voltar à página 3 e começar a trabalhar.

7 No painel Pages, dê um clique duplo no ícone da página 3 para visualizá-la.

Faça a comprovação de arquivos à medida que você trabalha

Novo no InDesign CS4, o Live Preflight permite monitorar documentos à medida que você os cria para impedir que ocorram potenciais problemas de impressão. Na publicação, a comprovação é o processo de assegurar que um documento é criado apropriadamente para a saída desejada. Por exemplo, a comprovação pode assegurar que um documento tem todos os arquivos de fonte e elementos gráficos necessários e que nenhuma imagem RGB é utilizada em um fluxo de trabalho CMYK. No passado, a comprovação era considerada um processo de pós-produção.

Você pode criar ou importar regras de produção (chamadas perfis) para verificar seus documentos.

1 Escolha Window > Output > Preflight para abrir o painel Preflight. Você também pode clicar no botão Preflight no canto inferior esquerdo da janela de documento.

Utilizando o perfil básico ou o perfil padrão de comprovação, o InDesign não encontra erros, como indicado pelo ícone Preflight verde no canto inferior esquerdo do painel Preflight.

2 Você terá de importar o perfil B&W Job do DVD que acompanha o livro. Para tanto, escolha Define Profiles no menu do painel Preflight. Selecione Load Profile no menu Preflight Profiles. Localize o arquivo B&W Job.idpp no DVD, na pasta Lesson_02. Clique em OK.

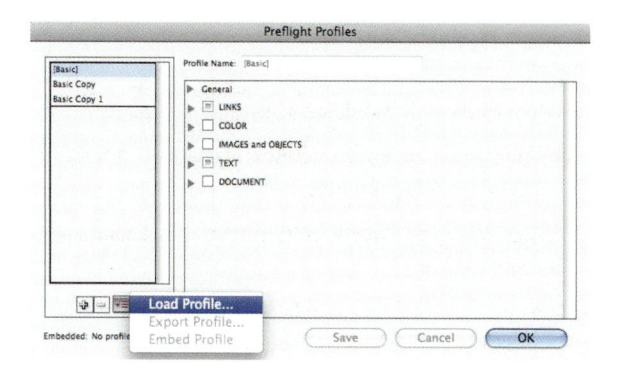

3 Escolha B&W Job (incorporado) no menu Profile.
4 Na coluna Error, clique na seta ao lado de COLOR. Então, clique na seta ao lado de Cyan, Magenta or Yellow Plate.

▶ **Dica:** Se o InDesign detectar alguma questão de comprovação à medida que você trabalha – por exemplo, se o texto contiver tipos em excesso ou se você importar uma imagem RGB – o erro será informado no canto inferior esquerdo da janela de documento. Para verificar constantemente seu trabalho, você pode deixar o painel Preflight aberto.

Como o perfil especifica a saída em preto e branco, são informados 33 erros relacionados a chapas de cor.

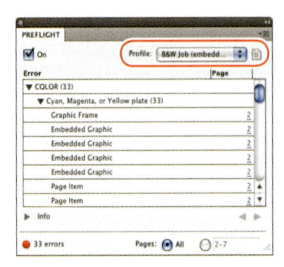

5 Escolha [Basic] no menu Profile novamente.
6 Clique no botão fechar do painel Preflight.
7 Escolha File > Save para salvar seu trabalho até agora.

Mude o modo de exibição

Agora você verá o que acontece ao alterar o modo View da janela de documento utilizando os botões Mode na parte inferior do painel Tools.

▶ **Dica:** A barra Application na parte superior da janela de documento também fornece um menu Screen Mode para selecionar as visualizações Normal, Preview, Bleed e Slug.

1 Clique e mantenha pressionado o botão Mode (▣), na parte inferior do painel Tools, e escolha Preview. O modo Preview exibe o trabalho artístico em uma janela padrão, ocultando elementos não-imprimíveis como guias, grades e bordas de quadro.

2 Agora escolha Bleed (▣) no menu Mode para ver o documento com sua área de sangrado predefinida que se estende além dos limites de página.

3 Selecione Slug (▣) no menu Mode para visualizar o documento com a área de espaçador predefinida.

A área do espaçador é uma área fora da página e da área de sangrado que pode conter informações, como instruções para impressão ou informações sobre o trabalho.

4 Por fim, selecione Normal (▣) no menu Mode para retornar à visualização Normal.

Visualize as guias

Nesse documento, as guias estão ocultas. Você vai ativar as guias para ver a grade de seu layout e posicionar mais facilmente os objetos. As guias não são impressas e não limitam a área de impressão: elas são apenas uma referência e podem ser úteis para alinhar objetos e texto em uma página.

1 Se necessário, no painel Pages, dê um clique duplo no ícone da página 3 para visualizá-la.

2 Escolha View > Grids & Guides > Show Guides.

Adicione texto

Com o InDesign CS4, o texto sempre está contido em um quadro ou flui ao longo de um caminho. Você pode adicionar texto a um quadro que já foi criado ou criar o quadro enquanto importa o texto.

Você está pronto para começar a trabalhar no layout da revista e na sua cópia. Primeiro, adicione um cabeçalho secundário à página 3. Para adicionar texto, você pode utilizar o InDesign CS4 ou importar o texto criado em programas de processamento de texto.

1 Selecione a ferramenta Type (T). Alinhe o cursor com a guia vertical que corre ao longo do "x" em "México" e com a guia horizontal abaixo da palavra.

2 Clique e arraste para criar um quadro de texto para um cabeçalho conforme mostrado.

Ao criar um quadro com a ferramenta Type, o InDesign CS4 posiciona o ponto de inserção no quadro. Se o quadro de texto não estiver alinhado exatamente com as guias, utilize a ferramenta Selection (↖) para clicar nos cantos da caixa e ampliá-los ou reduzi-los conforme necessário. Então selecione a ferramenta Type e clique dentro do quadro de texto.

3 Digite **Exploring Mexican Folk Art** no quadro de texto.

▶ **Dica:** Você pode selecionar palavras e caracteres individuais utilizando a ferramenta Type para formatar o texto, como faria com um software de processamento de texto tradicional.

4 Com um ponto de inserção ainda no texto, escolha Edit > Select All.

5 No painel Control, clique no ícone Character Formatting Controls (**A**) e faça o seguinte:
  - A partir do menu Font Family, selecione Adobe Garamond Pro. (Adobe Garamond Pro está indexado na letra *G*, não na *A*.)
  - Escolha Semibold no submenu Font Family ou no menu Type Style abaixo do menu Font Family.
  - Selecione 18 pt no menu Font Size à direita do menu Font Family.

6 Escolha File > Save para salvar seu trabalho.

Encadeie texto em quadros

Agora que você formatou o texto, vamos adicionar um artigo sobre uma viagem ao documento. Como ele é longo, nem todo o artigo irá se ajustar na página. Você vai encadear o texto para que ele flua corretamente em todo o documento.

Insira texto e fluxo de texto

Comece selecionando o artigo que descreve a viagem de Judith e Clyde a Oaxaca que foi salvo como um arquivo do Microsoft Word. Você vai colocar esse arquivo na página 3 e depois encadear o texto em todo o documento.

1 Certifique-se de que nenhum objeto está selecionado escolhendo Edit > Deselect All, e escolha File > Place. Na caixa de diálogo Place, certifique-se de que Show Import Options está desmarcado.

2 Navegue até a pasta Lesson_02 na pasta Lessons e dê um clique duplo no arquivo 02_Article.doc.

O cursor se transforma em um ícone de texto carregado (▦). Com um ícone de texto carregado, você tem várias escolhas. Você pode clicar e arrastar para criar um novo quadro de texto, clicar dentro de um quadro existente ou simplesmente clicar para criar um novo quadro de texto dentro de uma coluna. Você vai adicionar esse texto a uma coluna na metade inferior da página 3.

3 Posicione o ícone de texto carregado logo abaixo da quarta guia a partir da margem inferior e imediatamente à direita da margem esquerda, e clique.

● **Nota:** Se a caixa de texto não estiver colocada apropriadamente na coluna esquerda, clique na ferramenta Selection para arrastar as alças do quadro e movê-lo para o local adequado.

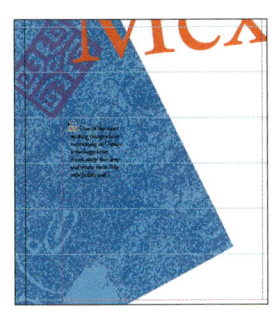

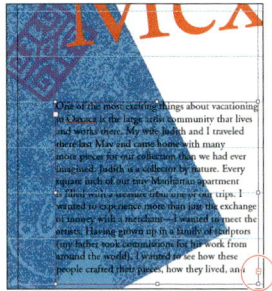

O texto flui em um novo quadro na metade inferior da primeira coluna da página 3. Quando um quadro de texto tiver mais texto do que ele pode conter, diz-se que o quadro tem texto excedente. O texto excedente é indicado por um sinal vermelho de adição (+) na porta de saída do quadro, o pequeno quadrado logo acima do canto inferior direito do quadro. Você pode vincular o texto excedente a outro quadro, criar um novo quadro em que o texto excedente flui, ou aumentar o quadro para que ele acomode todo o texto.

4 Selecione a ferramenta Selection (▶) e clique na porta de saída do quadro selecionado. O cursor transforma-se em um ícone de texto carregado. Agora você vai adicionar uma coluna de texto à metade inferior da segunda coluna.

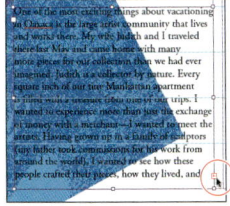

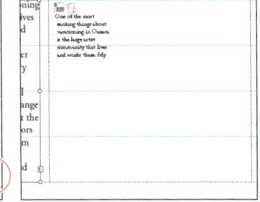

5 Posicione o ícone de texto carregado imediatamente abaixo da quarta guia da margem inferior e logo à direita da segunda guia de coluna (certifique-se de não clicar no quadro de texto acima criado anteriormente) e clique. O texto agora preenche a parte inferior da coluna direita.

6 Escolha File > Save.

Encadeie texto

Vamos continuar a alinhar o texto para a próxima página, porque o artigo é longo. Primeiro, você vai clicar na porta de saída e depois vincular a um quadro de texto – uma técnica chamada encadeamento manual. Você também pode encadear texto utilizando o encadeamento semiautomático e automático.

1 Utilizando a ferramenta Selection (⬛), clique na porta de saída do quadro que está na segunda coluna na página 3.

Isso prepara o InDesign CS4 para colocar o texto excedente desse quadro de texto em outro quadro.

2 No painel Pages, dê um clique duplo no ícone da página 4 para centralizar essa página na janela de documento.

LIÇÃO 2 | **51**
Conheça o InDesign

3 Mantenha pressionada a tecla Alt (Windows) ou Option (Mac OS) e clique no ícone de texto carregado no canto superior esquerdo da primeira coluna.

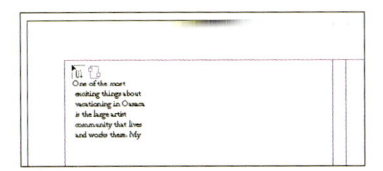

O texto flui na coluna esquerda. Como você manteve a tecla Alt ou Option pressionada, o cursor permanece um ícone de texto carregado e você não precisa clicar na porta de saída antes de fazer o texto fluir desse quadro. Isso é chamado de encadeamento semiautomático.

4 Posicione o ícone de texto carregado no canto superior esquerdo da segunda coluna na página 4 e clique.

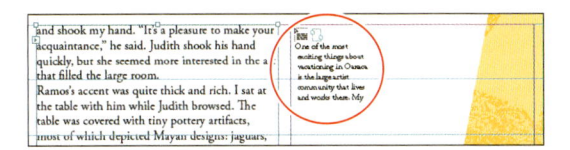

Agora você fará o restante do texto fluir em duas colunas na parte inferior da página 7.

5 Clique na porta de saída no quadro de texto na segunda coluna da página 4.

6 No painel Pages, dê um clique duplo no ícone da página 7, centralizando-a na janela de documento.

7 Mantenha a tecla Alt (Windows) ou Option (Mac OS) pressionada, posicione o ícone de texto carregado na coluna esquerda, logo abaixo da guia da página 7, e clique. Solte a tecla Alt ou Option.

▶ **Dica:** Sempre que o cursor exibir um ícone de texto carregado, você pode clicar em qualquer ferramenta no painel Tools para para descarregar o cursor. Nenhum texto será perdido e qualquer texto excedente permanecerá intato.

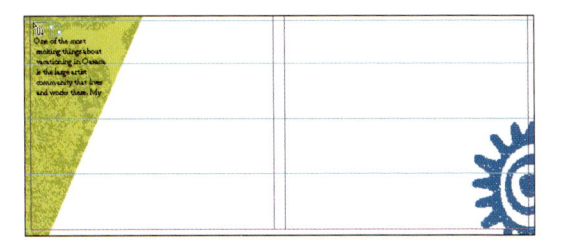

Dependendo de onde você clica para criar o quadro e a versão das fontes em uso, o texto pode se ajustar precisamente ou conter excesso de tipos. De qualquer maneira, você vai criar um quadro na coluna à direita para conter o texto à medida que ele reflui.

8 Posicione o ícone de texto carregado na segunda coluna abaixo da guia e clique. Qualquer texto restante da matéria flui na segunda coluna.

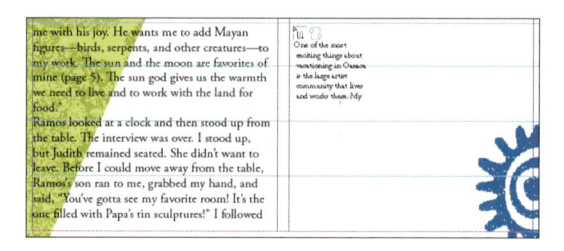

Você terminou de fazer o encadeamento de quadros de texto nesse documento. Um conjunto encadeado de quadros é chamado matéria (*story*).

9 Escolha File > Save.

Faça o ajuste fino no projeto

Agora você refinará ainda mais o layout adicionando uma citação de abertura (*pull quote*), modificando o quadro de texto que contém a citação de abertura e ajustando os elementos gráficos.

Adicione uma citação de abertura

Para fazer com que o design da página 4 do seu documento sobressaia um pouco mais, vamos adicionar uma citação de abertura. O texto do artigo já foi copiado e colocado em um quadro no pasteboard, que é a área fora da página. Você vai posicionar esse quadro de texto da citação de abertura no meio da página 4 e terminará de formatá-lo.

1 Escolha View > Fit Page In Window.

2 No canto inferior esquerdo da janela de documento, clique na seta à direita do indicador de número de página mantendo-a pressionada. Selecione a página 4 da lista de páginas disponíveis.

Se você não puder ver o quadro de texto da citação de abertura na área de trabalho à esquerda da página 4, arraste a barra de rolagem horizontal para a esquerda até que a citação de abertura esteja visível.

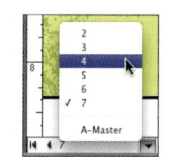

3 Utilizando a ferramenta Selection (▶), selecione a citação de abertura.

4 No lado esquerdo do painel Control, clique no ponto central do localizador de ponto de referência (▦) e insira um valor X de **4 in** (in de *inches*, ou polegadas) e um valor Y de **3 in**. Pressione Enter ou Return. O InDesign move o objeto selecionado para o local especificado.

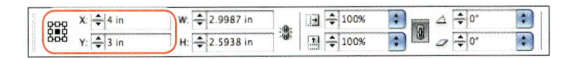

5 Utilizando as teclas de seta no teclado, ajuste a localização do quadro. A parte inferior do quadro deve passar pelo meio da estrela vermelha. A citação de abertura deve estar agora centralizada entre as colunas de texto na página 4.

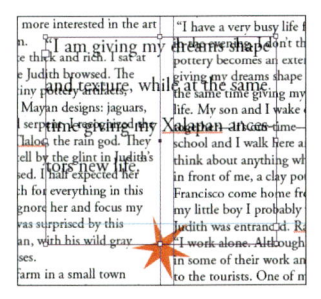

Fluxo do texto em torno de um objeto

O texto na citação de abertura é difícil de ler porque o texto principal da matéria não contorna o quadro de texto; ao contrário, se sobrepõe a ele. Você vai fazer o texto principal da matéria contornar o quadro de texto da citação de abertura, de modo que o texto da matéria principal não cubra a citação de abertura.

1 Certifique-se de que o quadro da citação de abertura está selecionado.

2 Escolha Window > Text Wrap. No painel Text Wrap, clique no terceiro botão do lado esquerdo (▣). Isso faz com que o texto contorne a forma do objeto.

3 Digite **.1389in** em um dos campos Offset e pressione Return.

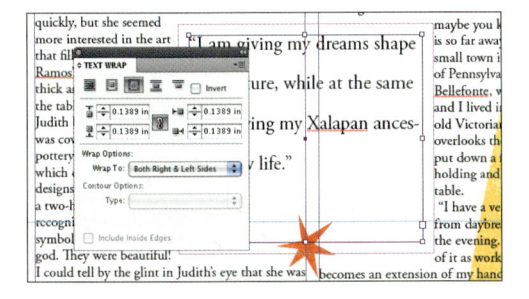

● **Nota:** Depois de aplicar o contorno ao texto no quadro da citação de abertura, o texto do artigo principal pode conter tipos em excesso. Nesse caso, o Live Preflight informa o erro no canto inferior esquerdo da janela de documento.

4 Feche o painel Text Wrap. Você pode sempre acessar esse painel e outros painéis a partir do menu Window, se necessário.

5 Escolha File > Save.

Adicione um traçado ao quadro

Agora você mudará a cor do quadro de texto para que o traço, que aparece como uma borda, coincida com a cor da estrela vermelha. O painel Swatches permite aplicar, editar e atualizar as cores de todos os objetos em um documento com eficiência.

Este artigo de revista está configurado para impressão em um jornal comercial, então utilize cores do sistema CMYK. As cores necessárias já foram adicionadas ao painel Swatches.

1 Escolha Window > Swatches.

2 Com o quadro de texto ainda selecionado, clique na caixa Stroke (⬜) na parte superior do painel Swatches.

Selecionar a caixa Stroke faz com que a borda do quadro de texto seja afetada pela cor que você selecionou.

3 Selecione PANTONE Warm Red CVC. Você talvez precise rolar para baixo para ver essa seleção.

4 Para alterar o peso do traço, clique com o botão direito do mouse (Windows) ou clique com Control pressionada (Mac OS) no quadro e selecione Stroke Weight > 0.5 pt no menu contextual. Os menus contextuais facilitam a alteração de muitos atributos de um objeto selecionado, incluindo o peso do traço.

5 Clique na área de trabalho para desmarcar todos os objetos e então fechar o painel Swatches.

6 Escolha File > Save.

Altere a posição do quadro e do texto

O texto no quadro da citação de abertura também está muito próximo da borda, o que o torna deselegante e difícil de ler. Agora você vai mudar a posição do texto dentro do quadro e o estilo da borda.

1 Utilizando a ferramenta Selection (▶), clique no quadro de texto da citação de abertura para selecioná-lo e, então, escolha Object > Text Frame Options.

2 Na área Inset Spacing, digite .075 na caixa Top e pressione Tab.

3 Certifique-se de que o botão Make All Settings The Same (▧) no centro está selecionado (não quebrado) para que o mesmo valor seja utilizado para os quatro lados do quadro.

4 Escolha Center no menu Align e clique em OK.

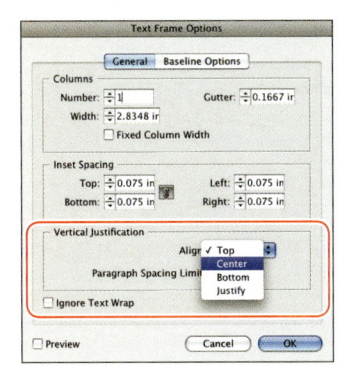

5 Com o quadro ainda selecionado, faça o seguinte no painel Control:
   • A partir do menu Stroke Type, escolha Thick-Thin.

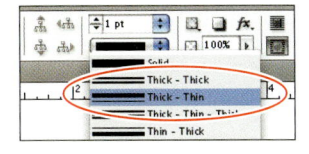

▶ **Dica:** Você também pode utilizar o painel Control para ajustar facilmente outros atributos importantes de objetos em uma página, como tamanho e posição.

   • No menu Stroke Weight, escolha 4 pt.

6 Escolha File > Save.

Ajuste o tamanho de um elemento gráfico

Em seguida, você vai ajustar o tamanho da imagem da lua crescente na página 5.

1 Se necessário, role para visualizar a página 5.

2 Utilizando a ferramenta Selection (▶), clique para selecionar a imagem da lua crescente.

3 No painel Control, escolha 50% no menu Scale Y Percentage.

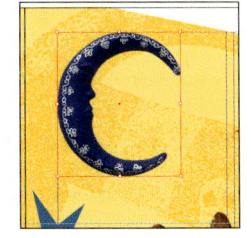

▶ **Dica:** Para evitar uma possível perda de qualidade, imagens de bitmap, como aquelas digitalizadas ou tiradas com uma câmera digital, geralmente não devem ser redimensionadas desproporcionalmente ou além de 120% do tamanho original. Nesse caso, você reduziu proporcionalmente o tamanho da imagem, o que, em geral, não causa impactos adversos em sua qualidade.

Tanto os tamanhos verticais como horizontais se ajustam proporcionalmente porque o botão Constrain Proportions For Scaling (), à direita das porcentagens do ajuste de escala, está selecionado. Para ajustar um valor independente do outro, desmarque esse botão.

● **Nota:** Quando o elemento gráfico é selecionado com a ferramenta Selection, o campo continuará a informar 100%; selecione o elemento gráfico com a ferramenta Direct Selection para ver o tamanho redimensionado.

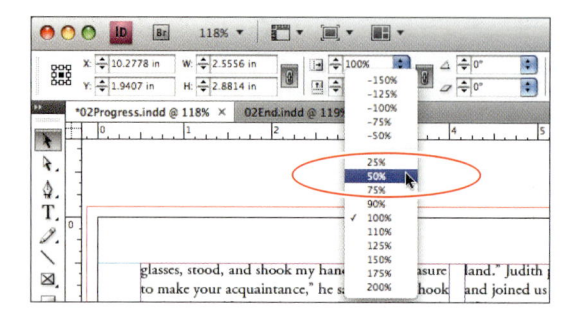

4 Escolha File > Save.

Trabalhe com estilos

Agora você testará estilos para ver como eles permitem formatar textos e objetos com rapidez e consistência, bem como fazer modificações globais com facilidade. O InDesign CS4 contém vários estilos: parágrafo, caractere, objeto, tabela e estilos de célula.

- O estilo de parágrafo inclui atributos de formatação que se aplicam a todo o texto em um parágrafo. Você não precisa selecionar o texto para aplicar um estilo de parágrafo, uma vez que ele se aplica a todo o texto do parágrafo onde seu cursor está localizado.
- Um estilo de caractere inclui somente atributos de caractere, tornando-o útil para formatar palavras e frases selecionadas em um parágrafo.
- Um estilo de objeto permite criar e aplicar formatação a objetos selecionados. Utilizando um estilo de objeto, você pode configurar preenchimento e cor de traço, traço e efeitos de canto, transparência, sombras projetadas, suavização, opções de quadro de texto e até fazer o texto contornar um objeto selecionado.
- Os estilos de tabela e de célula permitem controlar a formatação de tabela e de célula.

Aplique estilos de parágrafo

Você começará aplicando estilos ao texto do artigo da revista e, então, passará para estilos de objeto. Para poupar tempo, os estilos de parágrafo que você vai aplicar ao texto já foram criados. Esses estilos o ajudarão a formatar rapidamente o corpo do texto no artigo.

LIÇÃO 2 | **57**
Conheça o InDesign

1 No painel Pages, dê um clique duplo no ícone da página 3 para centralizá-la na janela de documento.

2 Selecione a ferramenta Type (T) e clique em qualquer lugar das colunas do texto que você colocou anteriormente nessa página.

3 Escolha Edit > Select All para selecionar o texto em todos os quadros encadeados que contêm a matéria.

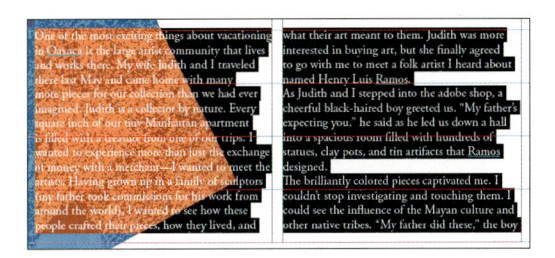

4 Escolha Type > Paragraph Styles para exibir o painel Paragraph Styles.

5 No painel Paragraph Styles, clique em Body Text para formatar a matéria inteira com o estilo Body Text.

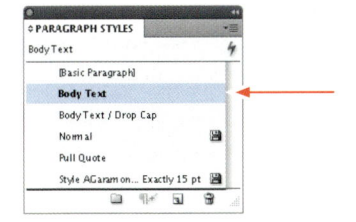

▶ **Dica:** Você também pode aplicar estilos no painel Control utilizando os controles Character Formatting ou Paragraph Formatting.

6 Escolha Edit > Deselect All para remover a seleção do texto.

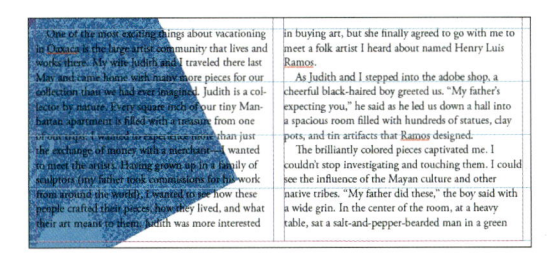

Agora você vai aplicar um estilo de parágrafo diferente ao primeiro parágrafo da matéria.

7 Na página 3, utilizando a ferramenta Type, clique em qualquer lugar do primeiro parágrafo.

8 No painel Paragraph Styles, selecione Body Text/Drop Cap. Os estilos de parágrafo têm uma variedade de opções de formatação de texto, inclusive capitulares.

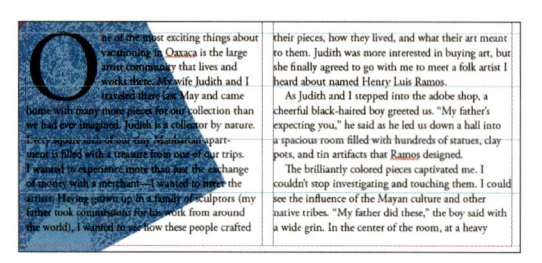

9 Escolha File > Save.

Formate texto para o estilo de caractere

Para enfatizar referências de página nos parágrafos do artigo da revista, agora você vai criar e aplicar um estilo de caractere. Primeiro, utilize o painel Control para aplicar itálico ao texto e torná-lo 1 ponto menor. Em seguida, baseie o estilo de caractere nesse texto formatado, o que permite aplicar facilmente esse mesmo estilo a outro texto por todo o documento. Para aplicar um estilo de caractere, o texto deve estar selecionado.

1 No painel Pages, dê um clique duplo no ícone da página 7 para centralizá-la na janela de documento. Para certificar-se de que você pode ler o texto na parte inferior dessa página, pressione Ctrl + (sinal de adição) (Windows) ou Command + (Mac OS) para usar o recurso de ampliação.

▶ **Dica:** Geralmente é aplicado o mesmo estilo a qualquer pontuação depois da palavra estilizada.

O texto tem três referências a outras páginas: (page 7), (page 2) e (page 5). Se necessário, utilize as barras de rolagem para exibir essa parte da janela de documento.

2 Utilizando a ferramenta Type (T), selecione a referência (page 7) junto com a frase depois dela.

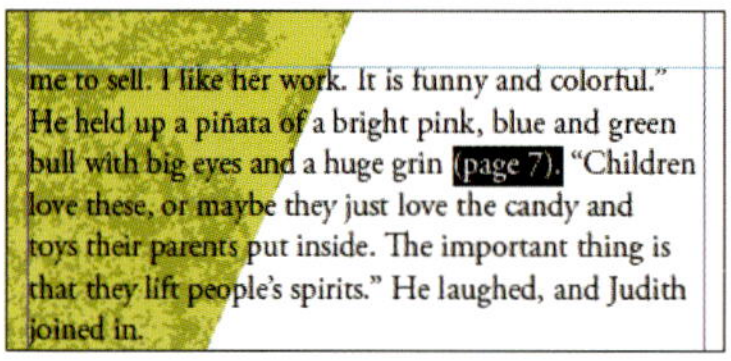

3 Na área Character Formatting Controls do painel Control, selecione Italic no menu Type Style.

4 Digite **11** na caixa Font Size. A referência de página agora está formatada.

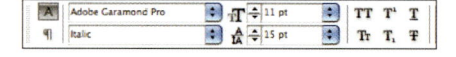

5 Escolha File > Save.

Crie e aplique um estilo de caractere

Agora que você formatou o texto, vamos criar um estilo de caractere.

1 Certifique-se de que o texto que você formatou ainda está selecionado e escolha Type > Character Styles para exibir o painel Character Styles.

2 Mantenha a tecla Alt (Windows) ou Option (Mac OS) pressionada e clique no botão Create New Style na parte inferior do painel Character Styles.

Um novo estilo de caractere chamado Character Style 1 é criado, como mostrado na caixa de diálogo New Character Style. Esse novo estilo inclui as características do texto selecionado, como indicado na área Style Settings da caixa de diálogo.

3 Na caixa Style Name, digite **Italic** e clique em OK.

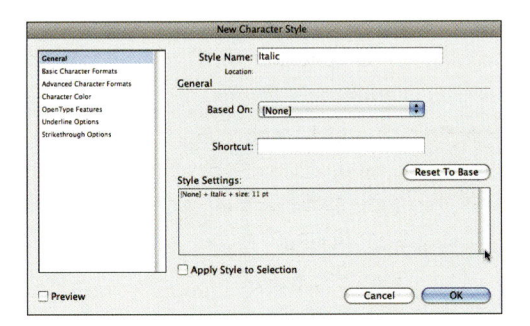

4 Utilizando a ferramenta Type (T), selecione a referência (page 7) e clique em Italic no painel Character Styles para aplicar o estilo.

Embora seja possível configurar o estilo utilizando esse texto, você ainda precisa aplicar o estilo. Aplicar um estilo marca o texto para que ele seja atualizado automaticamente quando os atributos de estilo de caractere são alterados.

5 Aplique o estilo de caractere Italic à referência (page 2) na mesma coluna e à referência (page 5) em outra coluna.

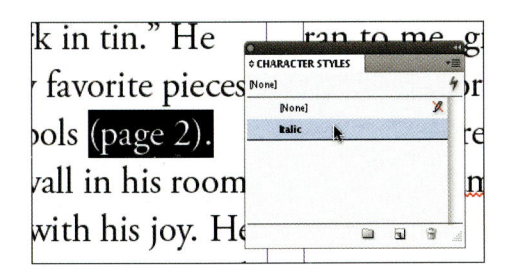

Como você aplicou o estilo de caractere em vez do estilo de parágrafo, a formatação afetou apenas o texto selecionado, não o parágrafo inteiro.

6 Escolha View > Fit Page In Window e então feche o painel Character Styles.

7 Escolha File > Save.

Aplique estilos de objeto

Utilize estilos de objeto para aplicar múltiplos atributos de formatação a um objeto, incluindo texto e quadros de gráfico. Para economizar tempo, o estilo de objeto que você vai aplicar à citação de abertura na página 4 já foi criado.

1 No painel Pages, dê um clique duplo no ícone da página 4 para centralizá-la na janela de documento.

2 Utilizando a ferramenta Selection (▸), clique na citação de abertura para selecionar seu quadro de texto.

3 Escolha Window > Object Styles para exibir o painel Object Styles.

4 No painel Object Styles, mantenha a tecla Alt (Windows) ou Options (Mac OS) pressionada e clique em Pull-Quote para formatar o objeto selecionado com o estilo de objeto Pull-Quote.

● **Nota:** Manter a tecla Alt (Windows) ou Option (Mac OS) pressionada ao aplicar um estilo a um objeto ou texto elimina qualquer outra formatação existente.

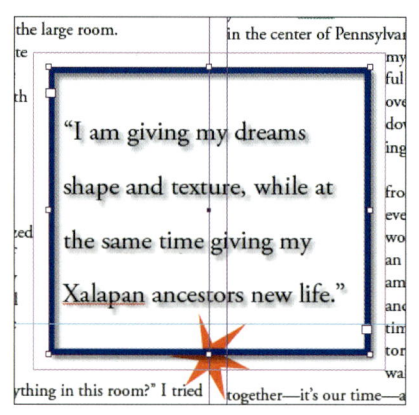

5 Escolha File > Save.

Trabalhe com elementos gráficos

Para completar o layout da revista, você reposicionará alguns elementos gráficos ao mesmo tempo em que usa ferramentas de seleção, testa camadas e recorta uma imagem. As imagens utilizadas em um documento do InDesign CS4 são colocadas dentro de quadros. Ao trabalhar com elementos gráficos inseridos, você deve familiarizar-se com as três ferramentas de seleção.

- A ferramenta Selection ( ) é utilizada para tarefas gerais de layout, como posicionar e mover objetos em uma página.

- A ferramenta Direct Selection ( ) é utilizada para tarefas que envolvem o conteúdo de um quadro de imagem ou desenhar e editar caminhos; por exemplo, para selecionar conteúdo do quadro ou mover um ponto de ancoragem em um caminho. A ferramenta Direct Selection também é utilizada para selecionar objetos dentro de grupos.

- A ferramenta Position ( ), oculta sob a ferramenta Direct Selection, funciona com a ferramenta Selection para ajudar a controlar a inserção de conteúdo dentro de um quadro, bem como alterar o tamanho do quadro. Você pode utilizar essa ferramenta para mover uma imagem dentro de seu quadro ou alterar a área visível de uma imagem ajustando seu corte.

Nota: Ao aprender a diferença entre quadros e seu conteúdo, você pode querer tornar as bordas do quadro visíveis selecionando View > Show Frame Edges.

Insira imagens dentro de um quadro

Na primeira página espelhada, as imagens nos dois quadros precisam ser redimensionadas ou reposicionadas.

1 Selecione a página 2 na caixa de página no canto inferior esquerdo da janela de documento para navegar para essa página. Pressione Ctrl+0 (zero) (Windows) ou Command+0 (Mac OS) para ajustar a página na janela.

2 Utilizando a ferramenta Direct Selection ( ), posicione o cursor sobre a imagem do sol vermelho, que está apenas parcialmente visível. Note que o cursor muda para uma mão, indicando que você pode selecionar e manipular o conteúdo do quadro. Clique e arraste a imagem para a direita, tornando o sol inteiramente visível. Com a ferramenta Direct Selection, você pode reposicionar uma imagem dentro de seus quadros.

Dica: Os comandos Fitting facilitam o ajuste de elementos gráficos em quadros e de quadros em elementos gráficos. Por exemplo, escolha Object > Fitting > Center Content para centralizar um elemento gráfico dentro do seu quadro.

3 Utilizando a ferramenta Selection (▶), clique na imagem da mão azul no lado superior esquerdo da página.

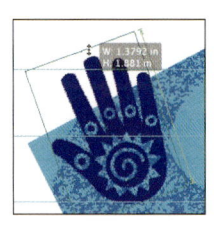

▶ **Dica:** Você pode visualizar a imagem enquanto move ou redimensiona o quadro se fizer uma breve pausa depois de primeiro clicar no quadro ou na imagem e então redimensionar ou mover a imagem ou o quadro.

4 Arraste a alça central superior para cima a fim de aumentar o quadro. Aumentando o quadro, uma parte maior de seu conteúdo torna-se visível.

5 Escolha File > Save.

Utilize a ferramenta Position

A dinâmica ferramenta Position ( ) permite trabalhar com o conteúdo de um quadro, seja ele um elemento gráfico ou texto. Quando você coloca a ferramenta Position sobre uma imagem, ela se transforma em um ícone de mão ( ), indicando que você pode manipular o conteúdo dentro desse quadro. Ao posicionar a ferramenta Position sobre um quadro de texto, o cursor se transforma em um cursor em forma de I, indicando que você pode adicionar ou editar o texto.

1 Selecione a ferramenta Position mantendo o botão do mouse pressionado sobre a ferramenta Direct Selection no painel Tools. Quando a ferramenta Position aparecer, selecione-a.

2 Pressione Ctrl+J (Windows) ou Command+J (Mac OS) e digite **3** na caixa de diálogo Go To Page e, então, pressione Enter ou Return. Esse atalho de teclado o leva para a página 3. Role sobre o texto "Exploring Mexican Folk". Note que o cursor muda para a forma de I do cursor de texto.

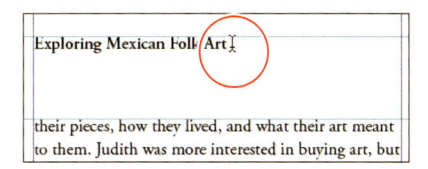

3 Dê um clique triplo no texto para selecioná-lo.

4 Na área Character Formatting Controls do painel Control, arraste para selecionar o valor na caixa Font Size. Digite **20** e pressione Enter ou Return.

5 Escolha File > Save.

Rotule camadas ao inserir objetos

O InDesign CS4 permite colocar objetos em diferentes camadas. Pense nas camadas como folhas de filme transparente empilhadas umas sobre a outras. Utilizando camadas você pode criar e editar objetos em uma camada sem afetar ou ser afetado pelos objetos nas outras camadas. As camadas também determinam a posição dos objetos na pilha.

Antes de importar a foto de um tatu em seu design, certifique-se de adicionar o quadro à camada apropriada.

1 No painel Pages, dê um clique duplo no ícone da página 3 para centralizá-la na janela de documentos.

2 Escolha Window > Layers para exibir o painel Layers.

3 Clique na palavra "Photos" no painel Layers para identificar a camada Photos. Não clique nas caixas à esquerda da camada Photos, pois isso oculta ou bloqueia a camada.

4 Utilizando a ferramenta Selection (▶), clique na área de trabalho para certificar-se de que nada está selecionado.

5 Escolha File > Place. Se necessário, navegue até a pasta Lesson_02. Clique em 02_Armadillo.tif e clique com Shift pressionada em 02_Gecko.tif. Clique em Open.

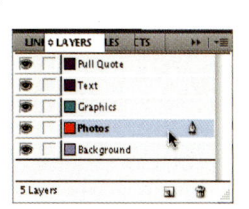

▶ **Dica:** Na caixa de diálogo Place, você pode selecionar múltiplos arquivos de texto e elementos gráficos para importar. Os arquivos são importados na ordem em que eles estão listados na caixa de diálogo. O InDesign permite importar elementos gráficos utilizando vários tipos de arquivo, incluindo arquivos Photoshop nativos (PSD) e Ilustrator (IA).

Um ícone de imagens carregadas (📷) aparece com uma visualização do tatu. O número 2 ao lado do cursor indica quantos elementos gráficos serão importados.

6 Clique na área branca acima da palavra "Mexico" para colocar o tatu na parte superior da página. Você moverá a imagem mais tarde, depois de cortá-la.

7 Clique na parte inferior da coluna na extrema direita do texto para inserir a imagem da lagartixa.

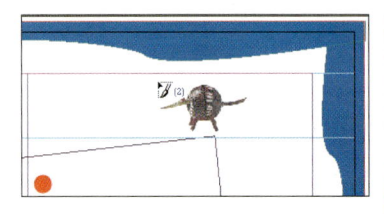

Note que os dois novos quadros têm a mesma cor da camada Photos no painel Layers. A cor do quadro de um objeto descreve a camada em que ele reside.

8 Com a imagem da lagartixa ainda selecionada no painel Control, digite **15** na caixa Rotation Angle. Pressione Enter ou Return.

9 No painel Layers, clique na caixa à esquerda do nome de camada Text para que o ícone de cadeado da camada apareça.

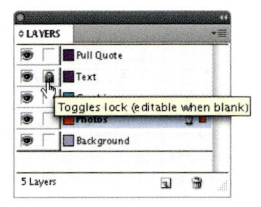

Bloquear a camada Text evita que você selecione ou faça modificações nela ou em qualquer objeto na camada. Com a camada Text bloqueada, você pode editar o quadro contendo o tatu sem selecionar acidentalmente o quadro contendo o "Hecho en Mexico".

10 Escolha File > Save.

Corte e mova a fotografia

Agora você vai utilizar a ferramenta Selection para cortar e mover a fotografia do tatu.

1 Escolha Edit > Deselect All.

2 Utilizando a ferramenta Selection (), clique no tatu.

3 Posicione o cursor sobre a alça do meio à direita do quadro do tatu e mantenha o botão do mouse pressionado. Arraste o quadro em direção ao centro do tatu para cortá-lo.

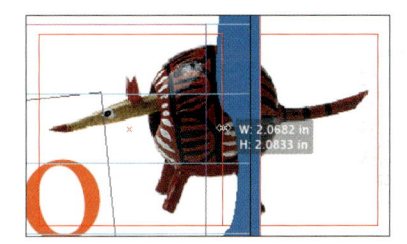

4 Utilizando a ferramenta Selection, posicione o cursor sobre o centro do quadro do tatu e arraste o objeto para ele aderir à guia de sangrado no lado direito da página.

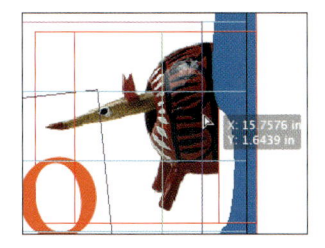

Note que a borda do tatu está atrás da borda decorativa. Isso porque a camada Photos está abaixo da camada Graphics no painel Layers.

5 Escolha View > Screen Mode > Preview para ver as páginas finais.

6 Escolha File > Save.

7 Escolha File > Close.

Explore por conta própria

Parabéns! Você completou o tour pelo InDesign CS4. Para aprender mais sobre o InDesign CS4, você pode:

- Continuar explorando o layout da revista. Adicione novas páginas, mova itens entre as camadas, crie quadros de texto e ajuste imagens utilizando as ferramentas no painel Tools.
- Escolher Help > InDesign Help para utilizar o Adobe InDesign CS4 Help.
- Fazer os exercícios das demais lições deste livro.

Perguntas de revisão

1 Como você pode saber se um aspecto de um layout causará problemas de saída?

2 Que ferramenta permite criar quadros de texto? E encadeamento de quadros de texto?

3 Que símbolo indica que um quadro de texto tem mais texto do que ele pode conter – isto é, excesso de texto?

4 Que ferramenta permite trabalhar com elementos gráficos e texto?

5 Que painel oferece opções para modificar texto, quadros ou elementos gráficos selecionados?

Respostas

1 O painel Preflight informa erros quando algo no layout não corresponde ao perfil de comprovação selecionado. Por exemplo, se o perfil de comprovação especificar a saída CMYK e você importar um elemento gráfico RGB, um erro será informado. Erros de comprovação também são listados no canto inferior esquerdo da janela de documento.

2 Você cria quadros de texto com a ferramenta Type e encadeia os quadros de texto com a ferramenta Selection.

3 Um sinal de adição vermelho no canto inferior esquerdo de um quadro de texto indica excesso de texto.

4 A ferramenta Position, oculta sob a ferramenta Direct Selection, permite trabalhar com elementos gráficos ou texto.

5 O painel Control oferece opções para modificar a seleção atual: caracteres, parágrafos, elementos gráficos, quadros, tabelas e mais.

3 CONFIGURANDO UM DOCUMENTO E TRABALHANDO COM PÁGINAS

Visão geral da lição

Nesta lição, você vai aprender a:

- Iniciar um novo documento
- Criar, editar e aplicar múltiplas páginas-mestre
- Configurar padrões de documento
- Ajustar o tamanho da área de trabalho e área de sangrado
- Criar marcadores de seção
- Substituir itens de página-mestre em páginas de documento
- Fazer um texto recorrer em torno de um elemento gráfico
- Adicionar imagens e texto a páginas de documento

Esta lição levará aproximadamente 90 minutos.

Aproveitando as ferramentas que o ajudam a configurar os documentos criados, é possível assegurar um layout de página consistente e simplificar seu trabalho. Nesta lição, você vai aprender a configurar um novo documento, criar páginas-mestre e configurar colunas e guias.

Introdução

● **Nota:** Se você ainda não copiou os arquivos de recurso desta lição do CD do Adobe InDesign CS4 Classroom in a Book para o seu disco rígido, faça isso agora. Veja "Copie os arquivos do Classroom in a Book", na página 14.

Nesta lição, você vai configurar um artigo de revista de 12 páginas e depois incluir texto e imagens em uma das páginas espelhadas.

1 Para assegurar que a preferência e as configurações padrão do seu programa Adobe InDesign CS4 correspondam àquelas utilizadas nesta lição, mova o arquivo InDesign Defaults para uma pasta diferente seguindo o procedimento em "Salve e restaure o arquivo InDesign Defaults" na página 14.

2 Inicie o Adobe InDesign CS4. Para assegurar que os comandos de painéis e menu correspondam àqueles utilizados nesta lição, escolha Window > Workspace> [Advanced] e então escolha Window > Workspace > Reset Advanced. Para começar, você abrirá um documento do InDesign já parcialmente completado.

3 Para ver o documento concluído, abra o arquivo 03_End.indd na pasta Lesson_03, localizada dentro da pasta Lessons, na pasta InDesignCIB no disco rígido.

● **Nota:** Enquanto trabalha, fique à vontade para mover os painéis ou alterar a ampliação de acordo com suas necessidades.

4 Role pelo documento para visualizar as páginas espelhadas, a maioria das quais tem apenas guias e quadros como espaço reservado. Navegue para as páginas 2-3, que é a única página espelhada que você vai completar nesta lição.

5 Feche o arquivo 03_End.indd depois de examiná-lo ou deixe-o aberto para referência.

Crie e salve configurações de página personalizadas

O InDesign permite salvar configurações de documentos frequentemente utilizadas, incluindo número de páginas, tamanho de página, colunas e margens. Utilizar esses parâmetros salvos de documento, chamados *pré-definições de documento*, permite criar novos documentos rapidamente.

1 Escolha File > Document Presets > Define.
2 Clique em New na caixa de diálogo Document Presets.
3 Na caixa de diálogo New Document Preset, configure o seguinte:
   - Na caixa Document Preset, digite **Magazine**.
   - Na caixa Number of Pages, digite **12**.
   - Certifique-se de que a opção Facing Pages esteja selecionada.
   - Na caixa Width, digite **50p3** (a abreviação de 50 paicas e 3 pontos).
   - Na caixa Height, digite **65p3**.
   - Na seção Columns, digite **5** no campo Number e deixe Gutter (medianiz) em 1p0.
   - Na seção Margins, certifique-se de que o ícone Make All Settings The Same ( ) no centro das configurações de margem está desmarcado (quebrado) para que você possa inserir diferentes configurações para as quatro margens. Digite **4p** para Bottom; deixe as margens Top, Inside e Outside com 3 paicas (3p0).

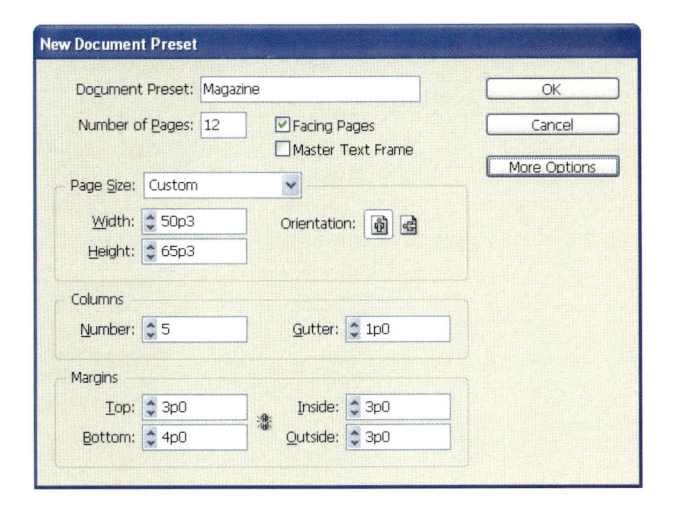

4   Clique em More Options, o que expande a caixa de diálogo. Digite **.25** na caixa Top da opção Bleed. Então assegure que o ícone Make All Settings The Same está selecionado (não quebrado) para que o mesmo valor seja utilizado para as caixas Bottom, Inside e Outside. Clique dentro da caixa Bottom e observe que o InDesign converte automaticamente as medidas expressas utilizando outras unidades de medida (nesse caso, polegadas) em equivalentes de paica e de ponto.

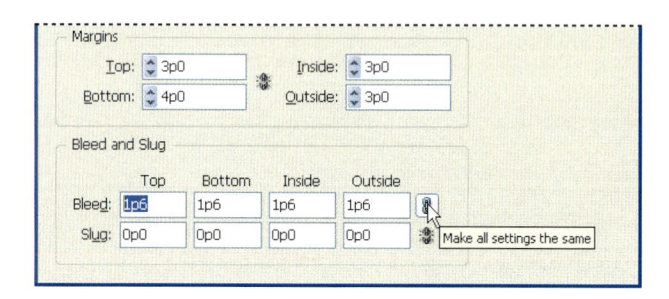

Bleed (sangrado) cria uma área fora da página que é impressa e utilizada quando itens se estendem além da área da página, como uma foto ou um fundo colorido em uma página.

▶ **Dica:** Você pode utilizar qualquer unidade de medida suportada em qualquer caixa de diálogo ou painel. Se você quiser utilizar uma unidade de medida que se diferencie do padrão, simplesmente digite o indicador para a unidade que você quer utilizar, como *p* para paicas, *pt* para pontos, *in* ou " (marcas de polegada) para polegadas, *cm* para centímetros e *mm* para milímetros, depois do valor que você insere em uma caixa. Você pode alterar as unidades padrão escolhendo Edit > Preferences > Units & Increments (Windows) ou InDesign > Preferences > Units & Increments (Mac OS).

5   Clique em OK em ambas as caixas de diálogo para salvar a predefinição do documento.

Crie um novo documento

Quando você cria um novo documento, a caixa de diálogo New Document aparece. Você pode utilizar um documento predefinido para criar o documento, ou utilizar essa caixa de diálogo para especificar várias configurações de documento, incluindo o número de páginas, o tamanho da página, o número de colunas, etc. Nesta seção, utilizaremos a predefinição Magazine que você acabou de criar.

1   Escolha File > New > Document.

2   Na caixa de diálogo New Document, escolha a predefinição Magazine no menu Document Preset se ainda não estiver selecionada.

3   Clique em OK.

O InDesign cria um novo documento utilizando todas as especificações da predefinição de documento, incluindo o tamanho, as margens e o número de páginas.

4   Abra o painel Pages escolhendo Window > Pages, se ele já não estiver aberto.

No painel Pages, a página 1 está visível e destacada em azul, uma vez que ela é a página atualmente exibida na janela de documento. O painel Pages está dividido em duas seções. A seção superior exibe ícones para as páginas-mestre. (Uma página-mestre é como um modelo de fundo que você pode aplicar a muitas páginas em um documento.) A seção na parte inferior exibe os ícones para páginas de documento. Nesse documento, a página-mestre consiste em uma dupla de páginas espelhadas.

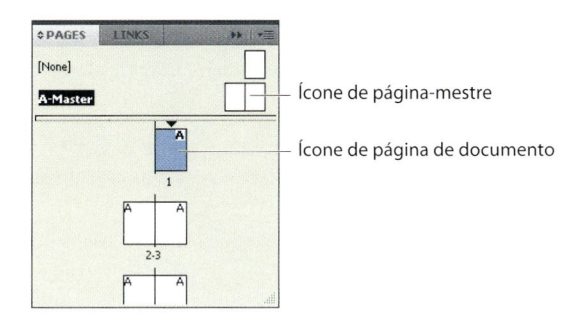

- Ícone de página-mestre
- Ícone de página de documento

5   Escolha File > Save As, nomeie o arquivo como **03_Setup.indd** na pasta Lesson_03 e clique em Save.

Alterne entre documentos do InDesign abertos

Enquanto trabalha, você pode querer alternar entre seu novo documento e o documento pronto fornecido como referência. Se os dois documentos estiverem abertos, você pode inserir um ou o outro na frente.

1   Escolha o menu Window. Uma lista de documentos do InDesign atualmente abertos é exibida na parte inferior.

2   Escolha o documento que deseja visualizar. Esse documento agora aparece na frente.

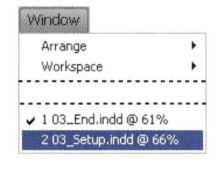

Trabalhe com páginas-mestre

Antes de adicionar quadros de elementos gráficos e de texto ao documento, é recomendável configurar as páginas-mestre que servem como fundos para as páginas do seu documento. Qualquer objeto que você adicionar a uma página-mestre aparecerá automaticamente nas páginas do documento ao qual a página-mestre foi aplicada.

Nesse documento, você vai criar duas páginas espelhadas de página-mestre – uma contendo uma grade e informações de rodapé e a outra contendo quadros de espaço reservado. Criando múltiplas páginas-mestre, é possível variar e ao mesmo tempo assegurar um design consistente.

▶ **Dica:** Por padrão, a página 1 em um novo documento é uma página da direita – isto é, a página à direita da lombada. Você também pode iniciar um documento em uma página esquerda – à esquerda da lombada. Para iniciar em uma página esquerda, crie um novo documento, selecione a página 1 no painel Pages e então escolha Layout > Numbering & Section Options. Na caixa de diálogo Numbering & Section Options, selecione Start Page Numbering At e insira um número par para a primeira página na caixa de acompanhamento. Clique em OK para fechar a caixa de diálogo.

Adicione guias à página-mestre

Guias são linhas não-imprimíveis que ajudam a organizar um documento com precisão. Guias inseridas em uma página-mestre aparecem nas páginas de documento às quais essa página-mestre foi aplicada.

Para esse documento, você vai adicionar uma série de guias que, juntamente com as guias de coluna, funcionará como uma grade que ajuda a posicionar elementos gráficos e quadros de texto.

▶ **Dica:** Se as duas páginas da página-mestre não estiverem centralizadas na janela de documento, dê um clique duplo na ferramenta Hand no painel Tools para centralizá-las.

1 Na seção superior do painel Pages, dê um clique duplo no nome A-Master. As páginas esquerda e direita da página-mestre espelhada aparecem na janela de documento.

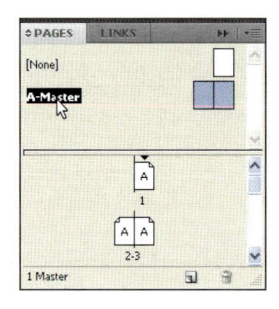

2 Escolha Layout > Create Guides.

3 Selecione Preview.

4 Para a opção Rows, digite **8** na caixa Number e **0** na caixa Gutter.

5 Para Fit Guides To, selecione Margins e observe como as guias horizontais aparecem nas suas páginas-mestre.

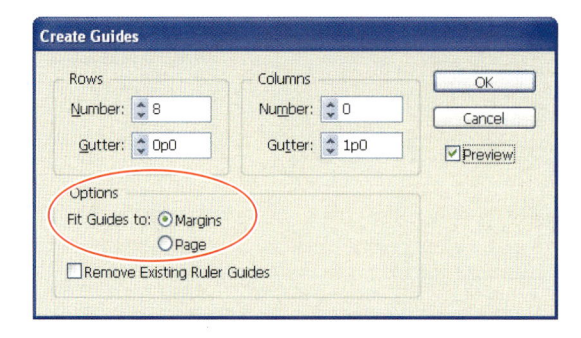

▶ **Dica:** Também é possível adicionar grades a páginas de documento individuais com o mesmo comando usado ao trabalhar em uma página de documento em vez de uma página-mestre.

Selecionar Margins em vez de Page faz com que as guias se ajustem dentro dos limites de margem em vez dos limites de página. Você não vai adicionar guias de coluna porque as linhas de coluna já aparecem no seu documento.

6 Clique em OK.

Arraste guias a partir de réguas

Você pode arrastar as guias a partir das réguas horizontal (parte superior) e vertical (lateral) para orientar o alinhamento de páginas individuais. Pressionar Ctrl (Windows) ou Command (Mac OS) ao arrastar uma guia aplica a guia à página espelhada inteira.

Nesta lição, você colocará os rodapés embaixo da margem inferior da página onde não há guias de coluna. Para posicionar os rodapés exatamente, você adicionará uma guia horizontal e duas verticais.

1 Dê um clique duplo no nome A-Master no painel Pages, se ele já não estiver selecionado. Se a página espelhada A-Master não ficar visível na seção superior do painel Pages, talvez você precise rolar na seção superior do painel para visualizar as páginas-mestre adicionais.

2 Sem clicar no documento, mova o cursor em torno da janela de documentos e observe as réguas horizontal e vertical enquanto move o cursor. Note como os indicadores de traço nas réguas correspondem à posição do cursor. Note também que os valores de X e Y desativados no painel Control indicam a posição do cursor.

3 Pressione Ctrl (Windows) ou Command (Mac OS) e posicione o cursor na régua horizontal. Arraste uma guia de régua para baixo até aproximadamente 62 paicas. Visualize o valor Y no painel Control ou no painel Transform (Window > Object & Layout > Transform) para ver a posição atual. Não se preocupe em inserir a guia exatamente com 62 paicas – você fará isso no próximo passo.

▶ **Dica:** Você também pode arrastar a guia de régua sem a tecla Ctrl ou Command e liberar a guia sobre a área de trabalho para exibir uma guia por todas as páginas em uma página espelhada bem como no pasteboard.

● **Nota:** Os controles no painel Transform são semelhantes àqueles no painel Control. Você pode utilizar um dos dois painéis para fazer várias modificações comuns, como alterar posição, tamanho, escala e ângulo da rotação.

4 Para posicionar a guia exatamente em 62 paicas, selecione a guia com a ferramenta Selection (▸) se ela ainda não estiver selecionada. Uma guia selecionada é exibida com uma cor diferente do que a das guias que não estão selecionadas. Quando a guia está selecionada, o valor Y não está mais desativado no painel Control ou Transform. Selecione o valor na caixa Y no painel

▶ **Dica:** Ao trabalhar com um painel, você pode selecionar o valor em uma caixa clicando na letra ou no ícone que identifica a caixa. Por exemplo, clique em Y para selecionar o valor na caixa Y.

Control e digite **62p** para substituir o valor atual. Pressione Enter ou Return para aplicar o valor à guia selecionada.

5 Arraste uma guia de régua a partir da régua vertical para a posição 12p0.6. Observe o valor X no painel Control enquanto você arrasta. A guia adere à guia de coluna nesse local.

6 Arraste outra guia da régua vertical para a posição 88p5.4.

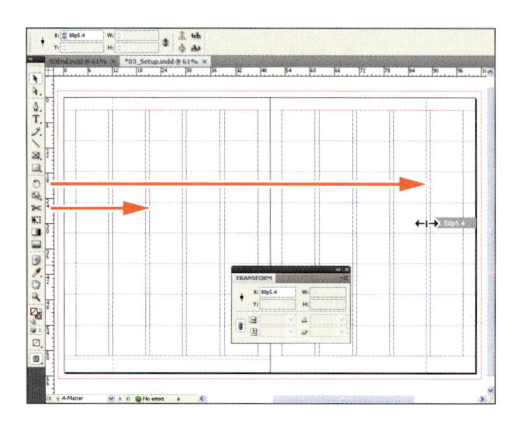

7 Escolha File > Save.

Crie um quadro de texto na página-mestre

Qualquer texto ou imagem que você coloca na página-mestre aparece nas páginas às quais a página-mestre está aplicada. Para criar um rodapé, vamos adicionar um título de publicação ("Summer Vacations") e um marcador de número de página à parte inferior de ambas as páginas-mestre.

● **Nota:** Ao desenhar um quadro com a ferramenta Type, o quadro inicia onde a linha de base horizontal intersecciona o cursor em forma de I – não o canto superior do cursor.

1 Certifique-se de que você pode ver a parte inferior da página-mestre esquerda. Se necessário, amplie e utilize as barras de rolagem ou a ferramenta Hand ().

2 Selecione a ferramenta Type (T) no painel Tools. Na página-mestre esquerda, arraste para criar um quadro de texto embaixo da segunda coluna onde as guias se interseccionam, como mostrado. Não se preocupe em desenhar o quadro exatamente no local certo – você o posicionará mais tarde.

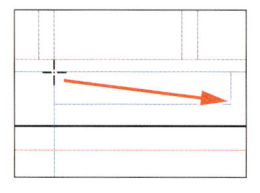

3 Com o ponto de inserção de texto no novo quadro de texto, escolha Type > Insert Special Character > Markers > Current Page Number.

A letra A aparece no seu quadro de texto. Nas páginas de documento baseadas nessa página-mestre, é exibido o número da página correto, como "2" na página de documento 2.

4 Para adicionar um espaço eme depois do número de página, clique com o botão direito do mouse (Windows) ou clique com Control pressionada (Mac OS) com o ponto de inserção no quadro de texto para exibir um menu contextual e, então, escolha Insert White Space > Em Space. Ou também pode escolher esse mesmo comando a partir do menu Type.

5 Digite **Summer Vacations** depois do espaço eme.

Em seguida, você modificará a fonte e o tamanho do texto no quadro.

6 No painel Tools, selecione a ferramenta Selection (▶) e veja se o quadro de texto que contém o rodapé está selecionado. Certifique-se de que todo o texto que você acabou de inserir está visível. Se necessário, expanda o quadro de texto arrastando o canto inferior direito até que o texto esteja visível.

7 Escolha Type > Character para visualizar o painel Character.

8 No painel Character, escolha Adobe Garamond Pro no menu Font Family e Regular no menu Type Style.

9 Certifique-se de que a caixa Font Size exibe 12 pt.

● **Nota:** Você pode editar os atributos de todo o texto em um quadro selecionando o quadro com a ferramenta Selection. Para alterar os atributos de uma parte do texto dentro do quadro, utilize a ferramenta Type.

● **Nota:** É fácil confundir o menu Font Size (𝐓𝐓) com o menu Leading (𝐀𝐀). Certifique-se de alterar o tamanho da fonte, não o da entrelinha.

10 No painel Tools, selecione a ferramenta Selection (▶). Se necessário, arraste o quadro de rodapé para que o canto superior esquerdo cole à intersecção das guias horizontais e verticais que você criou antes.

▶ **Dica:** Quando nenhum item estiver selecionado, as alterações feitas no painel Character ou em outros painéis tornam-se suas configurações padrão para o documento ativo. Para não modificar seus padrões, certifique-se de que um objeto está selecionado antes de fazer alterações em um painel.

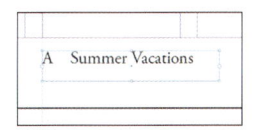

11 Clique no canto superior esquerdo do localizador de ponto de referência (▦), que está no canto superior esquerdo do painel Control. O painel Control deve exibir um valor X de 12p0.6 e um valor Y de 62p0.

12 Clique em uma área em branco da janela de documento ou escolha Edit > Deselect All para remover a seleção do quadro de texto.

Em seguida você vai duplicar o rodapé na página-mestre esquerda e posicionar a cópia na página-mestre direita.

13 Utilizando a ferramenta Selection (▶), selecione o quadro de texto do rodapé na página-mestre esquerda. Mantenha a tecla Alt (Windows) ou Option (Mac OS) pressionada e arraste o quadro de texto para a página-mestre direita, de modo que ele se encaixe nas guias, espelhando a página-mestre esquerda, como mostrado.

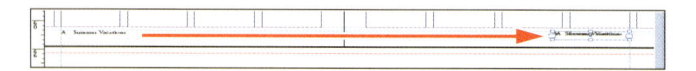

▶ **Dica:** Quando não selecionado, um item-mestre com uma linha pontilhada é mostrado ao longo da margem de sua caixa delimitadora. Isso ajuda a diferenciar os elementos-mestre dos objetos criados nas páginas de documento, cujas caixas delimitadoras são exibidas com linhas sólidas.

14 Certifique-se de que você pode ver a parte inferior da página-mestre direita. Se necessário, aumente a ampliação e role conforme necessário para visualizar o quadro de texto na parte inferior da página-mestre direita.

15 Selecione a ferramenta Type (T) e clique em qualquer lugar dentro do quadro de texto na página-mestre direita, criando um ponto de inserção.

16 Clique em Paragraph Formatting Controls (¶) no painel Control e, então, clique no botão Align Right.

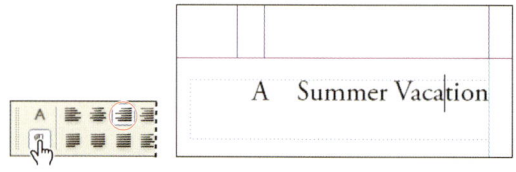

Clique em Paragraph Formatting Controls no lado esquerdo do painel Control para ver as opções de alinhamento.

O texto agora está alinhado à direita dentro do quadro de rodapé na página-mestre direita. Agora você modificará a página-mestre direita, inserindo o número de página à direita das palavras "Summer Vacations".

17 Exclua o espaço eme e o número de página no começo do rodapé.

18 Coloque o ponto de inserção no fim de "Summer Vacations" e, então, escolha Type > Insert Special Character > Markers > Current Page Number.

19 Posicione o ponto de inserção entre "Summer Vacations" e o caractere de número de página. Clique com o botão direito do mouse (Windows) ou clique mantendo Control pressionado (Mac OS) e, então, escolha Insert White Space > Em Space.

A   Summer Vacations   Summer Vacations   A

Os rodapés esquerdo e direito.

20 Feche ou encaixe o painel Character. Escolha Edit > Deselect All e então escolha File > Save.

Renomeie a página-mestre

Quando documentos contêm várias páginas-mestre, é recomendável renomear cada página-mestre com um nome mais descritivo. Você renomeará essa primeira página-mestre como "Grid – Footer".

1 Escolha Window > Pages se o painel Pages não estiver aberto. Confirme se a página-mestre A-Master ainda está selecionada. Escolha Master Options para "A-Master" no menu do painel Pages ( ).

2 Na caixa Name, digite **Grid – Footer** e clique em OK.

▶ **Dica:** Além de mudar o nome das páginas-mestre, você também pode utilizar a caixa de diálogo Master Options para alterar outras propriedades das páginas-mestre existentes.

Crie páginas-mestre adicionais

Você pode criar múltiplas páginas-mestre dentro de um documento. Você pode criá-las independentemente ou basear uma página-mestre em outra. Baseando páginas-mestre em outras, qualquer alteração nas páginas-mestre pai aparece nas páginas-mestre filhas.

Por exemplo, a página-mestre Grid – Footer é útil para a maioria das páginas no documento da lição e pode ser utilizada como base para outro conjunto de páginas-mestre que compartilham elementos-chave de layout, como margens e o caractere de número de página atual.

Para acomodar diferentes layouts, você vai criar um conjunto separado de páginas-mestre que contenha quadros de espaço reservado para texto e imagens. A página-mestre Placeholder será baseada na página-mestre Grid – Footer.

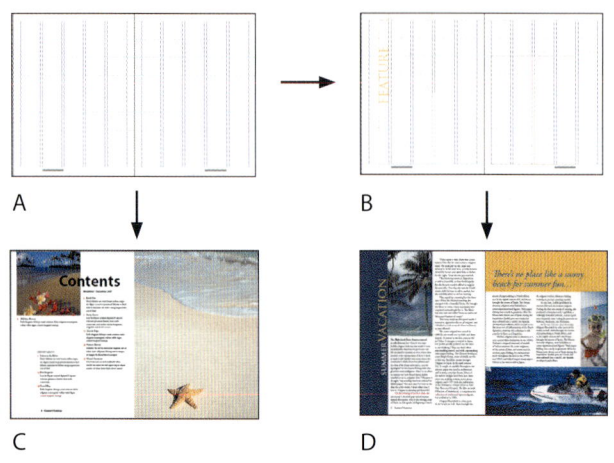

A. Mestre A-Grid – Footer
B. Mestre B-Placeholder
C. Páginas de documento baseadas no A-Grid – Footer
D. Páginas de documento baseadas no B-Placeholder

Crie uma página-mestre com espaços reservados

Em seguida, você vai criar uma segunda página-mestre que conterá espaços reservados de texto e imagens que aparecerão em seus artigos. Criando espaços reservados nas páginas-mestre, você pode assegurar um layout consistente entre artigos e não precisará criar quadros de texto para cada página em seu documento.

1 No painel Pages, escolha New Master no menu do painel Pages.

2 Na caixa Name, digite **Placeholder.**

3 No menu Based On Master, escolha A-Grid – Footer e clique em OK.

Observe que a letra A é exibida nos ícones de página B-Placeholder no painel Pages. Essa letra indica que a página-mestre A-Grid-Footer serve como base para a página-mestre B-Placeholder. Se você fosse alterar a página-mestre A-Grid-Footer, as alterações também seriam refletidas na página-mestre B-Placeholder. Note também que não é possível selecionar objetos da maneira convencional, como rodapés, a partir de outras páginas-mestre. Você vai aprender a selecionar e substituir itens de páginas-mestre mais adiante nesta lição.

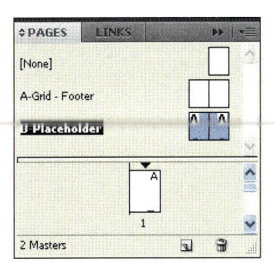

> **Dica:** Se todos os ícones de página-mestre não estiverem visíveis no painel Pages, clique na barra horizontal que separa os ícones de página-mestre dos ícones de página de documento e arraste para baixo até que os outros ícones de página-mestre estejam visíveis.

Adicione um quadro como espaço reservado

O primeiro espaço reservado contém o título do artigo em uma caixa de texto rotacionada.

1 Para centralizar a página esquerda na janela de documento, dê um clique duplo no ícone de página esquerda da página-mestre B-Placeholder no painel Pages.

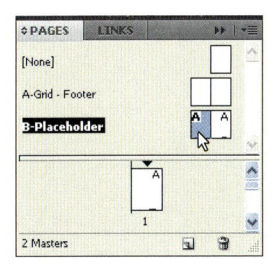

2 Selecione a ferramenta Type (T). Na área de trabalho fora da borda esquerda da primeira coluna, arraste para criar um quadro de texto que é ligeiramente mais largo do que a página e aproximadamente tão alto como um dos blocos de grade. Você posicionará e redimensionará esse quadro mais tarde.

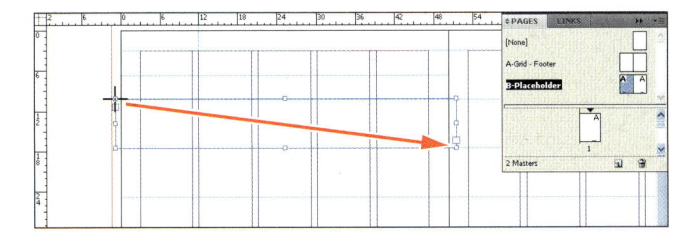

3 Com o ponto de inserção dentro do novo quadro de texto, digite **Season Feature**.

4 Dê um clique triplo no texto que você digitou no passo anterior para selecionar todos os caracteres no quadro.

5 Clique em Character Formatting Controls (A) no painel Control para visualizar as opções de formatação de caracteres. Escolha Trajan Pro no menu Font Family.

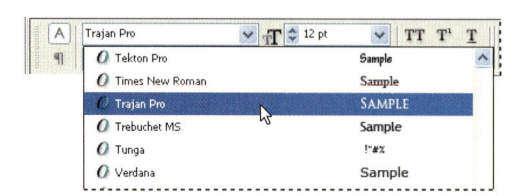

A família de fontes Trajan tem apenas letras maiúsculas, então o texto que você digitou aparece inteiramente em maiúsculas.

6 Dê um clique duplo na palavra "SEASON" para selecioná-la. No menu Font Size, no painel Control, selecione 36 pt. Em seguida, selecione a palavra "FEATURE" e selecione 60 pt no menu Font Size.

7 No painel Control, selecione Paragraph Formatting Controls (¶) e, então, clique no botão Align Center.

8 Selecione a ferramenta Selection (▶). O quadro de texto é selecionado. Clique e arraste a alça inferior do centro do quadro de texto o suficiente para que o quadro contenha o texto. Se o texto desaparecer, arraste a alça do quadro para baixo novamente para aumentá-lo. Quando terminar, escolha View > Fit Spread In Window para ampliá-lo.

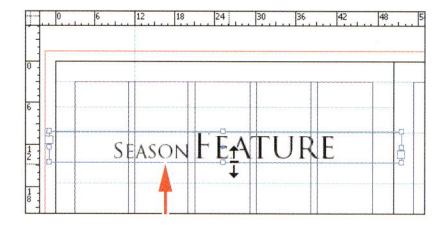

9 No painel Control, selecione o ponto superior esquerdo do localizador de ponto de referência (▦). Clique no botão Rotate 90° Counter-clockwise (↺) no centro do painel Control.

10 Arraste o quadro de texto girado para que a margem superior cole às guias de margem na parte superior da página e a borda direita adira à guia da coluna direita na coluna na extremidade esquerda. Então arraste a alça central na parte inferior do quadro para esticá-lo até a margem inferior da página.

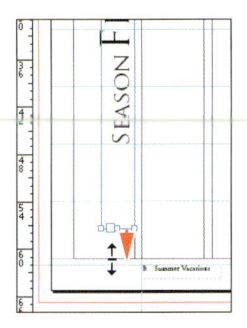

11 Clique em uma área em branco da página ou da área de trabalho para remover a seleção e, então, escolha File > Save para salvar o documento.

Adicione quadros como espaços reservados para elementos gráficos

Você criou o quadro de texto de espaço reservado para o título do artigo. Em seguida, você vai adicionar dois quadros de imagens à página-mestre B-Placeholder. Semelhante aos quadros de texto, esses quadros atuam como espaços reservados em páginas de documento, ajudando a manter um design consistente.

Embora a ferramenta Rectangle (☐) e a ferramenta Rectangle Frame (⊠) sejam mais ou menos intercambiáveis, a ferramenta Rectangle Frame, que inclui um X não-imprimível, é comumente utilizada para criar espaços reservados para elementos gráficos.

● **Nota:** Não é necessário construir quadros de espaço reservado para cada documento que você cria. Para alguns documentos menores, você pode não precisar criar páginas-mestre e quadros de espaço reservado.

Criar uma guia antes de desenhar facilita o posicionamento de quadros de imagens.

1 Escolha View > Grids & Guides e confirme se a opção Snap To Guides está selecionada.

2 Arraste uma guia de régua a partir da régua horizontal para a localização de 34 paicas na página-mestre esquerda. A localização atual (valor Y) é exibida à medida que você arrasta. Solte o botão do mouse quando 34p0 é exibido.

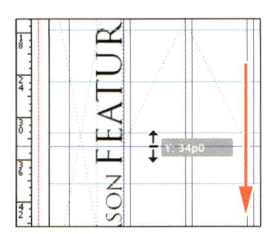

Para certificar-se de que a guia esteja na localização de 34 paicas, selecione a ferramenta Selection (▸) e clique na guia para selecioná-la (a guia muda de cor). Então digite **34p** na caixa Y do painel Control e, então, pressione Enter ou Return.

3 Clique em uma área em branco da página ou na área de trabalho para desmarcar e então selecione a ferramenta Rectangle Frame (⊠) no painel Tools.

4 Posicione o cursor na forma de uma cruz na guia de sangrado fora da borda superior esquerda da página em X 11p0 e Y-1p6. À medida que o cursor na forma de uma cruz se move, suas coordenadas X e Y são exibidas nas caixas X Location e Y Location no painel Control.

5 Clique e arraste para criar um quadro que se estende para baixo a partir da guia de sangrado acima do topo da página até a guia horizontal configurada na localização 34 paicas e em relação à guia de coluna na posição 29p1.8.

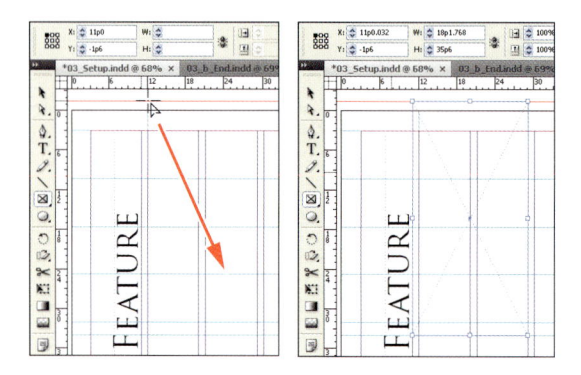

6 Agora você vai adicionar um quadro de gráfico de espaço reservado à página-mestre à direita. Siga os passos 2 a 5 anteriores, só que agora arraste uma guia para baixo até a localização de 46 paicas na página-mestre direita.

7 Desenhe um quadro retangular que se estende horizontalmente a partir da lombada ao longo da borda esquerda da página-mestre direita até a guia de sangrado fora da borda direita da página. A borda superior do quadro deve se alinhar com a guia que você criou no passo anterior; a borda inferior deve se alinhar com a guia de sangrado abaixo da parte inferior da página.

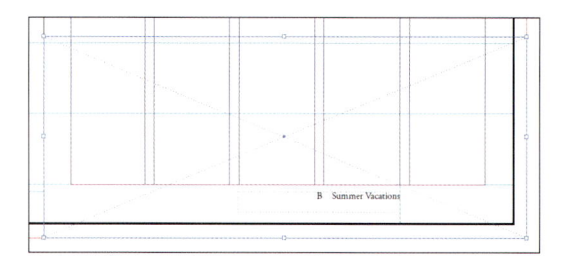

8 Escolha File > Save.

Fluxo do texto em torno de um elemento gráfico

Você pode aplicar um texto em contorno a um quadro de espaço reservado em uma página-mestre para posicionar o texto em torno do quadro em qualquer página à qual a página-mestre é aplicada.

1. Utilizando a ferramenta Selection (▶), selecione o quadro de imagens de espaço reservado que você criou na página-mestre esquerda.

2. Escolha Window > Text Wrap para abrir o painel Text Wrap e, então, selecione Wrap Around Bounding Box (▣) para recorrer o texto em torno do quadro.

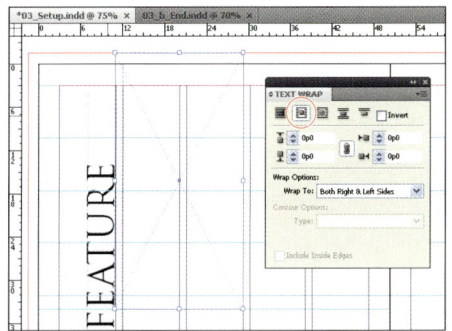

O recurso para recorrer o texto aplicado em torno do quadro de imagens.

3. Certifique-se de que o ícone Make All Settings The Same (⚙) está desmarcado no painel Text Wrap e então digite **1p0** na caixa Bottom Offset. Pressione Enter ou Return. Um limite de texto em contorno visível aparece na parte inferior do quadro.

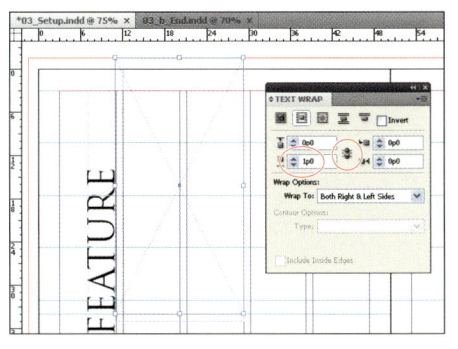

O deslocamento de texto recorrido foi aplicado em torno do quadro de imagens.

4. Utilizando a ferramenta Selection (▶), selecione o quadro de imagens de espaço reservado que você criou na página-mestre direita. Repita o passo 3, mas dessa vez digite **1p0** na caixa Top Offset, deixando todas as outras configurações de deslocamento em 0p0. Pressione Enter ou Return. Um limite de texto em contorno visível aparece na parte superior do quadro.

5. Feche o painel Text Wrap e escolha File > Save.

Desenhe formas coloridas

Agora você vai adicionar um quadro de fundo para a barra de título e outro na parte superior da página-mestre direita. Esses elementos aparecem em todas as páginas às quais o mestre B-Placeholder foi aplicado.

1 Escolha Edit > Deselect All porque os próximos passos não requerem um objeto selecionado.

2 Escolha View > Fit Page In Window e role para que você possa ver a página-mestre direita inteira.

3 Selecione a ferramenta Selection (▶) e arraste uma nova guia a partir da régua horizontal até a localização 16 paicas. Então clique em uma área em branco para remover a seleção da guia.

Ao selecionar e arrastar quadros, é comum mover as guias acidentalmente.

▶ **Dica:** O comando Lock Guides também está disponível no menu contextual quando você clica com o botão direito do mouse (Windows) ou clica com control pressionada (Mac OS) em uma área em branco da página ou área de trabalho.

4 Escolha View > Grids & Guides > Lock Guides.

5 Escolha Window > Swatches para abrir o painel Swatches.

6 Selecione a ferramenta Rectangle Frame (⊠) no painel Tools. Posicione o cursor onde as guias de sangrado se interseccionam fora do canto superior direito da página-mestre direita. Clique e arraste, desenhando um quadro que se estende horizontalmente até a lombada e verticalmente até a guia horizontal na posição 16 paicas.

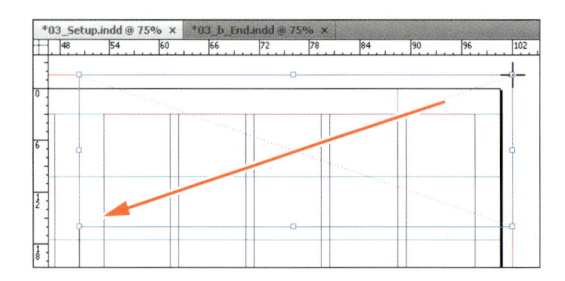

7   No canto superior esquerdo do painel Swatches, clique na caixa Fill (■) e então clique em [Paper] na lista de amostras para configurar [Paper] como a cor do espaço reservado para o quadro. Note que a caixa Fill também está na frente da caixa Stroke no painel Tools.

8   Role para que você possa ver a página-mestre esquerda inteira.

9   Ainda utilizando a ferramenta Rectangle Frame (⊠), posicione o cursor onde as guias de sangrado se interseccionam fora do canto superior esquerdo da página-mestre esquerda. Clique e arraste, desenhando um quadro que se estende horizontalmente até a borda direita da primeira coluna e verticalmente até a guia de sangrado abaixo da parte inferior da página. Repita o passo 7 para preencher o quadro com [Paper]. Note que o quadro novo bloqueia a visualização do quadro de texto de espaço reservado.

10 Com o novo quadro ainda selecionado, escolha Object > Arrange > Send To Back.

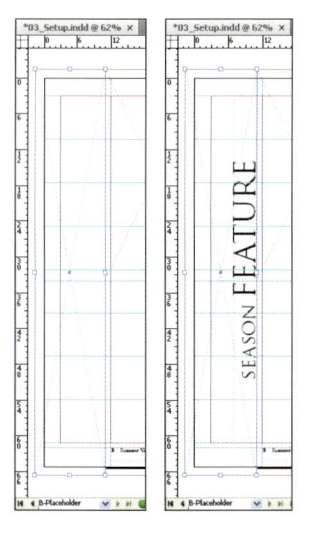

11 Escolha Edit > Deselect All e depois File > Save.

Crie quadros de texto com colunas

Você adicionou espaços reservados de lugar para o título, a imagem e dois quadros de fundo para as páginas-mestre B-Placeholder. Para terminar a página-mestre B-Placeholder, você vai criar os quadros de texto para o texto da matéria.

1 Selecione a ferramenta Type (T) e, na página-mestre esquerda, posicione o cursor na intersecção das guias das margens direita e inferior. Arraste para desenhar um quadro de texto com oito linhas de altura e quatro colunas de largura. O quadro deve se estender verticalmente até a margem superior e horizontalmente até a margem esquerda da segunda coluna.

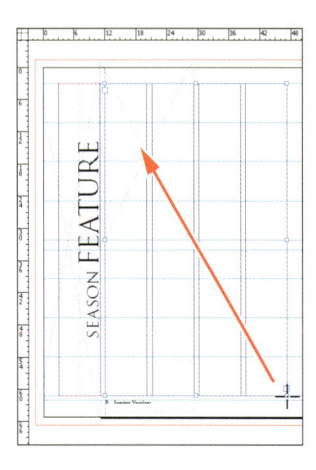

2 Escolha View > Fit Spread In Window. Feche ou oculte todos os painéis, conforme necessário, para visualizar a página espelhada.

3 Na página-mestre direita, posicione o cursor na intersecção da margem esquerda e no topo da terceira linha e então arraste para criar um quadro de texto com seis linhas de altura e quatro colunas de largura, aderindo às guias como mostrado.

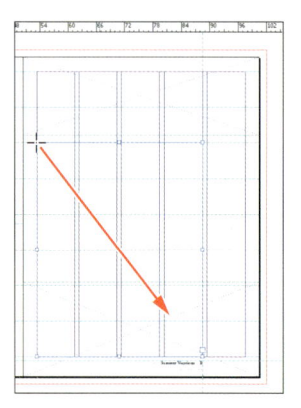

Em seguida, certifique-se que cada um dos quadros de texto da matéria principal tem duas colunas.

4 Selecione a ferramenta Selection (▸) e clique com Shift pressionada para selecionar os dois quadros de texto que você acabou de criar nas páginas-mestre esquerda e direita.

5 Escolha Object > Text Frame Options. Na seção Columns da caixa de diálogo Text Frame Options, altere o valor na caixa Number para 2. Clique em OK para fechar a caixa de diálogo das opções Text Frame e aplicar sua modificação.

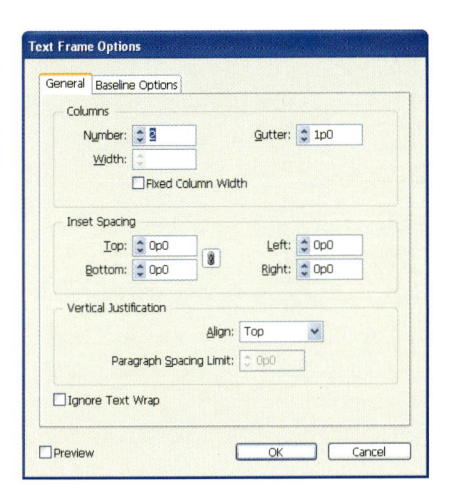

Cada um dos quadros de texto da matéria principal terá duas colunas de texto. Para fazer o texto fluir de um quadro de texto para o quadro seguinte, você os encadeará.

6 Com a ferramenta Selection (↖), clique na porta de saída no canto inferior direito do quadro de texto na página-mestre esquerda. Posicione o cursor sobre o quadro de texto na página-mestre à direita de modo que ele mude de um ícone de texto carregado (▤) para um ícone encadeado (🔗) e, então, clique. Os quadros de texto agora estão vinculados.

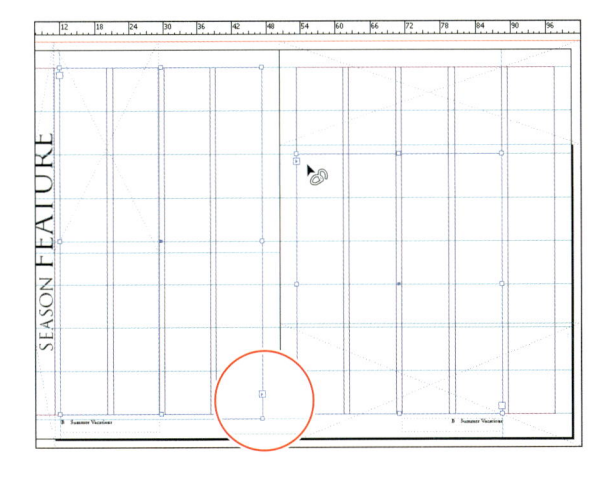

● **Nota:** Escolha View > Show Text Threads para ver a representação visual dos quadros encadeados. É possível encadear quadros de texto, independentemente de eles conterem texto ou não.

7 Escolha File > Save.

Aplique páginas-mestre a páginas de documento

Agora que você criou todas as páginas-mestre, é hora de aplicá-las às páginas do seu layout. Por padrão, todas as páginas de documento são formatadas com a página-mestre A-Grid – Footer. Você aplicará a página-mestre B-Placeholder às páginas apropriadas. É possível aplicar páginas-mestre a páginas de documento arrastando os ícones de página-mestre até os ícones de página de documento ou utilizando uma opção de menu do painel Pages. Em documentos grandes, pode ser mais fácil exibir os ícones de página horizontal no painel Pages.

1 Escolha Panel Options no menu do painel Pages.

2 Na seção Pages da caixa de diálogo Panel Options, desmarque Show Vertically e escolha Small no menu Size. Clique em OK.

3 Se todos os ícones de página-mestre não estiverem visíveis, posicione o cursor acima da barra horizontal, localizada abaixo das páginas-mestre. Clique e arraste para baixo para que você veja todas as páginas-mestre. Então posicione o cursor no canto inferior direito do painel Pages, clique e arraste o canto inferior direito do painel Pages para baixo o máximo que puder, até visualizar todas as páginas.

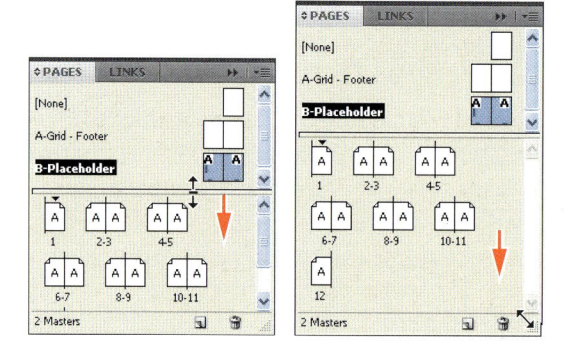

Agora que você pode ver todos dos ícones de página no painel Pages, você aplicará o mestre B-Placeholder às páginas no documento que irão conter os artigos.

4 Clique no nome B-Placeholder, arraste o nome para baixo e posicione-o no canto inferior esquerdo do ícone da página 6 ou no canto inferior direito do ícone da página 7. Quando uma caixa aparecer em torno de ambos os ícones de página representando a página espelhada, solte o botão do mouse.

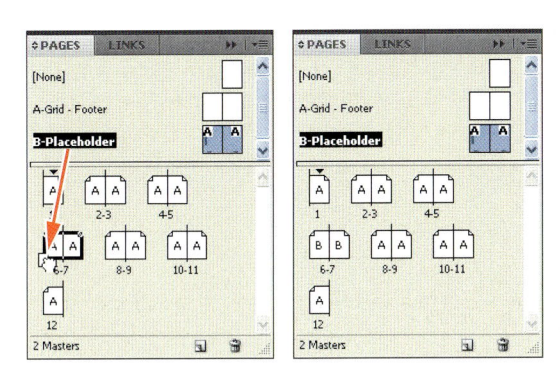

As páginas-mestre B-Placeholder são aplicadas às páginas 6 e 7, como indicado pela letra B nos ícones da página. Em vez de arrastar a página-mestre B-Placeholder para as páginas espelhadas restantes, você utilizará um método diferente para aplicar páginas-mestre.

5 Escolha Apply Master To Pages no menu do painel Pages. No menu Apply Master, escolha B-Placeholder. Na caixa To Pages, digite **8-11**. Clique em OK.

Note que as páginas 6-11 no painel Pages agora estão formatadas com a página-mestre B-Placeholder. A página 12 requer formatação individual sem numeração de página, portanto, não é exigida formatação de página-mestre para essa página.

6 No painel Pages, clique e arraste a página-mestre [None] sobre o ícone da página 12. Solte o botão do mouse quando uma caixa aparecer em torno do ícone de página.

Certifique-se de que a página-mestre A-Grid – Footer foi atribuída às páginas 1-5 e de que a página-mestre B-Placeholder foi atribuída às páginas 6-11; nenhuma página-mestre deve ser atribuída à página 12.

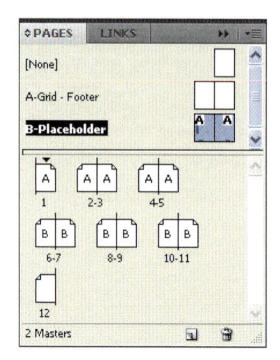

7 Escolha File > Save.

Adicione seções para alterar a numeração de página

A revista em que você está trabalhando exige um material introdutório que é numerado em algarismos romanos e letras minúsculas (i, ii, iii e assim por diante). Você pode utilizar diferentes tipos de numeração de página adicionando uma seção. Vamos iniciar uma nova seção na página 2 para criar uma numeração de página em números romanos e depois iniciar outra seção na página 6 para reverter para números arábicos e reiniciar a sequência de numeração.

1 No painel Pages, dê um clique duplo no ícone da página 2.

2 Escolha Numbering & Section Options no menu do painel Pages. Na caixa de diálogo New Section, certifique-se de que as opções Start Section e Automatic Page Numbering estejam selecionadas.

3 Escolha i, ii, iii, iv... no menu Style na seção Page Numbering da caixa de diálogo. Clique em OK.

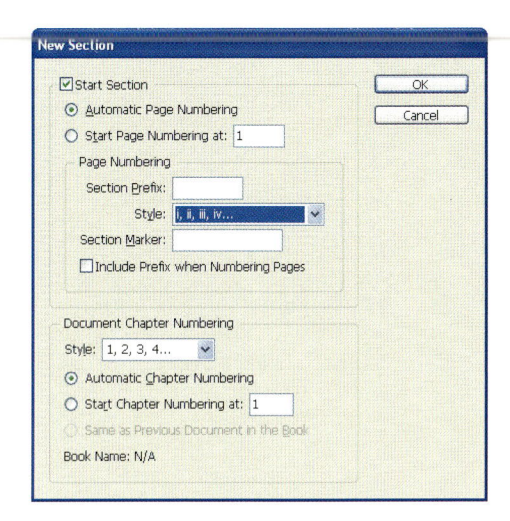

4 Observe os ícones de página no painel Pages. Iniciando com a página 2, os números agora aparecem como numerais romanos nos rodapés das páginas.

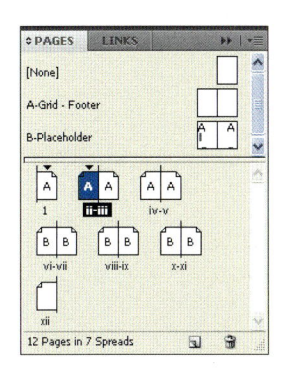

O triângulo acima da página ii indica o início de uma seção.

Agora você especifica que o documento usa números arábicos da página 6 até o final do documento.

5 Selecione a página 6 (vi) no painel Pages clicando uma única vez.

6 Escolha Numbering & Section Options no menu do painel Pages.

● **Nota:** Dar um único clique em uma página define-a para propósitos de edição. Se quiser navegar para uma página, dê um clique duplo na página no painel Pages.

7 Na caixa de diálogo New Section, certifique-se de que Start Section está selecionado.

8 Selecione Start Page Numbering At e digite **2** para iniciar a numeração de seção na página 2.

9 No menu Style, selecione 1, 2, 3, 4...e clique em OK.

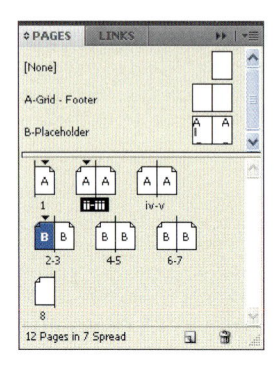

Agora as páginas estão adequadamente renumeradas. Observe que um triângulo preto aparece acima das páginas 1, ii e 2 no painel Pages, indicando o início de uma nova seção.

10 Escolha File > Save.

Adicione novas páginas

É possível adicionar novas páginas ao seu documento. Agora, vamos colocar duas páginas extras.

1 No menu do painel Pages, escolha Insert Pages.

2 Digite **2** na caixa Pages, escolha At End Of Document no menu Insert e então escolha B-Placeholder no menu Master.

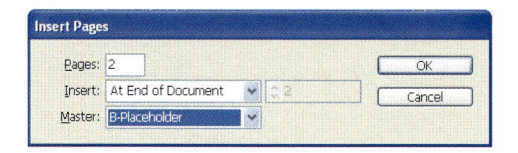

3 Clique em OK. Duas páginas são adicionadas ao final do documento, utilizando o B-Placeholder como mestre.

Organize e exclua páginas

No painel Pages, você pode organizar a sequência das páginas e excluir páginas extras.

1 No painel Pages, dê um clique duplo no ícone da página 8 e, então, clique nele e arraste-o para a direita do ícone da página 10. Quando você vir uma barra preta à direita da página 10, solte o botão do mouse. A página 8 é movida para a posição da página 10 e as páginas 9 e 10 são movidas para as posições de 8 e 9, respectivamente.

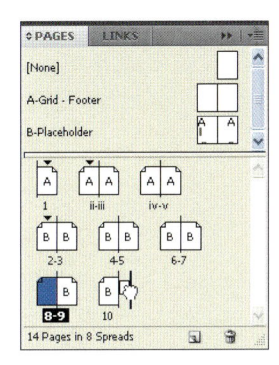

2 Dê um clique duplo no número de páginas abaixo do ícone de página espelhada para as páginas 8 e 9 a fim de selecionar ambas as páginas.

3 Clique no botão Delete Selected Pages na parte inferior do painel. As páginas 8 e 9 são excluídas do documento.

Insira texto e imagens nas páginas de documento

Agora que a estrutura da publicação de 12 páginas está determinada, você está pronto para formatar os artigos individuais. Para ver como as alterações feitas nas páginas-mestre afetam as páginas do documento, adicione texto e imagens às páginas espelhadas nas páginas 2 e 3.

1 No painel Pages, dê um clique duplo no ícone da página 2 (não na página ii) para centralizá-la na janela de documento.

Note que, como a página-mestre B-Placeholder é atribuída à página 2, a página inclui a grade, os rodapés e os quadros de espaço reservado na página-mestre B-Placeholder.

Para importar texto e elementos gráficos de outros aplicativos, como imagens do Adobe Photoshop ou texto do Microsoft Word, você utilizará o comando Place.

2   Escolha File > Place. Abra a pasta Lesson_03 na sua pasta InDesignCIB e dê um clique duplo no arquivo 03_d.psd.

O cursor torna-se um ícone de elementos gráficos carregados ( ) e exibe uma visualização da imagem.

▶ **Dica:** Os parênteses aparecem quando o InDesign reconhece um quadro preexistente embaixo do ícone (cursor do mouse carregado) ao importar texto ou imagens para seu layout. O InDesign utiliza o quadro existente em vez de criar um novo quadro de texto ou de imagem.

3   Posicione o ícone de imagens carregadas sobre o quadro de espaço reservado para elemento gráfico na página 2 de modo que o cursor apareça entre parênteses ( ) e clique. Talvez seja necessário mover o ícone de elementos gráficos carregados em direção à parte superior do quadro do espaço reservado para ver o ícone entre parênteses.

4   Para posicionar a imagem corretamente, escolha Object > Fitting > Center Content. Clique em uma área em branco da página para desmarcar todos os objetos ou escolha Edit > Deselect All.

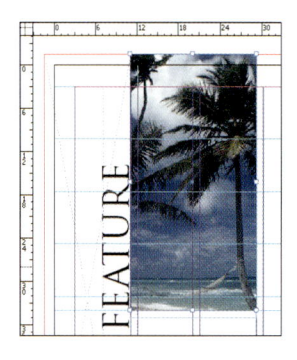

▶ **Dica:** Se um quadro estiver selecionado quando você inserir um arquivo, o conteúdo do arquivo será adicionado ao quadro selecionado. Você pode evitar isso removendo a seleção de objetos antes de importar, ou removendo a seleção de Replace Selected Item na caixa de diálogo Place ao importar um arquivo.

5   Repita os passos 2 a 4, exceto que dessa vez insira a imagem 03_e.psd no quadro do espaço reservado na parte inferior da página 3. Talvez você precise mover o ícone de elementos gráficos carregados em direção à direita do quadro do espaço reservado para ver o ícone entre parênteses. Em vez de centralizar o conteúdo, escolha Object > Fitting > Fill Frame Proportionally.

6   Para ter certeza de que nada está selecionado, escolha Edit > Deselect All. Escolha então File > Place e dê um clique duplo em 03_c.doc, que é um arquivo de texto criado no Microsoft Word.

O cursor assume a forma de um ícone de texto carregado (), com uma visualização das primeiras linhas de texto que você está adicionando.

Com o ícone de texto carregado, você pode arrastar para criar um quadro de texto ou clicar dentro de um quadro de texto existente. Quando você move o ícone de texto carregado sobre um quadro de texto existente, o ícone aparece entre parênteses.

Você pode clicar para inserir o texto em um quadro individual não-encadeado, ou para fazer com que o texto flua automaticamente nos quadros encadeados, o que será feito a seguir.

7 Posicione o ícone do texto carregado em qualquer lugar dentro do quadro de texto na parte inferior da página 2. Observe que os parênteses são exibidos em torno do ícone. Clique com o botão do mouse.

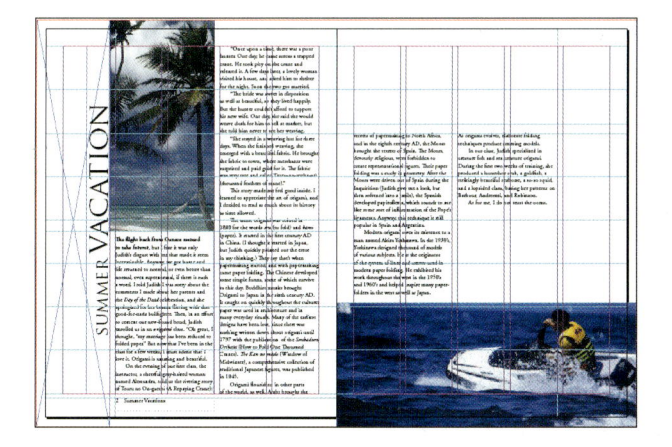

● **Nota:** Nas versões anteriores do InDesign, era necessário manter pressionada a tecla Shift ao posicionar o texto para que ele fluísse automaticamente nos quadros encadeados do espaço reservado. Os novos controles Smart Text Reflow no painel Type do diálogo InDesign CS4 Preferences permitem controlar como o texto flui quando posicionado.

O texto flui pelos quadros de texto nas páginas 2 e 3, contornando as imagens de acordo com o que você configurou nas páginas-mestre. Se esses quadros não tivessem sido encadeados, o texto só fluiria no quadro do texto na página 2 e resultaria em um texto com excesso de tipos. Nessa situação, você ainda poderia fluir manualmente o texto entre a página 2 e 3.

● **Nota:** Se o texto não fluiu como indicado, escolha Edit > Undo Place e reposicione o cursor para que ele fique em um quadro de texto de duas colunas.

8 Escolha Edit > Deselect All.
9 Escolha File > Save.

Substitua itens de página-mestre em páginas de documento

Os espaços reservados que você adicionou às páginas-mestre aparecem nas páginas de documento. O InDesign impede que você mova ou exclua acidentalmente esses objetos exigindo que você substitua ou destaque os itens-mestre para selecionar e editar aqueles itens nas páginas de documento. Agora você vai substituir a palavra "SEASON" por "SUMMER" e "FEATURE" por "VACATION". Editar esse texto requer selecionar o quadro de página-mestre que contém o texto "SEASON FEATURE". Você também vai colorir o texto.

1   Para certificar-se de que você está na página 2, selecione a página 2 na caixa Page no canto inferior esquerdo da janela de documento.

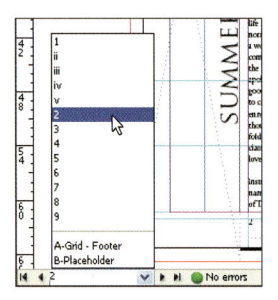

2   Se necessário, ajuste sua visualização para que possa ver o texto "SEASON FEATURE" na página 2. Com a ferramenta Selection ( ), tente selecionar esse quadro de texto clicando nele.

Não é possível selecionar os itens de página-mestre nas páginas de documento simplesmente clicando. Entretanto, mantendo uma tecla modificadora pressionada no teclado, você pode selecionar um objeto de página-mestre como esse quadro de texto.

3   Mantenha Shift+Ctrl (Windows) ou Shift+Command (Mac OS) pressionadas e clique no quadro de espaço reservado de título no lado esquerdo da página 2 para selecioná-lo.

4   Utilizando a ferramenta Type (T), dê um clique duplo na palavra "SEASON" para selecioná-la e digite **SUMMER.**

5   Dê um clique duplo na palavra "SUMMER" para selecioná-la. No painel Swatches, selecione a caixa Fill ( ) e escolha [Paper] para tornar o texto branco.

6   Utilizando a ferramenta Type (T), dê um clique duplo na palavra "FEATU-RE" e digite **VACATION**. Selecione a palavra VACATION dando um clique duplo nela.

Em seguida você vai utilizar a ferramenta Eyedropper para escolher uma cor em um elemento gráfico importado e aplicá-la ao texto selecionado e, posteriormente, para aplicar cores a outros elementos.

7   Dê um clique duplo no ícone da página 3 no painel Pages para centralizar a página na janela de documento. No painel Tools, selecione a ferramenta Zoom (🔍) e arraste uma moldura em torno da imagem do homem com o colete salva-vidas para ampliar a imagem.

8   No painel Tools, certifique-se de que a caixa Text Fill (T) é exibida e, então, selecione a ferramenta Eyedropper (✒). Mova a dica da ferramenta Eyedropper sobre a área amarela no colete salva-vidas e clique para selecioná-la. A cor em que você clica torna-se a cor de preenchimento que é aplicada ao texto que você selecionou.

9   Escolha View > Fit Spread In Window. Note que mesmo usando outras ferramentas, o texto ainda está selecionado. Escolha Edit > Deselect All.

10 Escolha a ferramenta Selection (▸) e pressione Shift+Ctrl (Windows) ou Shift+Command (Mac OS) e clique no quadro de retângulo que você criou na parte superior da página 3 para selecioná-lo. Utilize a ferramenta Eyedropper como você fez no passo 8 para preencher o quadro com a mesma cor amarela. Escolha Edit > Deselect All.

● **Nota:** Embora você tenha criado esses quadros em uma página-mestre, eles aparecem na página de documento que você está formatando atualmente, uma vez que a página-mestre foi aplicada a essa página de documento.

11 Selecione a ferramenta Selection (▸) novamente. Pressione Shift+Ctrl (Windows) ou Shift+Command (Mac OS) e clique no quadro retangular alto na borda mais à esquerda da página 2 para selecioná-lo. Dessa vez, utilize a ferramenta Eyedropper para selecionar uma cor azul escuro a partir da imagem da palmeira na página 2 como a cor de preenchimento.

12 Escolha Edit > Deselect All.

13 Escolha File > Save.

Gire páginas espelhadas

Em alguns casos, talvez você queira girar todo o conteúdo em uma página ou página espelhada para que os leitores visualizem um determinado layout com mais facilidade. Por exemplo, uma revista de tamanho padrão com páginas em uma orientação de retrato poderia exibir uma página de calendário com uma orientação horizontal. É possível exibir essa página girando todos os objetos em 90°, mas você teria de virar a cabeça ou girar o monitor para modificar o layout e editar o texto. Para facilitar a edição, você pode girar – e "desgirar" – páginas espelhadas. Para um exemplo desse recurso, abra o documento 03_End.indd na pasta Lesson _03.

1 No painel Pages, dê um clique duplo na página 4 para centralizá-la na janela de documento.

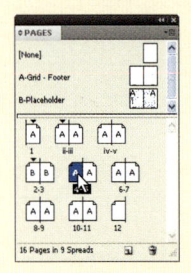

2 Escolha View > Rotate Spread > 90° CW.

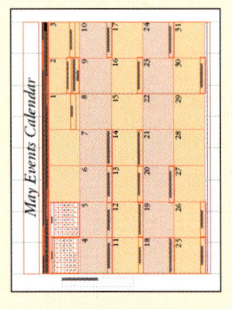

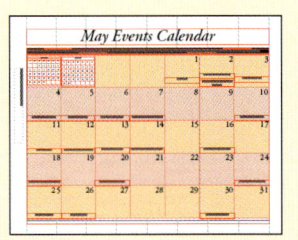

Depois que você gira a página espelhada (direita), é mais fácil trabalhar com os objetos na página.

3 Escolha View > Rotate Spread > Clear Rotation.
4 Feche o documento sem salvar as modificações.

Visualize a página espelhada completa

Agora você vai ocultar as guias e quadros para ver a página espelhada pronta.

1 Escolha View > Fit Spread In Window e oculte todos os painéis, se necessário.

2 Escolha View > Screen Mode > Preview para ocultar todas as guias, grades, bordas de quadro e a área de trabalho.

▶ **Dica:** Para ocultar ou exibir todos os painéis, incluindo o painel Tools e o painel Control, pressione Tab.

Você formatou o documento de 12 páginas o suficiente para ver como a adição de objetos às páginas-mestre ajuda a manter um design consistente por todo o documento.

3 Escolha File > Save.

Parabéns. Você concluiu a lição.

Explore por conta própria

Uma boa maneira de reforçar as técnicas aprendidas nesta lição é praticá-las. Tente fazer alguns dos exercícios a seguir para se familiarizar mais com as técnicas do InDesign.

1 Coloque outra fotografia na terceira coluna de texto na página 3. Utilize a imagem 03_f.psd que está dentro da pasta Lesson_03. Para ver como completar esse passo, abra o arquivo 03_End.indd na pasta Lesson_03 e utilize o painel Pages para exibir a página 3.

2 Adicione uma citação de abertura. Utilizando a ferramenta Type (T), arraste um quadro de texto sobre o retângulo amarelo na página 3. Digite **There's no place like a sunny beach for summer fun...** Dê um clique triplo no texto e utilize o painel Control ou o painel Character para formatar o texto utilizando a fonte, o tamanho, o estilo e as cores de sua escolha.

3 Utilize a ferramenta Rotate no painel Tools para girar o quadro de texto "title", testando diferentes cantos ou bordas do localizador de ponto de referência (▦) no painel Control e observe a diferença nos resultados.

4 Crie um novo conjunto de páginas-mestre para uma página espelhada que você poderia utilizar para a continuação dessa matéria. Nomeie a nova página-mestre como **C-Next** e escolha A-Grid – Footer no menu Based On Master. Então crie os quadros de espaço reservado para o texto e os elementos gráficos, dando à página espelhada um arranjo diferente daquele das páginas-mestre B-Placeholder. Quando terminar, aplique as páginas-mestre C-Next às páginas 4 e 5 do documento.

Perguntas de revisão

1 Quais as vantagens de adicionar objetos a páginas-mestre?
2 Como o esquema de numeração de página é alterado?
3 Como selecionar um item de página-mestre em uma página de documento?

Respostas

1 Adicionando objetos como guias, rodapés e quadros de espaço reservado a páginas-mestre, você pode manter um layout consistente nas páginas às quais a página-mestre é aplicada.

2 No painel Pages, selecione o ícone de página em que você quer que a nova numeração de página inicie. Em seguida, escolha Numbering & Section Options no menu do painel Pages e especifique o novo esquema de numeração de página.

3 Mantenha as teclas Shift+Ctrl (Windows) ou Shift+Command (Mac OS) pressionadas e clique no objeto para selecioná-lo. Então, você pode editar, excluir ou manipular o objeto.

4 TRABALHANDO COM QUADROS

Visão geral da lição

Nesta lição, você vai aprender a:

- Modificar quadros utilizando as ferramentas Direct Selection e Selection
- Redimensionar e dar nova forma aos quadros de texto e elementos gráficos
- Distinguir entre caixas delimitadoras (bounding boxes) e seus quadros (frames)
- Cortar um elemento gráfico
- Dimensionar e mover uma imagem para dentro de um quadro de gráfico
- Converter um quadro de imagens em um quadro de texto
- Converter formas de um tipo para outro
- Fazer o texto contornar um objeto
- Criar e girar um quadro de polígono
- Alinhar objetos gráficos
- Trabalhar com grupos

Esta lição levará aproximadamente 90 minutos.

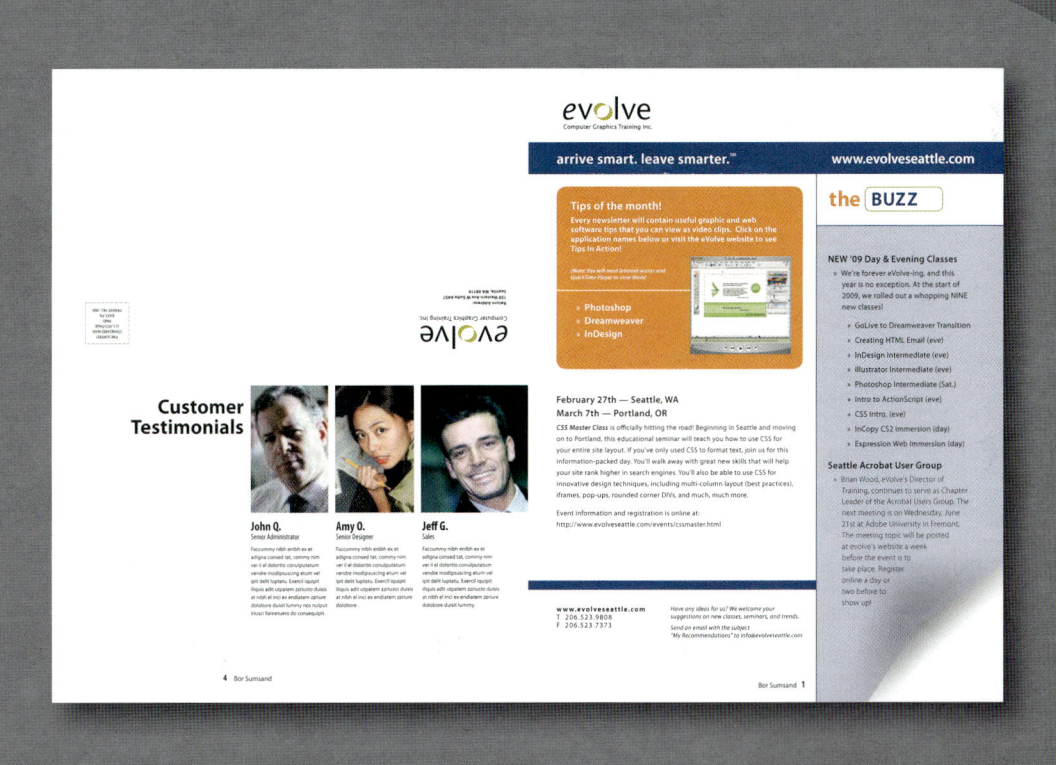

Os quadros do InDesign podem conter texto, elementos gráficos ou cores. À medida que trabalha com os quadros, você descobrirá que o InDesign oferece excelente flexibilidade e controle em relação ao seu design.

Introdução

Nesta lição, você vai trabalhar em um conjunto de páginas espelhadas que compõem um boletim de quatro páginas adicionando texto e imagens e ajustando o layout para obter o design que você quer.

● **Nota:** Se você ainda não copiou os arquivos de recurso desta lição do CD do Adobe InDesign CS4 Classroom in a Book para o seu disco rígido, faça isso agora. Veja "Copie os arquivos do Classroom in a Book", na página 14.

1 Para assegurar que as configurações de preferência e configurações padrão do seu programa Adobe InDesign CS4 correspondam àquelas utilizadas nesta lição, mova o arquivo InDesign Defaults para uma pasta diferente seguindo o procedimento em "Salve e restaure o arquivo InDesign Defaults" na página 14.

2 Inicie o Adobe InDesign CS4. Para assegurar que os comandos de painéis e menu correspondam àqueles utilizados nesta lição, escolha Window > Workspace> [Advanced] e depois Window > Workspace > Reset Advanced. Para começar, você abrirá um documento do InDesign parcialmente completado.

3 Escolha File > Open e abra o arquivo 04_a_Start.indd na pasta Lesson_04, localizada na pasta Lessons dentro da pasta InDesignCIB no disco rígido.

● **Nota:** Enquanto você faz a lição, mova os painéis ou altere a ampliação para um nível que funciona melhor para você.

4 Escolha File > Save As, renomeie o arquivo como 04_Frames.indd e salve-o na pasta Lesson_04.

5 Para ver como é o documento concluído, abra o arquivo 04_b_End.indd na mesma pasta. Você pode deixar esse documento aberto como um guia enquanto trabalha. Quando estiver pronto para retomar o trabalho no documento de lição, escolha Window > 04_Frames.indd.

O boletim desta lição contém dois conjuntos de páginas espelhadas: a página espelhada à esquerda contém a página 4 (o verso) e a página 1 (a capa); a página espelhada à direita contém as páginas 2 e 3 (a página espelhada central). (O comando Numbering & Section Options [menu Layout] foi utilizado para iniciar o layout em uma página par.)

Trabalhe com camadas

Por padrão, um documento novo contém apenas uma camada (chamada Layer 1). Você pode renomear a camada e adicionar mais camadas a qualquer hora enquanto cria o documento. Colocar objetos em diferentes camadas permite organizá-los para fácil seleção e edição. No painel Layers, você pode selecionar, exibir, editar e imprimir diferentes camadas individualmente, em grupos ou todas de uma só vez.

O documento 04_Frames.indd tem duas camadas. Você experimentará essas camadas para aprender como a ordem das camadas e a colocação de objetos em camadas podem afetar significativamente o design do documento.

Sobre camadas

Todo documento do InDesign tem pelo menos uma camada e é possível adicionar o número de camadas que você quiser. Pense nas camadas como folhas transparentes empilhadas umas sobre as outras. Ao criar um objeto, você pode inseri-lo na camada que preferir e também mover objetos entre camadas. Cada camada contém seu próprio conjunto de objetos.

Utilizando múltiplas camadas, você pode criar e editar áreas ou tipos de conteúdo específicos no documento sem afetar outras áreas ou tipos de conteúdo. Por exemplo, se um documento é impresso lentamente porque tem muitos elementos gráficos grandes, é possível usar uma camada só para o texto no documento; então, quando for a hora de imprimir as provas para leitura do texto, você pode ocultar todas as outras camadas e imprimir rapidamente apenas a camada de texto. Você também pode utilizar camadas para exibir ideias de design alternativas para o mesmo layout ou versões diferentes de anúncios para regiões diferentes.

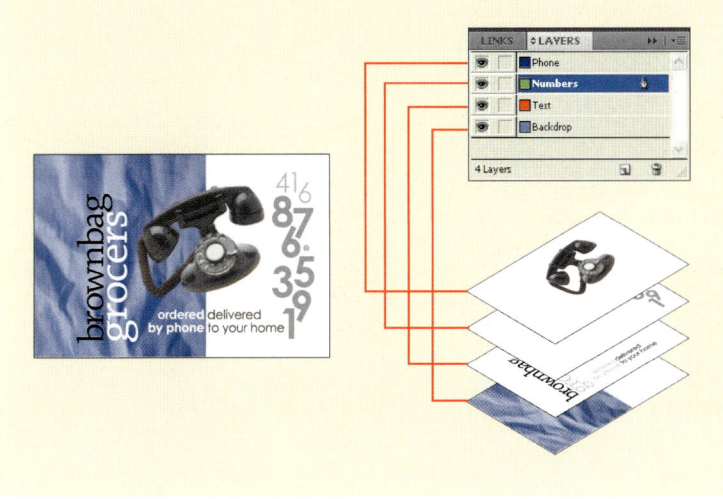

1 Clique na guia do painel Layers ou escolha Window > Layers.

2 Se a camada Text não estiver selecionada no painel Layers, clique para selecioná-la. Note que um ícone de caneta (✒) aparece à direita do nome da camada. Esse ícone de caneta indica que essa camada é a camada de destino e qualquer coisa que você importar ou criar é colocada nessa camada. O destaque indica que a camada está selecionada.

3 Clique no ícone de olho (👁) à esquerda do nome de camada Graphics. Todos os objetos na camada Graphics estão ocultos. O ícone de olho permite ocultar ou exibir camadas individuais. Quando você desativa a visibilidade de uma camada, o olho desaparece. Clique na caixa vazia novamente para exibir o conteúdo da camada.

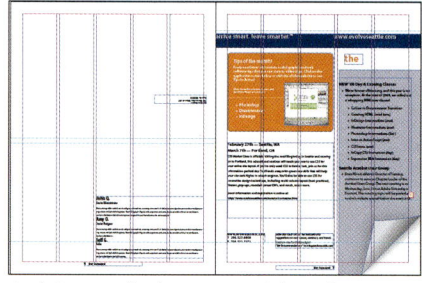

Clique para ocultar o conteúdo da camada.   A página espelhada com conteúdo oculto.

4 Utilizando a ferramenta Selection (▶), clique na imagem de captura de tela na caixa alaranjada da área "Tips of the month!" na página direita.

No painel Layers, você observará que a camada Text está selecionada e que um pequeno quadrado azul aparece à direita do nome da camada. Isso indica que o objeto selecionado pertence a essa camada. Você pode mover objetos de uma camada para outra arrastando esse quadrado entre as camadas no painel.

5 No painel Layers, arraste o pequeno quadro azul da camada Text para a camada Graphics. A imagem agora pertence à camada Graphics e aparece no topo da ordem de empilhamento no documento.

Selecione a imagem e arraste seu ícone.   Resultado.

6 Clique na caixa de bloqueio de camada (🔒) à esquerda da camada Graphics para bloquear a camada.

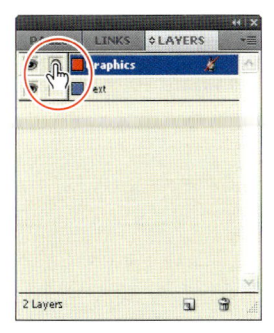

7 Utilizando a ferramenta Selection (▶), clique para selecionar o logotipo *evolve* na parte superior da página direita. Você não pode selecionar o elemento gráfico porque ele está na camada Graphics e esta camada está bloqueada.

A seguir, você vai fazer uma nova camada e mover o conteúdo existente para ela.

8 Na parte inferior do painel Layers, clique no botão Create New Layer.

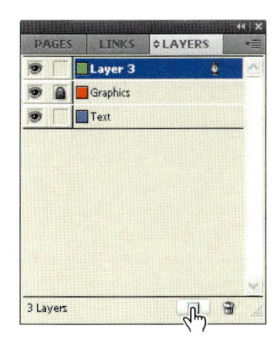

9 Dê um clique duplo no nome da nova camada (provavelmente seu nome é Layer 3) para abrir a caixa de diálogo Layer Options. Mude o nome para **Background** e clique em OK.

10 No painel Layers, arraste a camada Background para a parte inferior da pilha de camadas. Quando você move o cursor para baixo da camada Text aparece uma linha que indica que a camada será movida para a parte inferior.

▶ **Dica:** Para criar uma nova camada e nomeá-la ao mesmo tempo, mantenha a tecla Alt (Windows) ou Option (Mac) pressionada e clique no botão Create New Layer no painel Layers. Isso abre a caixa de diálogo New Layer automaticamente.

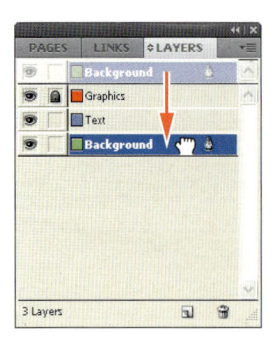

A camada Background ainda não tem conteúdo, mas você resolverá isso mais adiante.

11 Escolha File > Save.

Crie e edite quadros de texto

Na maioria dos casos, o texto é inserido dentro de um quadro. O tamanho e a localização de um quadro de texto determinam como o texto aparece em uma página. Quadros de texto podem ser criados com a ferramenta Type e editados utilizando várias ferramentas – como veremos nesta parte da lição.

Crie e redimensione quadros de texto

Agora você vai criar seu próprio quadro de texto, ajustar seu tamanho e depois redimensionar outro quadro.

1 No painel Layers, clique na camada Text para selecioná-la. Qualquer conteúdo criado agora será colocado na camada Text.

2 Selecione a ferramenta Type (**T**) no painel Tools. Abra o painel Pages clicando em sua guia no lado direito da área de trabalho. Dê um clique duplo no ícone de página para o verso (página 4). (Ela é a página esquerda da primeira página espelhada na página oposta.)

3 Posicione o cursor onde a borda esquerda da primeira coluna cruza a guia horizontal em aproximadamente 34p na régua vertical. Arraste para criar um quadro que cole à borda direita da segunda coluna e que tenha uma altura de cerca de 8p.

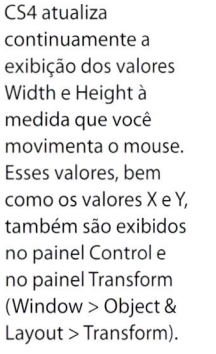

▶ **Dica:** O InDesign CS4 atualiza continuamente a exibição dos valores Width e Height à medida que você movimenta o mouse. Esses valores, bem como os valores X e Y, também são exibidos no painel Control e no painel Transform (Window > Object & Layout > Transform).

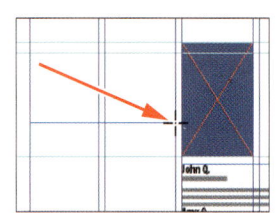

Utilize Smart Guides

Novo no InDesign CS4, o recurso Smart Guides oferece excelente flexibilidade para criar e posicionar objetos com precisão. Com o Smart Guides, você pode colar objetos às bordas e aos centros de outros objetos, aos centros vertical e horizontal das páginas e aos pontos intermediários das colunas e medianizes. Além disso, o Smart Guides desenham dinamicamente para fornecer informações visuais enquanto você trabalha.

Você pode ativar quatro opções Smart Guide nas preferências Guides & Pasteboard (Edit > Preferences > Guides & Pasteboard [Windows] ou InDesign> Preferences> Guides & Pasteboard [Mac OS]):

- Align To Object Center. Faz as bordas dos objetos colarem ao centro de outros objetos em uma página ou página espelhada quando você cria ou move um objeto.
- Align To Object Edges. Faz as bordas dos objetos aderirem à borda de outros objetos em uma página ou página espelhada quando você cria ou move um objeto.
- Smart Dimensions. Faz a largura, altura ou rotação de um objeto aderir às dimensões de outros objetos em uma página ou página espelhada quando você cria, redimensiona ou gira um objeto.
- Smart Spacing. Permite organizar rapidamente objetos para que o espaço entre eles seja igual.

O comando Smart Guides (View > Grids & Guides > Smart Guides) permite ativar e desativar Smart Guides (Smart Guides são ativadas por padrão).

Para familiarizar-se com os Smart Guides, crie um novo documento de uma página de múltiplas colunas. (Na caixa de diálogo New Document, especifique um valor maior do que 1 no campo Columns Number.)

1. No painel Tools, selecione a ferramenta Rectangle Frame (⊠). Clique nas guias da margem esquerda e arraste para a direita. À medida que o cursor move-se pela página, observe que uma guia é exibida quando o cursor alcança o meio de uma coluna, o ponto intermediário entre uma medianiz e o centro horizontal da página. Solte o botão do mouse quando um Smart Guide aparecer.

2. Com a ferramenta Rectangle Frame ainda selecionada, clique nas guias da margem superior e arraste para baixo. Observe que quando o cursor atinge a borda superior, central e inferior do primeiro objeto que você criou, bem como o centro vertical da página, aparece um Smart Guide.

3. Em uma área em branco da página, crie mais um objeto com a ferramenta Rectangle Frame. Arraste o mouse lentamente e observe cuidadosamente. Smart Guides aparecem quando o cursor atinge a borda ou o centro de outros objetos. Além disso, quando a altura ou a largura do novo objeto é igual à altura ou à largura de um dos dois outros objetos, uma linha vertical ou horizontal (ou ambas) aparece ao lado do objeto que você está criando e do objeto com a altura ou largura correspondente.

4. Feche o documento sem salvar as modificações.

4 No novo quadro de texto, digite **Customer**, pressione Shift+Enter (Windows) ou Shift+Return (Mac OS) para criar uma quebra de linha forçada e digite **Testimonials**. Clique quatro vezes para selecionar todo o texto no quadro.

Agora você aplicará um estilo de parágrafo ao texto.

5 Clique no painel Paragraph Style ou escolha Type > Paragraph Styles. Clique com a tecla Alt (Windows) ou Option (Mac) pressionada no estilo chamado Testimonials.

Leia mais sobre estilos na Lição 8, "Trabalhando com estilos".

6 Utilizando a ferramenta Selection (▶), dê um clique duplo na alça central na parte inferior do quadro de texto selecionado para ajustar o quadro ao texto verticalmente.

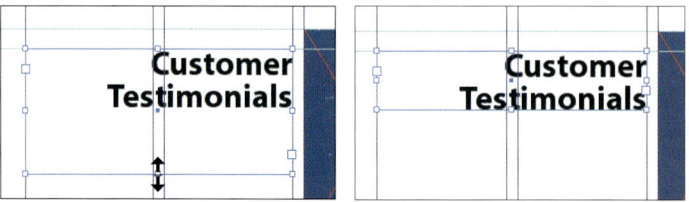

Dê um clique duplo para ajustar o quadro.   Resultado.

7 Na página à direita (página 1, a capa do boletim), utilize a ferramenta Selection (▶) para selecionar o quadro de texto abaixo do texto "The Buzz". O quadro contém o texto, "NEW '09…".

8 Arraste a alça no centro inferior para baixo a fim de redimensionar a altura do quadro até que a borda inferior cole às guias de margem na parte inferior da página. Quando o cursor se aproximar da guia da margem a seta mudará de aparência, indicando que a borda do quadro está para colar à guia. Quando você solta o botão do mouse, o texto com excesso de tipos anteriormente oculto aparece.

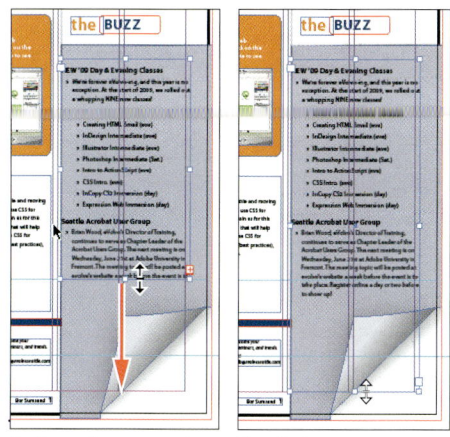

Redimensione o quadro arrastando o ponto central.   Resultado.

9 Escolha File > Save.

Reformatando um quadro de texto

Até agora, você redimensionou um quadro de texto com a ferramenta Selection arrastando uma alça. Agora, você reformatará o quadro utilizando a ferramenta Direct Selection para ajustar um ponto de ancoragem.

1 Se o quadro de texto na página mais à direita na capa do boletim (página 1) ainda não estiver selecionado, utilize a ferramenta Selection ( ) para selecioná-lo.

2 No painel Tools, selecione a ferramenta Direct Selection ( ). Quatro pontos de ancoragem muito pequenos agora aparecem nos cantos do quadro de texto selecionado. Os pontos de ancoragem estão vazios, indicando que nenhum deles está selecionado.

▶ **Dica:** Para redimensionar um quadro de texto e os caracteres do texto dentro dele simultaneamente, utilize a ferramenta Scale ( ) ou mantenha a tecla Ctrl (Windows) ou Command (Mac OS) pressionada enquanto arrasta uma alça do quadro de texto.

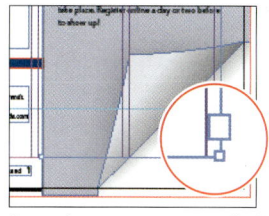

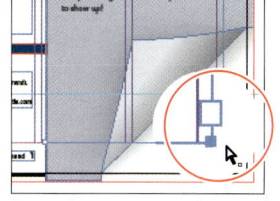

Ponto de ancoragem sem seleção.   Ponto de ancoragem selecionado.

3 Selecione o ponto de ancoragem no canto inferior direito do quadro de texto e arraste-o para cima até ele colar à guia horizontal em 48p0. (Depois de começar a arrastar, você pode manter a tecla Shift pressionada para impedir qualquer movimento horizontal.)

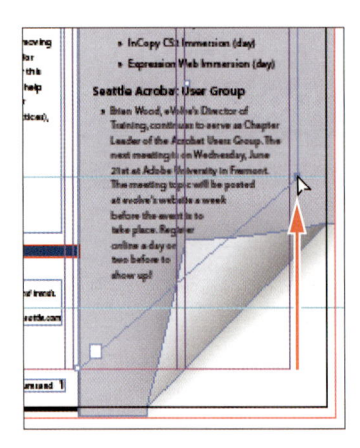

Certifique-se de só arrastar o ponto de ancoragem – se você clicar acima ou à esquerda do ponto de ancoragem, você também moverá outros cantos do quadro de texto.

4 Pressione a tecla V para alternar para a ferramenta Selection.

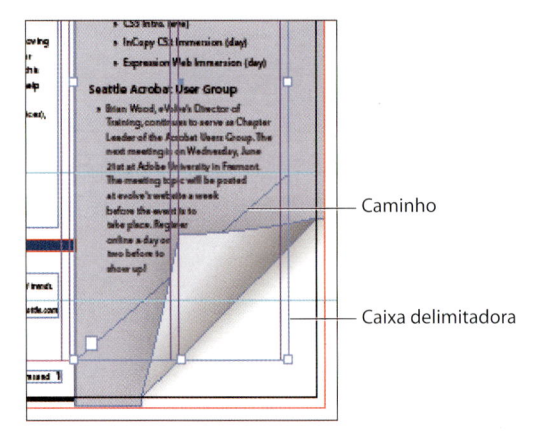

Caminho

Caixa delimitadora

▶ **Dica:** Pressionando a tecla A ou V, você pode alternar entre as ferramentas de Direct Selection e Selection. Esses são apenas dois dos muitos atalhos de teclado disponíveis no InDesign. Para mais atalhos, consulte "Keyboard shortcuts" no InDesign Help.

5 Remova a seleção de todos os objetos e então escolha File > Save.

Crie múltiplas colunas

Agora você pegará um quadro de texto existente e o converterá em um quadro de texto de múltiplas colunas.

1 Utilize a ferramenta Selection (▶) para selecionar o quadro de texto no verso do boletim (página 4) que começa com "John Q." Se você quiser, utilize a ferramenta Zoom (🔍) para ampliar a área em que você está trabalhando.

2 Dê um clique duplo no quadro de texto para selecionar a ferramenta Type. Isso posiciona o ponto de inserção dentro do quadro onde você dá um clique duplo. Escolha Object > Text Frame Options.

3 Na caixa de diálogo Text Frame Options, digite **3** na caixa Number e **0p11** na caixa Gutter se necessário. A medianiz (gutter) controla o espaço entre as colunas. Clique em OK.

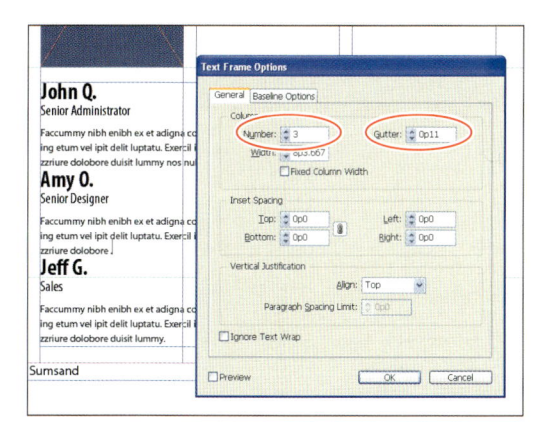

4 Para balancear as 3 colunas de texto, com a ferramenta Type ainda selecionada, coloque o ponto de inserção na frente do nome "Amy O." e escolha Type > Insert Break Character > Column Break. Isso força "Amy O." para a parte superior da segunda coluna. Repita esse passo depois de posicionar o ponto de inserção antes de "Jeff G".

5 Escolha Type > Show Hidden Characters para ver os caracteres ocultos de quebra (a menos que Show Hidden Characters já esteja selecionado no menu Type).

Ajuste a inserção de texto dentro de um quadro

Agora você terminará a barra de título azul na capa adicionando perfeitamente o texto ao quadro. Ajustando a margem (*inset*) entre a borda do quadro e o texto, você facilita a leitura do texto.

1 Selecione a ferramenta Selection (▶) e, então, selecione o quadro de texto azul na parte superior da página 1 com o texto "arrive smart. leave smarter".

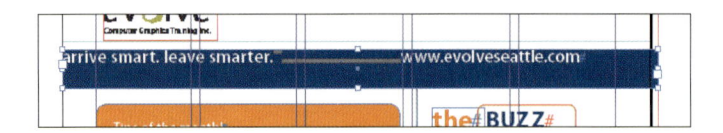

2 Escolha Object > Text Frame Options. Se necessário, mude a caixa de diálogo Text Frame Options de posição para que você ainda possa ver a barra enquanto configura as opções.

● **Nota:** O ícone Make All Settings The Same permite mudar os valores de todas as margens internas de uma vez. Às vezes, porém, você tem de desmarcá-lo se quiser alterar os valores de maneira independente.

3 Na caixa de diálogo Text Frame Options, certifique-se de que a opção Preview está selecionada. Então, na seção Inset Spacing, clique para desmarcar o ícone Make All Settings The Same (🔗) para poder alterar a configuração esquerda de maneira independente. Mude o valor Left para 3p0 a fim de mover a margem esquerda do texto em 3 paicas para a direita e longe da borda esquerda do quadro.

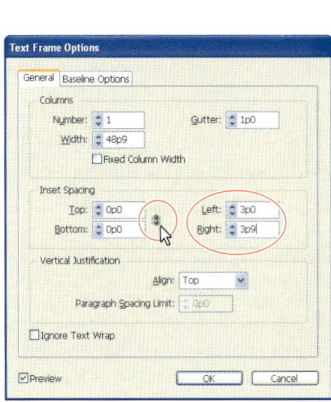

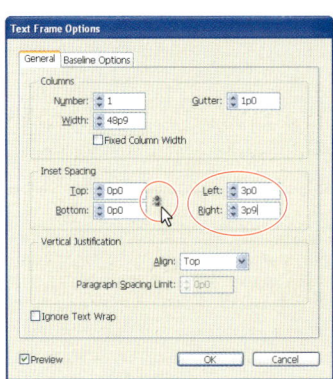

Alinhe texto verticalmente dentro de um quadro

Você agora alinhará o texto verticalmente na barra azul.

1 Utilizando a ferramenta Selection (▶), selecione a barra azul na capa do boletim, se ainda não estiver selecionada.

2 Escolha Object > Text Frame Options. Na seção Vertical Justification da caixa de diálogo Text Frame Options, escolha Center no menu Align. Clique em OK.

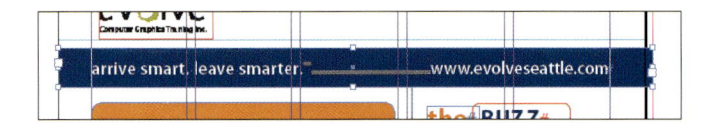

3 Escolha File > Save.

● **Nota:** Às vezes, centralizar por alinhamento vertical pode não centralizar exatamente um objeto no quadro de texto, especialmente em quadros de texto menores. Você pode fazer o objeto "parecer" visualmente centralizado especificando as configurações Inset Spacing ou First Baseline na caixa de diálogo Text Frame Options.

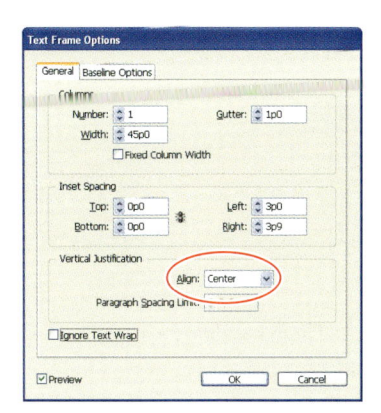

4 Clique em OK para salvar suas alterações e fechar a caixa de diálogo Text Frame Options.

Crie e edite quadros de imagens

Agora você está pronto para começar a adicionar as imagens dos funcionários à página espelhada. Nesta seção, você focalizará diferentes técnicas para criar e modificar quadros de imagens, ou elementos gráficos, e seu conteúdo. Para começar, importe uma imagem e coloque-a em seu documento.

Como você vai trabalhar com elementos gráficos e não com texto, o primeiro passo é certificar-se de que eles apareçam na camada Graphics em vez de na camada Text. Posicionar itens em diferentes camadas simplifica o fluxo de trabalho e facilita a localização e a edição de elementos no seu design.

Desenhe um novo quadro de imagem

Inicialmente, você vai criar um quadro para o primeiro elemento gráfico no verso (página 4).

1 Se o painel Layers não estiver visível, clique na guia do painel Layers ou escolha Window > Layers.

2 No painel Layers, clique no ícone de cadeado (🔒) para desbloquear a camada Graphics. Bloqueie a camada Text clicando na caixa à esquerda do nome da camada. Selecione a camada Graphics clicando no nome da camada de modo que novos elementos sejam atribuídos a essa camada.

3 Exiba a página 4 na janela de documento escolhendo-a na caixa Page na parte inferior esquerda da janela de documento.

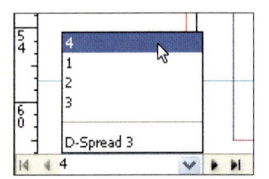

Utilizando as guias para referências, adicione um quadro de imagem à foto que será inserida na próxima seção.

4 No painel Tools, selecione a ferramenta Rectangle Frame (⊠). Na coluna na extremidade direita da página 4, comece a arrastar a partir do local em que a guia esquerda da coluna cruza a guia horizontal na metade inferior da página. Continue a arrastar até a borda direita da coluna um pouco acima do texto "Jeff G".

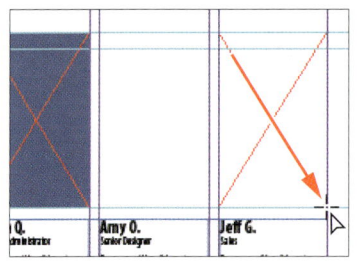

Arraste para criar um quadro de imagem.

5 Alterne para a ferramenta Selection e certifique-se de que o quadro de imagem ainda está selecionado.

Insira imagens em um quadro existente

Agora, você vai inserir a imagem do primeiro funcionário dentro do quadro selecionado.

1 Com o quadro de imagens ainda selecionado, escolha File > Place e, então, dê um clique duplo em JeffG.tif na pasta Links dentro da pasta Lesson_04. A imagem aparece no quadro de elemento gráfico.

● **Nota:** Se o quadro de imagem não estiver selecionado quando você insere a imagem, o cursor muda para o ícone de gráficos carregados (🖼). Nesse caso, clique dentro do quadro para inserir a imagem.

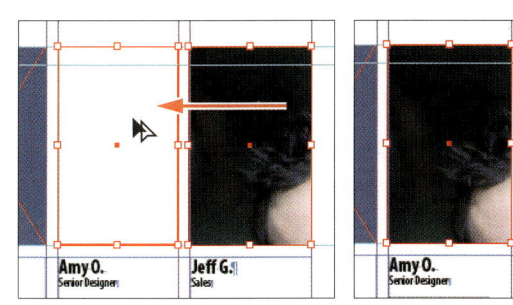

Em seguida, crie uma cópia do quadro de imagem e utilize-o como um quadro de espaço reservado para uma foto diferente. Você substituirá a imagem do quadro copiado mais adiante.

2 Selecione a ferramenta Selection (▸). Mantenha pressionada a tecla Alt (Windows) ou a tecla Option (Mac OS) e arraste a foto de JeffG para a esquerda até que cole à coluna diretamente à esquerda. Duplicar o quadro de imagem em vez de criar um novo quadro com a ferramenta Rectangle Frame assegura que os dois quadros tenham exatamente o mesmo tamanho.

Copie e arraste um quadro de imagem.   Resultado.

Redimensione um quadro de elemento gráfico

O design dessa página requer que a foto de JeffG se estenda pela borda direita da página. Como essa imagem não tem ainda o tamanho ou a forma certa para isso, vamos ajustá-la agora.

Primeiro, você vai esticar o quadro.

1 Escolha View > Fit Spread In Window para que você possa ver o verso (página 4) e a capa do boletim (página 1) na janela de documento. Se necessário, role horizontalmente para ver a borda direita da página de verso, e oculte o painel Layers clicando na guia Layers.

2 Utilizando a ferramenta Selection (▸), clique na imagem de JeffG. Arraste a alça direita até que o lado direito do quadro se alinhe contra a lombada (a linha vertical entre o verso e a capa).

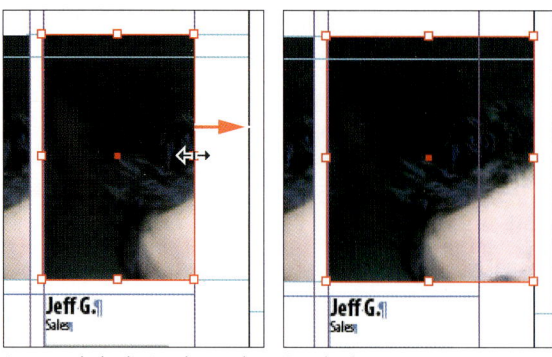

Arraste o lado direito do quadro para redimensionar.

Resultado.

Note que apenas a caixa delimitadora do quadro muda quando você move a borda. Dentro do quadro, a imagem é cortada diferentemente, mas não é afetada pelo movimento de uma borda do quadro.

3 Escolha File > Save.

Redimensione e mova uma imagem dentro de um quadro

▶ **Dica:** Além dos métodos utilizados aqui, você pode utilizar o menu contextual para redimensionar imagens clicando com o botão direito do mouse (Windows) ou clicando com Control pressionada (Mac OS) e escolhendo Fitting > Fit Content Proportionally.

Você acabou de concluir o redimensionamento do quadro de imagens, mas a imagem dentro do quadro permanece inalterada. Agora você vai redimensionar somente a imagem para que ela preencha a área designada.

O conteúdo e o quadro para qualquer elemento gráfico são elementos separados. Diferentemente de objetos de texto, o quadro e seu conteúdo têm, cada um, sua própria caixa delimitadora. Redimensionar o conteúdo do elemento gráfico é exatamente como redimensionar o quadro, exceto que você trabalha com a caixa delimitadora do conteúdo utilizando a ferramenta Direct Selection ( ).

1 Pressione a tecla A para alternar para a ferramenta Direct Selection ( ) e, então, posicione o cursor sobre a foto de JeffG até que o cursor apareça como um ícone de mão ( ). Clique para selecionar os conteúdos do quadro (a própria imagem). A caixa delimitadora muda de cor, indicando que o quadro não está mais selecionado, mas o conteúdo ainda está.

2 Selecione a alça no canto inferior direito da caixa delimitadora da imagem e, então, com a tecla Shift pressionada, arraste para diminuir a imagem. Continue arrastando até que as dimensões da imagem sejam um pouco maiores que as do quadro.

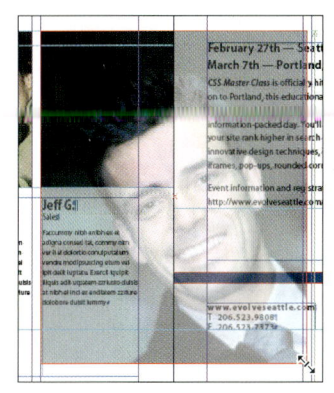

Arraste a caixa delimitadora do conteúdo.   Resultado.

3 Posicione a ferramenta Direct Selection sobre a imagem de JeffG para ver o ícone de mão. Arraste a imagem com o ícone de mão e note como a área da imagem que está visível dentro do quadro muda enquanto você arrasta. Se arrastar mais para a direita, a imagem não cobrirá mais o lado esquerdo da área do quadro. Arraste a imagem de modo que a borda direita da imagem se alinhe com a borda direita do quadro.

Se você quiser ver a imagem inteira à medida que você a move, mantenha pressionado o botão do mouse antes de arrastar com a ferramenta Direct Selection. Comece a arrastar quando o ícone de mão se transformar em uma seta (▲). Depois de começar a arrastar, você verá uma imagem "fantasma" das áreas ocultas do conteúdo da imagem, um recurso chamado Dynamic Preview. Se não esperar a mudança do ícone de cursor, você ainda verá a caixa delimitadora da imagem ao arrastar.

Como uma alternativa aos passos 2 e 3, você pode redimensionar simultaneamente um quadro de gráfico e seu conteúdo utilizando a ferramenta Selection e mantendo pressionada Shift+Ctrl (Windows) ou Shift+Command (Mac OS) à medida que você arrasta uma alça do quadro. A tecla Shift mantém as proporções da caixa delimitadora para que o gráfico não seja distorcido. Utilizar a tecla Shift é opcional se a distorção da imagem não for importante para o seu design.

4 Certifique-se de que a imagem preenche inteiramente o quadro.

5 Escolha File > Save.

▶ **Dica:** Imagens expandidas além de 120% do seu tamanho original podem não conter informações de pixels suficientes para a impressão offset de alta resolução. Verifique com a gráfica se você tiver dúvidas sobre os requisitos de resolução e ajuste de escala para os documentos que você planeja imprimir.

Substitua o conteúdo de quadros de elemento gráfico

Depois de criar os dois quadros, é fácil substituir o conteúdo por outros elementos gráficos ou texto. Sua próxima tarefa é substituir a imagem JeffG copiada por outra imagem. Como o quadro e o conteúdo são independentes, é fácil trocar uma imagem por outra.

1 Utilizando a ferramenta Selection, clique na imagem de JeffG (aquela acima de "Amy O.") para selecioná-la. Escolha File > Place e dê um clique duplo em AmyO.tif para inserir a nova imagem diretamente no quadro selecionado, substituindo a imagem de JeffG. Lembre-se de que você já criou esse quadro como um espaço reservado ao copiar e arrastar um quadro existente.

▶ **Dica:** Você também pode acessar os comandos de ajuste a partir do menu contextual clicando com o botão direito do mouse (Windows) ou clicando com Control pressionada (Mac OS).

2 Com o quadro ainda selecionado, escolha Object > Fitting > Fill Frame Proportionally. A imagem é redimensionada para que se ajuste ao quadro.

3 Escolha Object > Fitting > Center Content para centralizar a imagem de AmyO no quadro.

Agora você vai inserir uma foto no quadro azul à esquerda da imagem de AmyO.

● **Nota:** Se o ícone aparecer com uma linha atravessando-o (), a camada está selecionada, mas bloqueada. Não é possível adicionar objetos a uma camada bloqueada. Certifique-se de que a camada Graphics no painel Layers está desbloqueada e selecionada. O cursor deve aparecer como um ícone de elemento gráfico carregado para que você continue este passo.

● **Nota:** Se você clicar em uma área em branco da página, a imagem será inserida na página em que você clicou. Em geral, a imagem é inserida com 100% do tamanho original.

4 Escolha Edit > Deselect All para remover a seleção do quadro.

5 Escolha File > Place e selecione JohnQ.tif na pasta Links na pasta Lesson_04. Clique em Open. O cursor muda para um ícone de elemento gráfico carregado ().

6 Posicione o mouse sobre o quadro azul à esquerda da imagem AmyO. O ícone de elemento gráfico carregado é posicionado entre parênteses (), indicando que se você clicar, a imagem será posicionada nesse quadro. Uma miniatura da imagem aparece sob o ícone. Clique para inserir a imagem no quadro preenchido com azul.

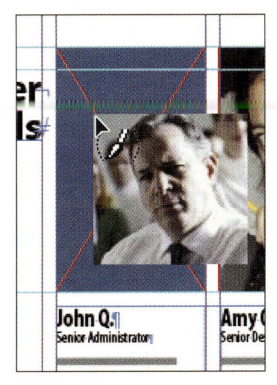

Clique para posicionar a imagem.

7 Com a imagem de JohnQ ainda selecionada, escolha Object > Fitting > Fill Frame Proportionally. O InDesign redimensiona a imagem para que ela se ajuste no quadro. Para centralizar o conteúdo, escolha Object > Fitting > Center Content.

8 Escolha File > Save.

Agora você posicionou imagens de diferentes maneiras em três quadros diferentes para completar a lista das imagens no verso (página 4).

Altere a forma de um quadro

Quando você redimensionou o quadro de elemento gráfico utilizando a ferramenta Selection, o quadro manteve sua forma retangular. Agora utilize a ferramenta Direct Selection e a ferramenta Pen para remodelar um quadro na página 3 (a página direita da página espelhada central).

1 Escolha 3 na caixa de página na parte inferior esquerda da janela de documento. Escolha View > Fit Page In Window.

2 Clique na guia do painel Layers ou escolha Window > Layers. No painel Layers, clique no ícone de cadeado da camada Text para desbloqueá-la.

Em seguida, você vai alterar a forma de um quadro retangular e, ao fazer isso, o fundo da página será modificado.

3 Pressione a tecla A para alternar para a ferramenta Direct Selection ( ). Então mova a ponta do cursor sobre a borda direita da caixa verde que cobre a página e clique quando o cursor aparecer com uma pequena linha diagonal ( ). Isso seleciona o caminho e revela os pontos de ancoragem e o ponto central do quadro. Deixe o caminho selecionado.

4 Pressione a tecla P para alternar para a ferramenta Pen ( ).

5 Posicione o cursor cuidadosamente sobre a borda superior do caminho do quadro onde ele se intersecciona com a guia vertical na primeira coluna da página 3. Quando vir a ferramenta Add Anchor Point (✎⁺), clique. Um novo ponto de ancoragem é adicionado. A ferramenta Pen se transforma automaticamente na ferramenta Add Anchor Point quando se move sobre um caminho existente.

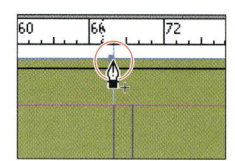

6 Mova o cursor para onde a guia horizontal abaixo do texto se cruza com a guia de sangrado. Utilizando a ferramenta Pen, clique novamente para adicionar outro ponto de ancoragem, então escolha Edit > Deselect All.

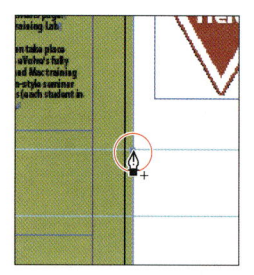

Esse ponto e o ponto criado no passo anterior formarão os cantos da forma irregular que você está fazendo. Reposicionar o ponto de ancoragem no canto superior direito do quadro verde completará a remodelagem do quadro.

7 Alterne para a ferramenta Direct Selection (▶). Clique para selecionar o ponto de canto superior direito do quadro verde. Arraste o ponto para baixo e para a esquerda. Quando o ponto de ancoragem se encaixar na intersecção da primeira coluna e na primeira guia horizontal da parte superior da página (em 40p9 na régua vertical), solte o botão do mouse.

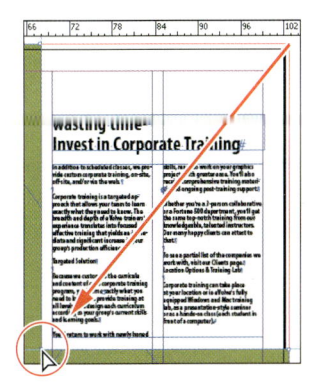

A forma e o tamanho do quadro do elemento gráfico estão agora adequados ao design.

8 Escolha File > Save.

Fluxo do texto em torno de um elemento gráfico

Você pode fazer um texto contornar o quadro de um objeto ou o próprio objeto. À medida que você aplicar o texto em torno do sinal Yield neste exercício, verá a diferença entre colocar o texto ao redor da caixa delimitadora e ao redor do elemento gráfico.

Sua primeira tarefa é mover o elemento gráfico do sinal Yield. Para um posicionamento preciso, utilize as Smart Guides que são exibidas dinamicamente quando você cria, move ou redimensiona objetos.

1 Utilizando a ferramenta Selection (▶), selecione o quadro de gráfico com a imagem de um sinal Yield que esteja fora da borda direita da página espelhada central (página 3).

2 Tenha cuidado para não selecionar uma das alças, mantenha pressionada a tecla Shift e mova o quadro para a esquerda a fim de que o ponto do gráfico seja alinhado com o meio da medianiz entre as duas colunas do texto. Quando o ponto central se alinhar com o meio da medianiz entre a primeira e a segunda coluna, um Smart Guide vertical deve ficar visível. Quando essa guia aparecer, solte o botão do mouse.

Certifique-se de que você moveu o quadro para a página sem alterar seu tamanho. Note que o texto se sobrepõe à imagem. Você vai mudar isso aplicando o recurso de fazer o texto contornar um objeto.

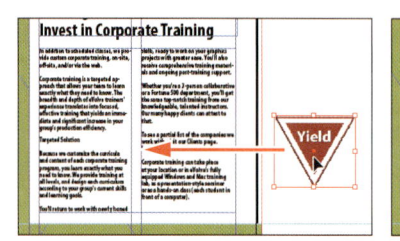

3 Escolha Window > Text Wrap. No painel Text Wrap, selecione Wrap Around Bounding Box para aplicar o texto em torno da caixa delimitadora, não em torno da forma do elemento gráfico Yield. Se necessário, escolha Show Options no menu do painel para exibir todos os controles no painel Text Wrap.

O recurso usado para contornar um objeto com texto aplicado à caixa delimitadora.   Resultado.

A opção deixa muito espaço em branco e não satifaz os requisitos esperados para o design, portanto, tente outra opção Text Wrap.

4 Selecione Wrap Around Object Shape para que o texto circunde a forma do elemento gráfico em vez de circundar a forma da caixa delimitadora. Na seção Wrap Options, escolha Both Right & Left Sides no menu Wrap To se ainda nao estiver selecionado. Na seção Contour Options, escolha Detect Edges no menu Type. Clique em uma área em branco para remover a seleção de tudo ou escolha Edit > Deselect All.

● **Nota:** O menu Wrap To no menu do painel Text Wrap só se disponibiliza se você selecionar Wrap Around Bounding Box ou Wrap Around Object Shape na parte superior do painel.

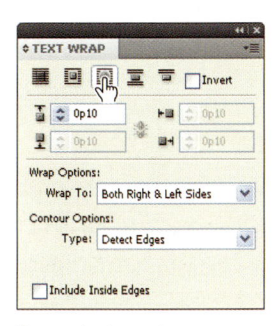

Fazer o texto contornar um objeto.

Resultado.

5 Feche o painel Text Wrap e escolha File > Save.

Trabalhe com quadros

Nesta seção, você vai utilizar vários recursos que ajustam a orientação de objetos na página e em relação entre si. Para começar, o painel Pathfinder será usado para subtrair a área de uma forma de outra forma. Então veremos como trabalhar com técnicas de rotação e o alinhamento de objetos selecionados.

Trabalhe com formas compostas

Você pode alterar a forma de um quadro existente adicionando ou subtraindo sua área. A forma de um quadro também pode ser alterada, mesmo se o quadro já contiver texto ou elementos gráficos. Agora você vai subtrair uma forma do fundo verde para criar um novo fundo branco.

1 Escolha View > Fit Page In Window para ajustar a página 3 na janela.

2 Utilizando a ferramenta Rectangle Frame (⊠), desenhe um quadro a partir do local em que a borda direita da primeira coluna se encontra com a guia horizontal em 46p6 na régua vertical até o canto inferior direito da página onde as guias vermelhas do sangrado se interseccionam.

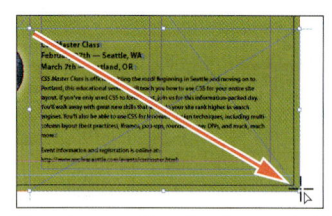

Desenhe um retângulo e faça-o aderir ao canto da guia de sangrado.

3 Com a ferramenta Selection (▸) selecionada, mantenha a tecla Shift pressionada e clique na caixa verde (fora do quadro criardo há pouco) que cobre boa parte da página 3 para selecionar simultaneamente o novo retângulo e a caixa verde.

4 Escolha Object > Pathfinder > Subtract para subtrair a forma superior (o retângulo novo) da forma verde. O quadro de texto na parte inferior da página agora está em um fundo branco.

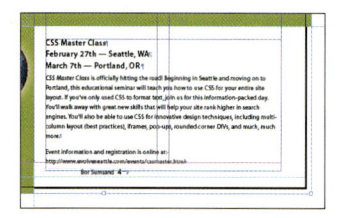

5 Com a caixa verde ainda selecionada, escolha Object > Lock Position. Isso ajuda a evitar um reposicionamento acidental do quadro.

Converta formas

É possível alterar a forma de um quadro existente, mesmo se ele já contiver texto ou imagens. Agora você vai adicionar um quadro em torno do sinal Stop e ajustá-lo.

1 No painel Tools, mantenha pressionado o botão do mouse na ferramenta Rectangle (☐) até você ver as ferramentas ocultas. Selecione a ferramenta Polygon (◯).

2 Clique em qualquer lugar da página 3 à esquerda do texto "wasting time". Na caixa de diálogo Polygon, mude a largura e a altura do polígono em Width e Polygon Height para 9p0. Mude Number Of Sides para 5 e clique em OK.

LIÇÃO 4 | **129**
Trabalhando com Quadros

3 Com a forma na página selecionada, escolha File > Place e selecione Stop-Sign.tif na pasta Links na pasta Lesson_04. Clique em Open.

4 Escolha Object > Fitting > Center Content para centralizar a figura no quadro.

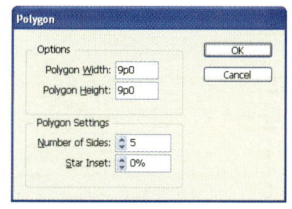

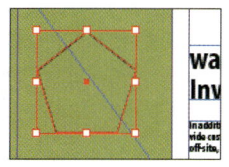

Altere as configurações do polígono.   O quadro.   A imagem inserida.

Em seguida, mude a forma para a de um polígono de oito lados, para corresponder ao sinal Stop.

5 Certifique-se de que o polígono que você criou ainda está selecionado e então dê um clique duplo na ferramenta Polygon (◇) no painel Tools para abrir a caixa de diálogo Polygon Settings. Faça o seguinte e então clique em OK:

- Digite 8 na caixa Number Of Sides.
- Deixe Star Inset em 0%.

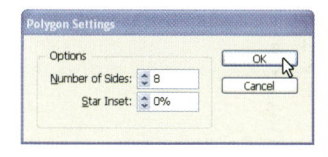

6 Utilizando a ferramenta Selection, selecione a imagem do mundo azul na página 3. Escolha Object > Convert Shape > Rounded Rectangle. Escolha Edit > Deselect All.

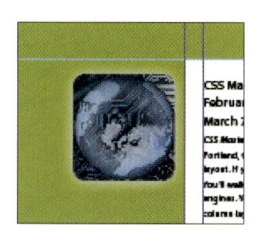

7 Escolha File > Save.

Utilize a ferramenta Position

A ferramenta Position permite manipular um quadro e seu conteúdo gráfico utilizando uma única ferramenta. Em geral, você utilizaria a ferramenta Direct Selection para mover uma imagem dentro de um quadro de elemento gráfico; posteriormente, manipularia a posição do quadro mudando para a ferramenta Selection e movendo o quadro para sua nova posição.

Com a ferramenta Position, qualquer tarefa pode ser realizada sem alternar entre duas ferramentas. Você ainda pode utilizar a ferramenta Direct Selection para selecionar e modificar pontos individuais de quadros.

1 Utilizando a ferramenta Selection ( ), clique no meio da imagem do sinal Stop a fim de selecioná-la. Se quiser, utilize a ferramenta Zoom ( ) para ampliar a área em que você está trabalhando.

2 Arraste o canto superior esquerdo do quadro selecionado para que as bordas superior e esquerda do quadro coincidam com as bordas do sinal Stop. De maneira semelhante, arraste o canto inferior direito do quadro para que as bordas inferior e direita do quadro coincidam com o sinal Stop.

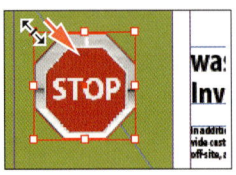

Arrastando o canto superior esquerdo.

Arrastando o canto inferior direito.

3 Mantenha pressionado o botão do mouse na ferramenta Direct Selection ( ) e selecione a ferramenta Position ( ) no menu das ferramentas ocultas que aparece.

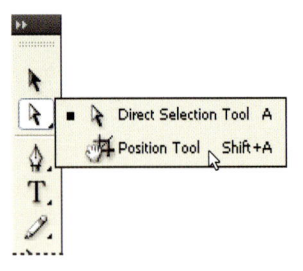

4 Clique na imagem do sinal Stop na página 3. Note que o cursor se transforma na ferramenta Hand ( ) quando ele estiver sobre o conteúdo da imagem do quadro. Utilizando as teclas de seta, mova a imagem dentro do quadro para que pareça mais centralizado.

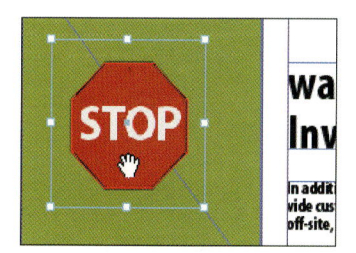

▶ **Dica:** Para mover um objeto em pequenos incrementos, mantenha Shift+Ctrl (Windows) ou Shift+Command (Mac OS) pressionadas e pressione uma tecla de seta. Para mover um objeto em incrementos maiores, mantenha pressionada a tecla Shift e pressione uma tecla de seta.

5 Posicione o cursor sobre a borda da imagem do sinal vermelho Stop. O cursor agora tem um ponto ( ), indicando que se você clicar, um quadro será selecionado. Clique no quadro e arraste-o para a direita de modo que permaneça mais perto da borda da caixa verde.

● **Nota:** Se redimensionar o quadro acidentalmente, escolha Edit > Undo e tente novamente. Você quer simplesmente mover o quadro para um local mais próximo da borda direita da caixa verde.

Transforme e alinhe objetos

Várias ferramentas e comandos no InDesign permitem modificar o tamanho ou a forma de um objeto e mudar sua orientação na página. Todas as transformações – rotação, ajuste de escala, distorção e reflexão – estão disponíveis nos painéis Transform e Control, onde você pode especificar as transformações com precisão. Você também pode alinhar ou distribuir objetos horizontal ou verticalmente ao longo da seleção, margens, página ou página espelhada.

Agora você experimentará alguns desses recursos.

Gire um objeto

O InDesign apresenta várias opções para girar objetos. Nesta parte da lição, você utilizará o painel Control para girar a imagem do mundo.

1 Utilizando a ferramenta Selection ( ), selecione a imagem azul do planeta Terra na parte inferior da página 3.

2 No painel Control, certifique-se de que o ponto central está selecionado no localizador de ponto de referência (▦) para que o objeto gire em torno do seu centro. Escolha 90° no menu Rotation Angle.

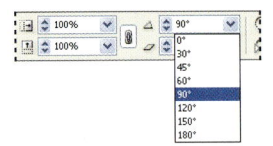

Gire um elemento gráfico dentro de seu quadro

Você pode girar tanto o quadro como o conteúdo em uma única ação selecionando o objeto com a ferramenta Selection e, então, arrastando uma das alças com a ferramenta Rotation.

Ao girar a imagem do globo terrestre, você utilizou o painel Control para configurar um ângulo de rotação preciso. Agora utilize a ferramenta Rotate para girar livremente a imagem JeffG.

1 Escolha View > Fit Page In Window e, então, escolha a página 4 na caixa de página na parte inferior esquerda da janela de documento.

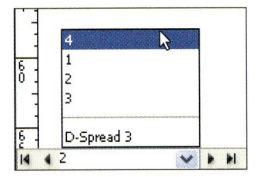

2 Pressione a tecla A para mudar para a ferramenta Direct Selection (▶), posicione o cursor sobre o texto de Jeff G. e clique em seguida.

3 No painel Control, certifique-se de que o ponto central no localizador de ponto de referência (▦) esteja selecionado.

4 Pressione a tecla R para selecionar a ferramenta Rotation (◌). Posicione o cursor em forma de cruz sobre uma das alças de canto.

5 Mantenha o botão do mouse pressionado até que o cursor em forma de cruz torne-se uma seta sólida para obter uma visualização dos conteúdos enquanto você gira; arraste a alça no sentido horário para girar a imagem até que você goste do resultado. (Se não esperar pela seta sólida, somente a caixa delimitadora será visível enquanto você arrasta para girar).

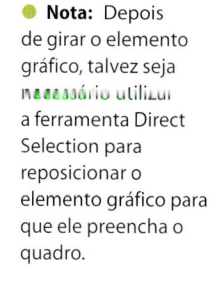

● **Nota:** Depois de girar o elemento gráfico, talvez seja necessário utilizar a ferramenta Direct Selection para reposicionar o elemento gráfico para que ele preencha o quadro.

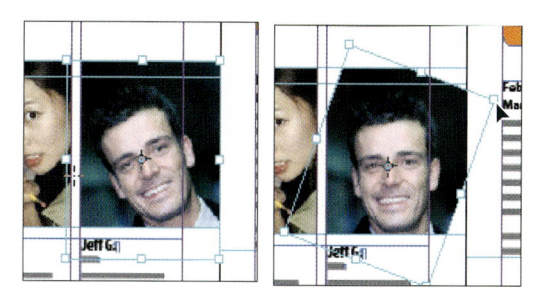

O exemplo utiliza uma rotação de −20°.

Alinhe múltiplos objetos

O alinhamento preciso é mais fácil quando o painel Align é utilizado. Agora você vai usar o painel Align para centralizar uma imagem na capa do boletim (página 1) e, então, alinhar vários elementos gráficos com uma imagem selecionada.

1 Escolha View > Fit Page In Window e escolha a página 2 na caixa de página na parte inferior da janela de documento. Utilizando a ferramenta Selection (▶), clique com a tecla Shift pressionada no quadro de texto na parte superior da página que contém o texto "Partial Class Calendar" e o logotipo *evolve* acima dele.

2 Escolha Window > Object & Layout > Align.

3 No painel Align, escolha Align To Page no menu Alignment Location Options e, então, selecione o botão Align Horizontal Centers (🔁). Os objetos agora estão alinhados com o centro da página.

Selecione o quadro de texto e o logotipo.    Alinhe os objetos. 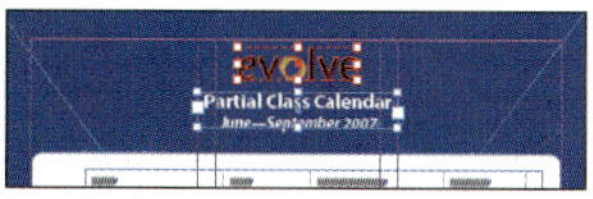   Resultado.

4 Clique em uma área em branco ou escolha Edit > Deselect All.

5 Escolha a ferramenta Selection ( ) e, com a tecla Shift pressionada, clique nos oito ícones no lado esquerdo da página.

6 No painel Align, escolha Align To Selection no menu Alignment Location Options, depois selecione o botão Align Horizontal Centers ( ).

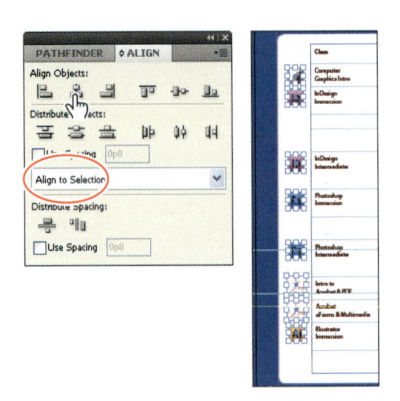

7 Escolha Edit > Deselect All e File > Save.

Redimensione objetos agrupados

Quando os objetos estão agrupados, o InDesign permite editar objetos individuais sem desagrupar, bem como redimensionar um grupo de objetos de uma vez. A seguir você selecionará dois dos ícones e os agrupará. Depois, redimensionará o grupo inteiro para redimensionar ambas as imagens de uma única vez.

1 Utilizando a ferramenta Selection ( ), clique com Shift pressionada em cada um dos dois ícones Acrobat PDF no lado esquerdo da página 2.

2 Escolha Object > Group para agrupá-los. Mantenha as teclas Shift+Ctrl (Windows) ou Shift+Command (Mac OS) pressionadas e, com a ferramenta Selection, arraste do canto superior direito do grupo para baixo e para a esquerda para que o grupo de imagens tenha aproximadamente a mesma largura do ícone alaranjado embaixo do grupo.

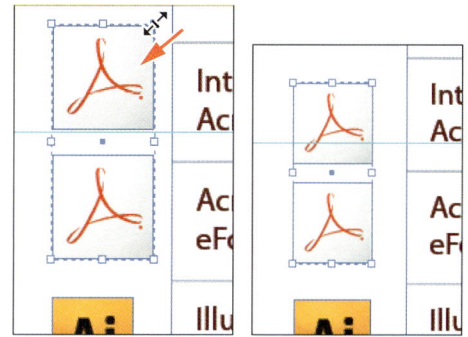

Arraste para redimensionar o grupo.   Resultado.

3 Escolha Edit > Deselect All e depois File > Save.

Selecione e modifique objetos agrupados

Agora que o logotipo evolve na parte superior da página 2 está alinhado com o centro da página, você vai alterar as cores de preenchimento de algumas formas do logotipo. Como elas estão agrupadas, é possível selecioná-las e modificá-las como uma unidade. Você agora mudará a cor de preenchimento apenas de algumas das formas sem desagrupar ou alterar os outros objetos do grupo.

A ferramenta Direct Selection ou os comandos de menu permitem selecionar objetos individuais em um objeto agrupado.

1 Com a ferramenta Selection (), clique no grupo evolve na parte superior da página 2. Se você quiser, utilize a ferramenta Zoom () para ampliar a área em que está trabalhando.

● **Nota:** Você pode escolher Object > Select > Content ou clicar com o botão direito do mouse (Windows) ou clicar com Control pressionada (Mac OS) no grupo e escolher Select > Content no menu contextual.

2 Clique no botão Select Content (⚓) no painel Control para selecionar um objeto no grupo sem desagrupar.

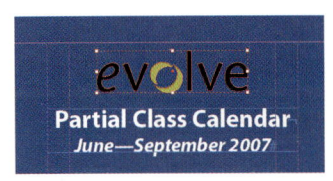

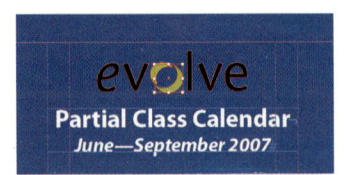

Selecione o grupo com a ferramenta Selection.

Escolha Select Content.

Resultado.

3 Clique no botão Select Previous Object (⬒) no painel Control seis vezes para selecionar o primeiro "e" da palavra "evolve". Observe o botão Select Next Object que seleciona no sentido contrário.

Clique seis vezes em Select Previous Object.

Resultado.

4 Utilizando a ferramenta Direct Selection (▶), mantenha pressionada a tecla Shift e clique nas letras "v," "l," "v" e "e" no logotipo para selecioná-las simultaneamente.

5 Clique na guia do painel Swatches ou escolha Window > Swatches. Clique na opção Fill no painel Swatches e escolha [Paper] para preencher as formas da letra com uma cor branca.

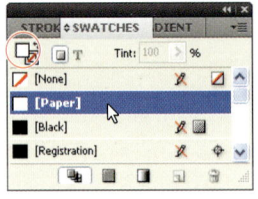

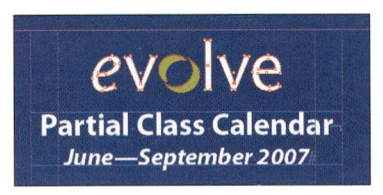

Altere o preenchimento das formas selecionadas para [Paper].

Resultado.

Finalize

Agora está na hora de admirar seu trabalho.

1 Escolha Edit > Deselect All.

2 Escolha View > Fit Spread In Window.

3 Na parte inferior do painel Tools, mantenha pressionado o botão do modo atual e escolha Preview no menu que aparece.

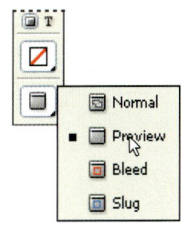

4 Pressione a tecla Tab para fechar todos os painéis ao mesmo tempo. Pressione a tecla Tab novamente quando você está pronto para exibir todos os painéis.

5 Escolha File > Save.

Parabéns. Você concluiu a lição.

Explore por conta própria

Uma das melhores maneiras de aprender sobre os quadros é experimentar por conta própria.

Nesta seção, você vai aprender a aninhar um objeto dentro de uma forma. Siga estes passos para saber mais sobre como selecionar e manipular quadros.

1 Utilizando a ferramenta Direct Selection ( ), selecione e copie qualquer imagem.

2 Navegue para a página 2 escolhendo Layout > Go To Page, digite **2** e clique em OK.

3 Para criar uma nova página, escolha Layout > Pages > Add Page. Isso adiciona uma página logo depois da página em que você está atualmente.

4 Utilize a ferramenta Polygon (○) para desenhar uma forma na nova página (utilize qualquer número de lados e qualquer valor para a inserção da estrela). Selecione a forma utilizando a ferramenta Direct Selection e então escolha Edit > Paste Into para aninhar a imagem dentro do quadro. (Se você escolher Edit > Paste, o objeto não é colado dentro do quadro selecionado.)

5 Utilize a ferramenta Direct Selection para mover e dimensionar a imagem dentro do quadro.

6 Utilize a ferramenta Direct Selection para selecionar e alterar a forma do quadro de polígono.

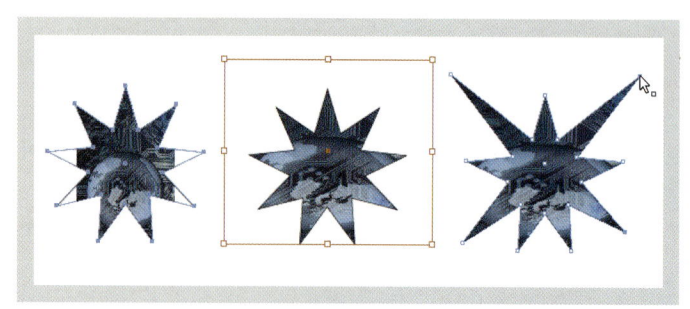

Esquerda: Imagem colada no quadro, com a ferramenta Direct Selection selecionada.
Centro: Imagem movida e dimensionada dentro do quadro.
Direita: O quadro do polígono remodelado.

7 Utilize a ferramenta Selection (▶) para girar tanto o quadro como a imagem. Utilize a ferramenta Direct Selection para girar apenas a imagem dentro do quadro.

8 Quando terminar, feche o documento sem salvar.

Perguntas de revisão

1 Quando você deve utilizar a ferramenta Selection para selecionar um objeto? E a ferramenta Direct Selection?
2 Como redimensionar um quadro e seu conteúdo simultaneamente?
3 Como girar um elemento gráfico dentro de um quadro sem girar o quadro?
4 Sem desagrupar objetos, como você seleciona um objeto dentro de um grupo?

Respostas

1 Utilize a ferramenta Selection para tarefas de layout gerais, como posicionar e dimensionar objetos. Utilize a ferramenta Direct Selection para tarefas que envolvem desenhar e editar caminhos ou quadros, por exemplo, para selecionar o conteúdo do quadro ou mover um ponto de ancoragem em um caminho.

2 Para redimensionar um quadro e seu conteúdo simultaneamente, selecione a ferramenta Selection, mantenha Ctrl (Windows) ou Command (Mac OS) pressionada e então arraste uma alça. Mantenha a tecla Shift pressionada para conservar as proporções do objeto.

3 Para girar uma imagem dentro de um quadro, utilize a ferramenta Direct Selection para selecionar a imagem dentro do quadro. Selecione a ferramenta Rotation e arraste uma das alças para girar apenas a imagem, não o quadro.

4 Para selecionar um objeto dentro de um grupo, selecione-o com a ferramenta Direct Selection.

5 IMPORTANDO E EDITANDO TEXTO

Visão geral da lição

Nesta lição, você vai aprender a:

- Inserir e importar texto para quadros de texto
- Encadear quadros de texto e fazer o texto fluir
- Carregar estilos de outro documento
- Aplicar estilos ao texto
- Tratar uma fonte ausente
- Localizar e alterar texto e formatação
- Adicionar uma nota de continuação de página
- Verificar a ortografia em um documento
- Corrigir de modo automático palavras digitadas incorretamente
- Editar um dicionário de ortografia
- Mover texto arrastando e soltando
- Utilizar o Story Editor

Esta lição levará aproximadamente 60 minutos.

Com o Adobe InDesign CS4, é possível importar texto, encadeá-lo em quadros e editá-lo dentro dos quadros. Assim que importar o texto, você pode criar e aplicar estilos, localizar e substituir texto e formatação e utilizar ferramentas dinâmicas para corrigir erros de ortografia.

Introdução

Nesta lição, você vai trabalhar em um catálogo de 12 páginas parcialmente concluído. O texto final do catálogo foi escrito e você está pronto para fazer a cópia fluir no documento e dar o acabamento.

● **Nota:** Se você ainda não copiou os arquivos de recurso desta lição do CD do Adobe InDesign CS4 Classroom in a Book para o seu disco rígido, faça isso agora. Veja a seção "Copie os arquivos do Classroom in a Book", na página 14.

1 Para assegurar que as preferências e configurações padrão do seu programa Adobe InDesign CS4 correspondam àquelas utilizadas nesta lição, mova o arquivo InDesign Defaults para uma pasta diferente seguindo o procedimento em "Salve e restaure o arquivo InDesign Defaults" na página 14.

2 Inicie o Adobe InDesign CS4. Para assegurar que os comandos de painéis e menu correspondam aos utilizados nesta lição, escolha Window > Workspace> [Advanced] e depois Window > Workspace > Reset Advanced.

Gerencie fontes

Para começar a trabalhar, abra um documento do InDesign existente. Se esse documento contiver fontes que não estão ativas no seu sistema – um problema comum – você receberá uma mensagem de erro sobre as fontes ausentes.

● **Nota:** Ao abrir um arquivo com fontes não-instaladas no sistema, você recebe uma mensagem de alerta que indica as fontes ausentes. O texto que utiliza fontes ausentes também é destacado em rosa no documento, deixando claro quais fontes podem causar problemas na impressão. O InDesign fornece várias oportunidades de corrigir essa situação.

1 Escolha File > Open e abra o arquivo 05_Start.indd na pasta Lesson_05, localizada na pasta Lessons dentro da pasta InDesignCIB no disco rígido.

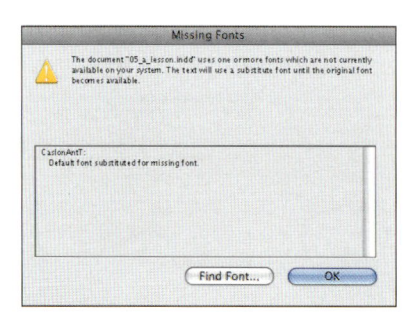

2 Clique em OK para fechar a mensagem de alerta.

Você corrigirá o problema de fontes ausentes na próxima seção substituindo-as por fontes instaladas no sistema.

3 Utilizando o painel Pages, navegue pelas páginas do documento. As páginas 6 a 10 já foram completadas. Nesta lição, você substituirá todas as fontes ausentes e completará as primeiras cinco páginas do catálogo, bem como as páginas 11 e 12.

4 Escolha File > Save As, renomeie o arquivo como **05_Working.indd** e salve-o na pasta Lesson_05.

5 Para ver como será o documento concluído, abra o arquivo 05_End.indd na mesma pasta. Se preferir, pode deixar o documento aberto para utilizá-lo como guia enquanto você trabalha.

6 Quando estiver pronto para retomar o trabalho no documento da lição, exiba-o clicando na guia no canto superior esquerdo da janela de documento.

Localize e substitua uma fonte ausente

Quando você abriu o documento no exercício anterior, a fonte CaslonAntT pode ter sido listada como ausente. Se essa fonte estiver ativa no seu computador, você não recebeu uma mensagem de alerta; mas ainda é possível seguir os passos ou pular para a próxima seção. Agora você procurará o texto que está formatado com a fonte CaslonAntT e a substituirá pela fonte Adobe Garamond Pro.

1 Se necessário, clique na guia 05_Working.indd no canto superior esquerdo da janela para exibir o catálogo em andamento.

2 No painel Pages, dê um clique duplo no ícone da página 2 (você pode precisar rolar no painel Pages para ver a página 2). O texto destacado em rosa no título dessa página indica que ele está formatado com uma fonte ausente.

3 Escolha Type > Find Font. A caixa de diálogo Find Font lista as fontes utilizadas no documento e o tipo de fonte, como PostScript, TrueType ou OpenType. Um ícone de alerta (⚠) aparece ao lado das fontes ausentes.

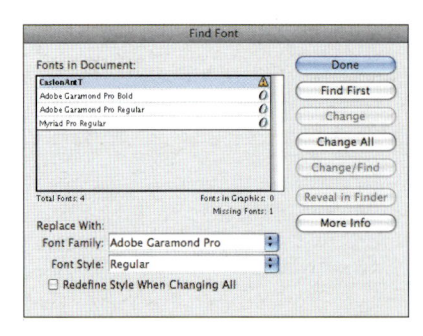

● **Nota:** Para seus próprios projetos, talvez seja necessário adicionar a fonte ausente ao seu sistema, em vez de utilizar uma fonte diferente. Você pode fazer isso instalando a fonte no seu sistema, utilizando o software de gerenciamento de fontes para ativar a fonte ou adicionando os arquivos de fonte à pasta InDesign Fonts. Para informações adicionais, consulte o InDesign Help.

4 Selecione CaslonAntT na lista Fonts In Document.

5 Para a opção Replace With, escolha Adobe Garamond Pro no menu Font Family. Embora o nome da fonte seja Adobe Garamond Pro, você descobrirá que ela está na lista em ordem alfabética sob "G" em vez de "A".

6 Escolha Regular no menu Font Style.

7 Clique em Change All. Clique em Done para fechar a caixa de diálogo e veja a fonte substituída no documento.

8 Escolha File > Save.

Crie e insira texto

O InDesign pode ser utilizado para inserir textos em documentos ou importar textos criados em outros aplicativos, como programas de processamento de texto.

Comece criando um quadro de texto para inserir o texto. Na área dourada abaixo do logotipo "Expedition Tea Company", na página 1, você vai criar um quadro de texto para o título do catálogo, "2008 Premium Tea Catalog" e, posteriormente, aplicar um estilo a esse título.

1 Ao visualizar a página 1, dê um clique duplo na ferramenta Zoom (🔍) no painel Tools para mudar a ampliação para 100%.

2 Para marcar a localização da parte superior do quadro do título que você vai criar, arraste para baixo a partir da régua horizontal para criar uma guia na localização 39p0. Para ajudá-lo a posicionar a guia, observe o valor Y mostrado na caixa próxima do cursor enquanto você arrasta.

3 Utilizando a ferramenta Type (T), posicione o cursor da barra I perto da margem esquerda onde ele se intersecciona com a guia 39p0.

4 Arraste para baixo a fim de criar um quadro de texto na área em branco embaixo da guia até a parte inferior da caixa amarelo-ouro. O quadro de texto se estende pela primeira coluna; e a parte superior do quadro cola à guia em 39p0.

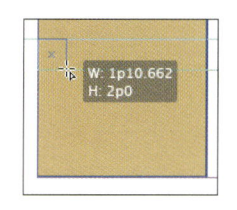

▶ **Dica:** Se você precisar redimensionar o quadro, arraste as alças de quadro com a ferramenta Selection e alinhe as guias. Selecione a ferramenta Type e clique no quadro para posicionar um ponto de inserção.

Depois de desenhar um quadro de texto utilizando a ferramenta Type (T), um ponto de inserção aparece, pronto para você começar a digitar.

5 No quadro de texto que você acabou de criar, digite **2008 Premium Tea Catalog**.

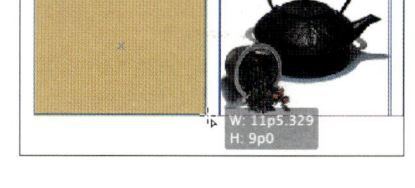

Para formatar esse texto, você aplicará o estilo Catalog Title. Ao aplicar um estilo de parágrafo, é possível colocar um ponto de inserção em qualquer lugar do parágrafo ou selecionar qualquer parte do parágrafo.

6 Clique na guia do painel Paragraph Styles para abrir o painel Paragraph Styles. Com o ponto de inserção em qualquer lugar no texto que você digitou, selecione Catalog Title no painel Paragraph Styles.

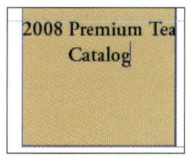

7 Escolha File > Save.

Alinhe texto verticalmente

Para distribuir igualmente o espaço na parte superior e inferior do quadro de texto, você centralizará o texto verticalmente utilizando o alinhamento vertical.

1 Com o ponto de inserção em qualquer lugar no quadro de texto que você criou, escolha Object > Text Frame Options.

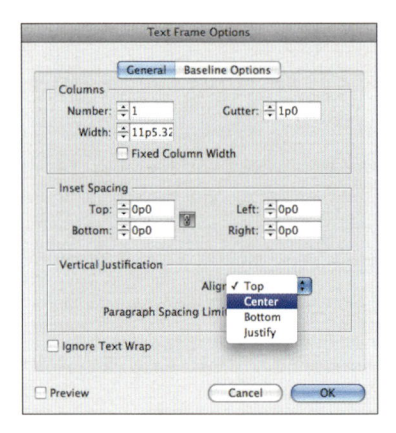

2 Na seção Vertical Justification da caixa de diálogo Text Frame Options, escolha Center no menu Align e clique em OK.

3 Escolha File > Save.

Fluxo de texto manual

O processo de importar o texto, de um programa de processamento de texto, por exemplo, e fazê-lo fluir em vários quadros de texto conectados é chamado de texto encadeado. O InDesign permite fazer o texto fluir manualmente (para maior controle), automaticamente (para economizar tempo) e enquanto páginas são adicionadas.

Vamos começar fazendo o texto fluir de modo manual. Primeiro, selecione um arquivo para importar. Você então pode arrastar para criar um quadro ou clicar em qualquer lugar da página para criar um quadro de texto em uma coluna. Neste exercício, ambos os métodos de fluxo de texto serão utilizados nas colunas da primeira página do catálogo.

1 No painel Pages, dê um clique duplo no ícone da página 1 para centralizá-la na janela de documento. Clique em uma parte em branco da página para remover a seleção de todos os itens.

2 Arraste uma guia para baixo a partir da régua horizontal para a posição 7p3 aproximadamente, que é onde a parte inferior do primeiro quadro de texto estará.

LIÇÃO 5

Importando e Editando Texto

3 Escolha File > Place. Na caixa de diálogo Place, certifique-se de que Show Import Options está selecionado.

4 Localize e selecione 05_Intro.doc na pasta Lesson_05 e clique em Open.

5 Na caixa de diálogo Microsoft Word Import Options, certifique-se de que Preserve Styles And Formatting From Text And Tables está selecionado. Isso retém a formatação aplicada ao programa de processamento de textos. Clique em OK.

Utilizando o ícone de texto carregado, agora você vai criar um quadro de texto estendendo a largura das colunas do meio e da direita. Esse quadro de texto conterá o texto "Welcome to the Expedition Tea Company."

6 Posicione o ícone de texto carregado ( ) no canto superior esquerdo da coluna do meio.

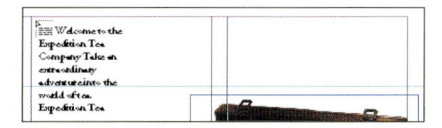

7 Arraste para criar um quadro de texto ao longo da largura das colunas do meio e da direita até a guia em 7p3.

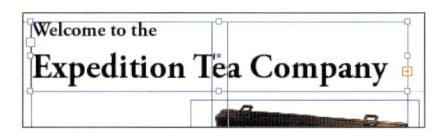

Note que o quadro de texto inclui uma porta de saída no canto inferior direito. O sinal de adição vermelho indica que ainda há mais texto, o que significa que o restante do texto não se ajustará no quadro existente. Agora você fará o texto adicional fluir em outro quadro de texto na coluna do meio na página 1.

8 Utilizando a ferramenta Selection ( ), clique na porta de saída de texto no canto inferior direito do quadro que você criou.

9 Posicione o ícone de texto carregado na coluna do meio diretamente abaixo do quadro de texto que você criou e clique.

▶ **Dica:** Se mudar de ideia e decidir que não quer incluir o texto, você pode clicar em qualquer ferramenta no painel Tools para cancelar o ícone de texto carregado. O texto não será excluído.

O texto flui em um novo quadro do local em que você clicou até a parte inferior da coluna do meio. A porta de saída no novo quadro de texto contém um sinal de adição vermelho, indicando novamente que ainda há excesso de texto.

● **Nota:** Embora seja possível encadear texto em quadros separados para cada coluna, você também pode trabalhar com uma coluna grande que é dividida em várias colunas usando Object > Text Frame Options. (Você fará isso em um exercício mais adiante nesta lição.) Cada método tem suas vantagens dependendo do tipo de documento.

10 Utilizando a ferramenta Selection (▶), clique na porta de saída do quadro que você criou e clique logo abaixo da imagem da caixa de madeira de chá para fazer o texto restante fluir na coluna direita.

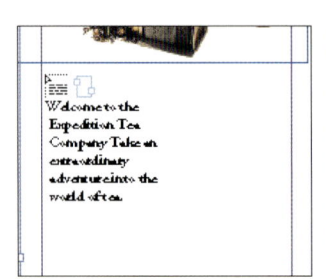

Carregue a ferramenta Type com múltiplos arquivos de texto

Na caixa de diálogo Place, você pode "carregar" a ferramenta Type com múltiplos arquivos de texto e, então, inseri-los individualmente. Carregar a ferramenta Type funciona desta maneira:

- Clique com Ctrl (Windows) ou Command (Mac OS) pressionada para selecionar múltiplos arquivos.
- Clique mantendo a tecla Shift pressionada para selecionar um intervalo contínuo de itens.
- Você pode navegar por diferentes pastas e continuar a selecionar arquivos.
- Ao clicar em Open, o ícone de texto carregado mostra entre parênteses quantos arquivos são carregados, como (4).
- Clique para inserir os arquivos de texto um após o outro.

Trabalhe com estilos

Os estilos oferecem uma maneira eficiente e fácil de aplicar uma formatação consistente no documento inteiro. Por exemplo, para manter todos os títulos formatados do mesmo modo por todo o documento, você pode criar um estilo de título que contenha os atributos de formatação necessários.

Para tornar a aparência do artigo consistente com os outros artigos do catálogo, você aplicará um estilo de parágrafo chamado Body Copy. Esse estilo já foi criado para formatar o corpo do texto da cópia descritiva principal do catálogo.

1. Se necessário, clique na guia do painel Paragraph Styles para abrir o painel Paragraph Styles. Para mantê-lo acessível, arraste a guia Paragraph Styles fora do seu grupo de painéis.

O painel Paragraph Styles para esse documento inclui Body Copy, Catalog Title, Headline 1, Headline 2, Headline 3, Headline Reverse, Tab, Normal e Body Text. Os estilos Normal e Body Text têm um ícone de disquete (🖫) ao lado deles, indicando que os estilos foram importados de um aplicativo diferente. Nesse caso, Normal e Body Text são estilos do Microsoft Word que foram importados quando você inseriu o artigo. Agora você aplicará o estilo do InDesign, o Body Copy, ao texto.

● **Nota:** O estilo [Basic Paragraph] é o único estilo de parágrafo disponível logo que você cria um documento com o InDesign. É possível criar novos estilos ou adicionar estilos de outros documentos do InDesign. Importar texto com estilos do Microsoft Word também adiciona esses estilos a documentos do InDesign.

2. No painel Pages, dê um clique duplo no ícone da página 1 para centralizá-la na janela de documento.

3. Utilizando a ferramenta Type (T), clique para colocar um ponto de inserção no primeiro parágrafo que inicia com "Take an extraordinary".

4. Selecione Body Copy no painel Paragraph Styles. Esse parágrafo agora está formatado com uma fonte diferente.

Antes (esquerda) e depois (direita) de o estilo de parágrafo ser aplicado.

5. Repita os passos 3 e 4, mas dessa vez, posicione um ponto de inserção em cada parágrafo do corpo depois dos quatro cabeçalhos.

6. Escolha File > Save.

Fluxo de texto automático

Você vai utilizar o fluxo de texto automático para colocar texto nas duas próximas páginas. Com o fluxo de texto automático, o InDesign cria novos quadros de texto dentro de guias de coluna nas páginas subsequentes até que todo o texto restante seja inserido.

1 No painel Pages, dê um clique duplo no ícone da página 2 para centralizá-la na janela de documento.

2 Escolha File > Place. Na caixa de diálogo Place, certifique-se de que Show Import Options esteja desmarcado. Localize e selecione 05_Blacktea.doc na pasta Lesson_05 e clique em Open. Se a caixa de diálogo Import Options aparecer, clique em OK.

3 Mantenha a tecla Shift pressionada e posicione o ícone de texto carregado ( ) na primeira coluna da página 2 na guia abaixo do título da categoria Black Tea e clique.

▶ **Dica:** Quando o ícone de texto carregado está ativo, você ainda pode navegar para páginas diferentes do documento ou adicionar novas páginas.

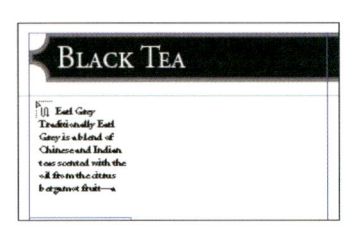

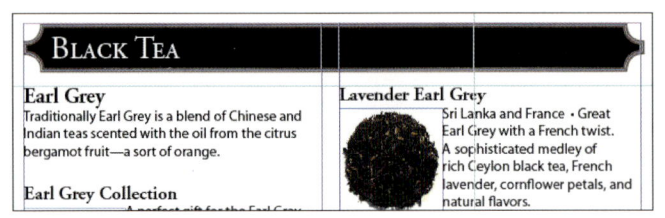

Note que os quadros de texto novos são adicionados às páginas 2, 3 e 4 dentro das guias de coluna. Isso porque você manteve a tecla Shift pressionada para que o texto fluísse automaticamente. Todo o texto da matéria agora está inserido. O texto é posicionado em torno dos quadros de elemento gráfico porque a eles já foi aplicada a configuração de texto em contorno no painel Text Wrap.

Redimensione um quadro de texto

Ao criar um quadro de texto clicando com o ícone de texto carregado, o InDesign forma o novo quadro de texto com a mesma largura da coluna em que você clicar. Embora esses quadros sejam colocados dentro das guias da coluna, você pode mover, redimensionar e dar nova forma a todos esses quadros de texto, se necessário.

1 No painel Pages, dê um clique duplo no ícone da página 2 para centralizá-la na janela de documento.

Note que o quadro de texto na segunda coluna cobre a imagem do bule de chá já colocada nessa página. Quando você usa o fluxo de texto automático, os quadros de texto são criados dentro das guias de coluna independentemente de os objetos aparecerem ou não nessas colunas. Você pode corrigir essa sobreposição usando o contorno de texto para fazer o texto recorrer em torno da imagem ou redimensionando o quadro de texto. Neste exercício, você redimensionará o quadro de texto para que o título "Estate Teas" inicie na página 3.

2 Utilizando a ferramenta Selection (▶), clique no quadro de texto na segunda coluna da página 2 e arraste a alça inferior do meio do quadro de texto acima da imagem do bule. A nova altura do quadro deve ser de aproximadamente 29p.

▶ **Dica:** Você também pode redimensionar um quadro de texto com a ferramenta Type ainda selecionada – pressione Ctrl (Windows) ou Command (Mac OS) para exibir as alças de redimensionamento no quadro. Arraste uma alça para redimensionar o quadro; o ponto de inserção permanece na mesma localização.

3 Escolha File > Save.

Adicione uma quebra de coluna

Às vezes, você não quer redimensionar um quadro para controlar o fluxo de texto na matéria. Em vez disso, você quer inserir uma quebra de coluna que force todo o texto depois da quebra dentro da próxima coluna. Agora você vai inserir uma quebra de coluna na página 3.

1 No painel Pages, dê um clique duplo no ícone da página 3 para centralizá-la na janela de documento.

2 Utilizando a ferramenta Type (T), clique para colocar um ponto de inserção na frente das palavras "Keemun Panda" perto da parte inferior da primeira coluna.

3 Escolha Type > Insert Break Character > Column Break. O texto depois da quebra de coluna desloca-se para a segunda coluna.

4 Escolha File > Save.

▶ **Dica:** Você também pode inserir uma quebra de coluna colocando um ponto de inserção e pressionando a tecla Enter no teclado numérico.

Adicione um número de página de linha de salto

Como o título da categoria Black Tea vai da página 3 à página 4, você pode deixar que os leitores saibam onde retomar a leitura quando chegarem à parte inferior da página. Para indicar isso, adicione uma linha de salto "(Continua na página x)". Um número de página de linha de salto automaticamente reflete o número da próxima página no fluxo de texto.

1 Dê um clique duplo no ícone da página 3 no painel Pages para centralizá-la na janela de documento. Role para a direita a fim de visualizar uma parte da área de trabalho.

2 Selecione a ferramenta Type (T). Trabalhando na área de trabalho, arraste para criar um quadro de texto que tenha aproximadamente 17p6 por 1p10.

3 Utilizando a ferramenta Selection (▶), arraste o novo quadro de texto até a parte inferior da segunda coluna na página 3.

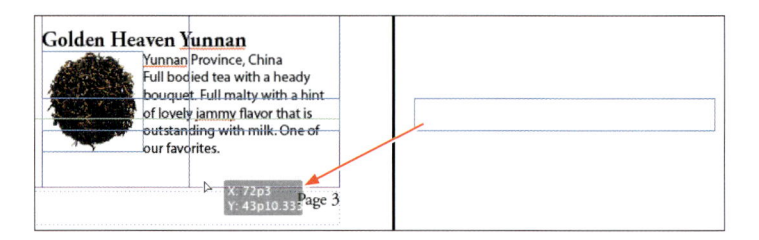

4 Utilizando a ferramenta Type (T), clique para colocar um ponto de inserção em qualquer lugar do novo quadro. Digite (**Black tea continued on page**), incluindo o espaço e os parênteses. Então utilize a tecla Left Arrow para mover o ponto de inserção para a esquerda do parêntese de fechamento.

● **Nota:** Para que o caractere Next Page Number funcione apropriadamente, o quadro de texto contendo a linha de salto deve tocar ou sobrepor o quadro encadeado.

5 Clique com o botão direito do mouse (Windows) ou clique com Control pressionada (Mac OS) no quadro de texto e escolha Insert Special Character > Markers > Next Page Number a partir do menu contextual. A linha de salto agora exibe "(Continued on page 4)".

6 Escolha File > Save.

Formate o texto de parágrafo

A linha de salto, "(Black tea continued on page 4)", provavelmente está formatada com um estilo de parágrafo diferente do que você quer utilizar. Você reformatará esse texto agora.

1 Selecione a ferramenta Type (T) e, então, dê um clique triplo em "(Black tea continued on page 4)" para selecionar o texto.

2 No painel Paragraph Styles, clique em Body Copy para aplicar o estilo ao texto selecionado.

3 Com Character Formatting Controls selecionado no painel Control, escolha Italic no menu Type Style.

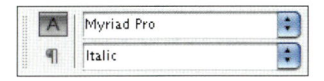

Note que o estilo Body Copy tem um sinal de adição (+) ao lado dele no painel Paragraph Styles. O sinal de adição indica que o parágrafo selecionado está configurado com uma formatação adicional que não faz parte do estilo aplicado que, nesse caso, é o estilo de texto Italic que você aplicou. Essa formatação adicional é chamada substituição.

Altere o alinhamento horizontal e vertical de texto

Agora você vai ajustar o alinhamento da linha de salto.

1 No painel Control, selecione Paragraph Formatting Controls (¶) e clique no botão Align Right (≡).

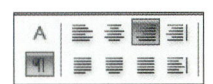

Agora você vai alinhar a linha de salto na parte inferior do quadro.

2 Escolha Object > Text Frame Options.

3 Escolha Bottom no menu Align na seção Vertical Justification da caixa de diálogo Text Frame Options. Clique em OK.

4 Com a ferramenta Selection (▶), clique no quadro de texto que contém o texto da linha de salto e, então, clique com Shift pressionada para selecionar o quadro de texto logo acima dele.

5 Escolha Object > Group. Isso mantém a matéria e sua linha de salto juntas, caso você as mova.

6 Escolha File > Save.

Utilize fluxo semiautomático para inserir texto

Agora você vai utilizar o fluxo semiautomático para inserir um arquivo de texto em múltiplas colunas na página 5. O fluxo semiautomático permite criar quadros de texto um após o outro. O cursor torna-se um ícone de texto carregado que é automaticamente recarregado depois que cada coluna é posicionada, até que não haja mais texto excedente. O ícone de texto carregado muda ligeiramente de aparência, dependendo do método de fluxo que você estiver utilizando, manual, semiautomático ou automático.

1 No painel Pages, dê um clique duplo no ícone da página 5 para centralizá-la na janela de documento. Clique em uma parte em branco da página para remover a seleção de todos os itens.

2 Escolha File > Place. Na caixa de diálogo Place, desmarque Replace Selected Item. Localize e dê um clique duplo em 05_Greentea.doc na pasta Lesson_05. Se a caixa de diálogo Import Options aparecer, clique em OK.

3 Mantenha a tecla Alt (Windows) ou Option (Mac OS) pressionada e posicione o ícone de texto carregado ( ) na primeira coluna na guia horizontal 6p7 e clique.

O texto flui na primeira coluna. Como você mantinha Alt ou Option pressionada, o cursor ainda era um ícone de texto carregado, pronto para você fazer o texto fluir em outro quadro.

4 Solte a tecla Alt ou Option e posicione o ícone de texto carregado ( ) na segunda coluna da página 5 na guia 6p7 e clique. Você agora tem o texto nas duas colunas.

● **Nota:** Se as palavras "Sencha Kyoto Cherry Rose" aparecerem na parte inferior da primeira coluna, utilizando a ferramenta Type, clique para posicionar um ponto de inserção antes da palavra " Sencha " e escolha Type > Insert Break Character > Column Break para mover o texto para a parte superior da segunda coluna.

5 Escolha File > Save.

Altere o número de colunas em um quadro

Você pode alterar o número de colunas dentro de um quadro de texto sem ter de criar quadros de texto separados para cada coluna em uma página. Agora você mudará o número de colunas no quadro de texto da página 11.

1 No painel Pages, dê um clique duplo no ícone da página 11 para centralizá-la na janela de documento.

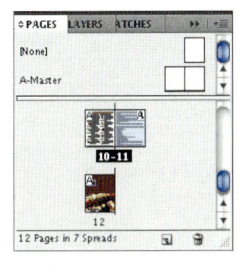

2 Utilizando a ferramenta Selection (▶), selecione o quadro de texto na página 11.

3 Escolha Object > Text Frame Options e digite **2** na caixa Number na seção Columns da caixa de diálogo Text Frame Options. Clique em OK.

O texto agora fluirá em duas colunas.

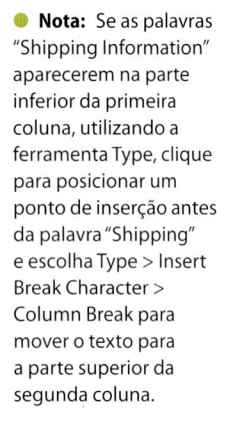

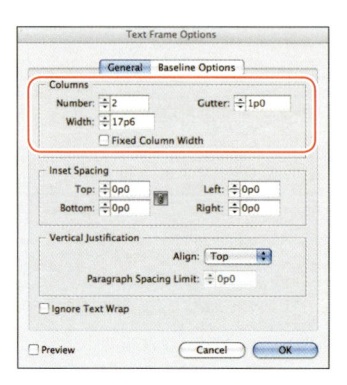

● **Nota:** Se as palavras "Shipping Information" aparecerem na parte inferior da primeira coluna, utilizando a ferramenta Type, clique para posicionar um ponto de inserção antes da palavra "Shipping" e escolha Type > Insert Break Character > Column Break para mover o texto para a parte superior da segunda coluna.

4 Escolha File > Save.

Carregue estilos de outro documento

Os estilos só aparecem no documento em que são criados. Entretanto, é fácil compartilhar estilos entre documentos do InDesign carregando, ou importando, estilos de outros documentos do InDesign. Neste exercício, você carregará um estilo de outro documento, que será aproveitado em outros textos deste catálogo.

1 Se necessário, abra o painel Paragraph Styles. No menu do painel Paragraph Styles, escolha Load Paragraph Styles.

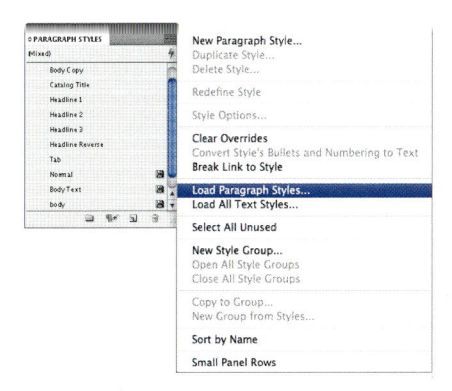

2 Na caixa de diálogo Open A File, dê um clique duplo em 05_Styles.indd na pasta Lesson_05.

3 Desmarque o estilo [Basic Paragraph], uma vez que você só quer importar o estilo Tab With Leader. Clique em OK.

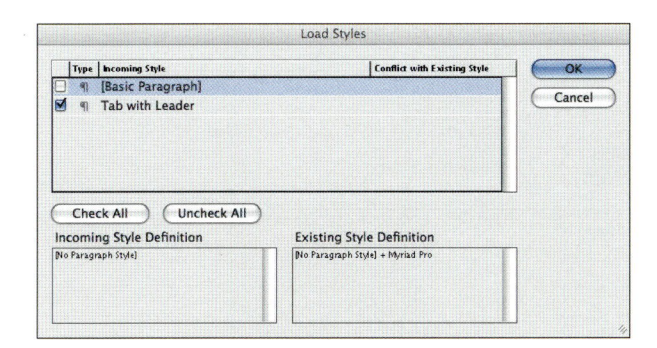

4 No painel Paragraph Styles, observe o novo estilo Table With Leader aparecer. Talvez você precise rolar pela lista ou redimensionar o painel para ver esse estilo adicional.

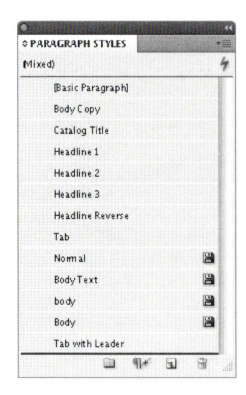

5 No painel Pages, dê um clique duplo no ícone da página 11 para centralizar a página na janela de documento, se ela já não estiver centralizada. Clique em uma parte em branco da página para remover a seleção de todos os itens.

6 Utilizando a ferramenta Type (T), arraste para selecionar as três linhas de texto na segunda coluna que inicia com "For orders up to".

7 No painel Paragraph Styles, clique no estilo Tab With Leader. O novo estilo é aplicado ao texto selecionado.

Antes (esquerda) e depois (direita) de aplicar o estilo de parágrafo Tab With Leader.

8 Escolha File > Save.

Configure o fluxo do texto em um quadro existente

Ao inserir o texto, você pode fazê-lo fluir em um quadro novo ou em um existente. Para fazer o texto fluir em um quadro existente, clique para colocar um ponto de inserção a partir desse ponto ou clique no ícone de texto carregado em um quadro existente, o que substitui o conteúdo desse quadro.

A última página do catálogo tem um quadro de espaço reservado para o endereço, no qual você colocará uma nova matéria.

1 No painel Pages, dê um clique duplo no ícone da página 12 para centralizá-la na janela de documento.

2 Escolha File > Place. Na caixa de diálogo Place, desmarque Show Import Options e Replace Selected Item se necessário. Localize e dê um clique duplo em 05_CompanyAddress.doc na pasta Lesson_05.

O cursor transforma-se em um ícone de texto carregado ( ), exibindo as primeiras linhas de texto na matéria que você está inserindo. Quando você move o ícone de texto carregado sobre um quadro de texto vazio, o ícone fica entre parênteses ( ).

3 Posicione o ícone de texto carregado ( ) sobre o quadro de texto de espaço reservado embaixo do logotipo e clique. Se necessário, redimensione o quadro de texto para ajustar o texto.

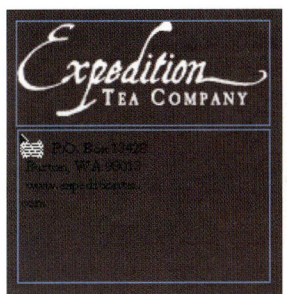

4 Escolha File > Save.

Adicione páginas e flua texto

O catálogo desta lição reflete um fluxo de trabalho comum – o designer gráfico cria um layout e adiciona a cópia às seções à medida que ela se torna disponível. Outro fluxo de trabalho comum, especialmente em documentos mais longos, é o designer gráfico receber toda a cópia de um projeto ao mesmo tempo. Nesse caso, o InDesign CS4 facilita o fluxo do texto e a adição automática de novas páginas com um novo recurso chamado Smart Text Reflow.

Com o Smart Text Reflow, fazer o texto fluir ou digitar em um quadro de texto de página-mestre adiciona automaticamente páginas com quadros de texto encadeados para conter todo o texto. Se o texto tornar-se mais curto por meio de edição ou reformatação, quaisquer páginas extras também podem ser excluídas. Agora você vai testar esse recurso.

1 Escolha File > New > Document.

2 Na caixa de diálogo New Document, selecione Master Text Frame. Clique em OK.

3 Selecione Edit > Preferences > Type (Windows) ou InDesign > Preferences > Type (Mac OS) para abrir as preferências Type.

As opções na seção Smart Text Reflow das preferências Type permitem especificar como as páginas são tratadas quando você utiliza o Smart Text Reflow: onde as páginas são adicionadas (ao final de uma matéria, seção ou documento), se o Smart Text Reflow será aplicado apenas a quadros de texto de páginas-mestre ou a outros quadros de texto em um documento, a maneira como as páginas serão inseridas nas páginas espelhadas opostas e se as páginas vazias são excluídas à medida que o texto é editado.

4 Certifique-se de que Smart Text Reflow está selecionado. Ele é ativado por padrão. Clique em OK.

5 Escolha File > Place. Na caixa de diálogo Place, localize e selecione 05_CatalogCopy.doc na pasta Lesson_05 e clique em Open.

6 Na primeira página do novo documento, mantenha pressionada Ctrl+Shift (Windows) ou Command+Shift (Mac OS) e clique para selecionar o quadro de texto de página-mestre.

7 Clique no ícone de texto carregado para fazer todo o texto fluir para o quadro de texto da página-mestre, adicionando páginas conforme necessário. Observe o número de páginas no painel Pages.

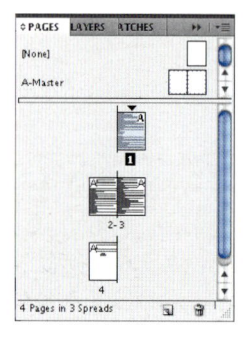

8 Escolha File > Close. Quando o alerta é exibido, clique em Don't Save.

Localize e altere texto e formatação

Assim como os programas de processamento de texto mais populares, o InDesign permite localizar e substituir texto, bem como procurar e alterar formatação e caracteres especiais.

Nesta parte da lição, você vai pesquisar as ocorrências das palavras "Expedition Tea Company" no catálogo e alterar todas as instâncias para incluir o símbolo de marca comercial (™) no fim e também mudar o uso de letras maiúsculas para versaletes.

1. Se necessário, certifique-se de que você pode ler com facilidade o texto e ver a formatação na página ao ampliá-lo. Clique na área de trabalho para certificar-se de que nada está selecionado.

2. Escolha Edit > Find/Change. Clique na guia Text na parte superior da caixa de diálogo Find/Change para exibir as opções de pesquisa de texto.

3. Digite **Expedition Tea Company** na caixa Find What.

4. Pressione Tab para navegar até a caixa Change To.

5. Digite **Expedition Tea Company** novamente, mas adicione o símbolo de marca comercial escolhendo Symbols > Trademark Symbol no menu Metacharacters (@,) à direita da caixa Change To.

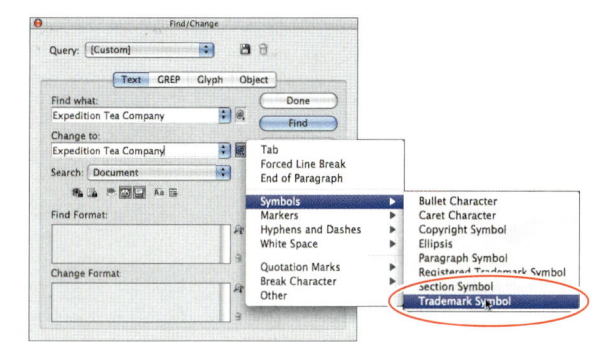

Um ^d (um circunflexo e a letra d) é inserido depois do nome da empresa. Esse é o código para o símbolo de marca comercial.

6. No menu Search, selecione Document. Na linha de ícones abaixo do menu Search, selecione o ícone Include Master Pages (), pois o nome da empresa também aparece nessas páginas.

Essas configurações instruem o InDesign a procurar em todos os quadros de texto no documento, incluindo as páginas-mestre, a frase "Expedition Tea Company" e substituí-la por "Expedition Tea Company™". Em seguida, você vai alterar a formatação das palavras localizadas.

7. Clique em More Options para exibir as opções de formatação adicionais. Se você vir Fewer Options, ele já foi selecionado.

8. Deixe a área na seção Find Format inalterada, mas selecione o ícone Specify Attributes To Change () à direita da seção Change Format.

9. No lado esquerdo da caixa de diálogo Change Format Settings, selecione Basic Character Formats. Então, na parte principal da caixa de diálogo, escolha Small Caps no menu Case.

Nota: Se uma mensagem "Cannot find match" aparecer, talvez você tenha digitado o texto incorretamente, selecionado Whole Word ou Case Sensitive ou não conseguiu limpar a formatação utilizada em uma pesquisa anterior. Outra possibilidade é você ter selecionado Story a partir do menu Search, mas o texto que você procura está em uma matéria (story) diferente.

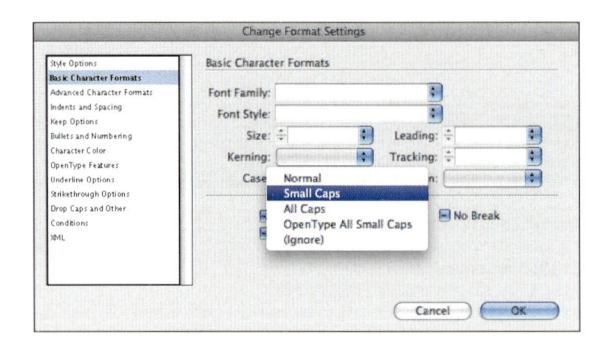

10 Deixe as outras opções em branco. Clique em OK para retornar à caixa de diálogo Find/Change.

Note o ícone de alerta (●) que aparece acima da caixa Change To. Esse ícone indica que o InDesign mudará o texto usando a formatação especificada.

11 Clique em Change All. Aparece uma mensagem que informa quantas instâncias foram localizadas e alteradas.

12 Clique em OK para fechar a mensagem e, então, clique em Done para fechar a caixa de diálogo Find/Change.

13 No painel Pages, dê um clique duplo na página 1 para visualizar os resultados.

14 Escolha File > Save.

Verificação ortográfica

O InDesign tem recursos para corrigir a ortografia semelhantes àqueles utilizados em programas de processamento de texto. É possível verificar a ortografia do texto selecionado, de uma matéria inteira, de todas as matérias de um documento ou de todas as matérias em vários documentos abertos de uma vez. Outra opção é corrigir a ortografia dinamicamente – à medida que digita as palavras. Para expandir ou limitar as palavras que são permitidas ou marcadas para erro de ortografia, você também pode adicionar palavras ao dicionário do seu documento.

Agora você vai verificar a ortografia da cópia do catálogo e ver como personalizar seu dicionário.

1. Utilizando o painel Pages, navegue para a página 1. Selecione a ferramenta Type (T) no painel Tools e clique para colocar um ponto de inserção antes da palavra "Welcome" no primeiro parágrafo.

2. Escolha Edit > Spelling > Check Spelling.

3. Na caixa de diálogo Check Spelling, escolha Document no menu Search para verificar a ortografia em todo o documento do catálogo.

4. Clique em Start para localizar a primeira palavra digitada incorretamente no documento. A palavra "oolong" aparece na caixa Not In Dictionary.

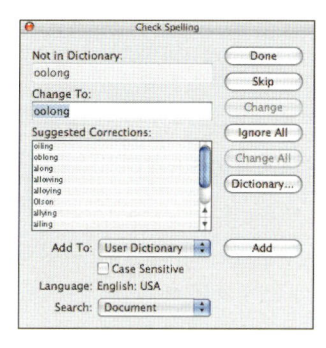

5. Veja as escolhas oferecidas na lista Suggested Corrections. Se quisesse substituir a palavra, você poderia selecionar uma ortografia alternativa dessa lista ou simplesmente digitar a ortografia correta na caixa Change To. Você pode então escolher se irá alterar apenas essa instância da palavra (clicando em Change) ou todas as instâncias da palavra (clicando em Change All).

6. Como "oolong" é o nome correto de um tipo de chá, clique em Ignore All para ignorar esse erro de ortografia. Ignore All pula todas as instâncias da palavra e "oolong" não surgirá novamente como erro ortográfico. Clicar em Skip pularia apenas a primeira instância da palavra.

Se escolher ignorar todas as instâncias de uma palavra, o InDesign ignora o erro de ortografia somente até ser reiniciado.

7. Clique em Done.

8. Escolha File > Save.

Adicione palavras a um dicionário

Para evitar que uma palavra seja identificada repetidamente como erro de ortografia em outros documentos do InDesign, você pode adicioná-la a um dicionário de usuário. O dicionário de usuário pode ser aplicado a todos os documentos ou a um documento específico.

1. Clique na ferramenta Type (T) em qualquer lugar do texto.

2 Escolha Edit > Spelling > Check Spelling.

3 A partir do menu Search, escolha Document para verificar a ortografia em todo o documento do catálogo.

4 Clique em Start para localizar a primeira palavra digitada incorretamente no documento. A palavra "rooibos" aparece na caixa Not In Dictionary.

5 Clique em Add para adicionar essa palavra ao arquivo de dicionário externo de usuário, ENG.UDC. Um dicionário externo pode ser utilizado por todos os documentos do InDesign. O InDesign agora não reconhece "rooibos" como um erro de ortografia.

6 Clique em Done.

7 Escolha File > Save.

Adicione palavras a um dicionário específico ao documento

É possível limitar a ortografia específica de uma palavra a um único documento. Armazenar uma palavra no dicionário interno de um documento aberto restringe seu uso apenas a esse documento.

Aqui você vai excluir uma palavra do dicionário externo de usuário e adicioná-la ao dicionário interno do documento.

▶ **Dica:** Se uma palavra não for específica a um idioma – como o nome de uma pessoa —escolha All Languages para adicionar a palavra ao dicionário ortográfico de cada idioma.

1 Escolha Edit > Spelling > Dictionary para exibir a caixa de diálogo Dictionary.

O dicionário de destino é o dicionário externo de usuário. Inglês: USA é o idioma atual. Como Added Words está selecionado no menu Dictionary List, as palavras que foram adicionadas ao dicionário externo de usuário aparecem na caixa Text.

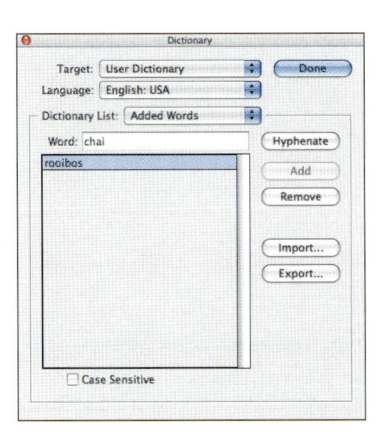

2 Selecione a palavra "rooibos" que aparece na caixa de texto.

3 Clique em Remove para remover a palavra do dicionário externo de usuário.

Agora você vai adicionar a palavra ao dicionário interno do documento.

4 A partir do menu Target, escolha o arquivo 05_Catalog.indd.

5 Digite a palavra **toolbos** na caixa Word e clique em Add.

A palavra é adicionada à Dictionary List apenas desse documento. A palavra só é reconhecida dentro desse documento e os documentos do InDesign subsequentes continuarão a marcar a palavra como contendo erros de ortografia.

6 Clique em Done.

7 Escolha File > Save.

Verifique a ortografia dinamicamente

Não é necessário esperar até que um documento seja concluído para fazer a verificação ortográfica. Ativar a ortografia dinâmica permite ver as palavras com erros de ortografia no texto enquanto você digita ou faz o texto importado fluir.

1 Selecione Edit > Preferences > Spelling (Windows) ou InDesign > Preferences > Spelling (Mac OS) para exibir as preferências Spelling.

2 Na seção Find, selecione os possíveis erros que você quer que sejam destacados.

3 Certifique-se de que Enable Dynamic Spelling está selecionado.

4 Na seção Underline Color, utilize os menus para personalizar a maneira como possíveis erros são destacados.

● **Nota:** Para desativar a verificação ortográfica dinâmica, escolha Edit > Spelling > Dynamic Spelling.

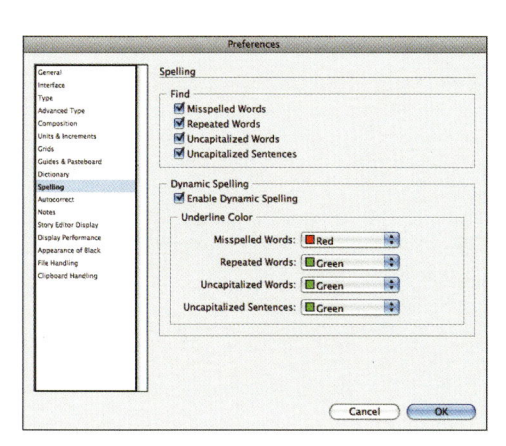

5 Clique em OK para fechar a caixa de diálogo Preferences e retornar a seu documento.

As palavras com possíveis erros de ortografia (segundo o dicionário de usuário padrão) são imediatamente sublinhadas. O sublinhado também destaca quaisquer palavras com erros de ortografia que você adiciona ao documento quando Dynamic Spelling está selecionado.

> **Teapots**
> View our collection of teapots, chosen to satisfy every taste including ceramic, cast-iron Tetsubin, stainless, silver-plate, Kyusu, and more.

6 Tente digitar a palavra **snew** em algum lugar no texto para ver esse recurso em ação. Exclua a palavra antes de continuar.

7 Escolha File > Save.

Corrija de modo automático palavras digitadas incorretamente

Autocorrect eleva o conceito da correção ortográfica dinâmica ao próximo nível. Com a função Autocorrect ativada, o InDesign corrige automaticamente as palavras incorretas à medida que você as digita. As modificações são feitas com base em uma lista interna de palavras que comumente contêm erros de ortografia. Você pode alterar essa lista para acrescentar palavras que costumam apresentar erros de ortografia, incluindo em outros idiomas.

1 Selecione Edit > Preferences > Autocorrect (Windows) ou InDesign > Preferences > Autocorrect (Mac OS) para exibir as preferências Autocorrect.

2 Certifique-se de que a opção Enable Autocorrect está selecionada. Você também pode selecionar Autocorrect Capitalization Errors.

Por padrão, o idioma da lista de palavras que comumente contêm erros de ortografia é o inglês: USA.

3 Mude o idioma para francês e note as palavras que costumam ser incorretamente digitadas nessa língua.

4 Tente outros idiomas, se desejar. Mude novamente o idioma para English: USA antes de prosseguir.

5 Clique em Add. Na caixa de diálogo Add To Autocorrect List, digite a palavra **snew** na caixa Misspelled Word e **snow** na caixa Correction.

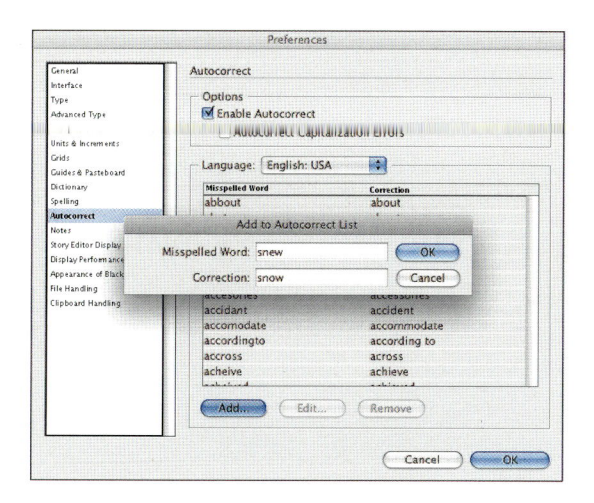

6 Clique em OK para adicionar a palavra e clique em OK novamente na caixa de diálogo Preferences.

7 Utilizando a ferramenta Type (T), digite a palavra **snew** na primeira coluna da página 1. Pressione a barra de espaço para criar um espaço.

Observe o recurso Autocorrect em ação.

8 Escolha File > Save.

Edite texto arrastando e soltando

Para palavras mal posicionadas no seu documento, o InDesign permite arrastar e soltar o texto dentro e entre quadros, janelas de layout e documentos. Agora você vai utilizar o recurso de arrastar-e-soltar para mover texto de um parágrafo para outro no catálogo.

1 Selecione Edit > Preferences > Type (Windows) ou InDesign > Preferences > Type (Mac OS) para exibir as preferências Type.

2 Na seção Drag And Drop Text Editing, selecione Enable In Layout View. Essa opção permite mover o texto para dentro e para fora das janelas do documento aberto e dentro de documentos em Layout View. Clique em OK

3 Na janela de documento, navegue para a página 11. Se necessário, ajuste sua visualização até ler confortavelmente os parágrafos na parte superior da primeira coluna.

● **Nota:** O Layout View padrão exibe o layout completo do texto e elementos gráficos. Como alternativa, você pode visualizar somente o texto na janela Story Editor separada.

A frase "Tea is more than just a great beverage" foi erroneamente inserida no início do primeiro parágrafo intitulado "More than Just the Tea".

4 Utilizando a ferramenta Type (T), arraste para selecionar essa frase.

● **Nota:** Se você quiser copiar uma palavra selecionada em vez de movê-la, mantenha pressionada a tecla Alt (Windows) ou a tecla Option (Mac OS) antes de começar a arrastar.

5 Posicione o cursor na forma de um I sobre as palavras destacadas até ele transformar-se no ícone de arrastar e soltar (▸T).

6 Arraste as palavras até a localização correta, no fim do parágrafo depois da palavra "well".

A frase move-se para a nova localização.

Utilize o Story Editor

Se você achar mais fácil trabalhar com uma interface de edição que isola o texto, tente utilizar o Story Editor.

1 Com a página 11 do catálogo na janela de documento, selecione a ferramenta Type (T) e clique dentro da primeira coluna para colocar um ponto de inserção.

2 Escolha Edit > Edit In Story Editor.

A janela Story Editor mostra o texto simples sem formatação. Todas as imagens e outros elementos não-texto são omitidos para facilitar a edição.

3 Se necessário, arraste a barra de rolagem vertical para visualizar todo o texto na matéria selecionada.

A coluna à esquerda do texto exibe uma régua de profundidade vertical e o nome dos estilos de parágrafo aplicados a cada parágrafo.

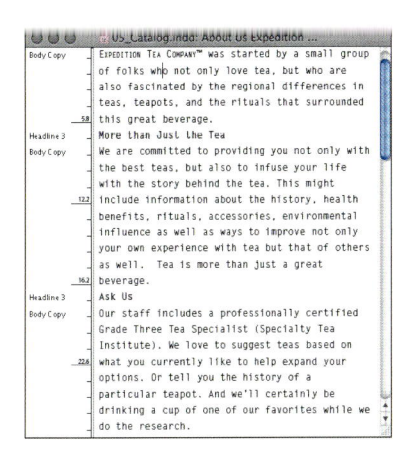

4 Posicione um ponto de inserção na janela Story Editor e digite a palavra **accessories** no primeiro parágrafo depois de "teapots" e antes de "and". Se necessário, tire a janela Story Editor do caminho, para que você possa ver se o texto correspondente também foi alterado na janela de documento.

Para facilitar a visualização e a edição do texto, você pode alterar as características de exibição da janela Story Editor.

5 Escolha Edit > Preferences > Story Editor Display (Windows) ou InDesign > Preferences > Story Editor Display (Mac OS) para exibir as preferências Story Editor Display.

6 Mude o tamanho da fonte para 14 pontos e a entrelinha para Doublespace para facilitar a edição. Clique em OK.

7 Feche o Story Editor.

8 Escolha File > Save para salvar seu trabalho.

9 Depois de examinar o trabalho, escolha File > Close.

Parabéns. Você concluiu a lição.

● **Nota:** O Story Editor exibe números da linha por propósitos de referência e utiliza a correção ortográfica dinâmica para destacar palavras com erros de ortografia, como ocorre na janela de documento. Se a opção Enable In Story Editor estiver selecionada nas preferências Type, você também pode arrastar e soltar texto no Story Editor, exatamente como foi feito na última lição.

Explore por conta própria

Nesta lição, você viu os princípios básicos de como criar e aplicar estilos. Se digitar uma quantidade significativa de texto no InDesign, você vai aprender como o Next Style funciona e como aplicar estilos usando atalhos de teclado.

1 Sem texto selecionado, dê um clique duplo em Headline 3 no painel Paragraph Styles.

2 Na caixa de diálogo Paragraph Style Options, clique para inserir um ponto de inserção na caixa Shortcut.

3 Utilizando as teclas de número no teclado numérico, pressione Ctrl+Alt+3 (Windows) ou Command+Option+3 (Mac OS) para criar o atalho de teclado. Lembre-se do seguinte:

- Se o texto não aparecer na caixa Shortcut, certifique-se de que você está utilizando os números do teclado numérico.
- No Windows, certifique-se de que a tecla Num Lock está ativada.
- Se estiver utilizando um computador laptop sem teclado numérico, selecione os nomes de estilo a partir do painel Paragraph Styles.

4 Escolha Body Copy a partir do menu Next Style e, em seguida, clique em OK.

5 Pratique a aplicação do estilo Headline 3 utilizando o atalho de teclado. Note que ao pressionar Enter ou Return no final de um parágrafo Headline 3, o próximo parágrafo é formatado automaticamente com o estilo Body Copy.

Perguntas de revisão

1 Como fazer o texto fluir automaticamente? Como fazer o texto fluir um quadro por vez?

2 Como o uso de estilos economiza tempo?

3 Ao verificar a ortografia no documento, o InDesign marca as palavras que não estão no dicionário – mas que na verdade talvez não contenham erros de ortografia. Como você pode corrigir esse problema?

Respostas

1 Quando o ícone de texto carregado aparecer depois de você utilizar o comando Place ou clicar no ícone de texto excedente, mantenha a tecla Shift pressionada e clique. Para fazer o texto fluir um quadro por vez, você pode manter Alt (Windows) ou Option (Mac OS) pressionada para recarregar o ícone de texto carregado depois de clicar ou arrastar para criar um quadro.

2 Os estilos economizam tempo ao permitir que você mantenha um grupo de atributos de formatação que pode ser aplicado rapidamente ao texto. Se precisar atualizar o texto, você não precisa modificar individualmente cada parágrafo formatado com o estilo. Em vez disso, você pode simplesmente modificar o estilo.

3 Adicione essas palavras ao dicionário ortográfico padrão do documento ou do InDesign para o(s) idioma(s) da sua escolha.

6 TRABALHANDO COM TIPOGRAFIA

Visão geral da lição

Nesta lição, você vai aprender a:

- Personalizar e utilizar o grid de linhas de base
- Ajustar o espacejamento vertical e horizontal do texto
- Alterar fontes e espacejamento
- Inserir caracteres especiais a partir de fontes OpenTypes
- Posicionar a pontuação recuada fora de uma margem
- Adicionar e formatar capitulares
- Aplicar Adobe Paragraph e Adobe Single-line composers
- Especificar uma guia com um recuo à esquerda e deslocado
- Adicionar um fio a um parágrafo

Esta lição levará aproximadamente 60 minutos.

O InDesign CS4 oferece muitos recursos para o ajuste fino da tipografia, incluindo capitulares para direcionar o olhar para um parágrafo, Optical Margin Alignment para pontuação recuada fora da borda de um quadro e controles de precisão de linha e de espacejamento de caracteres.

Introdução

● **Nota:** Se você ainda não copiou os arquivos de recurso desta lição do CD do Adobe InDesign CS4 Classroom in a Book para o seu disco rígido, faça isso agora. Veja a seção "Copie os arquivos do Classroom in a Book", na página 14.

Nesta lição, você fará o ajuste fino da tipografia em uma crítica de restaurantes para uma revista de estilos de vida sofisticados. Para o layout elegante da revista, o texto está precisamente espacejado: utiliza um grid de linhas de base para alinhar o texto ao longo de colunas, frações reais nas receitas e toques decorativos, como capitulares e trechos destacados do texto.

1 Para assegurar que as preferências e configurações padrão do seu programa Adobe InDesign CS4 correspondam às utilizadas nesta lição, mova o arquivo InDesign Defaults para uma pasta diferente seguindo o procedimento descrito na seção "Salve e restaure o arquivo InDesign Defaults" na página 14.

2 Inicie o Adobe InDesign CS4. Para assegurar que os comandos de painéis e menu correspondam àqueles utilizados nesta lição, escolha Window > Workspace> [Advanced] e então escolha Window > Workspace > Reset Advanced.

3 Escolha File > Open e abra o arquivo 06_Start.indd na pasta Lesson_06 localizada dentro da pasta Lessons na pasta InDesignCIB do disco rígido. Se o alerta de fonte ausente for exibido, clique em OK.

4 Escolha File > Save As, renomeie o arquivo como **06_Working.indd** e salve-o na pasta Lesson_06.

5 Se quiser ver a aparência do documento final, abra o arquivo 06_End.indd na mesma pasta. Você pode deixar esse documento aberto como um guia enquanto trabalha. Quando você estiver pronto para retomar o trabalho no documento de lição, clique na guia no canto superior esquerdo da janela de documento.

Nesta lição, você vai trabalhar com muito texto. É possível utilizar o Character Formatting Controls e o Paragraph Formatting Controls no painel Control ou o painel Paragraph e o painel Character. Utilizar os painéis Character e Paragraph individuais pode ser mais fácil para formatar o texto porque é possível arrastar os painéis para onde você precisa.

6. Escolha Type > Character e Type > Paragraph para abrir os dois principais painéis de formatação de texto. Deixe esses painéis abertos até você concluir esta lição.

● **Nota:** Arraste a quia do painel Paragraph até a guia do painel Character a fim de criar um grupo de painéis, se preferir.

Ajuste o espacejamento vertical

O InDesign fornece várias opções para personalizar e ajustar o espacejamento vertical do texto em um quadro. Você pode:

- Configurar o espaço entre todas as linhas de texto utilizando um grid de linhas de base.
- Configurar o espaço entre cada linha utilizando o menu Leading no painel Character.
- Configurar o espaço entre cada parágrafo utilizando as opções Space Before e Space After no painel Paragraph.
- Utilizar as opções Vertical Justification na caixa de diálogo Text Frame Options para alinhar o texto dentro de um quadro.

Nesta seção da lição, você vai utilizar a grade de linha de base para alinhar o texto.

Utilize um grid de linhas de base para alinhar texto

Depois de decidir o tamanho da fonte e a entrelinha do corpo do texto do seu documento, é recomendável configurar um grid de linhas de base para o documento inteiro. O grid de linhas de base representa a entrelinha para o corpo do texto do seu documento e é usada para alinhar a linha de base do texto em uma coluna de texto com a linha de base do texto em colunas vizinhas.

Antes de configurar o grid de linhas de base, é preciso verificar o valor de margem da parte superior do documento e o valor da entrelinha do corpo do texto. (Normalmente, é recomendável anotar os valores para que você possa lembrar-se deles. Os valores são repetidos nos passos aqui.) Esses elementos trabalham com o grid para criar um design coeso.

1. Para visualizar o valor da margem superior da página, escolha Layout > Margins And Columns. A margem superior é configurada como 6p0 (6 paicas, 0 pontos). Clique em Cancel.

2. Para determinar o valor da entrelinha, selecione a ferramenta Type (T) no painel Tools e clique para colocar um ponto de inserção em um parágrafo no corpo do texto. Verifique o valor Leading (⒜) no painel Character. A entrelinha é configurada como 14 pt (14 pontos).

● **Nota:** Para ver o grid de linhas de base padrão em ação, selecione todo o texto (Edit > Select All) e clique em Align To Baseline Grid no canto inferior direito do painel Paragraph. Observe quanto a entrelinha muda, depois, escolha Edit > Undo.

3 Escolha Edit > Preferences > Grids (Windows) ou InDesign > Preferences > Grids (Mac OS) para configurar suas opções de grade de linha de base.

4 Na seção Baseline Grid, digite **6** na caixa Start para coincidir com a configuração da margem superior de 6p0. Essa opção configura a localização da primeira linha de grade do documento. Se você utilizasse o valor padrão de 3p0, a primeira linha de grade apareceria acima da margem superior.

5 Na caixa Increment Every, digite **14pt** para ajustar o entrelinhamento.

6 Escolha 100% no menu View Threshold.

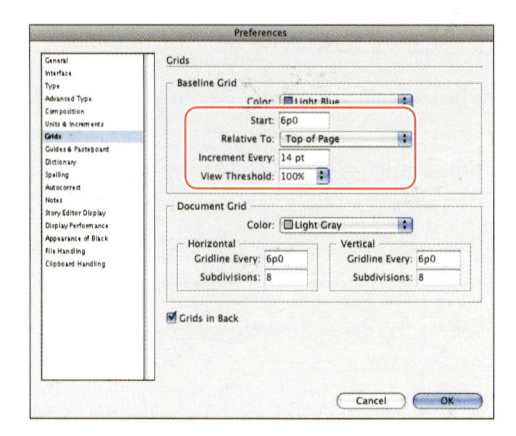

O menu View Threshold configura o valor mínimo no qual você pode ver o grid na tela. A 100%, a grade aparece na janela de documento somente em ampliações de 100% ou maiores.

7 Clique em OK.

8 Escolha File > Save.

Visualize o grid de linhas de base

Agora você tornará o grid recém-configurado visível na tela.

● **Nota:** Se o grid não aparecer, isso ocorre porque a visualização do documento é menor do que o valor limite de visualização da grade. Escolha View > Actual Size para alterar a escala de visualização para 100%, o limite de visualização.

1 Para visualizar o grid na janela de documento, escolha View > Grids & Guides > Show Baseline Grid.

Você pode alinhar um parágrafo, parágrafos selecionados ou todos os parágrafos em uma matéria ao grid de linhas de base. (Uma matéria é todo o texto em uma série de quadros de texto encadeados.) Nos passos a seguir, você utilizará o painel Paragraph para alinhar a matéria principal ao grid de linhas de base.

2 Utilizando a ferramenta Type (T), clique para colocar um ponto de inserção em qualquer lugar do primeiro parágrafo na página espelhada e, então, escolha Edit > Select All para selecionar todo o texto da matéria principal.

3 Se o painel Transform não estiver visível, escolha Type > Paragraph.

4 No painel Paragraph, clique em Align To Baseline Grid (≡). O texto muda para que as linhas de base dos caracteres permaneçam nas linhas de grid.

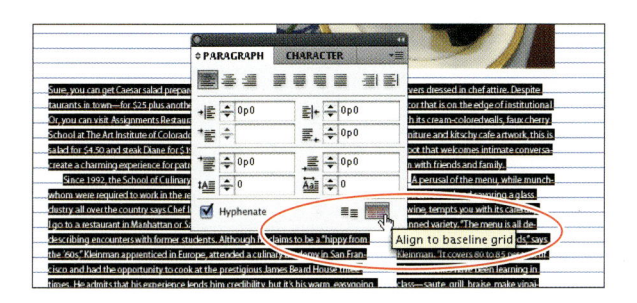

▶ **Dica:** Ao aplicar os atributos de parágrafo, não é necessário selecionar um parágrafo inteiro com a ferramenta Type. Selecione apenas parte do parágrafo ou os parágrafos que deseja formatar. Se estiver formatando um único parágrafo, você pode simplesmente clicar no parágrafo para criar um ponto de inserção.

Nessa revista, os trechos de texto destacados, o texto em caixas e as receitas não aderem ao grid de linhas de base. Para um toque criativo, o designer permite que eles "flutuem".

5 Clique na área de trabalho para desmarcar o texto. Escolha File > Save.

Altere o espacejamento entre parágrafos

Ao aplicar um espaço antes ou depois de um parágrafo que você alinhou anteriormente com o grid de linhas de base, o espaço se ajusta automaticamente com o próximo múltiplo mais alto do valor Increment Every do grid. Por exemplo, se o valor Increment Every for configurado como 14 pontos (1p2) e você especificar qualquer valor Space After maior que 0 pt e menor que 14 pt, o InDesign aumenta automaticamente o valor de espaço para 14 pt. Se você especificar um valor maior que 14 pt, como 16 pt, o InDesign aumenta-o para o próximo múltiplo mais alto, ou 28 pt.

Aqui você fará com que os subtítulos na matéria principal se destaquem mais inserindo espaço acima deles. Depois, você atualizará o estilo de parágrafo para aplicar automaticamente o novo espaço acima de todos os subtítulos.

1 Utilizando a ferramenta Type (T), clique em qualquer lugar do subtítulo "The Restaurant" na página esquerda.

2 No painel Paragraph, digite **6 pt** na caixa Space Before (⁺≡) e pressione Enter ou Return.

Os pontos são convertidos automaticamente em paicas e o texto no subtítulo passa automaticamente para a próxima linha de grade.

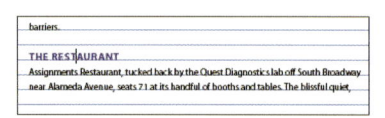

3 Escolha Type > Paragraph Styles para abrir o painel Paragraph Styles.

4 Com o ponto de inserção ainda no subtítulo "The Restaurant", observe que um sinal de adição (+) aparece depois do nome do estilo Subhead no painel.

Esse sinal indica que a formatação do texto selecionado foi modificada a partir da formatação original do estilo aplicado.

5 Escolha Redefine Style no menu do painel Paragraph Styles. O estilo Subhead assume a formatação – especificamente, o novo espaço acima – do parágrafo selecionado.

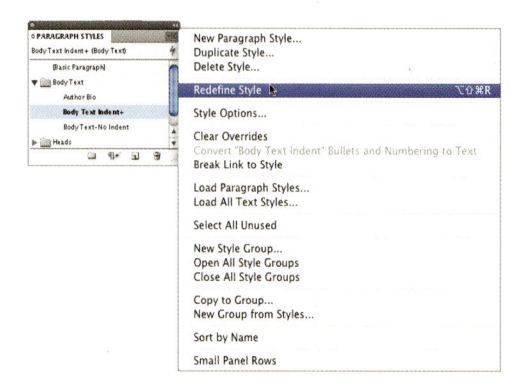

Observe que o sinal de adição (+) não aparece mais depois do nome do estilo e que o espaço também é adicionado acima do subtítulo "The Goals" na página da direita.

6 Escolha View > Grids & Guides > Hide Baseline Grid.

7 Escolha File > Save.

Altere fontes e estilos de tipo

Alterar as fontes e o estilo de fonte de texto pode fazer uma diferença significativa na aparência do documento. Aqui você vai alterar a família de fontes, o estilo de texto, o tamanho e a entrelinha para o texto na citação destacada (trecho de texto destacado na matéria) na página da direita. Além disso, você vai inserir "glifos alternativos" – caracteres decorativos – disponíveis na fonte OpenType em uso. Você fará essas modificações no painel Character e no painel Glyphs.

1 Amplie a citação de abertura na página da direita.

2 Se o painel Character não estiver visível, escolha Type > Character.

3 Utilizando a ferramenta Type (T), clique dentro da citação destacada na página da direita; clique quatro vezes para selecionar o parágrafo inteiro.

4 No painel Character, configure as seguintes opções:
- Font: Adobe Caslon Pro (em ordem alfabética na letra "C")
- Style: Bold Italic
- Size: 14 pt
- Leading: 30 pt

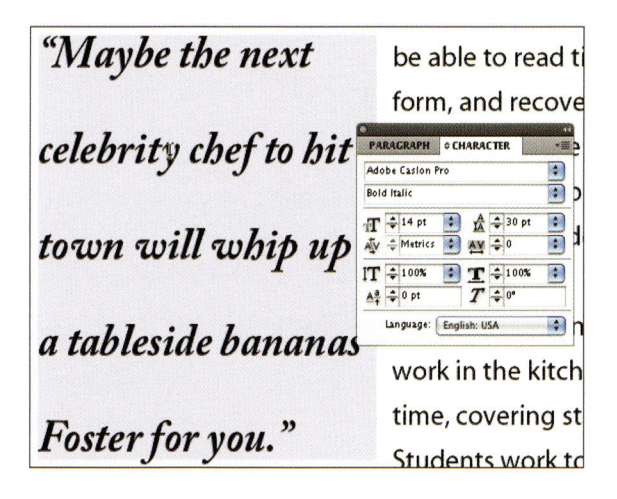

Substitua um caractere por um glifo alternativo

Como a Adobe Caslon Pro é uma fonte OpenType, que costuma fornecer múltiplos glifos para caracteres básicos, você pode selecionar alternativas para vários caracteres. Glifo é a forma específica de um caractere. Por exemplo, em determinadas fontes, a letra maiúscula A está disponível em várias formas, como swashes e versaletes. Utilize o painel Glyphs para selecionar alternativas e localizar qualquer glifo em uma fonte.

1 Utilizando a ferramenta Type (T), selecione o primeiro "M" na citação destacada.

2 Escolha Type > Glyphs.

▶ **Dica:** O painel Glyphs tem vários controles para filtrar as opções disponíveis dentro de uma fonte – como Punctuation ou Ornaments. Algumas fontes podem ter centenas de alternativas disponíveis, enquanto outras terão apenas algumas.

3   No painel Glyphs, escolha Alternates For Selection no menu Show para ver as alternativas para a letra M. Dependendo da versão da fonte Adobe Caslon Pro ativa, suas opções podem ser diferentes.

4   Dê um clique duplo no "M" alternativo, do tipo mais manuscrito, para substituir o caractere original na citação destacada.

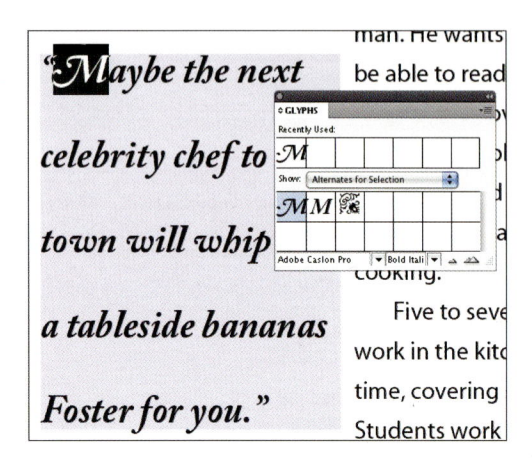

5   Repita esse processo para substituir o "F" em "Foster", mais abaixo na citação destacada, por uma letra F mais elegante.

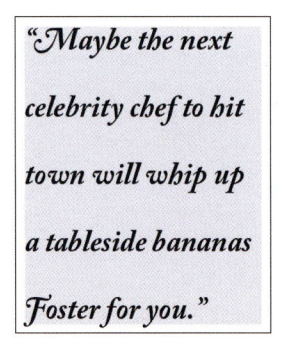

6   Escolha File > Save.

Adicione um caractere especial

Agora você adicionará um caractere de fonte decorativa e uma tabulação de recuo à direita ao final da matéria – também conhecido como "caractere para o fim da matéria". Isso indica para o leitor que a matéria terminou.

LIÇÃO 6 | **181**
Trabalhando com Tipografia

1. Se necessário, role ou amplie para ver o último parágrafo do corpo da matéria, que termina com as palavras "bananas Foster for you".
2. Utilizando a ferramenta Type (T), clique para colocar um ponto de inserção no último parágrafo, logo depois do ponto final.
3. Se o painel Glyphs não estiver aberto, escolha Type > Glyphs.

Também é possível usar o painel Glyphs para exibir e inserir atributos Open-Type, como ornamentos, swashes, frações e ligaduras.

4. Na parte inferior do painel, escolha Adobe Caslon Pro no menu Font.
5. No painel Glyphs, escolha Ornaments no menu Show.
6. Na lista rolável, selecione qualquer caractere decorativo que você preferir e dê um clique duplo para inseri-lo. O caractere aparece no ponto de inserção no documento.

▶ **Dica:** Alguns dos glifos mais utilizados, como símbolos de direito autoral e marca comercial, também aparecem no menu contextual. Para acessá-lo clique com o botão direito do mouse (Windows) ou clique com Control pressionada (Mac OS) no ponto de inserção.

7. Utilizando a ferramenta Type (T), clique para colocar um ponto de inserção entre o ponto final e o caractere decorativo.
8. Clique com o botão direito do mouse (Windows) ou clique com Control pressionada (Mac OS) para exibir o menu contextual e escolha Insert Special Character > Other > Right Indent Tab.

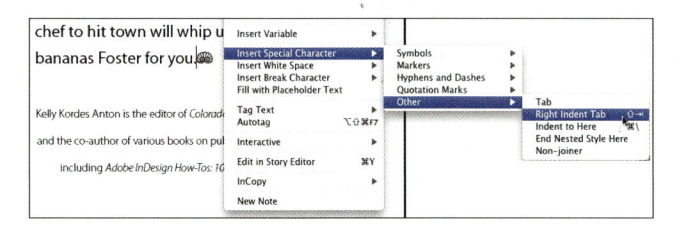

● **Nota:** A fonte Adobe Caslon Pro pode exibir mais glifos porque ela é uma fonte OpenType. Fontes OpenType podem conter mais alternativas de caracteres e glifos do que a versão PostScript. As fontes Adobe OpenType são criadas na mesma base que o PostScript. Para mais informações sobre fontes OpenType, visite Adobe.com/type.

9. Escolha File > Save.

Insira caracteres de fração

▶ **Dica:** Se você estiver trabalhando em um livro de receitas ou em outro documento que exige várias frações, as frações incorporadas na maioria das fontes não abrangerão todos os valores que você precisa. Será necessário fazer uma pesquisa utilizando a formatação de numerador e denominador disponível em algumas fontes OpenType ou comprar uma fonte de fração específica.

As receitas na matéria não utilizam caracteres de fração reais – em vez disso, o 1/2 é construído com o numeral 1, uma barra e um número 2. A maioria das fontes contém caracteres específicos para frações comuns como ½, ¼ e ¾. Se disponíveis, essas elegantes frações têm uma aparência muito mais profissional do que o uso de numerais e barras.

1 Utilizando a ferramenta Zoom (🔍), amplie as receitas na parte inferior da página da direita.

2 Utilizando a ferramenta Type (T), selecione a primeira instância de "1/2" ("1/2 lemon" na receita Caesar Salad).

3 Se o painel Glyphs não estiver aberto, escolha Type > Glyphs.

4 Redimensione o painel para que você possa ver mais caracteres. Role conforme necessário para localizar a fração ½.

5 Dê um clique duplo na fração ½ para substituir a fração "1/2" selecionada no texto.

Observe que a fração ½ é armazenada nas caixas Recently Used na parte superior do painel Glyphs.

Agora você vai alterar as instâncias das frações "1/4" e "3/4".

6 Na receita Caesar Salad, localize e selecione "1/4" ("1/4 cup red wine vinegar").

7 No painel Glyphs, localize e dê um clique duplo na fração ¼.

8 Repita os passos 6 e 7, localizando e selecionando "3/4" ("3/4 cup virgin olive oil") e no painel Glyphs, substituindo-o pela fração ¾.

9   Se desejar, substitua as instâncias restantes de "1/2" e "1/4" nas receitas selecionando o texto e dando um clique duplo nos respectivos glifos nas caixas Recently Used.

10 Feche o painel Glyphs.
11 Escolha File > Save.

Altere o alinhamento de parágrafo

É possível manipular facilmente a maneira como um parágrafo se ajusta em seu quadro de texto alterando o alinhamento horizontal. Você pode alinhar o texto com uma ou ambas as bordas de um quadro de texto ou aplicar o espacejamento da margem interna (*inset*). Justificar o texto alinha tanto a borda esquerda como a direita. Neste exercício, você alinhará as informações biográficas do autor com a margem direita.

1   Role e amplie conforme necessário para visualizar a biografia do autor sob o último parágrafo da matéria.

2   Utilizando a ferramenta Type (T), clique para colocar um ponto de inserção em qualquer lugar da biografia.

3   No painel Paragraph, clique em Align Right (≡).

Como o texto na biografia é pequeno, a entrelinha da grade de linha de base parece muito grande. Para corrigir isso, desbloqueie esse parágrafo da grade.

4   Com o ponto de inserção ainda no parágrafo da biografia, no painel Paragraph, clique em Do Not Align To Baseline Grid. Se o texto não se ajustar mais, utilize a ferramenta Selection para tornar o quadro de texto um pouco mais longo.

5 Escolha Edit > Deselect All para remover a seleção do quadro de texto.

6 Escolha File > Save.

Pontuação recuada fora da margem

Em geral, designers e diagramadores experientes preferem alinhar o texto visualmente em vez de numericamente. Às vezes, especialmente com a pontuação no início e fim das linhas, as margens que são de fato iguais podem parecer desiguais. Para corrigir essa discrepância visual, os designers "recuam" a pontuação ligeiramente fora do quadro de texto. Chamada Optical Margin Alignment, essa pontuação recuada permite que uma parte do texto, como pontuação e aspas, seja posicionada fora do quadro de texto.

Neste exercício, você aplicará Optical Margin Alignment à citação destacada.

1 Role e amplie conforme necessário para visualizar a citação destacada na página direita.

2 Utilizando a ferramenta Type (T), clique na citação destacada.

3 Escolha Type > Story para abrir o painel Story.

4 Selecione Optical Margin Alignment e então feche o painel Story.

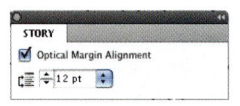

● **Nota:** Optical Margin Alignment se aplica a todo o texto em uma matéria – definido como todo o texto em uma série de quadros de texto encadeados – por isso o uso do painel Story.

Observe como as bordas esquerdas das aspas de abertura estão agora recuadas fora do quadro de texto. O texto parece visualmente mais alinhado.

Sem (à esquerda) e com (à direita) Optical Margin Alignment.

5 Escolha File > Save.

Crie uma capitular

É possível acrescentar toques criativos ao documento utilizando os recursos especiais de fonte do InDesign. Por exemplo, você pode tornar o primeiro caractere ou palavra de um parágrafo uma capitular, aplicar um gradiente ou preenchimento de cor ao texto ou criar caracteres sobrescritos e subscritos, junto com ligaduras e numerais no velho estilo. Aqui você criará um dos cinco caracteres de capitulares a partir da primeira palavra no primeiro parágrafo da matéria.

1 Role para visualizar o primeiro parágrafo na página esquerda. Utilizando a ferramenta Type (T), clique para colocar um ponto de inserção em qualquer lugar desse parágrafo.

2 No painel Paragraph, digite **3** na caixa Drop Cap Number Of Lines para baixar as letras em três linhas.

3 Digite 5 na caixa Drop Cap One Or More Characters para ampliar os cinco primeiros caracteres: "Sure,". Pressione Enter ou Return.

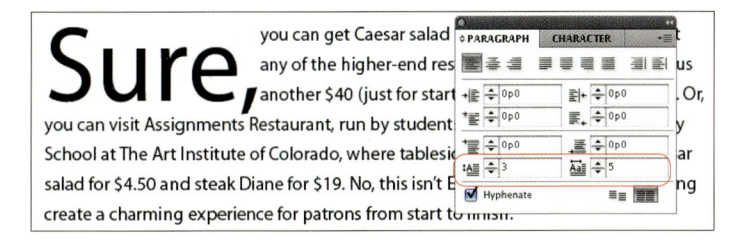

4 Utilizando a ferramenta Type, selecione os cinco caracteres de capitulares.

Agora, você pode aplicar qualquer formatação de caracteres que desejar. Em muitas revistas, as capitulares nas matérias normais são formatadas da mesma maneira com uma formatação mais ornamental utilizada nos destaques.

5 Escolha Type > Character Styles para abrir o painel Character Styles.

6 Clique no estilo Drop Cap para aplicá-lo ao texto selecionado.

7 Escolha File > Save.

Aplique um traçado de contorno ao texto

Em seguida, adicione um traçado aos caracteres das capitulares que você acabou de criar.

1 Com a ferramenta Type (T) ainda selecionada, selecione os caracteres das capitulares.

2 No painel Swatches, selecione a caixa Stoke ( ) e, então, clique em Black. Aparece um traçado em torno de cada uma das letras.

O tamanho padrão do traçado é de 1 ponto. Você mudará o traçado para 1,5 ponto.

3 Escolha Window > Stroke.

4 No painel Stroke, digite **1.5 pt** na caixa Weight e pressione Enter ou Return.

5 Pressione Shift+Ctrl+A (Windows) ou Shift+Command+A (Mac OS) para remover a seleção do texto a fim de que você possa visualizar o efeito do traçado.

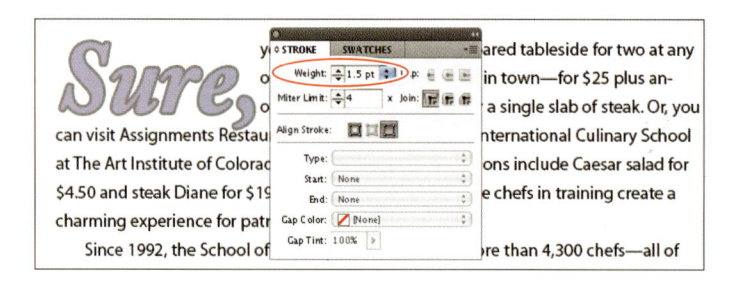

Para ver como o traçado e as capitulares são retidos mesmo se o texto for editado, você substituirá o "S" em "Sure" por um glifo alternativo.

6 Feche o painel Stroke. Escolha então Type > Glyphs.

7 Utilizando a ferramenta Type, selecione o "S" em "Sure".

8 No painel Glyphs, escolha Alternates for Selection no menu Show.

9 Dê um clique duplo no "S" elegante para substituir o "S" em itálico.

10 Feche o painel Glyphs.

11 Escolha File > Save.

Ajuste o alinhamento de capitular

É possível ajustar o alinhamento das letras de capitulares e também redimensionar o tamanho da capitular se ela tiver um descendente, como um "g". Nesta seção, você ajustará a capitular para que ela se alinhe melhor à margem esquerda.

1 Utilizando a ferramenta Type (T), clique para colocar um ponto de inserção em qualquer lugar do primeiro parágrafo com a capitular.

2 No painel Paragraph, escolha Drop Caps And Nested Styles no menu do painel.

3 Selecione Align Left Edge para mover a capitular de modo que ela se alinhe melhor com a borda esquerda. Clique em OK.

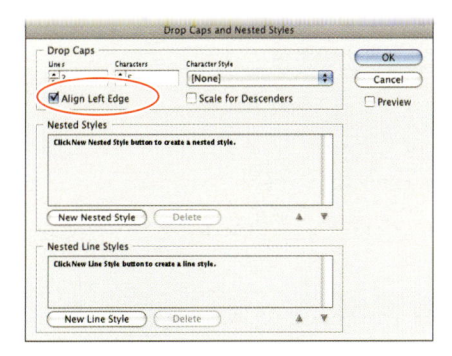

4 Escolha File > Save.

Ajuste o espacejamento entre letras e entre palavras

É possível alterar o espacejamento entre letras e palavras utilizando o kerning e o tracking. Você também pode controlar o espacejamento total de texto em um parágrafo utilizando Single-line e Paragraph Composers.

Ajuste o kerning e o tracking

No InDesign, você pode controlar o espaço entre letras utilizando o kerning e o tracking. Ajustando o kerning, é possível adicionar ou subtrair o espaço entre pares de letras específicas. O tracking cria um volume igual de espacejamento ao longo de uma série de letras. O kerning e o tracking podem ser usados no mesmo texto.

Aqui você vai utilizar o kerning manualmente em algumas letras da capitular e, posteriormente, monitorar o cabeçalho "If You Go" na caixa roxa.

1 Para distinguir a quantidade de espaço entre letras mais facilmente e ver os resultados do kerning com maior clareza, selecione a ferramenta Zoom (🔍) no painel Tools e arraste uma moldura de seleção em torno das capitulares.

2 Selecione a ferramenta Type (T) e clique para posicionar um ponto de inserção entre o "u" e o "r" em "Sure".

3 Pressione Alt+Seta Direita (Windows) ou Option+Seta Direita (Mac OS) para aumentar a quantidade que a letra "r" se move para a direita. Continue a pressionar essa combinação de teclas até ficar satisfeito com a aparência do espacejamento entre as duas letras adjacentes.

▶ **Dica:** Ao aplicar kerning ao texto, no teclado a tecla de seta para a direita adiciona espaço e a tecla de seta para a esquerda remove espaço quando combinada com a tecla Alt (Windows) ou Option (Mac OS).

O exemplo mostra a combinação de teclas pressionada duas vezes. Você também pode ver os novos valores de kerning no painel Character.

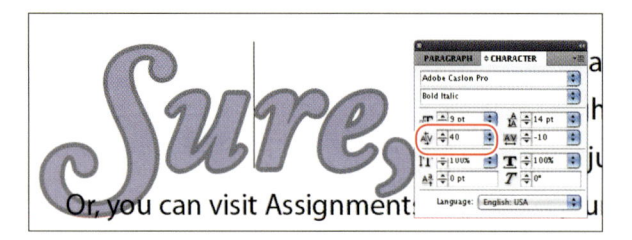

Agora você configurará um valor de tracking para todo o cabeçalho "If You Go" a fim de aumentar o espacejamento geral. Para configurar o tracking, você deve primeiro selecionar o intervalo inteiro de caracteres que deseja condensar.

4   Escolha Edit > Deselect All. Role para baixo a fim de visualizar o cabeçalho "If You Go" na caixa roxa abaixo da palavra "Sure".

5   Utilizando a ferramenta Type (T), clique três vezes em "If You Go" para selecionar o cabeçalho inteiro. (Se você tiver problemas para selecionar o texto, primeiro utilize a ferramenta Selection para selecionar o quadro de texto roxo.)

6   No painel Character, digite **40** na caixa Tracking (**AV**). Pressione Enter ou Return.

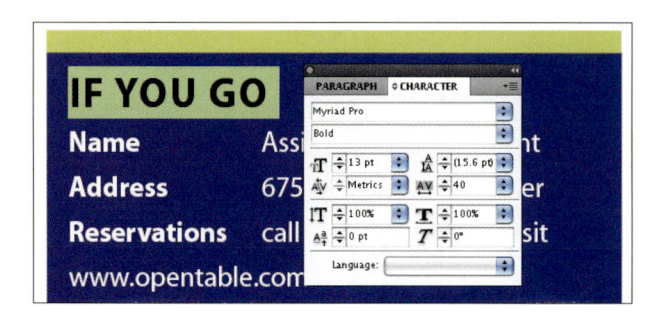

7   Clique na área de trabalho para desmarcar o texto.

8   Escolha View > Fit Spread In Window para ver o efeito geral das suas modificações mais recentes.

9   Escolha File > Save.

Aplique os métodos de composição Adobe Paragraph e Single-line

A densidade de um parágrafo (às vezes chamada de mancha) é determinada pelo método de composição utilizado. Ao compor textos, o InDesign considera o espacejamento de palavra, o espacejamento de letra, a escala do glifo e as opções de hifenização que você selecionou e, então, avalia e escolhe as melhores quebras de linha. O InDesign fornece duas opções para compor o texto: o Adobe Paragraph Composer, que examina todas as linhas no parágrafo, ou o Adobe Single-line Composer, que examina individualmente cada linha.

Com o Paragraph Composer, o InDesign compõe uma linha considerando o impacto nas outras linhas do parágrafo, para definir o melhor arranjo do parágrafo. À medida que você altera o texto em uma determinada linha, as linhas anteriores e subsequentes do mesmo parágrafo podem quebrar diferentemente, tornando o espacejamento do parágrafo mais uniforme. Quando você utiliza o Single-line Composer, que é o padrão para outros programas de layout e de processamento de texto, o InDesign compõe novamente apenas as linhas subsequentes ao texto editado.

O texto nesta lição foi composto utilizando o padrão, o Adobe Paragraph Composer. Para ver a diferença entre os dois, recomponha o corpo do texto utilizando o Single-line Composer.

1 Utilizando a ferramenta Type (T), clique para colocar um ponto de inserção em qualquer lugar da matéria principal.

2 Escolha Edit > Select All.

3 No painel Paragraph, escolha Adobe Single-line Composer no menu do painel. Se necessário, aumente a escala de visualização para ver a diferença.

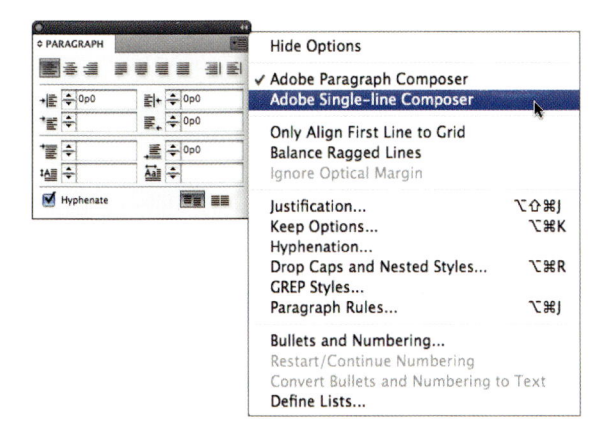

O Single-line Composer trata cada linha individualmente. Como resultado, algumas linhas em um parágrafo parecem mais densas ou esparsas do que outras. Como o Paragraph Composer examina várias linhas de uma vez, ele torna a densidade das linhas em um parágrafo mais consistente.

4 Clique em uma área em branco da página para desmarcar o texto e ver diferentes espacejamentos e fins de linha.

'Adobe Paragraph Composer' (padrão, esquerda) e ' Adobe Single-line Composer' (direita).

> A perusal of the menu, while munching fresh bread and savoring a glass of wine, tempts you with its carefully planned variety. "The menu is all designed to teach cooking methods," says Kleinman. "It covers 80 to 85 percent of what students have been learning in class—saute, grill, braise, make vinaigrettes, cook vegetables, bake and make desserts." In a twist on "You have to know the rules to break them," Kleinman insists that students need to first learn the basics before they can go on to create their own dishes.
>
> A perusal of the menu, while munching fresh bread and savoring a glass of wine, tempts you with its carefully planned variety. "The menu is all designed to teach cooking methods," says Kleinman. "It covers 80 to 85 percent of what students have been learning in class—saute, grill, braise, make vinaigrettes, cook vegetables, bake and make desserts." In a twist on "You have to know the rules to break them," Kleinman insists that students need to first learn the basics before they can go on to create their own dishes.

5 Para restaurar a matéria ao Adobe Paragraph Composer, escolha Edit > Undo.

6 Escolha File > Save.

Configure tabulações

Você pode utilizar tabulações para posicionar o texto em localizações horizontais específicas em um quadro de texto. No painel Tabs, é possível organizar texto e criar guias de tabulação, recuos e recuos deslocados.

Alinhe texto a guias e adicione guias de tabulação

Aqui você formatará as informações tabuladas na caixa "If You Go" na página esquerda. Como os marcadores de tabulação já foram inseridos, você vai configurar a localização final do texto.

1 Role e amplie conforme necessário para visualizar a caixa "If You Go".

2 Para visualizar os marcadores ocultos de tabulação no texto, escolha Type > Show Hidden Characters e certifique-se de que Normal Mode (■) esteja selecionado no painel Tools.

● **Nota:** Se você alterar a escala de visualização, o painel Tabs pode não se alinhar mais ao quadro de texto que contém o ponto de inserção de texto. Para realinhar o painel Tabs, clique no ícone de imã no painel.

3 Utilizando a ferramenta Type (T), clique na caixa "If You Go" e escolha Edit > Select All para selecionar todo o texto.

4 Escolha Type > Tabs para abrir o painel Tabs.

Quando um quadro de texto tem um ponto de inserção e espaço suficiente no topo, o painel Tabs adere à parte superior do quadro para que as medidas na régua do painel correspondam com exatidão às do texto. Independentemente da posição do painel Tabs, você pode inserir valores para configurar guias com precisão.

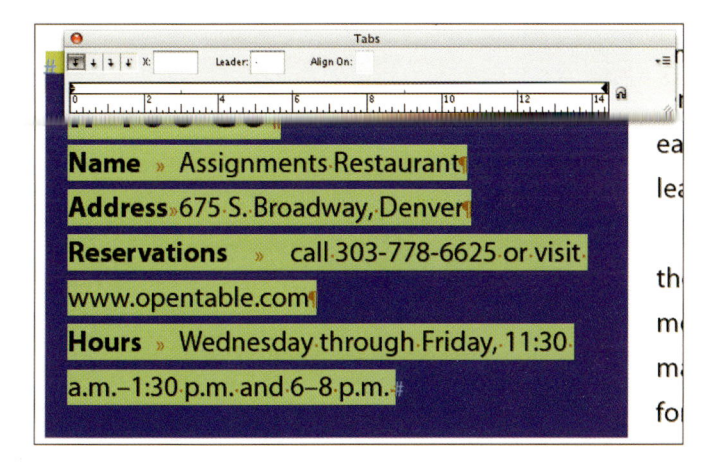

5 No painel Tabs, clique em Left-Justified Tab (⬚) para que o texto se alinhe à esquerda da parada de tabulação.

▶ **Dica:** Para inserir um caractere de tabulação em uma tabela, escolha Type > Insert Special Character > Other > Tab.

6 Digite **5p5** na caixa X e pressione Enter ou Return.

As informações depois de cada marcador de tabulação no texto selecionado agora se alinham à nova parada de tabulação, posicionada um pouco acima da régua no painel Tabs.

7 Com o texto ainda selecionado e o painel Tabs ainda aberto, clique na nova parada de tabulação para selecioná-la. Digite um ponto (.) e um espaço na caixa Leader. Utilizar um espaço entre os pontos cria uma sequência de pontos mais aberta na guia de tabulação.

8 Pressione Enter ou Return para aplicar a guia de tabulação. Deixe o painel Tabs aberto e na posição para o próximo exercício.

A caixa Leader especifica o caractere ou os caracteres que preenchem o espaço entre o texto e a parada de tabulação. Guias de tabulação são comumente utilizadas em sumários.

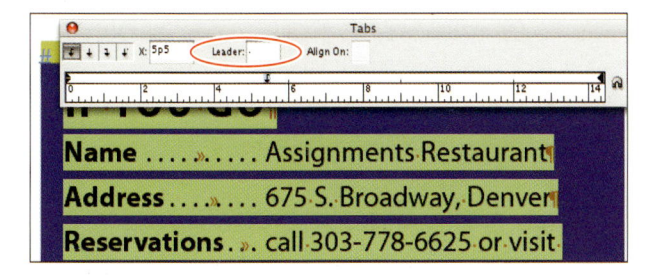

9 Escolha File > Save.

Trabalhe com tabulações

Os controles para criar e personalizar tabulações do InDesign são semelhantes àqueles de um processador de texto. Você pode posicionar tabulações com precisão, repetir tabulações ao longo de uma coluna, criar guias para tabulações, especificar como o texto se alinha com as tabulações e facilmente modificar as tabulações que você criou. Tabulações são formatos de parágrafo, portanto, elas se aplicam ao parágrafo que contém o ponto de inserção de texto ou qualquer parágrafo selecionado. Todos os controles estão no painel Tabs, que você abre escolhendo Type > Tabs. Eis como os controles de tabulações funcionam.

- Insira tabulações: Para inserir uma tabulação no texto, pressione a tecla Tab.
- Especifique o alinhamento da tabulação: Para especificar como o texto se alinha a uma parada de tabulação – por exemplo, à esquerda da parada de tabulação (a configuração tradicional) ou em um ponto decimal – clique em um dos botões de tabulação no canto superior esquerdo do painel Tabs: Left-Justified Tab, Center-Justified Tab, Right-Justified Tab ou Align To Decimal (Or Other Specified Character) Tab.
- Posicione as tabulações: Para posicionar uma parada de tabulação, clique em um dos botões de tabulação, digite um valor na caixa X e pressione Enter ou Return. Você também pode clicar em um botão de tabulação e depois clicar no espaço um pouco acima da régua.
- Repita as tabulações: Para criar múltiplas paradas de tabulação com uma mesma distância à parte, selecione uma tabulação na régua. Escolha Repeat Tab no menu do painel Tabs. Isso cria paradas de tabulação ao longo da coluna com base na distância entre a parada de tabulação selecionada e a parada de tabulação anterior (ou recuo à esquerda).
- Especifique um caractere para alinhar o texto: Para alinhar o texto em um caractere, como um ponto decimal, clique no botão Align To Decimal (Or Other Specified Character) Tab e depois digite ou cole um caractere na caixa Align On. (Se não contiver esse caractere, o texto será alinhado à esquerda da parada de tabulação.)
- Crie uma guia de tabulação: Para preencher o espaço em branco entre o texto e as tabulações – por exemplo, adicionar pontos entre o texto e o número de páginas em um sumário – insira até oito caracteres para repetir na caixa Leader.
- Mova tabulações: Para alterar a posição de uma parada de tabulação, selecione a tabulação na régua e digite uma nova posição na caixa X. No Windows, pressione Enter; no Mac OS, pressione Return. Ou, arraste a tabulação na régua até uma nova localização.
- Exclua tabulações: Para excluir uma tabulação, arraste-a para fora da régua de tabulação. Ou, selecione a tabulação na régua e escolha Delete Tab no menu do painel Tabs.
- Redefina tabulações padrão: Para retornar às paradas de tabulação padrão, escolha Clear All no menu do painel Tabs. As posições das paradas de tabulação padrão variam com base nas configurações do documento no painel Units & Increments da caixa de diálogo Preferences. Por exemplo, se as unidades Hori-

▶ **Dica:** Ao trabalhar com tabulações, visualize os caracteres ocultos de tabulação com facilidade escolhendo Type > Show Hidden Characters. É comum receber arquivos de processamento de texto em que o autor ou editor inseriu múltiplas tabulações para alinhar o texto na tela – ou pior, inseriu espaços em vez de tabulações. A única maneira de ver com o que você está lidando (e corrigindo) é visualizar os caracteres ocultos.

● **Nota:** No Mac OS, ao inserir uma nova posição para uma tabulação, pressionar Enter no teclado numérico cria uma nova parada de tabulação em vez de mover a parada de tabulação selecionada.

zontal Ruler estiverem configuradas como Inches, as paradas de tabulação padrão serão inseridas em cada meia polegada.

- Mude o alinhamento de tabulação: Para alterar o alinhamento de uma parada de tabulação, selecione-a na régua e clique em um botão de tabulação diferente. Ou, pressione a tecla Alt (Windows) ou Option (Mac OS) ao clicar na tabulação na régua para fazer um ciclo pelas quatro opções de alinhamento.

Crie um recuo deslocado

Em "um recuo deslocado", o texto antes do marcador de tabulação é recuado à esquerda – como você frequentemente verá em uma lista numerada ou com marcadores. Para criar um recuo deslocado para as informações na caixa "If You Go", você utilizará o painel Tabs. As caixas Left Indent (→≣) e First Line Left Indent (*≣) no painel Paragraph também podem ser utilizadas.

1. Utilizando a ferramenta Type (T), selecione todo o texto na caixa "If You Go".

2. Certifique-se de que o painel Tabs ainda está alinhado acima do quadro de texto. Se ele se foi movido, clique no botão de imã (🔒) no painel Tabs.

3. No painel Tabs, arraste o marcador de recuo inferior à esquerda da régua para a direita até que o valor X seja de 5p5. Arrastar o marcador inferior desloca ambos os recuos de uma vez. Note como todo o texto se desloca para a direita e a valor Left Indent no painel Paragraph muda para 5p5. Mantenha o texto selecionado.

Agora você vai trazer apenas os títulos de categoria para sua localização original no quadro para criar um recuo deslocado.

4. No painel Paragraph, digite **-5p5** na caixa First Line Left Indent (*≣). Remova a seleção do texto e visualize o recuo deslocado.

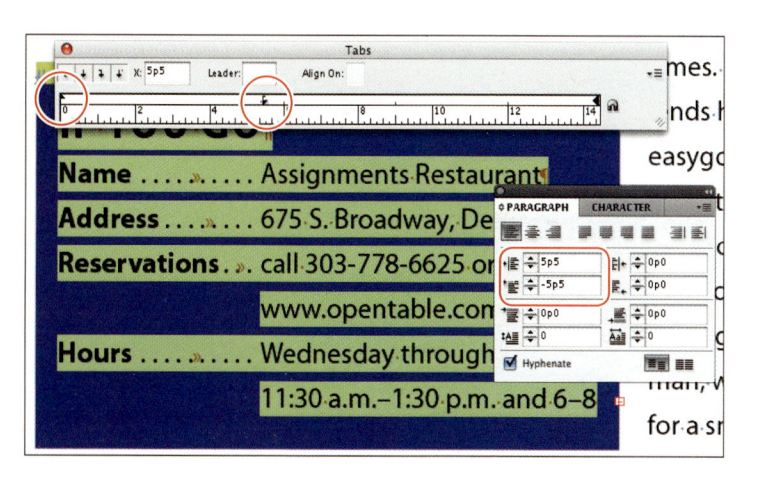

▶ **Dica:** Você também pode ajustar o recuo da primeira linha para os parágrafos selecionados arrastando o marcador de recuo superior na régua de tabulação. Mas pode ser difícil selecionar o marcador sem criar ou modificar acidentalmente uma parada de tabulação.

5   Feche o painel Tabs.

Observe que o texto agora excede o quadro de texto (como indicado pelo sinal de adição vermelho no canto inferior direito do quadro de texto). Há muitos modos de corrigir isso, incluindo expandir o quadro de texto, aplicar tracking ao texto ou editar o texto. Nesse caso, você editará o texto.

6   Utilizando a ferramenta Type, dê um clique duplo na palavra "through" na seção "Hours".

7   Escolha Type > Insert Special Character > Hyphens And Dashes > En Dash. Exclua todos os espaços extras em torno do traço.

Um traço ene parece melhor nos intervalos do que um hífen.

8   Escolha File > Save.

Adicione um fio acima de um parágrafo

Você pode adicionar um fio, ou linha, acima ou abaixo de um parágrafo. A vantagem do uso de fios em vez de simplesmente desenhar uma linha é que os fios podem ser aplicados com um estilo de parágrafo e eles acompanham o parágrafo quando o texto reflui. Aqui você adicionará um fio acima da biografia do autor no fim da matéria.

1   Role para visualizar a terceira coluna na página direita que contém a biografia do autor em itálico.

2   Utilizando a ferramenta Type (T), clique para criar um ponto de inserção em qualquer lugar na biografia do autor.

3   Escolha Paragraph Rules no menu do painel Paragraph.

4   No topo da caixa de diálogo Paragraph Rules, escolha Rule Above no menu e selecione Rule On para ativar a regra.

5   Selecione a opção Preview. Mova a caixa de diálogo para que você possa ver o parágrafo.

6   Na caixa de diálogo Paragraph Rules, configure estas opções:
    - No menu Weight, escolha 1 pt.
    - No menu Color, escolha Pantone 584 PC.
    - No menu Width, escolha Column.
    - Na caixa Offset, digite **0p9**.

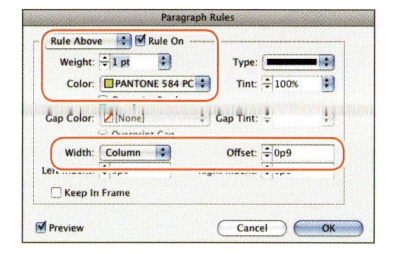

7 Clique em OK para aplicar as alterações.

Um fio verde-limão agora aparece acima da biografia do autor.

8 Para visualizar seus resultados:

- Escolha View > Fit In Window.
- Escolha Preview no menu Screen Mode (▦▾) na barra Application na parte superior da tela.

9 Escolha File > Save.

Parabéns, você terminou a lição. Para finalizar essa matéria, seria recomendável passar algum tempo com um editor ou revisor para corrigir todas as linhas folgadas ou comprimidas, quebras de linha desajeitadas, viúvas e órfãos.

Explore por conta própria

Você aprendeu os princípios básicos da formatação de texto em um documento do InDesign, e está pronto para aplicar essas habilidades por conta própria. Faça as seguintes tarefas para aperfeiçoar suas habilidades tipográficas.

1 Posicione um ponto de inserção nos vários parágrafos e tente ativar e desativar a hifenização no painel Paragraph. Selecione uma palavra hifenizada e escolha No Break no menu do painel Character para desmarcar uma palavra individual da hifenização.

2 Tente diferentes configurações de hifenização. Primeiro, selecione todo o texto na matéria principal. Depois, escolha Hyphenation no menu do painel Paragraph. Selecione Preview e então teste as configurações. Por exemplo, Hyphenate Capitalized Words está selecionado para esse texto, mas um editor provavelmente o desativaria para evitar que o nome do cozinheiro-chefe fosse hifenizado.

3 Experimente diferentes configurações de alinhamento. Primeiro, selecione todo o texto e, então, clique em Justify With Last Line Aligned Left (≡) no painel Paragraph. Escolha Justification no menu do painel Paragraph. Selecione Preview e teste as configurações. Por exemplo, veja a diferença entre o Adobe Single-line Composer e o Adobe Paragraph Composer quando aplicados a um texto justificado (em vez de alinhado à esquerda).

4 Escolha Type > Insert Special Character e visualize todas as opções disponíveis, como Symbols > Bullet Character e Hyphens And Dashes > Em Dash. Utilizar esses caracteres em vez de hífens aprimora significativamente a aparência profissional da tipografia. Escolha Type > Insert White Space e observe o Nonbreaking Space. Utilize-o para manter juntas duas palavras, evitando que elas se separem no final de uma linha (como "Mac OS").

Perguntas de revisão

1 Como você exibe uma grade de linha de base?
2 Quando e onde utilizar uma tabulação recuada à direita?
3 Como você aplica a pontuação recuada fora das bordas de um quadro de texto?
4 Qual é a diferença entre o Paragraph Composer e o Single-line Composer?

Respostas

1 Para visualizar a grade de linha de base, escolha View > Grids & Guides > Show Baseline Grid. A visualização atual do documento deve estar no limite de visualização, ou acima dele, configurado nas preferências de grade de linha de base. Por padrão, esse valor é 75%.

2 Uma tabulação de recuo à direita, que alinha automaticamente o texto à direita de um parágrafo, é útil para posicionar caracteres para o fim da matéria.

3 Selecione o quadro de texto e escolha Type > Story. Selecione Optical Margin Alignment, que será aplicada a todo o texto da matéria.

4 O Paragraph Composer avalia várias linhas de uma vez ao determinar as melhores quebras de linha. O Single-line Composer só examina uma linha por vez ao determinar as quebras de linha.

7 TRABALHANDO COM CORES

Visão geral da lição

Nesta lição você vai aprender a:

- Adicionar cores ao painel Swatches
- Aplicar cores a objetos
- Criar traçados tracejados
- Criar e aplicar uma amostra de gradiente
- Ajustar a direção da mistura do gradiente
- Criar um tom
- Criar uma cor especial
- Especificar um mecanismo de gerenciamento de cores
- Especificar perfis ICC de origem padrão
- Atribuir perfis ICC no InDesign CS4
- Perfis ICC incorporados nas imagens criadas em outros aplicativos Adobe

Esta lição levará aproximadamente 90 minutos.

Você pode criar, salvar e aplicar cores de escala e cores especiais, incluindo tons, tintas misturadas e gradientes misturados. Se o seu documento precisar seguir padrões de impressão sofisticados, um sistema de gerenciamento de cores reconcilia as diferenças nas cores entre os dispositivos para que você possa estar razoavelmente seguro das cores que seu sistema finalmente produz.

Introdução

Nota: Se você ainda não copiou os arquivos de recurso desta lição do CD do *Adobe InDesign CS4 Classroom in a Book* para o seu disco rígido, faça isso agora. Veja a seção "Copie os arquivos do Classroom in a Book", na página 14.

Nesta lição, você vai configurar o gerenciamento de cores para um anúncio de uma empresa fictícia de chocolate chamada Tifflins Truffles. O gerenciamento de cores é importante nos ambientes em que você precisa avaliar confiavelmente as cores de uma imagem no contexto da saída final. A correção de cores é uma questão diferente que envolve imagens com problemas tonais e de equilíbrio de cor, e é normalmente tratada no aplicativo gráfico original, como o Photoshop CS4.

O anúncio será vinculado em várias publicações, portanto, seu objetivo é obter cores consistentes e previsíveis. Você vai configurar o sistema de gerenciamento de cores utilizando um fluxo de trabalho CMYK voltado para uma publicação profissional, construir o documento utilizando imagens a partir de outros produtos da Adobe e especificar perfis ICC para imagens individuais a fim de assegurar a integridade das cores.

O anúncio consiste em imagens criadas no InDesign CS4 e em outros aplicativos da Adobe. Você gerenciará as cores dessas imagens para conseguir uma saída de cores consistente a partir do InDesign CS4.

1. Para assegurar que as preferências e configurações padrão do seu programa Adobe InDesign CS4 correspondam àquelas utilizadas nesta lição, mova o arquivo InDesign Defaults para uma pasta diferente seguindo o procedimento na seção "Salve e restaure o arquivo InDesign Defaults" na página 14.

2. Inicie o Adobe InDesign CS4.

3. Escolha File > Open e abra o arquivo 07_Start.indd na pasta Lesson_07, localizada na pasta Lessons dentro da pasta InDesignCIB no disco rígido.

4. Escolha File > Save As, renomeie o arquivo como **07_Color.indd** e salve-o na pasta Lesson_07.

5. Escolha Window > Workspace > Advanced para certificar-se de que todos os comandos que você precisa estão disponíveis. Escolha então Window > Workspace > Reset Advanced.

Nota: Esta lição é projetada para usuários que trabalham com o InDesign CS4 em ambientes que também têm o Adobe Illustrator (versão 9 ou superior) e o Adobe Photoshop (versão 5 ou superior) instalados. Se esses aplicativos não estiverem instalados no seu computador, pule as instruções para o gerenciamento de cores de elementos gráficos do Illustrator e Photoshop.

6. Se quiser ver a aparência do documento final, abra o arquivo 07_End.indd localizado na mesma pasta. Você pode deixar esse documento aberto como um guia enquanto trabalha. Quando você estiver pronto para retomar o trabalho no documento de lição, clique na guia no canto superior esquerdo da janela de documento.

A imagem CMYK já está posicionada no documento
Objeto do InDesign CS4
Arquivo Illustrator PDF
Arquivo do Photoshop

Defina requisitos de impressão

Você deve saber os requisitos de impressão antes de começar a trabalhar em um documento. Por exemplo, reúna-se com seu fornecedor de serviços de pré-impressão (fotolito ou a própria gráfica) e discuta o design e o uso de cores do seu documento. Como seu provedor de serviço de pré-impressão entende as capacidades do seu próprio equipamento, ele pode sugerir maneiras de economizar tempo e dinheiro, melhorar a qualidade e evitar problemas relacionados com cor e custos mais altos de impressão. O artigo do anúncio utilizado nesta lição foi projetado para ser impresso em uma gráfica que utiliza o modelo de cores CMYK.

Para confirmar se seu documento corresponde aos requisitos de impressão, utilize um perfil de comprovação que contém o grupo de regras relacionado a tamanho, fontes, cores, imagens, sangrados, etc., do documento. O painel Preflight pode então alertá-lo quanto a problemas no documento que não seguem as regras especificadas no perfil. Neste exercício, você importará um perfil de comprovação fornecido pela gráfica de uma revista que publicará o anúncio.

▶ **Dica:** Seu fornecedor de impressão ou gráfica talvez tenha um perfil de comprovação com todas as especificações necessárias para a saída. Você pode importar o perfil e utilizá-lo para verificar seu trabalho com base nesses critérios.

1 Escolha Window > Output > Preflight.
2 Escolha Define Profiles no menu do painel Preflight.
3 Na caixa de diálogo Preflight Profiles, clique no botão Preflight Profile Menu (▤) abaixo da lista de perfis de comprovação à esquerda. Escolha Load Profile.
4 Selecione Magazine Profile.idpp na pasta Lesson_07, localizada na pasta Lessons dentro da pasta InDesignCIB no seu disco rígido. Clique em Open.

5 Com o Magazine Profile selecionado, examine as configurações especificadas para a saída desse anúncio. As opções marcadas são aquelas que o InDesign considerará incorretas – por exemplo, uma vez que o RGB está marcado, quaisquer imagens RGB serão informadas como erros.

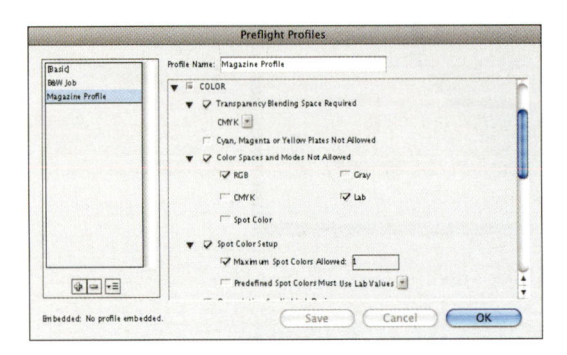

6 Clique em OK para fechar a caixa de diálogo Preflight Profiles.

7 Escolha Magazine Profile no menu Profile no painel Preflight. Observe que o perfil detecta um problema com um arquivo do Illustrator importado. Se você fosse realmente enviar esse anúncio à revista, o erro precisaria ser resolvido.

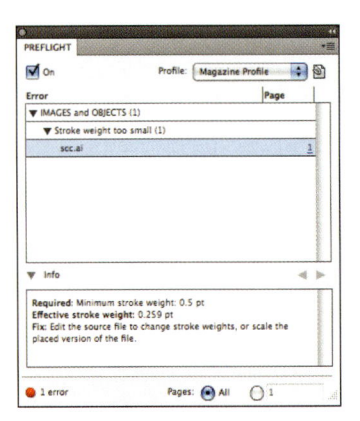

8 Escolha File > Save.

Crie e aplique cores

Para máxima flexibilidade de design, o InDesign oferece vários métodos para criar e aplicar cores e gradientes. O software permite testar e, ao mesmo tempo, ajuda a assegurar a saída certa. Nesta seção, você aprenderá vários métodos para criar e aplicar cores.

Adicione cores ao painel Swatches

Você pode adicionar cores a objetos utilizando uma combinação de painéis e ferramentas. O fluxo de trabalho das cores do InDesign CS4 está centralizado no painel Swatches. Utilizando o painel Swatches para nomear cores facilita aplicar, editar e atualizar as cores para os objetos em um documento. Embora também seja possível utilizar o painel Color para aplicar cores a objetos, não há uma maneira rápida de atualizar essas cores, que são consideradas cores sem nome. Em vez disso, você teria de atualizar as cores sem nome de cada objeto individualmente.

● **Nota:** Enquanto faz a lição, você pode mover os painéis ou mudar a ampliação para aquela que achar melhor. Para informações adicionais, consulte a seção "Altere a ampliação de um documento" na Lição 1.

Agora você criará a maioria das cores que serão utilizadas nesse documento. Como esse documento é destinado para uma gráfica, você criará as cores da escala CMYK.

1 Certifique-se de que nenhum objeto está selecionado e, então, abra o painel Swatches. (Se o painel Swatches não estiver visível, escolha Window > Swatches.)

O painel Swatches armazena as cores, tintas e gradientes que você pode criar e armazenar para reutilização.

2 Escolha New Color Swatch no menu do painel Swatches.

3 Desmarque Name With Color Value e para o Swatch Name, digite **Brown**. Certifique-se de que Color Type e Color Mode estejam configurados como Process e CMYK, respectivamente.

● **Nota:** A opção Name With Color Value nomeia uma cor utilizando os valores de cores CMYK inseridos por você e atualiza automaticamente o nome se você alterar o valor. Essa opção só está disponível para as cores de escala e é útil quando você quer utilizar o painel Swatches para monitorar a composição exata das amostras das cores de escala (*process-color swatches*). Para essa amostra, você removeu a seleção de Name With Color Value para poder utilizar um nome (Brown) que é mais fácil de ler.

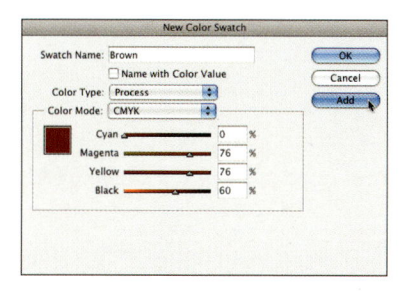

4 Para as porcentagens das cores, digite estes valores: Cyan (C) = **0**, Magenta (M) = **76**, Yellow (Y) = **76**, Black (K) = **60**

5 Clique em Add para incluir essa nova cor no painel Swatches e manter a caixa de diálogo aberta, pronta para criar duas outras cores.

6 Repita os três passos anteriores para nomear e criar as cores a seguir:
- **Blue:** Cyan (C) = **60**, Magenta (M) = **20**, Yellow (Y) = **0**, Black (K) = **0**
- **Tan:** Cyan (C) = **5**, Magenta (M) = **13**, Yellow (Y) = **29**, Black (K) = **0**

7 Ao terminar, clique em Done na caixa de diálogo New Color Swatch.

▶ **Dica:** Se você esquecer de digitar o nome para uma cor ou se digitar um valor incorreto, dê um clique duplo na amostra, altere o nome ou o valor e então clique em OK.

Novas cores adicionadas ao painel Swatches só são armazenadas com o documento em que elas foram criadas – embora você possa importá-las para outros documentos. Você aplicará essas cores ao texto, imagens e traçados no layout.

8 Escolha File > Save.

Aplique cores a objetos

Há três passos gerais para aplicar uma cor: (1) selecionar o texto ou o objeto, (2) selecionar o traçado ou o preenchimento no painel Tools, dependendo do que você quer alterar e (3) selecionar a cor no painel Swatches. Também é possível arrastar amostras do painel Swatches para objetos. Neste exercício, você aplicará cores a traçados e preenchimentos utilizando o painel Swatches e a ferramenta Eyedropper.

1 Selecione uma das formas de losango na direita superior da página com a ferramenta Selection (▶). Como esses três objetos estão agrupados, todos são selecionados.

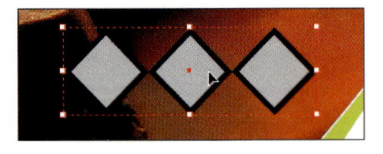

Você vai desagrupar esses objetos e bloqueá-los. Bloquear objetos evita que você os mova acidentalmente.

2 Com o grupo de objetos ainda selecionado, escolha Object > Ungroup. Então, escolha Object > Lock Position.

3 Escolha Edit > Deselect All ou clique em uma área em branco na janela de documento para desmarcar todos os objetos.

▶ **Dica:** Para aumentar a ampliação, pressione Ctrl+= (Windows) ou Command+= (Mac OS). Para reduzir, pressione Ctrl+– (Windows) ou Command+– (Mac OS).

4 Selecione a ferramenta Zoom (🔍) no painel Tools e arraste para desenhar uma área de seleção em volta dos losangos. A ampliação da visualização muda de modo que a área definida pela seleção agora preenche toda a janela do documento. Certifique-se de que você pode ver as três formas de losango.

5 Selecione a ferramenta Selection (▶) e clique no losango no centro. Selecione a caixa Stroke (🔲) no painel Swatches e, então, clique na amostra Green (talvez seja necessário rolar para baixo na lista de amostras).

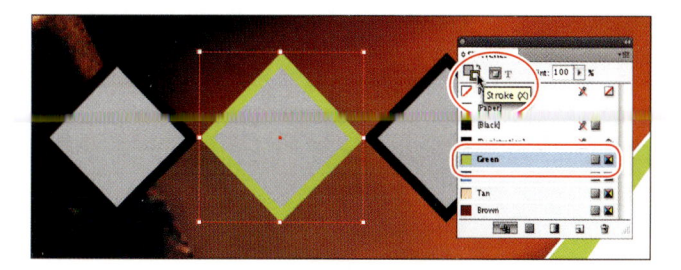

O traçado da forma de losango agora é verde.

6 Remova a seleção do objeto.

7 Selecione o losango à esquerda. Selecione Brown no painel Swatches para aplicar um traçado marrom.

8 Com o losango à esquerda ainda selecionado, marque a caixa Fill (⬚) no painel Swatches e, então, selecione a amostra Green no painel Swatches (talvez seja necessário rolar para baixo na lista de amostras).

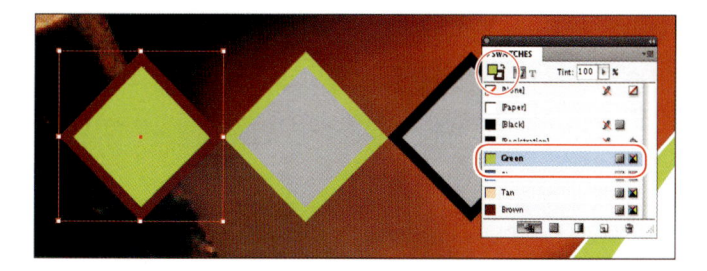

O losango à direita exige o mesmo traçado Brown e o preenchimento Green. Utilizaremos o conta-gotas para copiar esses atributos de traçado e preenchimento em um único passo.

9 Selecione a ferramenta Eyedropper (🖉) e clique no losango à esquerda. Observe que o conta-gotas agora está preenchido (✎), indicando que você selecionou os atributos desse objeto.

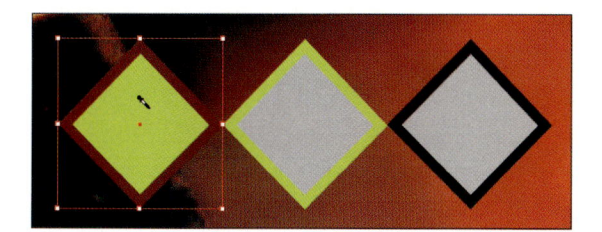

10 Com o conta-gotas carregado, clique no fundo cinza do losango à direita. Esse losango agora tem os atributos de preenchimento e traço do losango à esquerda.

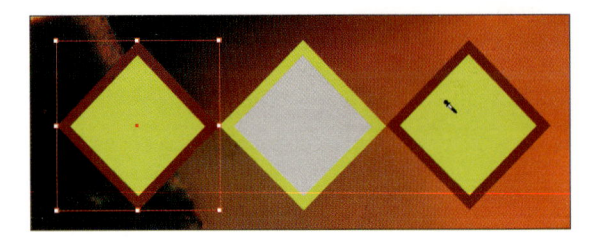

Agora você mudará a cor do losango na posição central.

11 Escolha Edit > Deselect All.

> ▶ **Dica:** [Paper] é uma cor especial que simula a cor do papel em que você está imprimindo. Os objetos atrás de um objeto colorido como "papel" não imprimirão onde o papel os sobrepõe. Em vez disso, é a cor do papel em que você imprime que aparece.

12 Utilizando a ferramenta Selection (▶), clique no losango no centro. Marque a caixa Fill (▣) no painel Tools e, então, clique [Paper] no painel Swatches.

13 Escolha Edit > Deselect All e então escolha View > Fit Page In Window.

Agora você criará os traçados dos seis pequenos losangos e a linha na parte inferior do anúncio com marrom.

14 Utilizando a ferramenta Selection (▶), mantenha pressionada a tecla Shift e selecione os seis pequenos losangos na parte inferior do anúncio e também a linha atrás deles.

15 No painel Swatches, selecione a caixa Stroke (▣) e clique na amostra Brown.

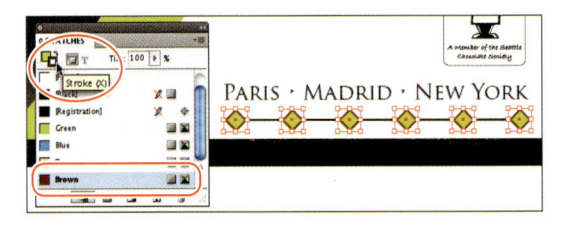

Crie traçados

Você agora vai alterar a linha preta que contorna o anúncio em uma linha tracejada personalizada. Como a linha tracejada personalizada é aplicada apenas a um objeto, você a criará utilizando o painel Stroke. Se precisar salvar um traçado para uso repetitivo em um documento, você poderá criar facilmente um estilo de traçado. Para informações adicionais sobre como salvar estilos de traçado, incluindo traçados, pontos e listras, consulte o InDesign Help.

Neste exercício, você especificará um traço pontilhado para o quadro do anúncio e, então, personalizará os traços.

LIÇÃO 7 | **207**
Trabalhando com Cores

1 Desmarque todos os objetos selecionados. Se necessário, escolha View > Fit Page In Window.

2 Utilizando a ferramenta Selection (▸), selecione o contorno preto que circunda o anúncio.

3 Se o painel Stroke ainda não estiver visível, escolha Window > Stroke.

4 Escolha Dashed a partir da parte inferior do menu Type.

Seis campos representanto os traçados e os espaços entre eles aparecem na parte inferior do painel Stroke. Para criar uma linha tracejada, especifique o comprimento do traço e/ou o espaço entre eles..

5 Escolha Brown a partir do menu Gap Color para preencher as lacunas com marrom.

6 Digite os seguintes valores nas caixas Dash e Gap: **12**, **4**, **2**, **4**, **2**, **4** ((pressione Tab depois de inserir cada valor a fim de mover-se para a próxima caixa).

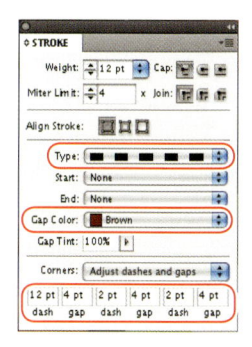

7 Remova a seleção da linha e feche o painel Stroke.

8 Escolha File > Save.

Trabalhe com gradientes

Um gradiente é uma mistura graduada entre duas ou mais cores ou entre tons da mesma cor. Você pode criar um gradiente linear ou um gradiente radial. Neste exercício, você vai criar um gradiente linear com o painel Swatches, aplicá-lo a vários objetos e ajustar gradientes com a ferramenta Gradient.

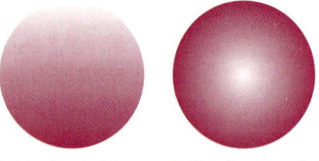

A. Gradiente Linear   B. Gradiente radial

Crie e aplique uma amostra de gradientes

Cada gradiente do InDesign CS4 tem pelo menos dois limites de cor. Editando a mistura de cores de cada limite e adicionando limites de cor extras aos painéis Gradient ou Swatches, é possível criar seus próprios gradientes personalizados.

1 Certifique-se de que nenhum objeto esteja selecionado.

2 Escolha New Gradient Swatch no menu do painel Swatches.

Gradientes são definidos por uma série de limites de cor na barra de gradientes. Um limite é o ponto em que cada cor tem uma intensidade completa entre as transições e é identificado por um quadrado abaixo da barra de gradientes.

3 Para Swatch Name, digite **Brown/Tan Gradient**. Deixe Type configurado como Linear.

4 Clique no marcador de limite esquerdo (🏠). Para Stop Color, selecione Swatches e, então, role a lista para baixo das amostras de cor e selecione Brown.

Observe que o lado esquerdo da barra do gradiente é marrom.

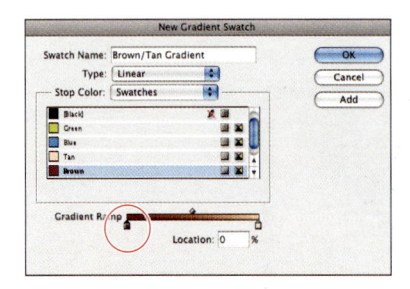

5 Clique no marcador de limite direito. Para Stop Color, selecione Swatches e, então, role a lista para baixo e selecione Tan.

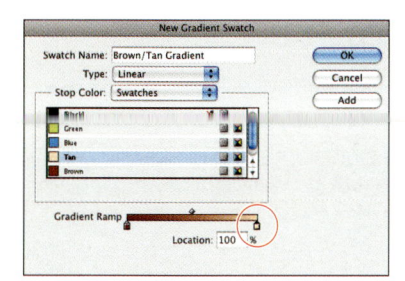

A barra de gradientes mostra uma mistura de cores entre marrom (*brown*) e castanho (*tan*).

6 Clique em OK.

Agora você aplicará o gradiente ao preenchimento do losango central no canto superior direito.

7 Amplie o canto superior direito, exibindo as três formas de losango.

8 Selecione o losango central com a ferramenta Selection (▶).

9 Marque a caixa Fill (▣) no painel Tools e, então, clique em Brown/Tan Gradient no painel Swatches.

10 Escolha File > Save.

Ajuste a direção da mistura de gradientes

Depois de preencher um objeto com um gradiente, você pode modificar o gradiente utilizando a ferramenta Gradient para redefinir o preenchimento ao longo de uma linha imaginária que você criar. Essa ferramenta permite alterar a direção de um gradiente, bem como seu ponto inicial e final. Você agora mudará a direção do gradiente.

1 Certifique-se de que o losango central ainda está selecionado e, então, selecione a ferramenta Gradient Swatch (▭) no painel Tools.

Agora você testará a ferramenta Gradient para ver como ela altera a direção e a intensidade do gradiente.

2 Para criar um efeito mais gradual, posicione o cursor fora do losango selecionado e arraste como mostrado a seguir.

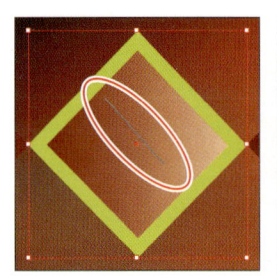

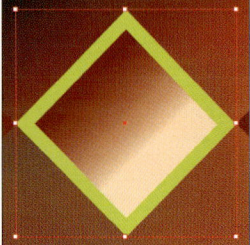

Ao soltar o botão do mouse, você notará que a transição entre marrom e castanho é mais gradual que antes de arrastar com a ferramenta Gradient.

3 Para criar um gradiente mais intenso, arraste uma pequena linha no centro do losango. Continue a testar a ferramenta Gradient para que você entenda como ela funciona.

4 Quando terminar de testar, arraste da parte superior do losango para a inferior. É assim que você deixará o gradiente do losango central.

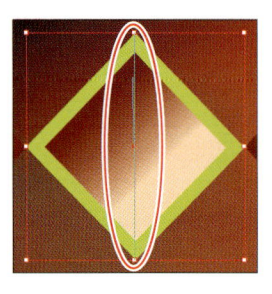

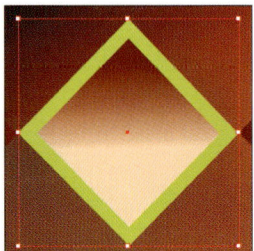

5 Escolha File > Save.

Crie um tom

Além de adicionar cores, você também pode adicionar tons ao painel Swatches. Um tom é uma versão reticulada (mais clara) de uma cor. Você agora criará um tom de 30% da amostra marrom que você salvou anteriormente nesta lição.

1 Escolha View > Fit Page In Window para centralizar a página na janela de documento.

2 Remova a seleção de todos os objetos.

3 Selecione Brown no painel Swatches. Escolha New Tint Swatch no menu do painel Swatches. Para porcentagem de Tint, digite **30** e clique em OK.

A amostra de novos tons aparece na parte inferior da lista de amostras. A parte superior do painel Swatches exibe as informações sobre a amostra selecionada, com uma caixa Fill/Stroke mostrando que o tom marrom é atualmente a cor de preenchimento selecionada e uma caixa Tint indicando que a cor é 30% da cor Brown original.

> **Dica!** Os tons são úteis porque o InDesign CS4 mantém o relacionamento entre um tom e sua cor pai. Por exemplo, se alterar a amostra da cor marrom para uma cor diferente, a amostra do tom que você criar neste exercício se tornará uma versão mais clara da nova cor.

4 Utilizando a ferramenta Selection (▶), clique na palavra "¡Sí!" no centro da página.

5 Certifique-se de que a caixa Fill (□) esteja selecionada e, então, clique no tom Brown que você acabou de criar no painel Swatches. Observe como as cores mudam.

6 Escolha File > Save.

Nota: A cor que você vê no monitor não reflete a cor impressa real. Para determinar a cor que você quer usar, utilize um guia de cores impresso, fornecido pela gráfica, ou uma escala de cores especiais PANTONE Formula Guide, ou ainda a tabela de tintas que vem com sua impressora. Cada cor especial que você cria gera uma chapa de cor especial adicional para a impressão. Em geral, as gráficas costumam produzir duas cores, utilizando o preto e uma cor especial, ou trabalham com CMYK de quatro cores, com a possibilidade de adicionar uma ou mais cores especiais. O uso de cores especiais em geral aumenta os custos de impressão. Uma boa ideia é consultar o serviço de impressão antes de utilizar cores especiais no seu documento.

Sobre cores especiais e de escala

Uma cor especial é uma tinta especial pré-misturada utilizada em vez de, ou junto com, tintas de escala CMYK e exige sua própria chapa de impressão. Utilize cores especiais quando poucas cores são especificadas e a exatidão das cores é fundamental. Tintas de cores especiais podem reproduzir com precisão cores que estejam fora da gama das cores de escala. Mas a aparência exata das cores especiais impressas é determinada pela combinação da tinta da maneira como é misturada pela gráfica e absorvida pelo papel em que é impressa, não pelos valores das cores que você especifica ou o gerenciamento de cores. Ao especificar valores de cores especiais, você descreve a aparência simulada da cor apenas para seu monitor e impressora (sujeito às limitações de escala desses dispositivos).

Uma cor de escala é impressa utilizando uma combinação das quatro tintas de escala padrão: ciano, magenta, amarelo e preto (CMYK). Use as cores de escala quando um trabalho exigir tantas cores que o uso de várias tintas especiais separadas se torna caro ou impraticável, como na impressão de fotografias coloridas.

- Para melhores resultados na impressão de alta qualidade de um documento, especifique cores de escala utilizando valores CMYK impressos nas tabelas de referência de escala de cores, como aquelas disponibilizadas por algumas gráficas.
- Os valores das cores finais de uma cor de escala são os valores em CMYK, portanto, se você especificar uma cor de escala utilizando RGB (ou LAB, no InDesign), os valores dessas cores serão convertidos em CMYK quando você imprimir separações de cores. Essas conversões diferem com base nas suas configurações de gerenciamento de cores e no perfil do documento.
- Não especifique uma cor de escala com base na aparência que ela tem no monitor, a menos que tenha configurado um sistema de gerenciamento de cores corretamente e que entenda as limitações de visualização das cores do sistema.
- Evite o uso de cores de escala em documentos destinados somente a exibição online, pois o CMYK tem uma gama de cores inferior ao de um monitor comum.

Às vezes é prático utilizar tintas de cores de escala e tintas de cores especiais no mesmo trabalho. Por exemplo, você poderia utilizar uma tinta de cor especial para imprimir a cor exata do logotipo de uma empresa nas mesmas páginas de um relatório anual em que as fotografias são reproduzidas utilizando cores de escala. Você também pode utilizar uma chapa de impressão de cor especial para aplicar um verniz sobre áreas de um trabalho com cores de escala. Em ambos os casos, seu trabalho de impressão utilizaria um total de cinco tintas – quatro tintas de cor de escala e uma tinta de cor especial ou um verniz.

— *Resumido a partir do InDesign Help*

Crie uma cor especial

Esse anúncio será impresso em uma gráfica utilizando o modelo de cores CMYK padrão, que requer quatro chapas separadas para a impressão – ciano, magenta, amarelo e preto. Entretanto, o modelo de cores CMYK tem um intervalo limitado de cores, que é onde as cores especiais são úteis. Por causa disso, as cores especiais são utilizadas para criar cores adicionais que não estão no intervalo CMYK ou cores consistentes individuais como aquelas utilizadas para logotipos de empresas.

Nesse anúncio, o design indica o uso de uma tinta de cor especial não encontrada no modelo de cores CMYK. Você agora adicionará uma cor especial a partir de uma biblioteca de cores.

1 Remova a seleção de todos os objetos.

2 Escolha New Color Swatch no menu do painel Swatches.

3 Na caixa de diálogo New Color Swatch, escolha Spot no menu Color Type.

4 Selecione PANTONE Solid Coated na lista Color Mode.

5 Na caixa de texto PANTONE C, digite **567** para rolar automaticamente pela lista das amostras Pantone até a cor que você quer para esse projeto, que é PANTONE 567 C.

6 Clique em OK. A cor especial é adicionada ao seu painel Swatches. O ícone (◉) ao lado do nome das cores no painel Swatches indica que ela é uma cor especial.

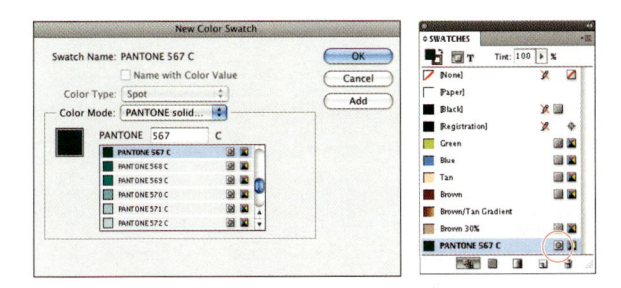

Aplique cores ao texto

Como ocorre com imagens, você pode aplicar um traçado ou preenchimento ao texto. Você aplicará cores ao texto na parte superior e inferior do documento.

1 Com a ferramenta Selection (▶), selecione o quadro de texto que contém a palavra "Indulgent?" e então mantenha pressionada a tecla Shift e clique no quadro de texto que contém as palavras "Paris • Madrid • New York".

2 No painel Tools, clique no botão Formatting Affects Text (**T**) abaixo da caixa Fill. Então, certifique-se de que a caixa Fill (🇹) está selecionada.

3 No painel Swatches, clique em PANTONE 567 C e, então, clique em uma área em branco para remover a seleção dos quadros de texto. O texto agora aparece na cor especial.

4 Escolha File > Save.

Aplique cores a objetos adicionais

Agora você aplicará a mesma cor utilizada pelo texto destacado "Yes!" para colorir o texto "Oui!" destacado. Primeiro você ampliará a visualização do texto "Yes!" destacado para ver qual cor é utilizada.

1 No painel Tools, selecione a ferramenta Zoom (🔍) e, então, arraste-a para posicionar uma área de seleção em torno do texto no meio da página.

2 Selecione a ferramenta Direct Selection (▶) e clique no texto "Yes!". Observe que a amostra correspondente no painel Swatches torna-se destacada quando você seleciona o objeto ao qual a amostra é aplicada.

Agora você aplicará essa cor ao texto "Oui!".

▶ **Dica:** Se você aplicou a cor ao objeto errado, escolha Edit > Undo Apply Attribute e tente novamente.

3 Arraste a amostra do preenchimento Green do painel Swatches para o texto "Oui!". Certifique-se de soltá-la dentro do objeto e não no traçado do objeto. O cursor muda para uma seta com uma caixa preta (▶■) quando você solta a amostra sobre o preenchimento do texto. Uma seta com uma linha apontando para a direita (▶/) aparece se você arrastar a amostra sobre o traçado do texto. Certifique-se de que Tint no painel Swatches é 100%.

Arrastar e soltar pode ser uma maneira mais conveniente de aplicar cores, porque você não tem de selecionar o objeto primeiro.

Crie outro tom

Você agora criará um tom baseado na cor Blue. Ao editar a cor Blue, o tom que é baseado nessa cor também muda.

1 Remova a seleção de todos os objetos.

2 Selecione Blue no painel Swatches. Escolha New Tint Swatch no menu do painel Swatches. Digite **40** na caixa Tint e clique em OK.

3 Selecione o texto "¡Si!" com a ferramenta Selection (↖) e aplique o preenchimento Blue 40%.

Em seguida, você mudará a cor Blue. Blue 40% está baseado na amostra Blue, então o tom também muda.

4 Remova a seleção de todos os objetos.

5 Dê um clique duplo na amostra Blue (não na amostra de tom Blue) para alterar a cor. Na caixa Swatch Name, digite **Violet Blue**. Para as porcentagens das cores, digite estes valores:

- C = **59**, M = **80**, Y = **40**, K = **0**

6 Clique em OK.

Como você pode ver, adicionar cores ao painel Swatches facilita a atualização das cores.

7 Escolha File > Save.

Utilize técnicas avançadas de gradientes

Anteriormente você criou e aplicou um gradiente e ajustou a direção utilizando a ferramenta Gradient. O InDesign CS4 também permite criar gradientes de múltiplas cores e controlar o ponto em que as cores se misturam. Além disso, é possível aplicar um gradiente a objetos individuais ou a uma coleção de objetos.

Crie uma amostra de gradiente com múltiplas cores

Anteriormente nesta lição, você criou um gradiente com duas cores – marrom e castanho. Agora você criará um gradiente com três limites para que uma cor amarela/verde na parte externa se misture gradualmente ao branco no meio. Certifique-se de que nenhum objeto esteja selecionado antes de você iniciar.

1 Escolha New Gradient Swatch no menu do painel Swatches e então digite **Green/White Gradient** na caixa Swatch Name.

As cores da mistura anterior aparecem na caixa de diálogo.

2 Clique no marcador de limite esquerdo (⬒), escolha Swatches no menu Stop Color e selecione a amostra Green na caixa de listagem.

3 Clique no marcador de limite direito (⬒), escolha Swatches no menu Stop Color e selecione a amostra Green na caixa de listagem.

● **Nota:** Se você pressionar a tecla Shift ao ajustar um valor, os outros valores das cores são ajustados automaticamente de acordo com a proporção.

4 Com o marcador de limite direito ainda selecionado, escolha CMYK no menu Stop Color. Enquanto pressiona a tecla Shift, arraste o controle deslizante Yellow até que o valor de Yellow seja 40% e solte. A barra de gradientes agora é composta de verde e verde-claro. Agora você adicionará um marcador de limite ao centro a fim de que a cor clareie gradualmente até o centro.

5 Clique um pouco abaixo do centro da barra de gradientes para adicionar um novo limite. Para Location, digite **50** para certificar-se de que o limite está centralizado.

6 Para Stop Color, selecione CMYK e arraste cada um dos quatro controles deslizantes de cor até 0 (zero) para criar o branco. Você também poderia selecionar Swatches e escolher a cor [Paper] para criar um limite de cor branca.

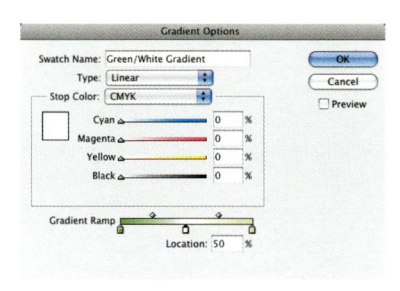

7 Clique em OK e escolha File > Save.

Aplique o gradiente a um objeto

Agora você aplicará o novo preenchimento gradiente que você criou. Primeiro, altere o tamanho da visualização para ver a página inteira.

1 Escolha View > Fit Page In Window ou dê um clique duplo na ferramenta Hand ( ) no painel Tools para ter o mesmo resultado.

2 Com a ferramenta Selection ( ), clique na listra verde diagonal no lado direito da foto da barra de chocolate para selecioná-la. (Ela pode parecer amarela/verde.)

3 Selecione a caixa Fill ( ) no painel Tools e, então, Green/White Gradient no painel Swatches.

4 Para ajustar a transição de gradiente, selecione a ferramenta Gradient Swatch ( ) no painel Tools e arraste para cima e para a direita do objeto como mostrado. Os resultados irão variar de acordo com o local em que você começa a arrastar.

5 Escolha Edit > Deselect All.
6 Escolha File > Save.

Aplique um gradiente a múltiplos objetos

Anteriormente nesta lição, você utilizou a ferramenta Gradient para alterar a direção de um gradiente e mudar o ponto inicial e o ponto final do gradiente. Você agora utilizará a ferramenta Gradient para aplicar um gradiente a múltiplos objetos nas seis formas de losango na parte inferior da página.

1 Dê um clique duplo na ferramenta Hand ( ) para ajustar a página na janela de documento.

2 Utilizando a ferramenta Selection ( ), clique com Shift pressionada nas seis formas de losango abaixo do texto "Paris • Madri • New York".

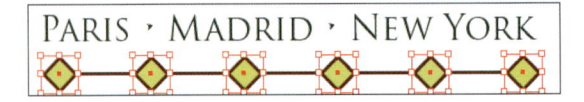

Agora você aplicará o Green/White Gradient aos seis objetos de losango.

3 Veja se a caixa Fill ( ) está selecionada no painel Swatches. No painel Tools, clique no botão Gradient para aplicar o último gradiente selecionado.

Observe que o gradiente afeta cada objeto em uma base individual. Agora você utilizará a ferramenta Gradient para aplicar o gradiente aos seis objetos selecionados como um único objeto.

4 Com os seis objetos ainda selecionados, selecione a ferramenta Gradient Swatch ( ) no painel Tools. Arraste uma linha imaginária ao longo dos objetos.

Agora o gradiente é aplicado a todos os objetos selecionados.

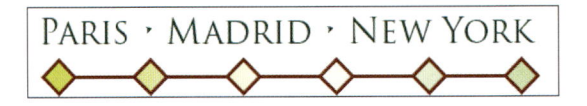

5 Escolha File > Save.

Assegure a consistência das cores

O gerenciamento de cores é importante nos ambientes em que você precisa avaliar confiavelmente as cores de uma imagem no contexto da sua saída final. A correção de cores é uma questão diferente que envolve imagens com problemas tonais e de equilíbrio de cor e é normalmente tratada no aplicativo gráfico original, como o Photoshop.

Você precisa de gerenciamento de cores?

Sem um sistema de gerenciamento de cores, suas especificações de cores são dependentes do dispositivo. Talvez você não precise do gerenciamento de cores se seu processo de produção for controlado para um único meio. Por exemplo, você ou seu prestador de serviços gráficos pode personalizar imagens CMYK e especificar valores para um conjunto conhecido e específico de condições de impressão.

O valor do gerenciamento de cores aumenta quando você tem mais variáveis no seu processo de produção. Recomenda-se o gerenciamento de cores se você antecipar-se reutilizando elementos gráficos coloridos para impressão e mídia online, com o uso de vários tipos de dispositivos em um único meio (como as diferentes máquinas de impressão empregadas em gráficas), ou se você gerenciar muitas estações de trabalho.

Você vai tirar proveito de um sistema de gerenciamento de cores se precisar:

- Obter saída de cores previsível e consistente em múltiplos dispositivos de saída incluindo separações de cores, sua impressora local e seu monitor. O gerenciamento de cores é especialmente útil para ajustar cores para dispositivos com uma gama relativamente limitada, como uma gráfica que usa o processo de quatro cores.
- Calibrar precisamente um documento colorido no monitor (prova digital) fazendo com que ele simule um dispositivo de saída específico. (As provas digitais estão sujeitas às limitações de exibição do monitor e de outros fatores como condições de luz ambiente.)
- Fazer uma avaliação precisa e incorporar consistentemente elementos gráficos coloridos de diferentes origens se eles também utilizam o gerenciamento de cores e, em alguns casos, mesmo se eles não utilizarem.
- Enviar documentos coloridos a diferentes dispositivos de saída e mídias sem precisar ajustar manualmente as cores nos documentos ou nos elementos gráficos originais. Isso é importante ao criar imagens que serão utilizadas tanto na impressão como online.
- Imprimir cores corretamente para um dispositivo de saída colorido desconhecido; por exemplo, você poderia armazenar um documento online para impressão colorida por demanda consistentemente reproduzível em qualquer lugar do mundo.

— Extraído do InDesign Help

● **Nota:** Não confunda gerenciamento de cores com correção de cores. Um sistema de gerenciamento de cores não corrigirá uma imagem que foi salva com problemas tonais ou de equilíbrio de cores. Ele fornece um ambiente em que você pode avaliar imagens confiavelmente no contexto da sua saída final.

▶ **Dica:** Se você decidir usar o gerenciamento de cores, consulte seus parceiros de produção —artistas gráficos e prestadores de serviços de pré-impressão (fotolitos) – para garantir a integração de todos os aspectos do processo de produção de gerenciamento de cores.

Uma visão geral do gerenciamento de cores

Dispositivos e elementos gráficos têm diferentes escalas de cor. Embora todas as escalas de cor se sobreponham, não há uma correspondência exata entre elas, razão pela qual algumas cores no seu monitor não podem ser reproduzidas na impressão ou online. As cores que não podem ser reproduzidas na impressão são chamadas cores fora da escala porque estão fora do espectro das cores imprimíveis. Por exemplo, você pode criar uma grande porcentagem de cores no espectro visível utilizando programas como o InDesign CS4, o Photoshop CS4 e o Illustrator CS4, mas só é possível reproduzir um subconjunto dessas cores em uma impressora local.

A impressora tem um espaço ou escala de cores menor (o intervalo das cores que pode ser exibido ou impresso) do que o aplicativo que criou a cor.

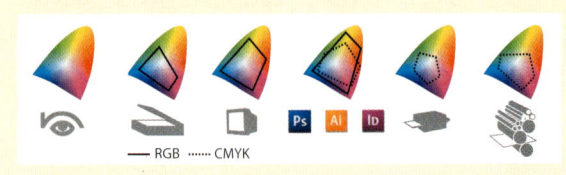

Espectro visível pelo olho humano contendo milhões de cores (à esquerda) comparado com a escala de cores de vários dispositivos e elementos gráficos.

Para compensar essas diferenças e assegurar a correspondência mais próxima possível entre as cores na tela e as cores impressas, os aplicativos utilizam um sistema de gerenciamento de cores (*color management system* – CMS). Com um mecanismo de gerenciamento de cores, o CMS converte as cores do espaço de cores de um dos dispositivos em um espaço de cores independente de dispositivo, como o CIE (Commission Internationale d'Éclairage) LAB. No espaço de cores independente de dispositivo, o CMS ajusta as informações dessas cores em outro espaço de cores do dispositivo por meio de um processo chamado mapeamento de cores ou mapeamento de escala. O CMS faz todos os ajustes necessários para representar as cores com a maior consistência possível entre diferentes dispositivos.

Um CMS utiliza três componentes para mapear cores entre diferentes dispositivos:

- Um espaço de cores (ou referência) independente de dispositivo
- Perfis ICC que definem as características das cores dos diferentes dispositivos e imagens
- Um mecanismo de gerenciamento de cores que converte as cores do espaço de cores de um dispositivo para o espaço de cores de outro dispositivo

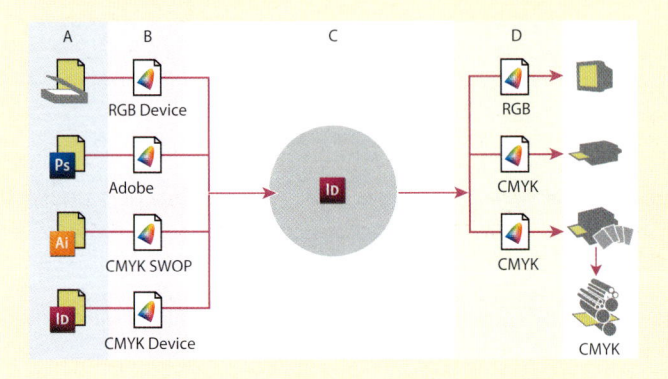

A. Scanners e aplicativos de software criam documentos coloridos.
B. Perfis ICC de origem descrevem os espaços de cores de um documento.
C. Um mecanismo de gerenciamento de cores utiliza os perfis ICC de origem para mapear as cores de um documento para um espaço de cores independente de dispositivo por meio de um aplicativo que o suporta, como o InDesign.
D. O mecanismo de gerenciamento de cores mapeia as cores de um documento no espaço de cores independente de dispositivo para os espaços de cores de um dispositivo de saída utilizando os perfis de destino.

Sobre o espaço de cor independente de dispositivo

Para comparar com sucesso escalas e fazer os ajustes, um sistema de gerenciamento de cores deve utilizar um espaço de cores de referência – uma maneira objetiva de definir as cores. A maioria dos CMSs utiliza o modelo de cores CIE LAB, que existe independentemente de qualquer dispositivo e é suficientemente grande para reproduzir quaisquer cores visíveis ao olho humano. Por essa razão, CIE LAB é considerado independente de dispositivo.

Sobre os perfis ICC

Um perfil ICC descreve como um dispositivo específico ou padrão reproduz as cores utilizando um padrão para diversas plataformas definido pelo International Color Consortium (ICC).

Os perfis ICC asseguram que as imagens aparecem corretamente em quaisquer aplicativos compatíveis com ICC e em dispositivos de cores. Isso é realizado incorporando as informações sobre o perfil no arquivo original ou atribuindo o perfil no seu aplicativo.

No mínimo, você deve ter um perfil de origem para o dispositivo (como um scanner ou câmera digital) ou um padrão (como SWOP ou Adobe RGB) utilizado para criar a cor e um perfil de destino para o dispositivo (como prova de monitor ou prova de contrato) ou um padrão (SWOP ou TOYO, por exemplo) que você utilizará para reproduzir a cor.

Sobre os mecanismos de gerenciamento de cores

Às vezes chamado módulo de correspondência de cores (*color matching module* – CMM), o mecanismo de gerenciamento de cores interpreta os perfis ICC. Agindo como um conversor, o mecanismo de gerenciamento converte as cores fora do gamut a partir do dispositivo de origem no intervalo de cores que pode ser produzido pelo dispositivo de destino. O mecanismo de gerenciamento de cores pode ser incluído com o CMS ou pode ser uma parte separada do sistema operacional.

Converter para um gamut – particularmente em uma escala menor – normalmente envolve um acordo para que múltiplos métodos de conversão estejam disponíveis. Por exemplo, um método de conversão de cores que preserva os relacionamentos corretos entre as cores em uma fotografia normalmente altera as cores em um logotipo. Os mecanismos de gerenciamento de cores oferecem vários métodos de conversão, conhecidos como métodos de renderização, para que você possa aplicar o mais adequado ao uso pretendido de uma imagem colorida. Exemplos de métodos de renderização comuns incluem Perceptual (imagens) para preservar os relacionamentos das cores da maneira como o olho os percebe, Saturation (imagens) para preservar as cores nítidas à custa da exatidão, e Relative e Absolute Colorimetric para preservar a exatidão das cores à custa dos relacionamentos das cores.

> **Componentes de um fluxo de trabalho baseado em impressão CMYK**
>
> Em um fluxo de trabalho CMYK, você trabalha com imagens CMYK preparadas para uma gráfica ou dispositivo específico de geração de provas. Você gera um perfil de origem com base na sua impressão ou padrão de revisão de provas de contrato e o incorpora às imagens CMYK ou atribui o perfil no InDesign CS4. O perfil permite uma impressão CMYK consistente nos outros locais com gerenciamento de cores, como ao imprimir uma revista amplamente distribuída em gráficas em várias cidades. Como você utiliza o gerenciamento de cores, a confiabilidade e a consistência da exibição das cores são aprimoradas em todas as suas estações de trabalho.
>
> Para a saída impressa final, selecione um perfil de impressora na caixa de diálogo Print que descreve o padrão do seu dispositivo de geração de provas de contrato ou da sua gráfica.

Configure o gerenciamento de cores no InDesign CS4

● **Nota:** Você pode encontrar informações adicionais sobre o gerenciamento de cores na Web e em publicações impressas. Eis alguns recursos disponíveis na data da publicação deste livro: Adobe.com (procure gerenciamento de cores), Apple.com (pesquise ColorSync) ou o livro *Real World Color Management* da Peachpit.

Nenhum monitor, filme, impressora ou gráfica comercial pode produzir o intervalo completo das cores visíveis ao olho humano. Cada dispositivo tem uma capacidade específica e cria diferentes tipos de meio termo entre qualidade e custo na reprodução de imagens coloridas. As capacidades únicas de renderização de cores de um dispositivo de saída específico são conhecidas coletivamente como escala de cores ou espaço de cores.

O InDesign CS4 e outros aplicativos gráficos, como o Adobe Photoshop CS4 e o Adobe Illustrator CS4, utilizam números de cor para descrever a cor de cada pixel em uma imagem. Os números de cor correspondem ao modelo de cores, como os conhecidos valores RGB (Red, Green, Blue) para vermelho, verde e azul ou os valores CMYK (Cyan, Magenta, Yellow, Black) para ciano, magenta, amarelo e preto.

O gerenciamento de cores é uma maneira consistente de converter os números de cor para cada pixel da origem (o documento ou imagem armazenada no seu computador) para o dispositivo de saída (como um monitor, impressora colorida ou máquina impressora de alta resolução de gráficas), cada um com uma escala específica própria.

Em um fluxo de trabalho ICC – isto é, aquele que obedece às convenções do International Color Consortium (ICC) – você especifica um mecanismo de gerenciamento de cores e um perfil de cores. O mecanismo de gerenciamento de cores é o recurso ou módulo de software que faz o trabalho da leitura e da conversão de cores entre diferentes espaços de cores. Um perfil de cor é a descrição da maneira como os números de cor são mapeados para o espaço de cores (as capacidades) dos dispositivos de saída.

Os componentes do Adobe Creative Suite 4 fornecem recursos e ferramentas de gerenciamento de cores fáceis de usar que ajudam a alcançar cores boas e aceitas no mercado, sem a necessidade de se tornar um especialista em gerenciamento de cores. Com o gerenciamento de cores ativado e pronto no CS4, você será capaz de visualizar cores de maneira consistente em diferentes aplicativos e plataformas e, ao mesmo tempo, assegurar cores mais exatas desde a edição e provas até a impressão final.

Uma breve visão geral do Adobe Bridge

A ferramenta Adobe Bridge no Adobe Creative Suite 4 é uma localização central onde os usuários podem selecionar um arquivo de configurações de cores (*color settings file – CSF*) com diretivas de gerenciamento de cores predefinidas e perfis padrão. Selecionar um CSF no Adobe Bridge assegura que a cor seja tratada de forma consistente e exibida e impressa da mesma maneira em todos os componentes do Adobe Creative Suite 4.

Quando os usuários selecionam um CSF, os valores predefinidos desse arquivo determinam o comportamento do gerenciamento de cores em todos os aplicativos, por exemplo, a maneira como os perfis incorporados são tratados, quais são os espaços de trabalho RGB e CMYK padrão e se diálogos de alerta devem ser exibidos quando os perfis incorporados não correspondem ao espaço de trabalho padrão. Selecionar o CSF correto depende do seu fluxo de trabalho. Para obter mais informações sobre a ferramenta Adobe Bridge, pesquise "Adobe Bridge" na ajuda.

Especifique o mecanismo Adobe ACE

Diferentes empresas desenvolveram várias maneiras de gerenciar as cores. Para que você tenha opções, utilize um sistema de gerenciamento de cores para especificar um mecanismo de gerenciamento de cores que representa a abordagem que você quer utilizar. Lembre-se de que o mecanismo de gerenciamento de cores converte as cores a partir da origem. O InDesign CS4 oferece o mecanismo Adobe ACE como uma de suas opções. Esse mecanismo utiliza a mesma arquitetura do Photoshop e do Illustrator para que suas escolhas de gerenciamento de cores sejam integradas em todos esses aplicativos da Adobe.

1 Escolha Edit > Color Settings.

O mecanismo de gerenciamento de cores e outras configurações que você escolhe na caixa de diálogo Color Settings são salvos com o InDesign CS4 e aplicados a todos os documentos do InDesign CS4 em que você trabalhar no futuro.

O gerenciamento de cores é ativado por padrão.

2 Escolha North America Prepress 2 no menu Settings se ainda não estiver marcado.

3 Selecione a opção Advanced Mode.

> **Dica:** Escolha Adobe ACE a menos que seu provedor de serviço de pré-impressão recomende outro mecanismo. Utilize o mesmo mecanismo em todo seu fluxo de trabalho no CS4.

4 Em Color Management Policies, escolha Preserve Embedded Profiles no menu CMYK.

5 Em Conversion Options na parte inferior da caixa de diálogo, selecione Adobe (ACE) no menu Engine se ainda não estiver marcado.

6 Para Intent, escolha Perceptual no menu. Mais adiante nesta lição, você explorará as opções Intent em mais detalhes.

7 Deixe essa caixa de diálogo aberta para que você possa utilizá-la na próxima seção.

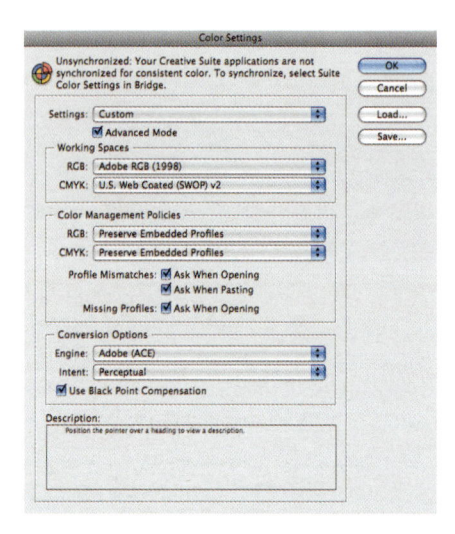

Configure espaços de trabalho padrão

Para completar a configuração do gerenciamento de cores em todo o aplicativo, escolha os perfis para os dispositivos utilizados para reproduzir as cores, incluindo seu monitor, o dispositivo de provas compostas e o padrão final de separações. O InDesign CS4 se refere a esses perfis predefinidos como espaços de trabalho. Esses espaços de trabalho também estão disponíveis em outros aplicativos gráficos da Adobe, incluindo o Illustrator CS4 e o Photoshop CS4. Depois de especificar o mesmo espaço de trabalho nos três aplicativos, você configurou automaticamente cores consistentes para ilustração, imagens digitais e layouts de documentos.

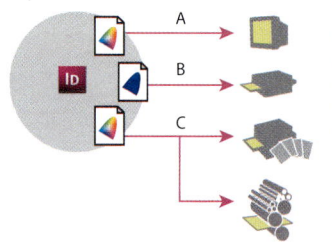

A. Perfil de monitor
B. Perfil composto
C. Perfil de separações (que pode ser um dispositivo de saída ou gráfica padrão, como SWOP ou TOYO)

Primeiro, você selecionará um perfil de monitor. Se a caixa de diálogo Color Settings não estiver aberta, reabra-a.

1 Em Working Spaces, escolha U.S. Web Coated (SWOP) v2 no menu CMYK se ainda não estiver marcado.

Em uma seção posterior, você configurará a exibição na tela das imagens para resolução completa de modo que o InDesign CS4 possa gerenciar as cores de todos os dados disponíveis da imagem.

2 Mova a caixa de diálogo para um local em que ela não interfira e analise as cores no anúncio.

Observe o uso intenso de marrom. Você verá uma diferença notável no marrom ao aplicar o gerenciamento de cores fechando a caixa de diálogo no próximo passo.

3 Clique em OK.

4 Escolha View > Proof Colors. Isso mostra as cores de prova no seu monitor. Dependendo das suas condições de visualização, isso pode fornecer uma visualização mais exata de como sua imagem será impressa.

Várias cores mudam no anúncio, mas os tons de marrom são os mais perceptíveis; eles parecem ter mais detalhes. É importante observar que embora as imagens pareçam melhor do que antes, quando você abriu o documento, as imagens em si não foram alteradas – somente a exibição das imagens mudou. Especificamente, o que você vê agora representa as características das cores dos dispositivos a seguir:

- O programa ou scanner que salvou a imagem, utilizando o perfil de origem incorporado à imagem.

- O dispositivo de saída final para o documento, utilizando o perfil de destino que você configurou anteriormente na lição.

Logo, o sucesso do gerenciamento de cores em última instância depende da exatidão dos seus perfis.

Atribua perfis de origem

Os perfis de origem descrevem o espaço de cores utilizado quando você cria cores no InDesign CS4 e as aplica a objetos ou quando você importa uma imagem de cores RGB, CMYK ou LAB que não foi salva com um perfil incorporado. Ao importar uma imagem com perfis incorporados, o InDesign CS4 gerencia as cores da imagem utilizando os perfis incorporados em vez dos perfis que você escolhe aqui, a menos que você sobrescreva os perfis incorporados para uma imagem individual.

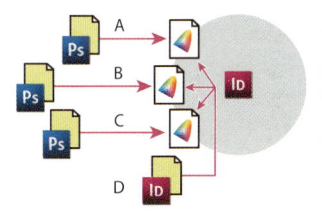

A. Perfil LAB **B.** Perfil RGB
C. Perfil CMYK
D. Documento do InDesign CS4 aplicando um perfil que corresponde ao modelo de cores de cada imagem que não tem um perfil

1 Escolha Edit > Assign Profiles.

2 Na área RGB Profile, selecione a opção Assign Current Working Space, que deve estar configurada como Adobe RGB (1998).

3 Na área CMYK Profile, selecione a opção Assign Current Working Space, que deve estar configurada como U.S. Web Coated (SWOP) v2.

Observe que o texto depois das palavras Working Space contém as mesmas informações sobre o espaço de trabalho que você inseriu na caixa de diálogo Color Settings. Com essas configurações, o mecanismo Adobe ACE não converterá desnecessariamente as cores para as quais você já especificou um perfil.

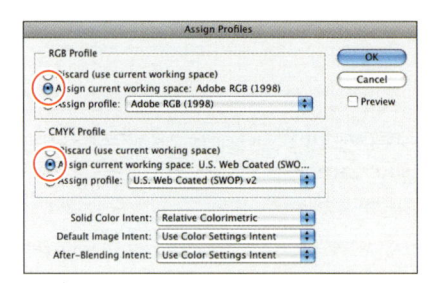

4 Deixe essa caixa de diálogo aberta para que você possa utilizá-la na próxima seção.

Especifique o método de renderização

O método de renderização determina como o mecanismo de gerenciamento de cores converte as cores com base nos perfis de origem e de destino especificados no InDesign CS4. Você especificará o método de conversão de cores para o mecanismo de gerenciamento de cores do InDesign CS4 a fim de aplicá-lo às imagens do anúncio.

1 Na área inferior da caixa de diálogo Assign Profiles, deixe Relative Colorimetric selecionado para a opção Solid Color Intent. Essa opção preserva cores individuais à custa dos relacionamentos de cores, portanto, ela é apropriada para logotipos de empresas e outras imagens semelhantes.

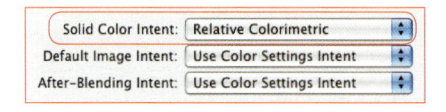

2 Certifique-se de que Use Color Settings Intent está selecionada para ambas as opções Default Image Intent e After-Blending Intent. Essas opções são apropriadas para essa exibição de página com várias fotos.

3 Clique em OK para fechar a caixa de diálogo Assign Profiles.

4 Escolha File > Save.

Utilize a resolução completa com gerenciamento de cores

Quando você utiliza resoluções de vídeo mais baixas do que alta qualidade, o redesenho da tela é mais rápido, mas as cores são exibidas com menor precisão. As cores das imagens são exibidas mais precisamente quando você visualiza imagens na resolução mais alta disponível (além de ativar o gerenciamento de cores). Para ver a diferença:

1 Escolha View > Display Performance > Fast Display. Esse modo de exibição é ideal para a edição rápida de texto porque as imagens não são exibidas.

2 Escolha View > Display Performance > High Quality Display.

Para melhores resultados de saída, é especialmente importante visualizar imagens com gerenciamento de cor em alta resolução ao trabalhar com duotones.

Quando o gerenciamento de cores está ativado, a exibição de imagens está configurada como resolução completa, você utiliza perfis precisos aplicados adequadamente e vê a melhor representação de cores que seu monitor é capaz de mostrar.

● **Nota:** Para economizar espaço em disco, os arquivos de exemplo desta lição têm 150 pixels por polegada (ppi), portanto, as cores não são tão precisas quanto seriam utilizando uma resolução mais alta.

Gerencie cores de imagens importadas no InDesign CS4

Ao importar uma imagem, é possível controlar o gerenciamento de cores no seu documento. Se souber que uma imagem importada contém um perfil incorporado exato com um método de renderização adequado, você simplesmente a importa e continua a trabalhar. O InDesign CS4 lê e aplica o perfil incorporado à imagem, integrando-o ao CMS (*color management system*) do documento. Se uma imagem de bitmap importada não incluir um perfil incorporado, o InDesign CS4 aplicará o perfil de origem padrão (CMYK, RGB ou LAB) à imagem.

O InDesign CS4 também aplica um perfil de origem padrão a objetos desenhados no InDesign CS4. Você pode atribuir um perfil diferente dentro do InDesign CS4 (utilizando Edit > Assign Profiles para abrir a caixa de diálogo Assign Profiles) ou abrir a imagem no aplicativo original e incorporar o perfil aí.

O anúncio já inclui duas imagens que foram salvas sem perfis incorporados. Você integrará essas imagens ao CMS do documento utilizando dois métodos: atribuindo um perfil dentro do InDesign CS4 e abrindo a imagem original de modo que você possa incorporar o perfil. Mais adiante nesta lição, você importará duas imagens e colocará em prática dois métodos de atribuição de perfil antes de inseri-las no anúncio.

Atribua um perfil depois de importar uma imagem

Quando você importa uma imagem salva sem um perfil incorporado para um layout, o InDesign CS4 aplica seu perfil de origem padrão à imagem. Se uma imagem importada não foi criada no espaço de cores padrão, você deve atribuir o perfil que descreve o espaço de cores original da imagem.

O InDesign CS4 aplica seu perfil de origem padrão a qualquer imagem de bitmap sem perfis incorporados.

Você trabalhará com uma imagem que foi importada para o InDesign CS4 antes de o gerenciamento de cores ter sido ativado. Primeiro, você confirmará que o perfil padrão do InDesign CS4 é utilizado para gerenciar as cores da imagem. Então, dentro do InDesign CS4, você atribuirá um novo perfil porque o espaço de cores original da imagem é diferente do espaço de cores padrão.

1 Utilizando a ferramenta Selection (▶), selecione o prato de trufas no lado esquerdo do anúncio.

2 Escolha Object > Image Color Settings.

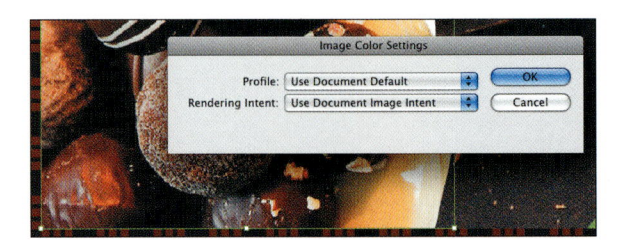

Observe que Use Document Default está selecionado para Profile. O InDesign CS4 ativa o gerenciamento de cores para cada imagem importada e atribui o perfil de origem padrão que você configurou anteriormente nesta lição. Também é possível atribuir um novo perfil aqui. Como você está atribuindo o perfil dentro do InDesign CS4, a alteração é aplicada apenas à imagem selecionada nesse documento.

3 Para Profile, escolha U.S. Sheetfed Coated v2 para corresponder ao espaço de cores original da imagem. Esse perfil representa as tabelas de pesquisa de cores utilizadas pelo operador de scanner que originalmente digitalizou isso como uma imagem CMYK.

4 Deixe Rendering Intent configurado como Use Document Image Intent e clique em OK. As cores ficam notavelmente mais intensas.

5 Escolha File > Save.

O InDesign CS4 gerencia as cores da imagem utilizando o perfil recém-atribuído.

Incorpore um perfil em uma imagem do Photoshop

Como uma regra geral, você deve incorporar perfis ICC aos arquivos antes de importar os arquivos para outro documento que utiliza o gerenciamento de cores. Dessa maneira, imagens com perfis incorporados têm uma maior probabilidade de aparecerem como o desejado no InDesign CS4 ou em outros programas que usam o gerenciamento de cores sem exigir trabalho extra.

Nesta seção, você trabalhará com uma imagem colorida de bitmap importada anteriormente que não contém um perfil incorporado.

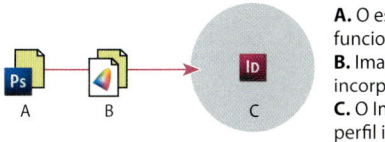

A. O espaço de cores CMAP funcional da imagem
B. Imagem com perfil ICC incorporado
C. O InDesign CS4 utiliza um perfil incorporado

Configure o gerenciamento de cores no Photoshop CS4

Primeiro, você definirá os espaços de cores de trabalho (utilizados para visualização e edição) para os modos de cores RGB e CMYK da imagem.

1 Inicie o Photoshop e escolha Edit > Color Settings.

2 Escolha North America Prepress 2 no menu Settings. Clique em More Options à direita para visualizar todas as seleções disponíveis.

3 Para a opção CMYK em Working Spaces, selecione U.S. Web Coated (SWOP) v2 se ainda não estiver selecionada. Isso assegura que o perfil incorporado corresponde ao perfil de separações padrão que você especificou no InDesign CS4.

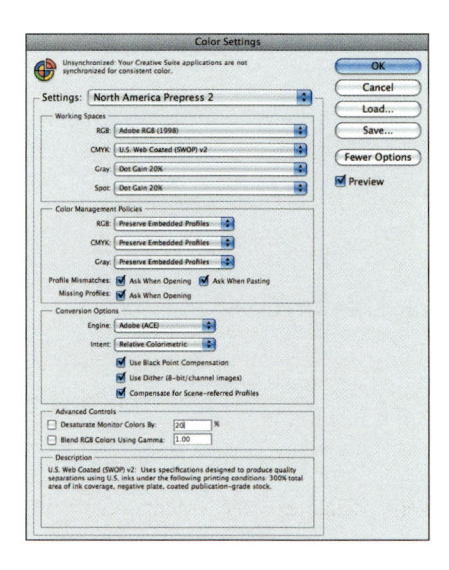

● **Nota:** Se o Photoshop não estiver instalado em seu sistema, utilize os arquivos do Photoshop fornecidos na pasta da lição. Os passos indicam quando fazer isso.

4 Deixe as outras configurações como estão e clique em OK.

Incorpore o perfil

Agora que você especificou os espaços de cores funcionais para a imagem do Photoshop, incorpore o perfil especificado.

1 No Photoshop, escolha File > Open e selecione 07_d.psd na pasta Lesson_07. Clique em Open para abrir o arquivo gráfico.

2 No Photoshop, se a caixa de diálogo Missing Profile aparecer, selecione Assign Working CMYK. Observe que ela já está configurada como U.S. Web Coated (SWOP) v2, que é o perfil que você selecionou no exercício anterior, "Configure o gerenciamento de cores no Photoshop". Clique em OK. Se você não receber um alerta Missing Profile (perfil ausente), escolha Image > Mode > Convert To Profile e escolha U.S. Web Coated (SWOP) v2 como Destination Profile, e clique em OK.

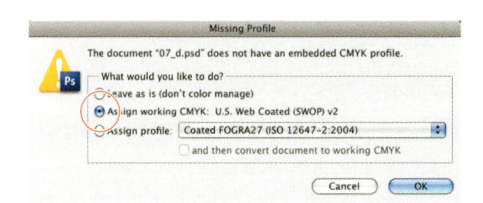

3 Para incorporar o perfil, escolha File > Save As. Selecione a pasta Lesson_07, na pasta InDesignCIB e, então, escolha TIFF no menu Format. Digite **07_d_prof.tif** na caixa File Name. Certifique-se de que a caixa de seleção ICC Profile: opção U.S. Web Coated (SWOP) v2 (Windows) ou Embed Color Profile: opção U.S. Web Coated (SWOP) v2 (Mac OS) está selecionada e clique em Save.

4 Na caixa de diálogo TIFF Options, clique em OK para aceitar o padrão.

5 Escolha File > Close para fechar a imagem.

6 Saia do Photoshop e retorne ao InDesign CS4.

Atualize a imagem dentro do InDesign CS4

Agora que o perfil ICC foi incorporado ao arquivo do Photoshop, você pode atualizar a imagem no InDesign CS4. O InDesign CS4 gerencia as cores da imagem utilizando o perfil incorporado.

● **Nota:** Ao revincular a um arquivo que tem um formato de arquivo diferente, escolha All Files no menu Files Of Type quando você estiver pesquisando o arquivo no sistema operacional Windows.

1 No InDesign CS4, com a ferramenta Selection (▶), dê um clique duplo para selecionar a imagem grande do chocolate.

2 Escolha Window > Links. Utilizando o painel Links, escolha uma das seguintes opções:

- Se você utilizou as instruções do Photoshop nas seções anteriores, clique no botão Relink (⇌) na parte inferior do painel Links. Localize o arquivo 07_d_prof.tif que você acabou de salvar na pasta Lesson_07 e dê um clique duplo no arquivo.

- Se você não tiver o Photoshop, ou pulou as duas seções anteriores, clique no botão Relink (⇌) na parte inferior do painel Links. Localize o arquivo 07_d_prof.psd na pasta Final e dê um clique duplo no arquivo.

3 Escolha Window > Info. Observe o ICC Profile listado para a imagem.

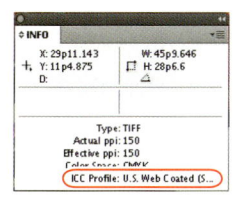

Agora que as imagens existentes no documento foram corrigidas, você terminará o anúncio importando mais duas imagens e configurando as opções enquanto importa.

Atribua um perfil ao importar uma imagem

Se uma imagem com gerenciamento de cores utiliza um espaço de cores diferente do espaço de cores descrito pelo perfil de origem padrão, é possível atribuir um perfil a ela enquanto importa a imagem para o InDesign CS4. Nesta seção, você importará uma imagem CMYK digitalizada sem perfil e atribuirá um perfil antes de posicioná-la no anúncio.

Você pode atribuir um perfil ao importar uma imagem.

1 No InDesign CS4, escolha View > Show Frame Edges para mostrar o contorno do quadro para a imagem que você está prestes a posicionar – e os contornos para todos os quadros de imagens do anúncio.

2 Se necessário, ajuste a visualização para ver facilmente os quadros na área inferior direita da imagem espelhada. Selecione o quadro mais alto entre esses três com a ferramenta Selection (▶).

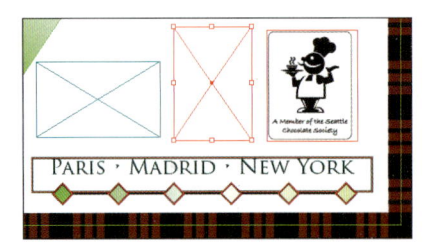

3 Escolha File > Place para abrir a caixa de diálogo Place. Abra a pasta Lesson_07 na pasta InDesignCIB e selecione o arquivo 07_e.psd.

4 Selecione Show Import Options para especificar um perfil. Clique em Open.

5 Na caixa de diálogo Image Import Options, selecione a guia de cor no meio da caixa de diálogo.

6 Selecione as opções a seguir e então clique em OK.

- Para Profile, selecione U.S. Sheetfed Coated v2 para corresponder ao espaço de cores original da imagem.
- Para Rendering Intent, selecione Perceptual (Images).

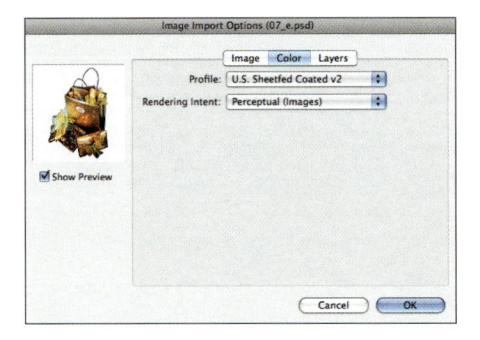

A imagem aparece no quadro selecionado. O InDesign CS4 gerencia as cores da imagem utilizando o perfil que você atribuiu.

7 Escolha Object > Fitting > Fit Content Proportionally.

Incorpore um perfil em uma imagem do Illustrator

Nesta lição, você configurará o Illustrator (versão 9 ou superior) para que as configurações de gerenciamento de cores dele corresponda as do InDesign CS4. Posteriormente você vai salvar uma imagem com gerenciamento de cores pelo Illustrator e inseri-la em um documento do InDesign CS4.

O InDesign CS4 pode gerenciar as cores de imagens vetoriais criadas no Illustrator 9 ou superior quando você as salva em formatos que incorporaram perfis, como PDF ou TIFF. Nesta lição, você vai salvar um arquivo como PDF e, então, inserir a imagem no InDesign CS4.

● **Nota:** Se o Illustrator 9 ou versão superior não estiver instalado em seu sistema, você pode ler as informações nas duas seções a seguir e, então, pular para o passo 2 em "Insira um arquivo gerenciado com controle de cores do Illustrator no InDesign CS4", mais adiante nesta lição, para utilizar o arquivo do Illustrator fornecido na pasta Lesson_07.

O InDesign CS4 gerencia as cores no arquivo PDF utilizando os perfis salvos com a versão PDF do arquivo.

Configure o gerenciamento de cores no Illustrator CS4

Agora você vai configurar o gerenciamento de cores no Illustrator CS4 para que ele corresponda às configurações do gerenciamento de cores no InDesign CS4. Isso assegura que as cores sejam consistentes entre o Illustrator e o InDesign CS4 na tela e na impressão. Configurar o gerenciamento de cores no Illustrator também permite incorporar um perfil ICC em uma versão exportada do arquivo do Illustrator. Ao inserir o arquivo do Illustrator exportado no layout do InDesign CS4, o InDesign CS4 gerencia as cores do logotipo utilizando o perfil incorporado.

1 Inicie o Adobe Illustrator CS4 e escolha Edit > Color Settings.

2 Selecione Advanced Mode para expandir a caixa de diálogo de modo que você veja mais opções e, então, na caixa de diálogo Color Settings, selecione North America Prepress 2 se ainda não estiver marcada.

3 Em Working Spaces, para RGB selecione sRGB IEC61966-2.1. Deixe CMYK configurado como U.S. Web Coated (SWOP) v2.

4 Revise as opções de conversão e certifique-se de que o mecanismo Adobe (ACE) e Relative Colorimetric Intent estejam selecionados.

5 Clique em OK.

Você terminou de configurar o gerenciamento de cores no Illustrator.

Incorpore um perfil em uma imagem do Illustrator

É possível incorporar um perfil ICC a arquivos que você cria no Illustrator e exportar no formato PDF ou no formato de bitmap (.bmp). Então, o InDesign CS4 poderá utilizar o perfil para gerenciar as cores da imagem. Neste exercício, você vai exportar um arquivo para o PDF e, posteriormente, inserir a imagem em um documento do InDesign CS4.

1 No Illustrator, escolha File > Open. Localize e dê um clique duplo no arquivo 07_f.ai na pasta Lesson_07 dentro da pasta InDesignCIB.

2 Quando a caixa de diálogo Missing Profile abrir, selecione Assign Current Working Space: U.S. Web Coated (SWOP) v2 e clique em OK.

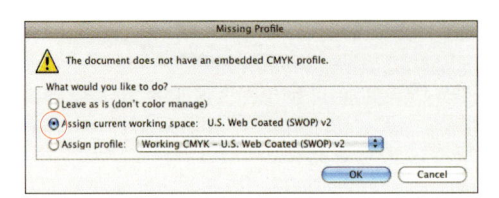

3 Escolha File > Save As.

4 Nomeie o arquivo **07_Logo.pdf**.

5 Escolha Adobe PDF a partir do menu Save As Type (Windows) ou Format (Mac OS).

6 Certifique-se de que a pasta Lesson_07 está selecionada e, então, clique em Save para fechar a caixa de diálogo Save As. A caixa de diálogo Save Adobe PDF aparece.

7 Certifique-se de que as opções de compactação de PDF sejam apropriadas para a produção da sua impressão final clicando em General no lado esquerdo da caixa de diálogo.

8 Escolha Acrobat 6 no menu Compatibility, se ainda não estiver selecionado. Isso assegura que o perfil seja salvo com o arquivo do PDF. Siga as configurações mostradas a seguir e clique em Save PDF.

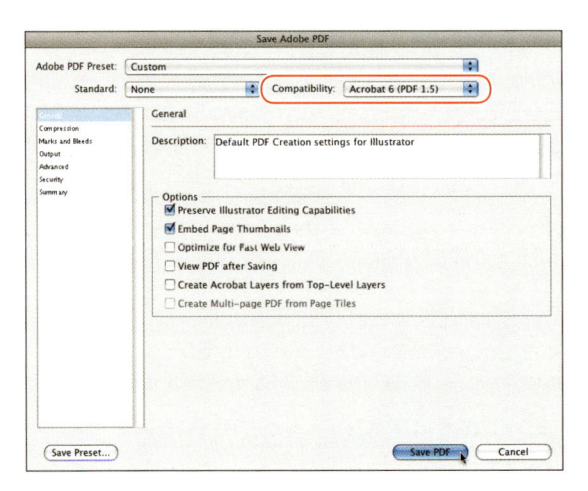

9 Feche o arquivo e o Illustrator.

Insira um arquivo do Illustrator gerenciado com controle de cores no InDesign CS4

Depois de criar um arquivo PDF a partir do documento do Illustrator, você vai inseri-lo no InDesign CS4.

1 No InDesign CS4, selecione o quadro remanescente vazio na área inferior direita do anúncio.

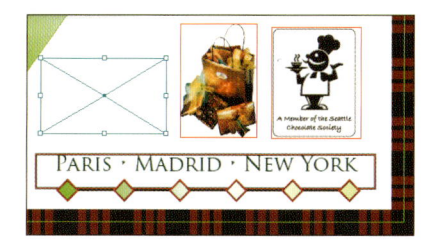

2 Siga um destes procedimentos:
   - Se você utilizou as instruções do Illustrator nas seções anteriores, escolha File > Place e selecione o arquivo 07_Logo.pdf. Certifique-se de que Show Import Options está selecionado antes de inserir a imagem.
   - Se você não tiver o Illustrator, ou tiver pulado os dois exercícios anteriores, escolha File > Place e selecione o arquivo 07_Logo.pdf na pasta Final, na pasta Lesson_07, localizada na pasta Lessons dentro da pasta InDesignCIB no disco rígido. Certifique-se de que Show Import Options está marcado antes de clicar em Open.

3 Escolha Bounding Box no menu Crop To na caixa de diálogo Place PDF. Isso insere somente a caixa delimitadora do logotipo – a área mínima que abrange o logotipo.

4 Certifique-se de que Transparent Background está selecionado para ver o texto ou as imagens atrás da caixa delimitadora, e clique em OK.

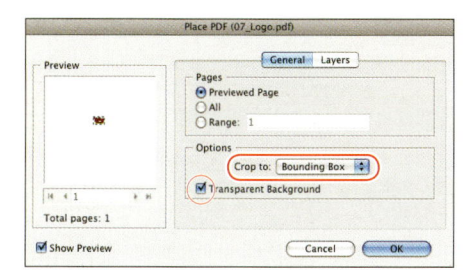

O logotipo aparece no quadro selecionado. Se necessário, clique no quadro para inserir o elemento gráfico. O InDesign CS4 gerencia as cores do arquivo PDF utilizando o perfil incorporado.

5 Escolha Object > Fitting > Fit Content Proportionally para ajustar a imagem no quadro.

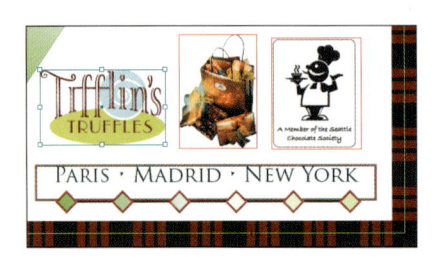

● **Nota:** Para restaurar as configurações de cores padrão, escolha Edit > Color Settings e escolha North America General Purpose 2 no menu Settings e, então, clique em OK.

6 Escolha File > Save.

Nesta lição, você aprendeu a configurar o gerenciamento de cores em três aplicativos Adobe e vários métodos para incorporar imagens para que suas cores possam ser gerenciadas quando adicionadas a documentos do InDesign CS4. Como você descreveu seu ambiente de cores para os outros aplicativos Adobe cujas imagens você importou, você poderá esperar cores consistentes e previsíveis para essas imagens entre diferentes aplicativos.

Nesse momento, você poderia disponibilizar o arquivo InDesign CS4 nativo com todos os arquivos vinculados ou exportar o arquivo InDesign CS4 como um arquivo PDF, incorporando os perfis ICC que você atribuiu. Se criar um arquivo PDF do documento, as cores no anúncio parecerão as mesmas em todas as publicações que utilizam o anúncio, independentemente da configuração do gerenciamento de cores utilizado pelo aplicativo de editoração da publicação. Outros usuários podem visualizar e revisar mais precisamente seus arquivos com gerenciamento de cores e redirecioná-los a diferentes condições de impressão quando isso é útil ou quando é um requisito do seu projeto.

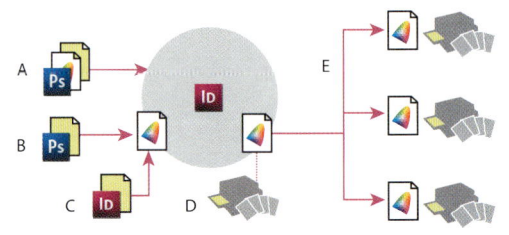

A. Imagem com perfil CMYK incorporado
B. Imagem com o perfil CMYK atribuído ao InDesign CS4
C. Documento do InDesign CS4 que utiliza um perfil CMYK baseado em um perfil de separação
D. Perfil de separação
E. Diferentes perfis de separação para diferentes gráficas

Explore por conta própria

Siga estes passos para aprender mais sobre como importar cores e trabalhar com gradientes.

1 Para criar um novo documento, escolha File > New > Document e clique em OK na caixa de diálogo New Document.

2 Se necessário, escolha Window > Swatches para abrir o painel Swatches.

3 Escolha New Color Swatch no menu do painel Swatches.

4 No menu Color Mode, selecione Other Library e pesquise para encontrar a pasta Lesson_07.

5 Dê um clique duplo em 07_End.indd. Observe que as cores que você criou anteriormente nesta lição aparecem na caixa de diálogo New Color Swatch.

6 Selecione Brown/Tan Gradient e clique em Add.

7 Continue a selecionar as amostras e a clicar em Add para carregar as cores no novo documento.

8 Clique em Done quando terminar de adicionar as cores.

9 Utilizando os arquivos de lição ou seu próprio documento InDesign CS4, dê um clique duplo na amostra de cor [Paper] e altere a composição. Para uma visualização mais realista, a cor do documento muda para refletir a cor do papel em que o documento será reproduzido.

Perguntas de revisão

1 Qual é a vantagem de aplicar cores no painel Swatches, e não no painel Color?

2 Quais são as vantagens e desvantagens do uso de cores especiais *versus* cores de escala?

3 Depois de criar um gradiente e aplicá-lo a um objeto, como você ajusta a direção da mistura de gradientes?

4 O que um mecanismo de gerenciamento de cores faz?

5 O que os perfis de origem descrevem?

6 Quais são as três maneiras para utilizar um perfil ICC com uma imagem para que o InDesign CS4 possa gerenciar as cores dessa imagem?

7 Por que você incorporaria um perfil ICC a uma imagem?

8 Quais formatos de arquivo incorporam perfis ICC para uso tanto no Windows como no Mac OS?

Respostas

1 Se você utiliza o painel Swatches para aplicar uma cor a textos e objetos e, então, decide que quer usar uma cor diferente, não é preciso atualizar cada uso da cor individualmente. Em vez disso, altere as cores no painel Swatch e as cores mudam em todo o layout.

2 Utilizando uma cor especial, você pode assegurar a exatidão das cores. Mas cada cor especial requer uma chapa própria na impressão, portanto, o uso de cores especiais pode ser mais caro. Utilize as cores de escala quando um trabalho exigir tantas cores que o uso de várias tintas especiais separadas se tornaria caro ou impraticável, como na impressão de fotografias coloridas.

3 Para ajustar a direção da mistura do gradiente, utilize a ferramenta Gradient Swatch para repintar o preenchimento ao longo de uma linha imaginária na direção que você quiser.

4 Um mecanismo de gerenciamento de cores converte as cores do espaço de cores de um dispositivo no espaço de cores de outro dispositivo por meio de um processo chamado mapeamento de cores.

5 Os perfis de origem selecionados na caixa de diálogo Assign Profiles descrevem o espaço de cores que o InDesign CS4 atribui aos objetos que você cria utilizando as ferramentas de desenho ou quando você importa uma imagem colorida em RGB, CMYK ou LAB que não foi salva com um perfil incorporado.

6 É possível incorporar o perfil no arquivo original, atribuir um perfil dentro do InDesign CS4 ou utilizar o perfil padrão que você especificou ao configurar o gerenciamento de cores no InDesign CS4.

7 Incorporar um perfil ICC assegura que a imagem é exibida corretamente em qualquer aplicativo que utiliza um gerenciamento de cores compatível com o ICC. O aplicativo que utiliza a imagem aceita o perfil incorporado em vez de aplicar um padrão.

8 Um número crescente de formatos pode conter um perfil ICC incorporado, mas, nesse momento, os formatos de imagem de bitmap como Photoshop (PSD), TIFF e JPEG são os mais suportados para uso com perfis ICC incorporados.

8 TRABALHANDO COM ESTILOS

Visão geral da lição

Nesta lição, você vai aprender a:

- Criar e aplicar estilos de parágrafo
- Criar e aplicar estilos de caractere
- Aninhar estilos de caractere em estilos de parágrafo
- Criar e aplicar estilos de objeto
- Criar e aplicar estilos de célula
- Criar e aplicar estilos de tabela
- Atualizar globalmente estilos de parágrafo, caractere, objeto, célula e tabela
- Importar e aplicar estilos de parágrafo a partir de outros documentos InDesign
- Criar grupos de estilo

Esta lição levará aproximadamente 60 minutos.

Com o Adobe InDesign CS4, você pode criar estilos – conjuntos de atributos de formatação – e aplicá-los em um único comando a texto, objetos, tabelas, etc. Qualquer modificação em um estilo afeta automaticamente o texto ou os objetos aos quais o estilo é aplicado. Estilos oferecem um método rápido e consistente para formatar documentos.

Introdução

Nesta lição, você trabalhará em uma planilha de produtos de três páginas para a Expedition Tea Company. Vários itens no documento, incluindo texto e elementos gráficos, já foram inseridos para você. Seu objetivo é criar e aplicar estilos, ou atributos agrupados que controlam a formatação, a esses itens.

● **Nota:** Se você ainda não copiou os arquivos de recurso desta lição do CD do Adobe InDesign CS4 Classroom in a Book para o seu disco rígido, faça isso agora. Veja "Copie os arquivos do Classroom in a Book", na página 14.

1 Para assegurar que as preferências e configurações padrão do seu programa Adobe InDesign CS4 correspondam àquelas utilizadas nesta lição, mova o arquivo InDesign Defaults para uma pasta diferente seguindo o procedimento na seção "Salve e restaure o arquivo InDesign Defaults" na página 14.

2 Inicie o Adobe InDesign CS4. Para assegurar que os comandos de painéis e menu correspondam àqueles utilizados nesta lição, escolha Window > Workspace> [Advanced] e então escolha Window > Workspace > Reset Advanced.

Para começar a trabalhar, você abrirá um documento do InDesign já existente.

3 Escolha File > Open e abra o arquivo 08_Start.indd na pasta Lesson_08, localizada na pasta Lessons dentro da pasta InDesignCIB no disco rígido.

4 Se uma mensagem indicar links ausentes ou modificados para os arquivos gráficos, clique em Don't Update Links. Esta lição não exige os arquivos gráficos.

5 Escolha File > Save As, renomeie o arquivo como **08_Working.indd** e salve-o na pasta Lesson_08.

6 Se quiser ver a aparência do documento final, abra o arquivo 08_End.indd na mesma pasta. Você pode deixar esse documento aberto como um guia enquanto trabalha. Quando estiver pronto para retomar o trabalho no documento da lição, clique na guia no canto superior esquerdo da janela de documento.

Crie e aplique estilos de parágrafo

Os estilos de parágrafo permitem aplicar e atualizar globalmente a formatação do texto para agilizar a produção e criar um design geral mais consistente. Eles incorporam todos os elementos da formatação de texto e podem incluir atributos de caracteres, como fonte, tamanho, estilo e cor, combinados com atributos de parágrafo, como recuos, alinhamento, tabulações e hifenização. Eles se diferenciam dos estilos de caractere porque são aplicados a parágrafos inteiros ao mesmo tempo, não apenas aos caracteres selecionados.

Crie um estilo de parágrafo

Neste exercício você vai criar e aplicar um estilo de parágrafo a parágrafos selecionados que já foram posicionados no documento. Nesse caso, você formatará localmente o texto na primeira parte do documento (sem utilizar um estilo) e, então, fará com que o InDesign selecione essa formatação existente e a transforme em um novo estilo de parágrafo.

1 Com 08_Working.indd aberto, dê um clique duplo na página 1 no painel Pages para centralizar a página na janela de documento.

2 Utilizando a ferramenta Type (T), arraste para selecionar o cabeçalho "Loose Leaf Teas", depois do parágrafo introdutório na primeira coluna do documento.

3 No painel Control, clique em Character Formatting Controls (A) e especifique o seguinte:

- Fonte: Fonte Adobe Caslon Pro (você a localizará em ordem alfabética na letra "C").
- Estilo: Semibold.
- Tamanho: 85,17 dl.

Deixe todas as outras configurações nos seus padrões.

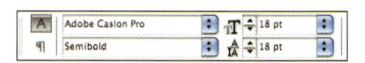

4 No painel Control, clique em Paragraph Formatting Controls (¶) e aumente Space Before ( ) para 0p3.

▶ **Dica:** A maneira mais fácil de criar um estilo de parágrafo é formatar um parágrafo de amostra em um estilo e, então, criar um novo estilo com base nesse parágrafo de amostra. Efetivamente, isso permite ver a formatação do estilo antes de criá-lo. Você pode então utilizar o novo estilo no restante do documento.

Agora você criará um estilo de parágrafo com essa formatação a fim de formatar os outros títulos do documento.

5 Certifique-se de que o ponto de inserção de texto ainda está no texto que você acabou de formatar. Se ainda não estiver visível, abra o painel Paragraph Styles escolhendo Type > Paragraph Styles.

O painel Paragraph Styles já tem alguns estilos disponíveis para você, incluindo o padrão, [Basic Paragraph].

> **Dica:** Se você alterar o estilo Based On – por exemplo, alterando a fonte – as modificações atualizam todos os estilos baseados nesse estilo. As características únicas de estilos baseados em outros estilos são mantidas. Basear estilos em outros estilos é útil ao criar uma série de estilos relacionados, como Body Copy, Body Copy No Indent, Bulleted Copy, etc.

6 No painel Paragraph Styles, crie um novo estilo de parágrafo escolhendo New Paragraph Style no menu do painel. A caixa de diálogo New Character Style se abre, exibindo a formatação que você acabou de aplicar ao título na seção Style Settings.

Observe que o novo estilo está baseado no estilo Body Text. Como Body Text foi aplicado ao cabeçalho quando você criou o estilo, o novo estilo irá basear-se automaticamente no Body Text. Utilizando a opção Based On na seção General da caixa de diálogo New Paragraph Style, você pode utilizar um estilo existente como ponto de partida para um novo estilo.

7 Na caixa Style Name na parte superior da caixa de diálogo, digite **Head2** para nomear esse estilo como o segundo maior cabeçalho.

Você também pode fazer com que o InDesign mude automaticamente para outro estilo quando você pressionar Return ou Enter depois de inserir o texto.

8 Selecione Body Text no menu Next Style, pois esse é o estilo utilizado para o texto depois de cada título Head2.

Você também pode criar um atalho de teclado para uma aplicação fácil desse estilo.

> **Nota:** Se você estiver trabalhando em um laptop sem um teclado numérico, pule esse passo.

9 Clique dentro da caixa Shortcut, mantenha Ctrl (Windows) ou Command (Mac OS) pressionada e pressione **9** no teclado numérico. (O InDesign requer o uso de uma tecla modificadora no caso de atalhos para estilos.)

10 Selecione Apply Style To Selection para aplicar esse novo estilo ao texto que você acabou de formatar.

Se você não selecionar Apply Style To Selection, o novo estilo aparecerá no painel Paragraph Styles e não será automaticamente aplicado ao texto que você formatou e esse texto não será atualizado se você precisar atualizar globalmente o estilo Head2.

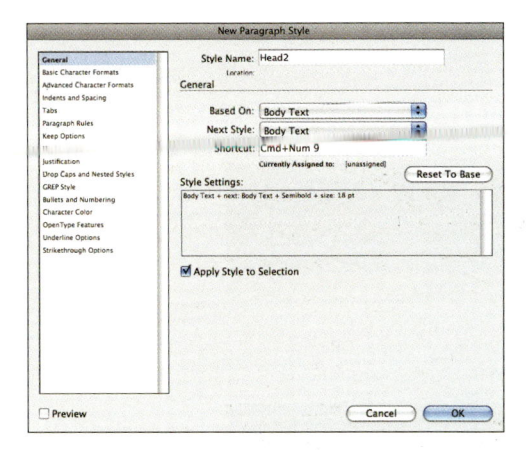

11 Clique em OK para fechar a caixa de diálogo New Paragraph Style. O novo estilo Head2 aparece no painel Paragraph Styles.

12 Escolha File > Save.

Aplique um estilo de parágrafo

Agora você aplicará seu estilo de parágrafo ao texto selecionado nas outras seções do documento.

1 No painel Pages, dê um clique duplo na página 1 para centralizá-la na janela de documento.

2 Utilizando a ferramenta Type (T), clique para posicionar um ponto de inserção em "Tea Gift Collections".

3 Clique uma vez no estilo Head2 no painel Paragraph Styles para aplicar o estilo ao texto. Você deve ver os atributos de texto mudar para refletir o estilo de parágrafo que você acabou de criar.

4 Repita os passos 2 e 3 para aplicar o estilo Head2 a "Teapots and Tea Accessories" na segunda coluna.

Nota: É possível utilizar o atalho de teclado que você definiu (Ctrl+9 ou Command+9) para aplicar o estilo Head2.

5 Utilizando o painel Pages para navegar entre as páginas, repita os passos 2 e 3 para aplicar o estilo Head2 a:

- "Premium Loose Leaf Tea Selections" na parte superior da página 2.

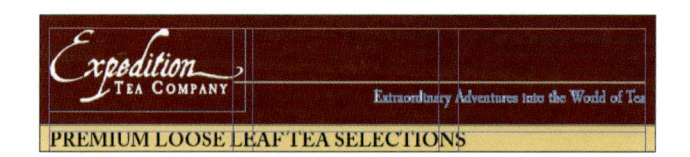

- "About Tea and Training" na parte superior da página 3.

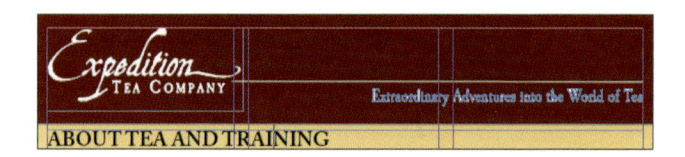

6 Escolha File > Save.

Crie e aplique estilos de caractere

No exercício anterior, os estilos de parágrafo permitiram aplicar formatação de caractere e parágrafo ao texto com um único clique ou com uma combinação de teclas. De maneira semelhante, os estilos dos caracteres são uma maneira de aplicar múltiplos atributos – como tamanho, fonte e cor – ao texto utilizando uma única ação. Diferentemente dos estilos de parágrafo, os estilos de caractere aplicam a formatação a uma série de textos menores que um parágrafo (um caractere, uma palavra ou um grupo de palavras).

▶ **Dica:** Os estilos de caractere são úteis para caracteres introdutórios, como marcadores, números em listas numeradas e capitulares. Eles também são úteis para destacar o texto dentro do corpo do texto – por exemplo, os nomes de produtos costumam estar em negrito e em versaletes.

Crie um estilo de caractere

O texto para o documento da Expedition Tea Company foi escrito em um aplicativo de processamento de texto e importado para o arquivo de lição para você. Agora você vai criar e aplicar uma folha de estilo de caractere ao texto selecionado no documento. Isso demonstra como os estilos de caractere podem tornar seu trabalho mais eficiente e consistente.

1 Com 08_Working.indd aberto, dê um clique duplo na página 1 no painel Pages para centralizar a página na sua janela de documento.

2 Se ainda não estiver visível, abra o painel Character Styles escolhendo Type > Character Styles.

O único estilo listado nesse painel é o padrão, [None].

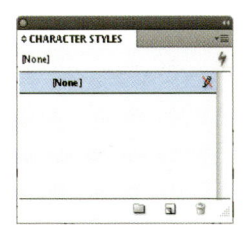

Assim como foi feito com o estilo de parágrafo na seção anterior, você criará um estilo de caractere com base na formatação de texto existente. Essa abordagem permite ver a formatação antes de criar o estilo. Nesse caso, você vai formatar o nome Expedition Tea Company e defini-lo como base para um estilo de caractere a fim de que ele seja reutilizado em todo o documento.

3 Utilizando a ferramenta Type (T), selecione as palavras "Expedition Tea Company™" na primeira coluna da página 1.

4 No Painel Control, clique em Character Formatting Controls (A) e selecione Small Caps (Tr).

Agora que o texto está formatado, você criará um novo estilo de caractere.

5 Escolha New Character Style no menu do painel Character Styles. A caixa de diálogo New Character Style se abre, exibindo a formatação que você aplicou ao texto na seção Style Settings.

6 Na caixa Style Name na parte superior da caixa de diálogo, digite **Company** para definir o objetivo do estilo.

7 Na seção General dessa caixa de diálogo, deixe a configuração Based On no padrão, [None]. Você está criando um novo estilo, portanto, não irá baseá-lo em um estilo criado anteriormente.

Assim como foi feito com o estilo de parágrafo, agora você criará um atalho de teclado para a fácil aplicação desse estilo.

● **Nota:** Se você estiver trabalhando em um laptop sem um teclado numérico, pule esse passo.

8 Clique dentro da caixa Shortcut, mantenha Ctrl (Windows) ou Command (Mac OS) pressionada e pressione **8** no teclado numérico.

9 Selecione Apply Style To Selection para aplicar esse novo estilo ao texto que você acabou de formatar.

Se você não selecionar Apply Style To Selection, o estilo aparecerá no painel Character Styles e ele não será automaticamente aplicado ao texto que você formatou e o texto não será atualizado se você precisar atualizar globalmente o estilo Company.

Agora você criou o estilo de caractere.

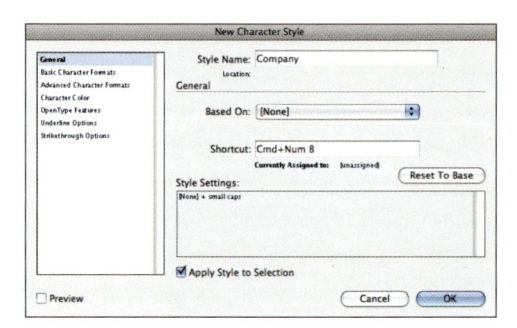

10 Clique em OK para fechar a caixa de diálogo New Character Style. O novo estilo Company aparece no painel Character Styles.

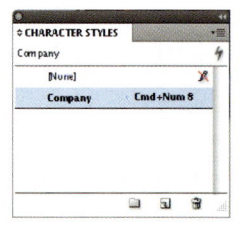

11 Escolha File > Save.

Aplique um estilo de caractere

Você está pronto para aplicar seu estilo de caractere ao texto selecionado já inserido no documento. Como ocorre com os estilos de parágrafo, utilizar estilos de caractere evita a necessidade de aplicar manual e individualmente vários atributos a cada instância do texto.

1 Se você não estiver visualizando a página 1, dê um clique duplo nessa página no painel Pages para centralizá-la em sua janela de documento.

Na parte inferior da página, na parte inferior da segunda coluna, você verá as palavras "Expedition Tea Company". Para manter uma aparência consistente com o nome da empresa, você aplicará o estilo de caractere Company.

2 Utilizando a ferramenta Type (T), selecione as palavras "Expedition Tea Company."

3 No painel Character Styles, clique uma vez no estilo Company para aplicá-lo a esse texto. Você deve ver a fonte mudar para refletir o estilo de caractere criado.

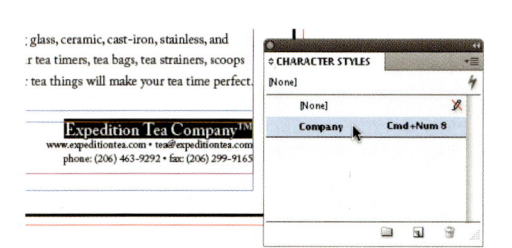

● **Nota:** É possível utilizar o atalho de teclado que você definiu (Ctrl+8 ou Command+8) para aplicar o estilo Company.

4 Utilizando o painel Character Styles ou o atalho de teclado, aplique o estilo Company às palavras "Expedition Tea Company" que também aparecem duas vezes perto da parte inferior da página 3.

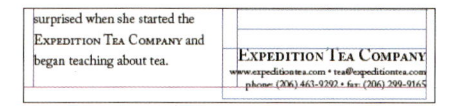

5 Escolha File > Save.

Aninhe estilos de caractere em estilos de parágrafo

Para tornar o uso dos estilos mais conveniente e poderoso, o InDesign permite aninhar estilos de caracteres dentro dos estilos de parágrafo. Esses estilos aninhados permitem aplicar uma formatação distinta de caracteres a partes específicas de um parágrafo – como o primeiro caractere, a segunda palavra ou a terceira oração ao mesmo tempo que você aplica um estilo de parágrafo. Isso torna os estilos aninhados ideais para cabeçalhos (em que a primeira parte de uma linha ou parágrafo é criada com um estilo diferente do restante da linha ou do parágrafo), parágrafos estruturados ou capitulares formatadas.

Crie estilos de caractere para o aninhamento

Há dois pré-requisitos para utilizar estilos aninhados: que você tenha criado um estilo de caractere e que você tenha criado um estilo de parágrafo onde possa aninhá-lo. Nesta seção, você criará dois estilos de caractere e depois os aninhará no estilo de parágrafo Tea body que já existe.

1 Com 08_Working.indd aberto, dê um clique duplo na página 2 no painel Pages para centralizar a página na janela de documento.

Se a visualização for muito pequena, amplie o primeiro parágrafo sob o cabeçalho "Black Tea", que inicia com "Earl Gray". Neste exercício, você criará dois estilos aninhados para distinguir o nome do chá do país onde foi cultivado. Observe que uma série de dois pontos (::) separam o nome e o país e um marcador (•) aparece depois da região. Esses sinais serão importantes para configurar nossos estilos aninhados mais adiante nesta seção.

2 Utilizando a ferramenta Type (T), selecione as palavras "Earl Gray" na primeira coluna.

3 No painel Control, clique em Character Formatting Controls (A) e escolha Bold no menu Type Style. Deixe todas as outras configurações nos seus padrões.

Formatar o texto aplicando as configurações individualmente, em vez de aplicar um estilo, é chamado formatação local. Esse texto formatado localmente agora está pronto para servir como base para um novo estilo de caractere.

4 Se ainda não estiver visível, abra o painel Character Styles escolhendo Type > Character Styles.

▶ **Dica:** Você pode utilizar o recurso de estilos aninhados para aplicar automaticamente uma formatação diferente dentro de um parágrafo de acordo com um padrão específico. Por exemplo, em um sumário, é possível aplicar automaticamente negrito ao texto, alterar o tracking na guia de tabulação (os pontos que levam ao número de página) e alterar a fonte e as cores do número de página.

LIÇÃO 8 | **251**
Trabalhando com Estilos

5 No painel Character Styles, escolha New Character Style no menu do painel. A caixa de diálogo New Character Style se abre, exibindo a formatação que você aplicou.

6 Na caixa Style Name na parte superior da caixa de diálogo, digite **Tea Name** para definir o texto ao qual o estilo será aplicado.

7 Selecione Apply Style To Selection para que, depois de criar esse estilo de caractere, ele seja aplicado ao texto selecionado.

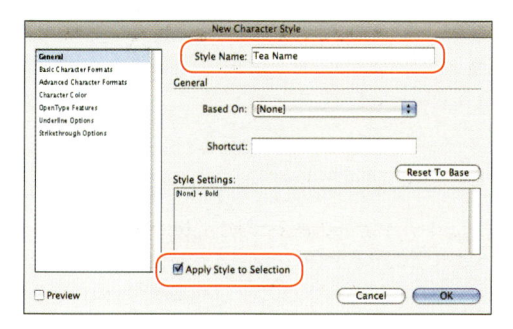

Para destacar um pouco mais o nome do chá, você mudará a cor de preto para vinho.

8 No lado esquerdo do painel, clique em Character Color na lista.

9 Nas configurações Character Color que aparecem no lado direito da caixa de diálogo, selecione a cor vinho (C = 43, M = 100, Y = 100, K = 30).

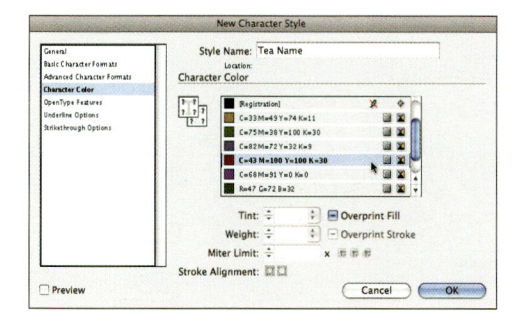

10 Clique em OK para fechar a caixa de diálogo New Character Style. Você deve ver o novo estilo Tea Name aparecer no painel Character Styles.

Agora você criará um segundo estilo de caractere a fim de aninhá-los.

11 À direita do texto "Earl Grey" que você acabou de formatar, selecione o texto "Sri Lanka". Formate-o com Adobe Caslon Pro Italic.

12 Repita os passos 4 a 7 para criar um novo estilo de caractere chamado Country. Depois de terminar, clique em OK para fechar a caixa de diálogo New Character Style. O novo estilo Country aparece no painel Character Styles.

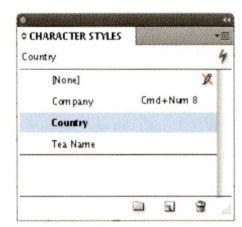

13 Escolha File > Save.

Você criou com sucesso dois novos estilos de caractere. Utilizando-os, juntamente com o estilo de parágrafo Tea Body existente, você está pronto para criar e aplicar seu estilo aninhado.

Crie um estilo aninhado

Ao criar um estilo aninhado dentro de um estilo de parágrafo já existente, você essencialmente está formando um conjunto secundário de regras para que o InDesign siga ao formatar um parágrafo. Neste exercício, você criará um estilo aninhado no estilo Tea Body utilizando os dois estilos de caractere criados no exercício anterior.

1 Se ela ainda não estiver centralizada na sua tela, dê um clique duplo na página 2 no painel Pages para centralizá-la na janela de documento.

2 Se o painel Paragraph Styles não estiver visível, selecione Type > Paragraph Styles.

3 No painel Paragraph Styles, dê um clique duplo no estilo Tea Body para abrir a caixa de diálogo Paragraph Style Options.

▶ **Dica:** Além dos estilos aninhados, o InDesign fornece estilos de linha aninhados. Estes permitem especificar a formatação para linhas específicas em um parágrafo – como uma capitular seguida por versaletes, que é comum em artigos de revista. Se o texto, ou outra formatação, mudar e o texto refluir, o InDesign ajustará a formatação para abranger apenas as linhas especificadas. Os controles para criar estilos de linha aninhados estão no painel Drop Caps And Nested Styles da caixa de diálogo Paragraph Style Options.

4 Nas categorias no lado esquerdo da caixa de diálogo, selecione Drop Caps And Nested Styles.

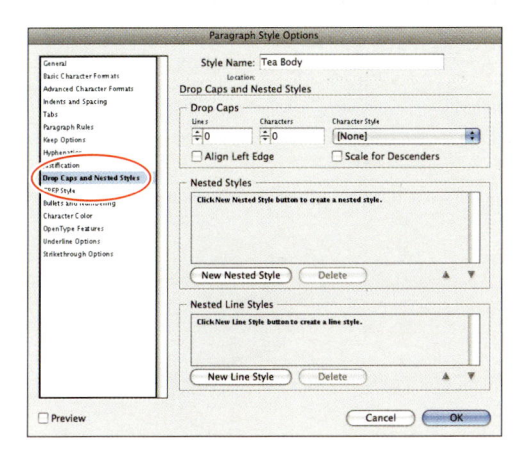

5 Na seção Nested Styles, clique no botão New Nested Style para criar um novo estilo aninhado. O estilo [None] aparece.

6 Clique no estilo [None] para exibir um menu pop-up. Selecione Tea Name; esse é o primeiro estilo aninhado na sequência.

7 Clique na palavra "through" para exibir outro menu pop-up. Esse menu contém apenas duas opções: Through e Up To. Você configurará esse estilo até o primeiro dois-pontos (:) depois de Earl Gray, então selecione Up To.

8 Clique no número 1 ao lado de Up To para abrir uma caixa de texto em que você pode digitar um número. O número define a quantos elementos o estilo é aplicado (até ou incluindo o último elemento). Embora haja dois pontos, você só precisa referenciar o primeiro, portanto, deixe isso como o 1 padrão.

9 Clique em Words para exibir outra caixa de texto e menu. Clique no botão de menu à direita da caixa de texto para abrir um menu que contém várias opções de elementos aos quais o estilo será aplicado, incluindo orações, caracteres e espaços. Nesse caso, você não quer os itens listados. Em vez disso, você quer um dois pontos (:). Clique novamente na caixa de texto para fechar o menu e digite : (dois pontos) na caixa.

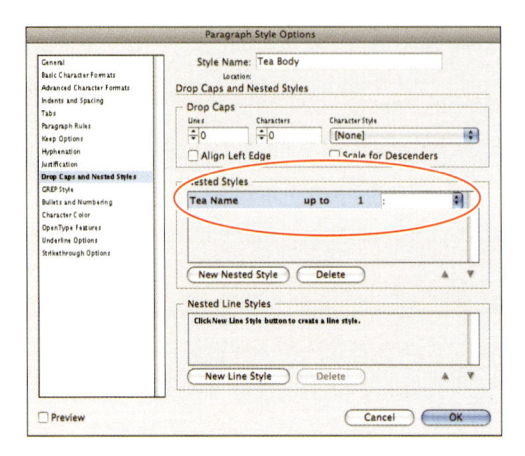

10 Se ainda não estiver selecionado, marque Preview e mova a caixa de diálogo Paragraph Style Options para ver as colunas do texto. O nome de cada chá deve estar em negrito e na cor vinho até (mas sem incluir) os dois pontos. Clique em OK.

11 Escolha File > Save.

Adicione um segundo estilo aninhado

Agora você adicionará outro estilo aninhado, mas primeiro tem de ser copiado um caractere de marcador da página. Dentro do estilo aninhado que você está criando, a mudança na formatação acontece quando um caractere de marcador é encontrado – mas você não pode digitar um marcador dentro de uma caixa de diálogo, portanto, você precisará colá-lo.

1 Na primeira coluna abaixo de "Black Tea," navegue até o caractere de marcador depois de "Sri Lanka." Selecione-o e escolha Edit > Copy.

2 No painel Paragraph Styles, dê um clique duplo no estilo Tea Body. Na seção Drop Caps And Nested Styles da caixa de diálogo Paragraph Style Options, clique no botão New Nested Style para criar um novo estilo aninhado.

3 Repita os passos 6 a 10 da seção "Crie um estilo aninhado" para criar seu novo estilo aninhado com a seguinte formatação:

- Primeira opção: Escolha Country.
- Segunda opção: Escolha Up To.

- Terceira opção: Deixe como o 1 padrão.
- Quarta opção: Insira o caractere de marcador colando o marcador que você copiou (Edit > Paste).

4 Mova a caixa de diálogo Paragraph Style Options conforme necessário para ver que a cada nome de país foi aplicado itálico. Mas, os dois ponto-e-vírgulas entre o nome do chá e o país também estão em itálico.

Para corrigir os ponto-e-vírgulas em itálico, você criará outro estilo aninhado [None] que é aplicado aos dois-pontos.

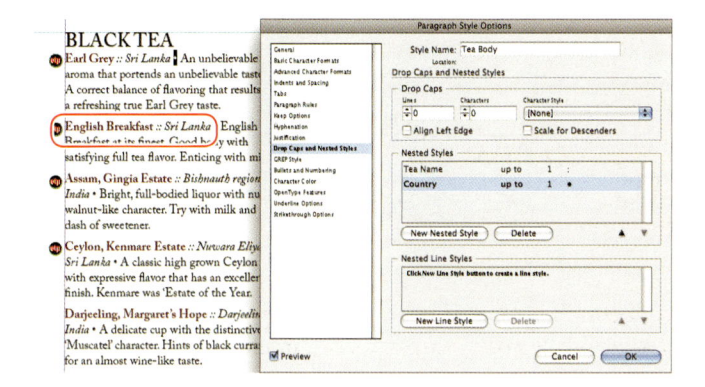

5 Clique no botão New Nested Style para criar outro estilo aninhado.

6 Repita os passos 6 a 9 da seção "Crie um estilo aninhado" para criar seu novo estilo aninhado com a seguinte formatação:
- Primeira opção: Escolha [None].
- Segunda opção: Escolha Through.
- Terceira opção: Digite 2.
- Quarta opção: Digite : [dois-pontos].

Você agora tem um estilo aninhado, mas ele precisa ser colocado entre os estilos aninhados Name e Country para que esteja na posição adequada sequencialmente.

7 Com o estilo aninhado [None] selecionado, clique no botão Up Arrow uma vez para mover o estilo entre os outros dois.

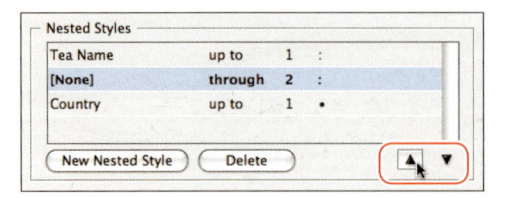

8 Clique em OK para aceitar essas alterações. Você agora terminou de criar vários estilos aninhados que aplicam os estilos de caractere Name e Country a qualquer parágrafo criado com o estilo de parágrafo Tea Body.

9 Escolha File > Save.

Crie e aplique estilos de objeto

Os estilos de objeto permitem aplicar e atualizar globalmente a formatação de elementos gráficos e quadros. Esses atributos de formatação, incluindo opções de preenchimento, traçado, transparência e texto em contorno, criam um design geral mais consistente e aceleram a produção de tarefas entediantes.

Crie um estilo de objeto

Nesta seção, você vai criar e aplicar um estilo de objeto aos círculos pretos que contêm os símbolos etp na página 2 da folha de produtos. ("Etp" significa Ethical Tea Partnership.) Você vai basear o novo estilo de objeto na formatação do círculo preto. Portanto, comece chanfrando o círculo preto e alterando sua cor e em seguida, defina o novo estilo.

1 Dê um clique duplo na página 2 no painel Pages para centralizar a página na janela de documento.

2 Selecione a ferramenta Zoom (🔍) no painel Tools e aumente a ampliação para melhor visualização do símbolo etp ao lado de Earl Grey.

Para formatar o símbolo, preencha-o com a cor vinho e aplique um efeito Inner Bevel. Para facilitar essa tarefa, o texto e o círculo para todos os símbolos etp foram inseridos em camadas separadas – o texto na camada chamada Etp Type e os círculos em uma camada chamada Etp Circle.

3 Escolha Window > Layers para visualizar o painel Layers. Clique na caixa vazia ao lado da camada Etp Type para exibir um ícone de cadeado (🔒). Esse ícone bloqueia a camada para que você não altere acidentalmente o texto ao editar o objeto.

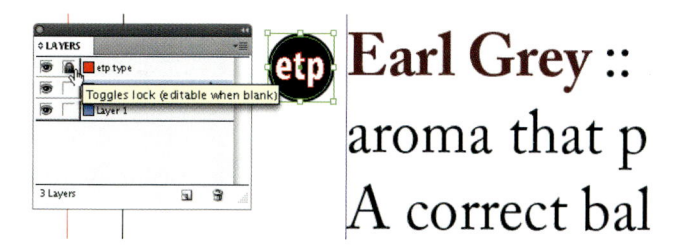

4 Com a ferramenta Selection (▶), clique no símbolo etp preto ao lado de Earl Grey.

5 No painel Swatches, mude a cor do traço e a cor de preenchimento para vinho (C = 43, M = 100, Y = 100, K = 30).

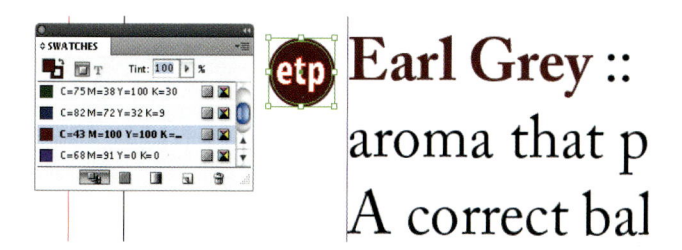

6 Escolha Object > Effects > Bevel And Emboss. Se ainda não estiver selecionado, na seção Structure, escolha Inner Bevel (baixo-relevo) no menu pop-up Style. Certifique-se de que a opção Preview está selecionada e, então, mova a caixa de diálogo Effects para visualizar o círculo.

▶ **Dica:** Assim como com estilos de parágrafo e caracteres, você pode basear um estilo de objeto em outro estilo de objeto. As modificações feitas no estilo Based On atualizam todos os estilos de objeto com base nesse estilo. (As características únicas dos estilos baseados em outros estilos são mantidas.) Os controles para basear um estilo em outro estão no painel General da caixa de diálogo New Object Style.

7 Na caixa Size, digite **0p2** para alterar a forma do chanfro. Deixe as outras configurações padrão como estão.

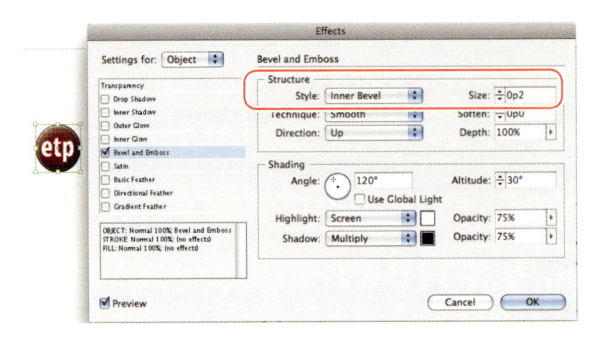

8 Clique em OK. O símbolo agora deve parecer em relevo.

Agora você está pronto para criar o estilo de objeto.

9 Escolha Window > Object Styles para abrir o painel Object Styles.

Mantenha o símbolo etp selecionado para basear nele a formatação do novo estilo de objeto.

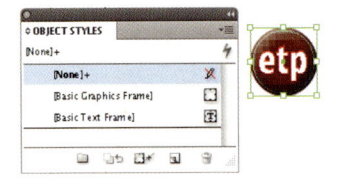

10 No painel Object Styles, escolha New Object Style no menu do painel. A caixa de diálogo New Object Style se abre, mostrando as opções de formatação a ser incorporadas ao estilo.

11 Na caixa Style Name na parte superior da caixa de diálogo, digite **ETP Symbol** para descrever o objetivo do estilo.

12 Selecione Apply Style To Selection para aplicar esse novo estilo de objeto ao círculo que você acabou de formatar. Se você não selecionar essa opção, o estilo aparecerá no painel Object Styles e não será aplicado automaticamente ao círculo que você formatou e o círculo não será atualizado se você precisar atualizar globalmente o estilo ETP Symbol.

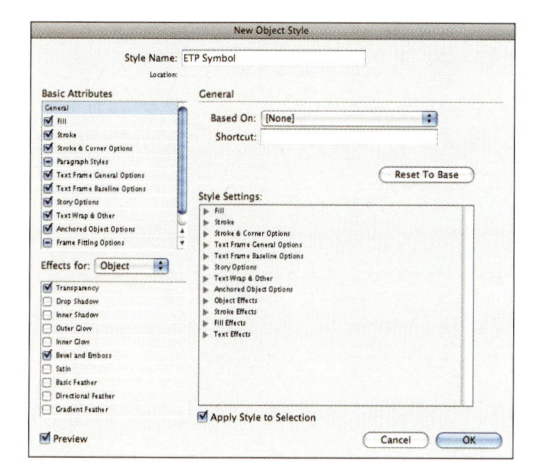

As caixas de seleção no lado esquerdo dessa caixa de diálogo mostram os atributos que serão aplicados quando esse estilo for utilizado. Agora você escolherá alguns desses atributos para modificar um pouco mais o estilo ETP Symbol.

13 Para adicionar uma sombra projetada ao estilo, clique no atributo Drop Shadow para selecioná-lo e marque sua opção. As configurações Drop Shadow aparecem no lado direito da caixa de diálogo.

14 Nas configurações Drop Shadow, especifique a seguinte formatação:
- X Offset: 0p7
- Y Offset: 0p7
- Tamanho: 0p4

- Certifique-se de que a amostra de cores ao lado do menu Mode é preta. Essa é a cor da sombra.

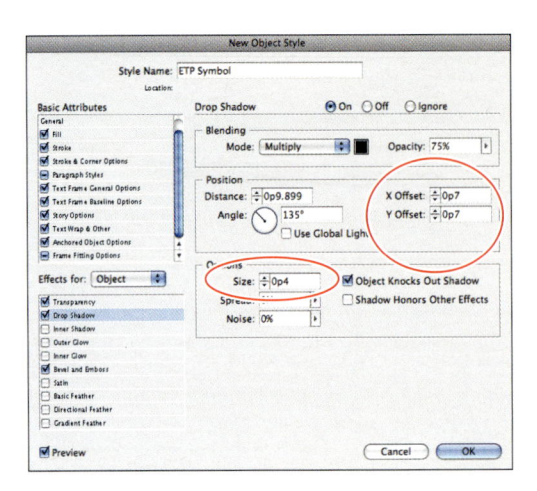

15 Clique em OK para fechar a caixa de diálogo New Object Style. O novo estilo ETP Symbol deve aparecer no painel Object Styles.

▶ **Dica:** Quando você modifica um estilo, o texto, a tabela ou os objetos aos quais o estilo é aplicado são automaticamente atualizados. Se houver uma instância específica do texto, uma tabela ou um objeto que você não quer atualizar, quebre seu link para o estilo. Cada painel de estilos (Paragraph Styles, Cell Styles, etc.) tem um comando Break Link to Style no menu do painel.

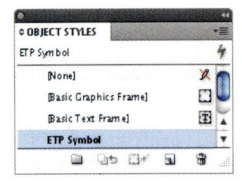

16 Escolha File > Save.

Aplique um estilo de objeto

Agora você aplicará o novo estilo de objeto a outros círculos na página 2. Aplicar o estilo de objeto altera a formatação dos círculos automaticamente; você não tem de aplicar manualmente cores, sombras e o efeito de alto relevo a cada círculo individualmente.

1 No painel Pages, dê um clique duplo na página 2 para centralizá-la em sua janela de documento.

2 Utilizando a ferramenta Selection (▶), selecione o segundo círculo e, então, clique no estilo Etp Symbol no painel Object Styles. O círculo será formatado exatamente como o primeiro círculo que você formatou.

3 Para acelerar o processo, pressione a tecla Shift e clique para selecionar todos os círculos na página 2. Aplique então o estilo ETP Symbol à toda a seleção.

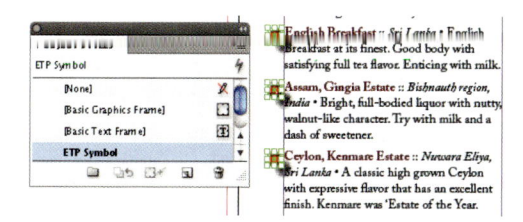

4 Escolha File > Save.

Crie e aplique estilos de tabela e de célula

Os estilos de tabela e de célula permitem formatar tabelas com a mesma conveniência e consistência que você obtém ao formatar o texto com os estilos de parágrafo e caractere. Os estilos de tabela permitem controlar os atributos visuais da tabela incluindo a borda da tabela, o espaço antes e depois da tabela, os traçados de linha e coluna e também os padrões de preenchimento alternantes. Os estilos de célula permitem controlar o espaçamento da margem interna da célula, o alinhamento vertical, os traçados, os preenchimentos de células individuais e também as linhas diagonais. Você aprenderá mais sobre como criar tabelas na Lição 10, "Criando tabelas".

Neste exercício, você vai criar e aplicar um estilo de tabela e dois estilos de célula às tabelas no documento folha de produtos para distinguir as descrições do chá.

Crie estilos de célula

Primeiro você vai criar estilos de célula tanto para a linha de cabeçalho como para as linhas de corpo da tabela na parte inferior da página 2. Depois, esses dois estilos serão aninhados dentro do estilo Table, semelhante à maneira como os estilos de caractere foram aninhados dentro de um estilo de parágrafo anteriormente nesta lição. Agora você criará dois estilos de célula.

1 Se a página 2 não estiver na visualização, dê um clique duplo nessa página no painel Pages para centralizá-la na janela.

2 Utilizando a ferramenta Zoom (🔍), arraste em torno da tabela na parte inferior da página para torná-la mais visível.

3 Utilizando a ferramenta Type (T), selecione as duas primeiras células na linha de cabeçalho contendo as palavras "Tea" e "Finished Leaf".

Tea	Finished Leaf	Liquor	Caffeine
White	Soft, grayish white	Pale yellow or pinkish	15 mg
Green	Dull to brilliant green	Green or yellowish	20 mg
Oolong	Blackish or greenish	Green to brownish	30 mg
Black	Lustrous black	Rich red or brownish	40 mg

4 Escolha Table > Cell Options > Strokes And Fills. Para Cell Fill, selecione a cor amarelo-claro (C = 4, M = 15, Y = 48, K = 0). Clique em OK.

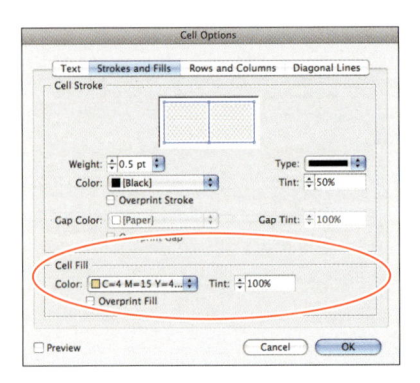

5 Com as células ainda selecionadas, abra o painel Cell Styles escolhendo Window > Type & Tables > Cell Styles.

6 Mantenha as células da tabela selecionadas. No menu do painel Cell Styles, escolha New Cell Style.

A formatação de célula que você aplicou é exibida na caixa Style Settings. Observe também as opções adicionais de formatação de célula no lado esquerdo da caixa de diálogo. Entretanto, neste exercício, você só vai configurar o estilo de parágrafo desejado para utilizá-lo no texto dentro da linha Header.

7 Na caixa Style Name na parte superior da caixa de diálogo New Cell Style, digite **Table Head**.

8 No menu pop-up Paragraph Style, escolha Head4. Esse estilo de parágrafo já foi criado no documento. Clique em OK.

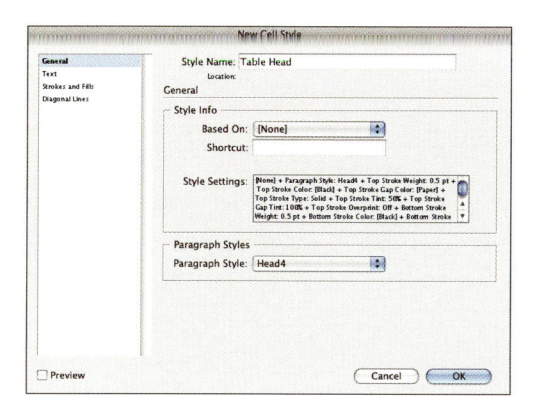

Agora você criará um novo estilo de célula para as linhas de corpo.

9 Utilizando a ferramenta Type (T), selecione as duas primeiras células da segunda linha da tabel, que contêm as palavras "White" e "Soft, grayish white".

10 No menu do painel Cell Styles, escolha New Cell Style.

11 Na caixa Style Name, nomeie esse estilo **Table Body Rows**.

12 No menu pop-up Paragraph Style, escolha Table Body. Esse estilo de parágrafo já foi criado no documento.

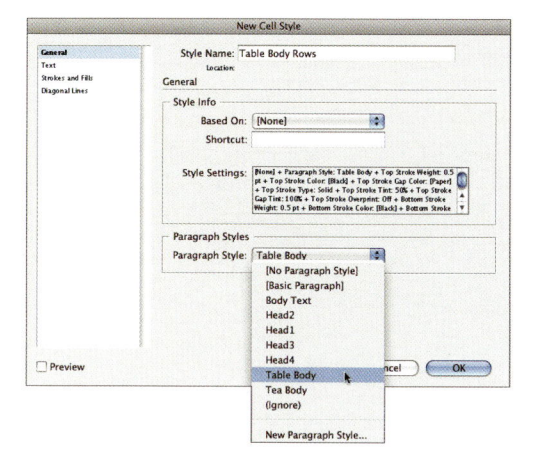

13 Clique em OK. Os dois novos estilos de célula aparecem no painel Cell Styles.

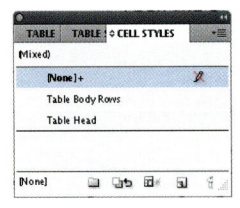

14 Escolha File > Save.

Crie um estilo de tabela

Agora você criará um estilo de tabela que não só formata a aparência geral da tabela, mas também aplica os dois estilos de células que você acabou de criar às linhas do corpo e do cabeçalho.

1 Com a tabela ainda visível na tela, selecione a ferramenta Type (T). Clique para posicionar um ponto de inserção em qualquer lugar na tabela.

2 Escolha Window > Type & Tables > Table Styles. No menu de painel Table Styles, escolha New Table Style.

3 Na caixa Style Name, digite **Tea Table.**

4 Abaixo de Cell Styles, escolha as seguintes opções:

- Table Head no menu pop-up Header Rows.
- Table Body Rows no menu pop-up Body Rows.

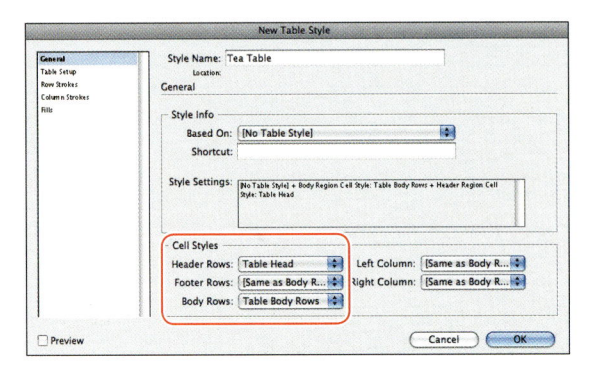

Agora você vai configurar o estilo de tabela para aplicar linhas alternadas das cores às linhas do corpo.

5 Selecione Fills na lista à esquerda da caixa de diálogo New Table Style. Escolha Every Other Row no menu pop-up Alternating Pattern. As opções para linhas alternadas aparecem.

6 Escolha as seguintes opções Alternating:

- Para Color, escolha a cor amarelo-claro (C = 4, M = 15, Y = 48, K = 0).
- Para Tint, digite **30**%.

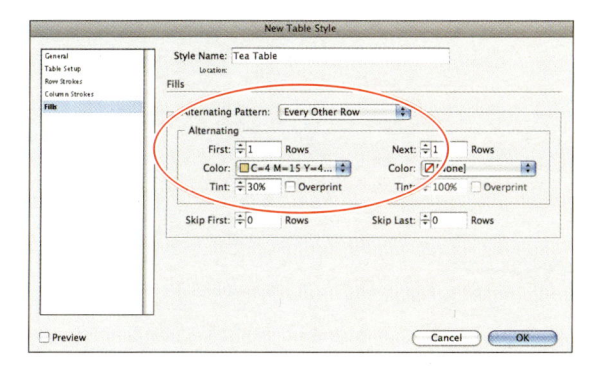

7 Clique em OK. O novo estilo de tabela, Tea Table, aparece no painel Table Styles.

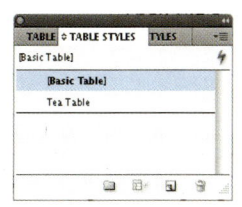

8 Escolha File > Save.

Aplique um estilo de tabela

Agora você aplicará o estilo de tabela criado há pouco às duas tabelas no documento.

1 Com a tabela ainda visível na tela, selecione a ferramenta Type (T). Clique para posicionar um ponto de inserção em qualquer lugar na tabela.

2   No painel Tables Styles, clique no estilo Tea Table. A tabela é reformatada de acordo com os estilos de tabela e de célula que você criou.

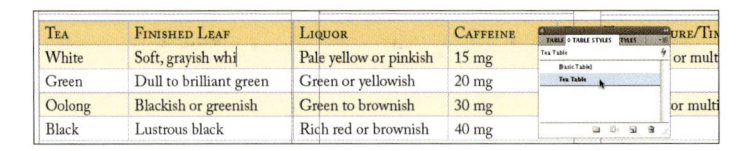

3   Agora dê um clique duplo na página 3 no painel Pages. Clique para posicionar um ponto de inserção em qualquer lugar na tabela.

4   No painel Table Styles, clique no estilo Tea Table. A tabela é reformatada de acordo com os estilos de tabela e de célula que você criou.

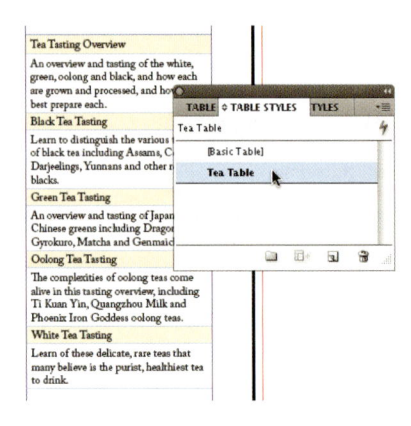

Observe que essa tabela difere um pouco da primeira porque ela não inclui uma linha de cabeçalho, portanto, a reformatação ignorou o estilo de célula Table Head.

5   Escolha File > Save.

▶ **Dica:** Depois que você tiver uma ideia aproximada da aparência do texto, dos objetos e das tabelas, comece a criar e aplicar os estilos. Então, à medida que você testa o design e faz modificações, é possível simplesmente atualizar as definições do estilo – o que atualiza automaticamente a formatação de qualquer coisa à qual o estilo é aplicado.

Atualize estilos globalmente

Há duas maneiras de atualizar estilos de parágrafo, caractere, objeto, tabela e célula no InDesign. A primeira é simplesmente abrir um estilo e fazer as alterações nas opções de formatação, como você fez ao criar os estilos de célula e de tabela. Como há um relacionamento pai e filho entre o estilo e o texto ao qual ele é aplicado, todo o texto é atualizado para refletir as modificações feitas no estilo.

Outro modo de atualizar um estilo é utilizar a formatação local para modificar parte do texto e então redefinir o estilo com base no texto atualizado. Neste exercício, você fará uma alteração no estilo Head3 a fim de incluir um fio abaixo dele.

1 Com 08_Working.indd aberto, dê um clique duplo na página 2 no painel Pages para centralizar a página em sua janela de documento. Então, dê um clique duplo na ferramenta Zoom (🔍) para aumentar a ampliação para 100%.

2 Utilizando a ferramenta Type (T), clique para posicionar um ponto de inserção em "Black Tea" na primeira coluna.

3 Se ainda não estiver visível, escolha Type > Paragraph Styles para visualizar o painel Paragraph Styles. Observe que o estilo Head3 está selecionado, indicando que ele é aplicado ao texto selecionado.

4 Escolha Type > Paragraph para exibir o painel Paragraph. Escolha Paragraph Rules no menu do painel.

5 Na caixa de diálogo Paragraph Rules, escolha Rule Below no menu pop-up na parte superior da caixa de diálogo e selecione Rule On. Certifique-se de que Preview esteja selecionado e mova a caixa de diálogo para que você possa ver "Black Tea" na tela.

6 Formate o fio utilizando as seguintes configurações:

- Weight: 1 pt
- Color: C = 4, M = 15, Y = 48, K = 0
- Offset (deslocamento): 0p2

Deixe todas as outras configurações nos seus padrões.

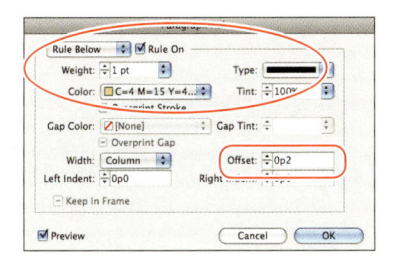

● **Nota:** Redefinir estilos como mostrado aqui atualiza um estilo a fim de que ele corresponda à nova formatação. Você pode, porém, fazer com que a formatação que foi alterada corresponda a um estilo. (Se uma seleção não corresponder precisamente ao respectivo estilo, um sinal de adição aparece ao lado do nome do estilo.) Cada painel de estilos (Paragraph Styles, Object Styles, etc.) tem um controle Clear Overrides na parte inferior indicado por um ícone e por um sinal de adição. Mova o mouse sobre o ícone para aprender como limpar substituições na seleção.

7 Clique em OK. Uma fina linha amarela agora aparece abaixo de "Black Tea".

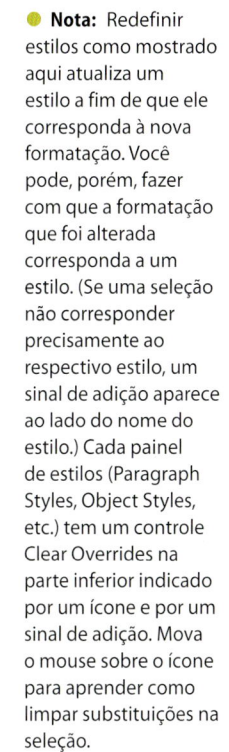

No painel Paragraph Styles, observe que um sinal de adição (+) aparece ao lado do nome do estilo Head3. Isso indica que foi aplicada uma formatação local ao texto selecionado, o que substitui o estilo aplicado. Agora você redefinirá o estilo de parágrafo para que a alteração local seja aplicada a todos os títulos anteriormente criados com o estilo Head3.

8 No menu do painel Paragraph Styles, escolha Redefine Style. O + não deve aparecer ao lado do nome do estilo Head3. Todos os títulos no documento que foram criados com o estilo Head3 devem atualizar globalmente para que reflitam as alterações que você fez.

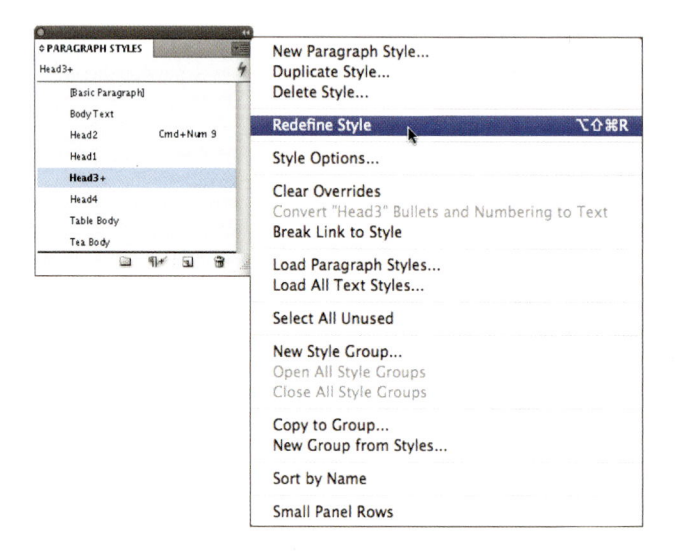

● **Nota:** Você pode utilizar o mesmo processo no passo 8 para redefinir qualquer tipo de estilo baseado em formatação local.

9 Escolha File > Save.

Carregue estilos de outro documento

Os estilos só aparecem no documento em que são criados. Entretanto, é fácil compartilhar estilos entre documentos do InDesign carregando, ou importando, estilos de outros documentos do InDesign. Neste exercício, você importará um estilo de parágrafo do documento 08_End.indd final e aplicará o estilo ao primeiro parágrafo do corpo na página 3.

1 Com 08_Working.indd aberto, dê um clique duplo na página 3 no painel Pages para centralizá-la na janela.

2 Se ainda não estiver visível, escolha Type > Paragraph Styles para visualizar o painel Paragraph Styles.

3 Escolha Load All Text Styles no menu do painel Paragraph Styles. Você pode escolher entre todos os estilos de texto no documento 08_End.indd.

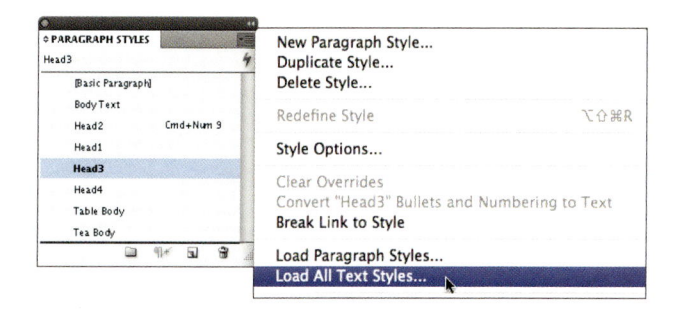

4 Na caixa de diálogo Open A File, dê um clique duplo em 08_End.indd na pasta Lesson_08. A caixa de diálogo Load Styles aparece. Clique em Uncheck All para evitar substituir os estilos existentes na importação.

5 Selecione o estilo de parágrafo Drop Cap Body. Role para baixo até Drop Cap e certifique-se de que ele também está marcado.

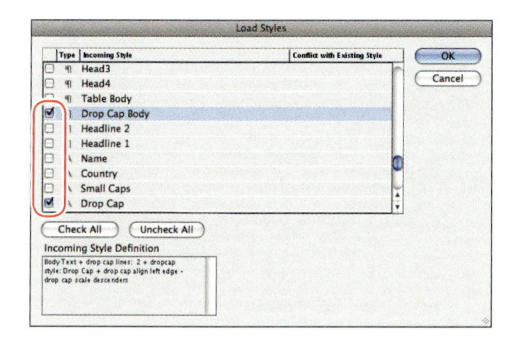

6 Clique em OK para importar ambos os estilos.

7 Utilizando a ferramenta Type (T), posicione um ponto de inserção no primeiro parágrafo que inicia com "Tea, Tay" e selecione o novo estilo Drop Cap Body no painel Paragraph Styles. O "T" inicial deve tornar-se uma capitular na cor vinho.

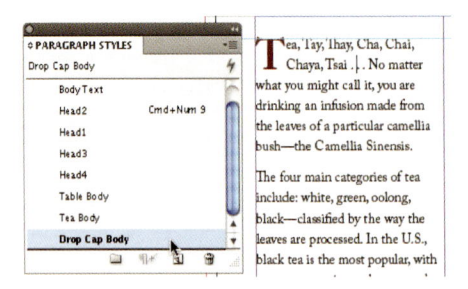

8 Escolha File > Save.

Parabéns. Você concluiu a lição.

Explore por conta própria

Em um documento longo ou complexo, você pode criar uma grande quantidade de estilos. Na verdade, é comum que uma revista ou jornal tenha mais de 100 estilos. Cada painel estilos no InDesign fornece várias opções para organizar os estilos. Com seu documento de lição ainda aberto, tente organizar os estilos de parágrafo.

1 Escolha Type > Paragraph Styles para abrir o painel Paragraph Styles.

2 Clique no menu do painel Paragraph Styles e escolha Sort by Name. Esse é o padrão e classifica os estilos alfabeticamente.

3 Mova um estilo arrastando para cima ou para baixo na lista para ver como organizá-lo.

4 Escolha New Style Group no menu do painel Paragraph Styles.

5 Na caixa Name da caixa de diálogo New Style Group, digite um nome, como Body Styles. Clique em OK.

6 Arraste os estilos Body Text, Drop Cap Body e Tea Body para o novo grupo Body Styles.

Perguntas de revisão

1 Como o uso de estilos de objeto pode acelerar o fluxo de trabalho?
2 O que você precisa criar primeiro antes de criar um estilo aninhado?
3 Quais são as duas maneiras de atualizar globalmente um estilo que você aplicou em um documento do InDesign?
4 Como você importaria estilos a partir de outro documento do InDesign?

Respostas

1 Estilos de objeto economizam tempo ao permitir que você mantenha um grupo de atributos de formatação que pode ser aplicado a elementos gráficos e quadros. Se precisar atualizar a formatação, você não terá de alterar individualmente cada quadro formatado com o estilo. Em vez disso, simplesmente modifique o estilo de objeto para que ele atualize automaticamente todos os quadros aos quais é aplicado.

2 Os dois pré-requisitos para criar estilos aninhados é que um estilo de caractere já tenha sido criado primeiro e depois um estilo de parágrafo no qual aninhá-lo.

3 Há duas maneiras de atualizar estilos no InDesign. A primeira é abrir o estilo e fazer as alterações nas opções de formatação. A outra é utilizar a formatação local para alterar uma instância e, então, redefinir o estilo com base nessa instância.

4 Importar estilos é fácil. Simplesmente escolha a opção de estilo Load apropriada no menu do painel Object Styles, menu do painel Character Styles, menu do painel Paragraph Styles, menu do painel Table Styles ou menu do painel Cell Styles e localize o documento do InDesign a partir do qual você quer carregá-los. Os estilos são então carregados no respectivo painel e ficam disponíveis para uso dentro do seu documento.

9 IMPORTANDO E MODIFICANDO ELEMENTOS GRÁFICOS

Visão geral da lição

Nesta lição, você vai aprender a:

- Diferenciar entre elementos gráficos vetoriais e imagens de bitmap
- Posicionar em camadas elementos gráficos do Adobe Photoshop e Adobe Illustrator
- Importar traçados de recorte com elementos gráficos e criar traçados de recorte
- Gerenciar arquivos inseridos utilizando o painel Links
- Utilizar e criar bibliotecas para objetos
- Importar elementos gráficos utilizando o Adobe Bridge

Esta lição levará aproximadamente 60 minutos.

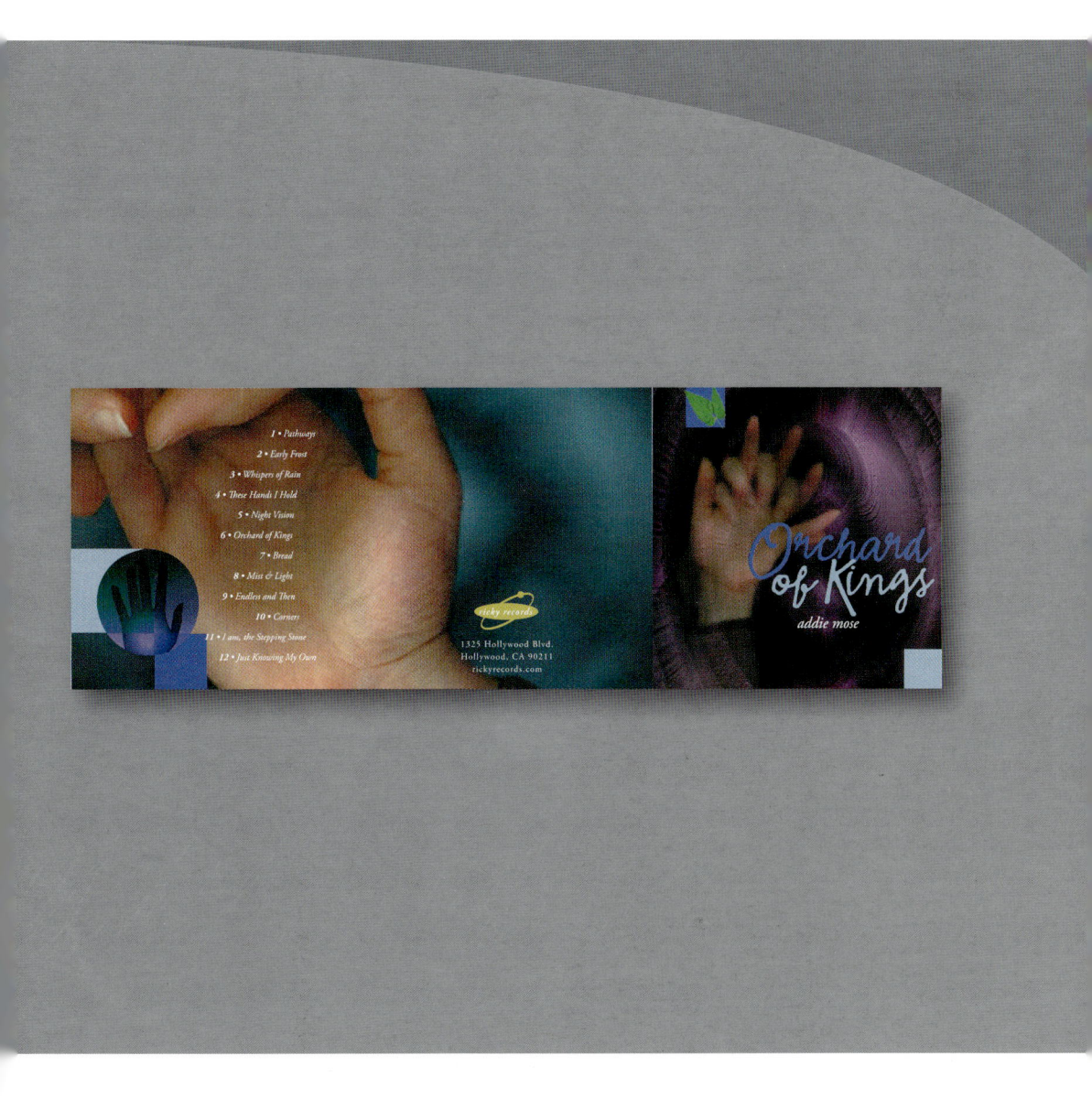

É possível aprimorar facilmente seu documento com fotografias e trabalhos artísticos importados do Adobe Photoshop, Adobe Illustrator ou outros aplicativos de elementos gráficos. Se esses elementos gráficos importados forem alterados, o InDesign poderá notificar que há uma versão mais recente do arquivo alterado. Você pode atualizar ou substituir elementos gráficos importados a qualquer momento.

Introdução

Nesta lição, você montará um encarte para um CD importando e gerenciando elementos gráficos do Adobe Photoshop, Adobe Illustrator e Adobe Acrobat. Depois da impressão e refile, o encarte será dobrado para que se ajuste em uma caixa de CD.

Esta lição inclui os passos que você pode seguir utilizando o Adobe Photoshop se ele estiver instalado no seu computador.

● **Nota:** Se você ainda não copiou os arquivos de recurso desta lição do CD do Adobe InDesign CS4 Classroom in a Book para o seu disco rígido, faça isso agora. Veja "Copie os arquivos do Classroom in a Book", na página 14.

1 Para assegurar que a preferência e as configurações padrão do seu programa Adobe InDesign CS4 correspondam àquelas utilizadas nesta lição, mova o arquivo InDesign Defaults para uma pasta diferente seguindo o procedimento na seção "Salve e restaure o arquivo InDesign Defaults" na página 14.

2 Inicie o Adobe InDesign CS4. Para assegurar que os painéis e comandos de menu correspondam àqueles utilizados nesta lição, escolha Window > Workspace> [Advanced] e depois escolha Window > Workspace > Reset Advanced.

3 Escolha File > Open e abra o arquivo 09_a_Start.indd na pasta Lesson_09, localizada na pasta Lessons dentro da pasta InDesignCIB no disco rígido. Uma mensagem aparece informando que o documento contém links para origens que foram modificadas.

4 Clique em Don't Update Links. Você corrigirá os links mais adiante na lição.

5 Se necessário, feche o painel Links para que ele não interfira na visualização do documento. O painel Links se abre automaticamente sempre que você abre um documento do InDesign que contém links ausentes ou modificados.

6 Para ver a aparência do documento final, abra o arquivo 09_b_End.indd na mesma pasta. Se preferir, deixe o documento aberto à medida que você trabalha para que ele sirva como um guia. Quando estiver pronto para retomar o trabalho no documento de lição, escolha 09_a_Start.indd no menu Window.

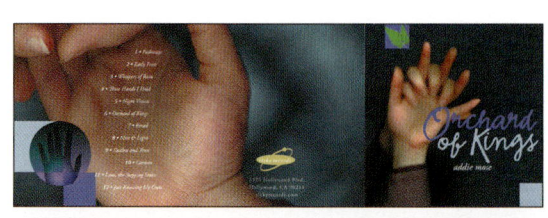

● **Nota:** Enquanto você faz a lição, mova os painéis ou mude a ampliação para uma escala de sua preferência. Para informações adicionais, consulte "Altere a ampliação de um documento" na Lição 1, "Introduzindo a área de trabalho".

7 Escolha File > Save As, renomeie o arquivo como **09_cdbook.indd** e salve-o na pasta Lesson_09.

Adicione elementos gráficos de outros programas

O InDesign suporta vários formatos comuns de arquivos gráficos. Embora isso signifique que você pode utilizar elementos gráficos criados em vários aplicativos de elementos gráficos diferentes, o InDesign funciona melhor com outros aplicativos da Adobe, como o Photoshop, o Illustrator e o Acrobat.

Por padrão, os elementos gráficos importados permanecem vinculados, o que significa que o InDesign exibe um arquivo de elementos gráficos em seu layout sem de fato copiá-lo para o documento do InDesign.

Há duas vantagens importantes em vincular arquivos de elementos gráficos. Primeiro, isso economiza espaço em disco, especialmente se você reutilizar o mesmo elemento gráfico em muitos documentos do InDesign. Segundo, você pode editar um elemento gráfico vinculado no aplicativo utilizado para criá-lo e, então, simplesmente atualizar o link no painel Links do InDesign. Atualizar um arquivo vinculado mantém a localização e as configurações atuais do arquivo do elemento gráfico para que você não precise refazer esse trabalho.

Todos os arquivos de elementos gráficos e de texto vinculados são listados no painel Links, que fornece botões e comandos para gerenciar links. Quando você cria a saída final com um arquivo PostScript ou um arquivo PDF (Portable Document Format), o InDesign utiliza os links para reproduzir o mais alto nível de qualidade oferecido pelas versões originais externamente armazenadas dos elementos gráficos inseridos.

Compare elementos gráficos vetoriais e imagens de bitmap

As ferramentas de desenho do Adobe InDesign e do Adobe Illustrator criam elementos gráficos vetoriais constituídos de formas baseadas em expressões matemáticas. Os elementos gráficos vetoriais consistem em linhas definidas que retêm sua clareza quando redimensionadas. Eles são apropriados para ilustrações, texto e elementos gráficos, como logotipos que, em geral, são redimensionados em diferentes tamanhos.

Imagens de bitmap são baseadas em uma grade de pixels e criadas por aplicativos de edição de imagens, como o Adobe Photoshop. Ao trabalhar com imagens de bitmap, você edita pixels individuais em vez de linhas ou formas baseadas em cálculos matemáticos. Como imagens de bitmap podem representar graduações sutis de sombra e cores, elas são apropriadas para imagens de tons contínuos, como fotografias ou artes-finais criadas em aplicativos de desenho. Uma desvantagem das imagens de bitmap é que elas perdem a definição e aparecem "serrilhadas" quando ampliadas. Além disso, as imagens de bitmap costumam ter um peso maior do que um arquivo vetorial semelhante.

O logotipo desenhado como arte vetorial (à esquerda) e rasterizado como arte de bitmap (à direita).

Em geral, utilize ferramentas de desenho vetorial para criar ilustrações ou fontes com linhas claras e definidas em qualquer tamanho, como um logotipo utilizado em um cartão de visitas e também em um pôster. Você pode criar arte vetorial utilizando as ferramentas de desenho do InDesign ou as várias ferramentas de desenho vetorial disponíveis no Illustrator. Você pode utilizar o Photoshop para criar imagens de bitmap que têm linhas suaves de imagens pintadas ou fotografadas e para aplicar efeitos especiais a ilustrações e desenhos a traço.

Gerencie links para arquivos importados

Ao abrir o arquivo da lição, você viu uma mensagem de alerta sobre problemas com os arquivos vinculados. Resolveremos esses problemas utilizando o painel Links que fornece informações completas sobre o *status* de qualquer arquivo de texto ou de elementos gráficos vinculado no seu documento.

Você pode utilizar o painel Links para gerenciar arquivos de elementos gráficos ou de texto inseridos de outras maneiras, como atualizar ou substituir texto ou elementos gráficos. Todas as técnicas nesta lição sobre o gerenciamento de arquivos vinculados se aplicam igualmente a arquivos de elementos gráficos e de texto que você adiciona em seu documento.

Identifique imagens importadas

Para identificar algumas das imagens que já foram importadas para o documento, você utilizará duas técnicas que envolvem o painel Links. Mais adiante nesta lição, você também utilizará o painel Links para editar e atualizar elementos gráficos importados.

1 Centralize a página 4 na janela de documento escolhendo-a na caixa de página na parte inferior da janela de documento.

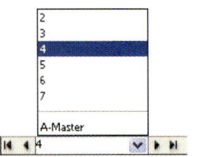

2 Se o painel Links não estiver visível, escolha Window > Links.

3 Utilizando a ferramenta Selection (↖), selecione o logotipo Orchard of Kings na página 4, a página à direita da primeira extensão. Observe que o nome do arquivo do elemento gráfico, 09_I.ai, é selecionado no painel Links quando você o seleciona no layout.

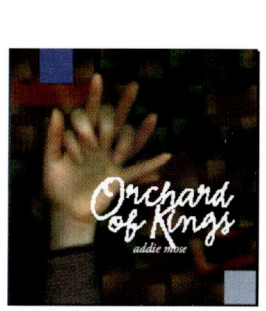

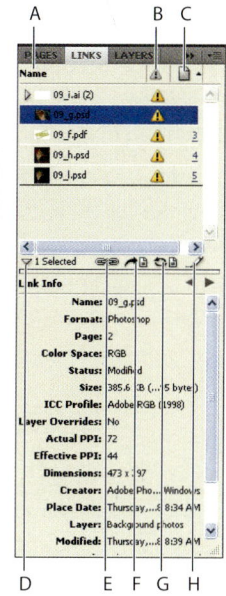

A. Coluna Filename. **B.** Coluna Status. **C.** Coluna Page. **D.** Botão Show/Hide Link Information. **E.** Botão Relink. **F.** Botão Go To Link. **G.** Botão Update Link. **H.** Botão Edit Original.

Agora você utilizará o painel Links para localizar um elemento gráfico no layout.

4 No painel Links, selecione 09_g.psd e então clique no botão Go To Link (↪🗎). O elemento gráfico é selecionado e centralizado na tela. Essa é uma maneira rápida de localizar um elemento gráfico quando você sabe o nome do arquivo.

Essas técnicas para identificar e localizar elementos gráficos vinculados serão úteis nesta lição e sempre que você trabalhar com muitos arquivos importados.

Visualize informações sobre arquivos vinculados

O painel Links foi reestruturado no Adobe InDesign CS4 para facilitar o trabalho com elementos gráficos vinculados e arquivos de texto a fim de que seja possível exibir mais informações sobre os arquivos vinculados.

1 Se o painel Links não estiver visível, escolha Window > Links para exibi-lo. Se você não puder ver os nomes de todos os arquivos vinculados sem precisar rolar, arraste a barra divisória horizontal no painel Links para expandir metade da parte superior do painel para que todos os links sejam visíveis.

▶ **Dica:** Você pode separar o painel Links do seu grupo de painéis arrastando sua guia para uma parte vazia da janela de documento. Depois de separar o painel, você pode redimensioná-lo horizontal e verticalmente arrastando o canto inferior direito do painel.

2 Selecione o link 09_g.psd. A seção Link Info na metade inferior do painel exibe as informações sobre o link selecionado.

3 Clique no triângulo Select Next Link In The List (▶) para examinar as informações sobre o seguinte arquivo na lista do painel Links, 09_f.pdf. Você pode examinar rapidamente todos os links na lista dessa maneira. Cada link exibe um ícone de alerta (⚠) na coluna Status. Esse ícone indica um problema de vinculação, que você resolverá mais tarde. Depois de examinar as informações sobre o link, clique no botão Show/Hide Link Information (▽) acima de Link Info para ocultar a seção Link Info.

Por padrão, os arquivos são classificados no painel Links com aqueles que talvez precisem ser atualizados ou revinculados listados em primeiro lugar. Você pode classificar a lista de arquivos de diferentes maneiras.

▶ **Dica:** Você pode reorganizar as colunas no painel Links arrastando os títulos de coluna.

4 Clique no título de coluna Name no painel Links. O painel agora lista os links em ordem alfabética. Toda vez que você clica em um título de coluna, a lista alterna entre ordem decrescente e ordem crescente.

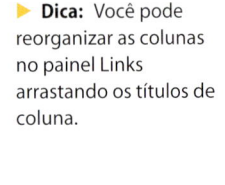

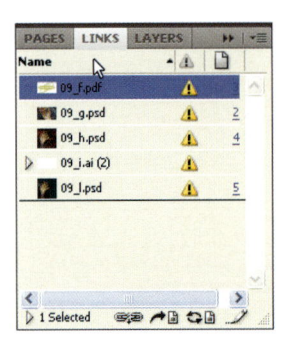

Mostre os arquivos no Explorer (Windows) ou no Finder (Mac OS)

Embora o painel Links forneça informações sobre os atributos e a localização de um arquivo específico, ele não dá acesso ao arquivo em si. Você pode acessar um arquivo diretamente da sua unidade de disco rígido com a opção Reveal In Explorer (Windows) ou Reveal In Finder (Mac OS).

1 Selecione 09_g.psd se ele não estiver atualmente selecionado. Clique com o botão direito do mouse ou clique com Control pressionada (Mac OS) no elemento gráfico e escolha Reveal In Explorer (Windows) ou Reveal In Finder (Mac OS) no menu contextual para abrir a pasta onde o arquivo vinculado está armazenado atualmente. Esse recurso é útil para localizar documentos na unidade de disco e renomeá-los, se necessário.

2 Feche a janela e, se necessário, clique no documento para retornar ao InDesign.

Atualize imagens revisadas

Mesmo depois de inserir arquivos de texto ou de elementos gráficos no seu documento do InDesign, você ainda pode utilizar outros aplicativos para modificar esses arquivos. O painel Links indica quais arquivos foram modificados fora do InDesign e fornece a opção de atualizar seu documento de acordo com as versões mais recentes desses arquivos.

No painel Links, o arquivo 09_i.ai contém um ícone de alerta (⚠), indicando que o original foi modificado. Esse é um dos arquivos que fizeram a mensagem de alerta aparecer quando você abriu esse documento na primeira vez. Atualizaremos o link desse arquivo para que o documento do InDesign utilize a versão atual.

1 No painel Links, clique no triângulo de abertura (▷) à esquerda do arquivo 09_i.ai para exibir duas instâncias do arquivo importado. Selecione o arquivo 09_i.ai que está na página 4 e clique no botão Go To Link ( ). Você não tem de seguir esse passo para atualizar um link, mas é uma maneira rápida de verificar o arquivo que você vai atualizar.

▶ **Dica:** Você pode clicar no número de página à direita de um nome de link no painel Links para exibir a imagem na página onde o arquivo está posicionado e centralizá-lo na janela de documento.

2 Clique no botão Update Link ( ). A aparência da imagem no documento muda para representar sua versão mais recente.

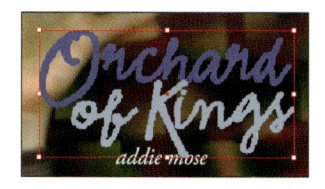

▶ **Dica:** Todos os botões na parte inferior do painel Links também estão disponíveis como comandos no menu do painel Links.

3 Selecione os outros arquivos que exibem um ícone de alerta (⚠) e clique no botão Update Link. Mantenha pressionada a tecla Shift para selecionar múltiplos arquivos consecutivos a serem atualizados em um único passo, ou clique com Ctrl (Windows) ou Command (Mac OS) pressionada para selecionar itens não-consecutivos no painel Links.

Agora você substituirá a imagem das mãos na primeira página espelhada (páginas 2-4) por uma imagem modificada. Você utilizará o botão Relink para reatribuir o link a outro elemento gráfico.

4 Vá até as páginas 2-4 (a primeira página espelhada) e escolha View > Fit Spread In Window.

5 Utilize a ferramenta Selection (▶) para selecionar a imagem 09_h.psd, que é a fotografia do aperto de mãos que está na página 4. Você pode ver se selecionou a imagem correta porque o nome do arquivo é selecionado no painel Links.

6 Clique no botão Relink (🔗) no painel Links.

7 Localize o arquivo 09_j.psd na pasta Lesson_09 e, então, clique em Open. A nova versão da imagem (com um fundo diferente) substitui a imagem original e o painel Links é atualizado.

8 Clique em uma área em branco da área de trabalho para remover a seleção de todas as páginas espelhadas.

9 Escolha File > Save para salvar seu trabalho.

▶ **Dica:** Você pode escolher Panel Options no menu do painel Links e personalizar as colunas e informações mostradas no painel. Depois de adicionar colunas, ajuste o tamanho e a posição.

Visualize o status de um link no painel Links

Um elemento gráfico vinculado pode aparecer no painel Links em uma das maneiras a seguir:

- Um elemento gráfico atualizado só exibe o nome do arquivo e sua página no documento.

- Um arquivo modificado exibe um triângulo amarelo com um ponto de exclamação (⚠). Esse ícone de alerta significa que a versão do arquivo no disco é mais recente do que a versão no seu documento. Por exemplo, esse ícone aparecerá se você importar um elemento gráfico do Photoshop para o InDesign e então outro artista editar e salvar o elemento gráfico original utilizando o Photoshop.

- Um arquivo ausente exibe um hexágono vermelho com um ponto de interrogação (❓). O arquivo não está na localização a partir da qual ele foi originalmente importado, embora o arquivo ainda possa existir em outro lugar. Isso pode acontecer se alguém mover um arquivo original para outra pasta ou servidor depois de ter sido importado para um documento do InDesign. Não há como saber se um elemento gráfico ausente foi atualizado até seu original ser localizado. Se você imprimir ou exportar um documento quando esse ícone for exibido, o elemento gráfico não será impresso ou exportado em resolução completa.

— *Extraído do InDesign Help*

Ajuste a qualidade da exibição

Agora que todos os problemas com os links foram resolvidos, você está pronto para começar a adicionar mais elementos gráficos. Mas, primeiro, ajuste a qualidade da visualização do arquivo do Illustrator 09_i.ai que você atualizou anteriormente nesta lição.

Quando você insere uma imagem em um documento, o InDesign cria automaticamente uma versão de baixa resolução (proxy) dele, correspondente às configurações atuais na caixa de diálogo Preferences. As imagens nesse documento são atualmente substitutos de baixa resolução para visualização, razão pela qual a imagem parece ter bordas serrilhadas. Reduzir a qualidade na tela de elementos gráficos inseridos exibe as páginas mais rapidamente e não afeta a qualidade da saída final. Você pode controlar o grau de detalhes que o InDesign utiliza para exibir elementos gráficos inseridos.

1 No painel Links, selecione o arquivo 09_i.ai que você atualizou no exercício anterior (na página 4). Clique no botão Go To Link ( ) para ver o elemento gráfico na visualização ampliada.

2 Clique com o botão direito do mouse (Windows) ou em Control (Mac OS) no elemento gráfico Orchard of Kings e, então, escolha Display Performance > High Quality Display no menu contextual que aparece. A imagem selecionada é exibida em alta resolução. Utilize esse processo para confirmar a clareza, aparência ou posição de um elemento gráfico inserido individualmente no seu layout do InDesign.

Esquerda: Exibição na tela utilizando Typical Display. Direita: High Quality Display.

3 Escolha View > Display Performance > High Quality Display. Essa configuração altera o desempenho padrão da exibição de todo o documento. Todos os elementos gráficos são exibidos em alta resolução.

Em computadores mais antigos, ou para designs com muitos elementos gráficos importados, essa configuração pode às vezes resultar em um redesenho de tela mais lento. Na maioria dos casos, é recomendável configurar o Display Performance como Typical Display e, então, alterar a qualidade da exibição de elementos gráficos individuais conforme necessário.

4 Escolha File > Save.

Trabalhe com traçados de recorte

Você pode remover fundos indesejáveis das imagens utilizando o InDesign, o que será feito no exercício a seguir. Além de remover o fundo no InDesign, você também pode criar caminhos ou canais alfa no Photoshop, que podem então ser utilizados para criar uma silhueta de uma imagem em um layout do InDesign.

A imagem que você vai inserir tem um fundo retangular chapado que bloqueia a visualização da área atrás dela. Você pode ocultar partes indesejáveis de uma imagem utilizando um caminho ou traçado de recorte (*clipping path*) – um contorno vetorial desenhado que funciona como uma máscara. O InDesign pode criar traçados de recorte a partir de vários tipos de imagens:

- Se você desenhou um caminho no Photoshop e o salvou com a imagem, o InDesign poderá criar um caminho de recorte a partir dele.
- Se você pintou um canal alfa no Photoshop e o salvou com a imagem, o InDesign poderá criar um traçado de recorte a partir dele. Um canal alfa transporta áreas transparentes e opacas e é comumente criado com imagens utilizadas para edição de fotos ou vídeos.
- Se a imagem tiver uma luz ou um fundo branco, o InDesign poderá detectar automaticamente as bordas e criar um traçado de recorte.

A imagem da pera que você posicionará não tem um traçado de recorte nem um canal alfa, mas tem um fundo branco chapado que o InDesign pode remover.

Remova um fundo branco com o InDesign

Agora você removerá o fundo branco das peras na imagem. Você pode utilizar a opção Detect Edges do comando Clipping Path para remover um fundo branco chapado de uma imagem. A opção Detect Edges oculta áreas de uma imagem alterando a forma do quadro que contém a imagem e adicionando pontos de ancoragem conforme necessário.

1 Navegue até a página 7 do seu documento dando um clique duplo na página 7 no painel Pages. Escolha File > Place e dê um clique duplo no arquivo 09_c.psd na pasta Lesson_09.

2 No painel Layers, certifique-se de que a camada Photos está selecionada para que a imagem seja posicionada nessa camada.

3 Posicione o ícone de elementos gráficos carregados () fora do quadrado roxo – à esquerda e um pouco abaixo da borda superior (certifique-se de não posicionar o cursor no próprio quadrado) e clique para inserir uma imagem de três peras em um fundo branco. Se precisar reposicionar a imagem, faça isso agora.

4 Escolha Object > Clipping Path > Options. Mova a caixa de diálogo Clipping Path, se necessário, para que você possa ver a imagem da pera.

5 Escolha Detect Edges no menu Type. Se Preview não estiver selecionado, selecione-o agora. O fundo branco foi quase totalmente eliminado da imagem.

6 Arraste o controle deslizante Threshold e veja a imagem na página 7 até que a configuração Threshold oculte o máximo possível do fundo branco sem ocultar partes do tema (áreas mais escuras). Esse exemplo utiliza um valor de Threshold de 20.

A opção Threshold oculta áreas claras da imagem, iniciando com o branco. Ao arrastar para a direita a fim de escolher um valor mais alto, tons cada vez mais escuros são incluídos dentro do intervalo de tons que se torna oculto. Não tente encontrar uma configuração que combine perfeitamente com a pera. Você aprenderá a aprimorar o traçado de recorte mais adiante.

● **Nota:** Se você não puder encontrar uma configuração que remova todo o fundo sem afetar o tema, especifique um valor que deixe o tema inteiro visível com algumas pequenas partes do fundo branco. Eliminaremos o fundo branco restante fazendo o ajuste fino do traçado de recorte nos passos a seguir.

7 Arraste um pouco o controle deslizante Tolerance para a esquerda até o valor Tolerance estar entre 1 e 1.8.

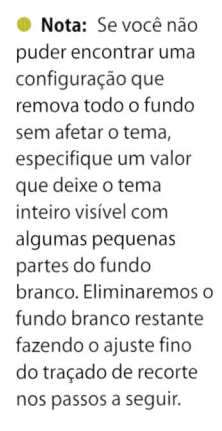

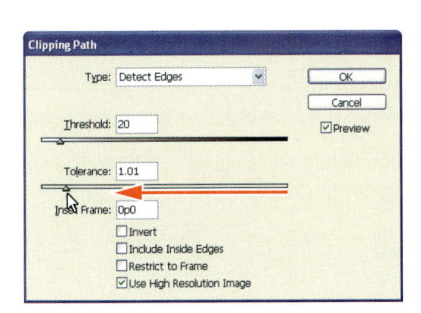

A opção Tolerance determina quantos pontos definem o quadro que é automaticamente gerado. À medida que você arrasta para a direita, o InDesign utiliza menos pontos para que o traçado de recorte se ajuste à imagem de uma maneira mais flexível (tolerância mais alta). O uso de menos pontos no demarcador pode acelerar a impressão do documento, mas também pode torná-la menos precisa.

8 Na caixa Inset Frame, digite um valor que feche todas as áreas de fundo restantes. Esse exemplo utiliza 0p1 (zero paicas, um ponto). Essa opção reduz uniformemente o tamanho da forma atual do traçado de recorte e não é afetada pelos valores de luminosidade na imagem. Clique em OK para fechar a caixa de diálogo Clipping Path.

Antes e depois de aplicar um inset de 1 ponto.

9 (Opcional) Você pode refinar o traçado de recorte manualmente. Com a ferramenta Direct Selection (), selecione a imagem da pera. Agora você pode arrastar pontos de ancoragem individuais e utilizar as ferramentas de desenho para editar o traçado de recorte em torno das peras. Em imagens com bordas complexas, amplie o documento para trabalhar com os pontos de ancoragem.

▶ **Dica:** Você também pode utilizar Detect Edges para remover um fundo preto chapado. Apenas selecione a opção Invert e especifique um valor alto de threshold.

10 Escolha File > Save para salvar o arquivo.

Trabalhe com canais alfa

Quando uma imagem tem um fundo que não é branco nem preto chapado, Detect Edges talvez não consiga remover o fundo de maneira eficaz. Com essas imagens, ocultar os valores de luminosidade do fundo podem ocultar também partes do tema principal que utilizam os mesmos valores de luminosidade. Em vez disso, você pode empregar as ferramentas avançadas de remoção de fundo no Photoshop para marcar as áreas transparentes utilizando caminhos ou canais alfa e deixar que o InDesign crie um traçado de recorte a partir dessas áreas.

● **Nota:** Se você importar um arquivo do Photoshop (.psd) que possui uma imagem contra um fundo transparente, o InDesign mantém a transparência sem depender de traçados de recorte ou de canais alfa. Um fundo transparente pode ser especialmente útil quando você posiciona uma imagem com uma borda macia ou suavizada.

Insira um arquivo e canais alfa do Photoshop

Você importou a imagem anterior utilizando o comando Place. Dessa vez, utilize um método alternativo: arraste uma imagem do Photoshop diretamente do Explorer (Windows) ou da janela do Finder (Mac OS) para uma página espelhada do InDesign. O InDesign pode utilizar diretamente caminhos e canais alfa do Photoshop – não é preciso salvar o arquivo do Photoshop em um formato de arquivo diferente. Para informações adicionais, procure "drag and drop graphics" (arrastar e soltar elementos gráficos) no InDesign Help.

1 No painel Layers, certifique-se de que a camada Photos esteja selecionada para que a imagem apareça nessa camada.

2 Navegue até a página 2 de seu documento e escolha View > Fit Page In Window.

3 No Explorer (Windows) ou no Finder (Mac OS), abra a pasta Lesson_09 que contém o arquivo 09_d.psd.

LIÇÃO 9 | 285
Importando e Modificando Elementos Gráficos

Redimensione e organize a janela do Explorer (Windows), a janela do Finder (Mac OS) e as janelas do InDesign, conforme necessário, para que você possa ver simultaneamente a lista dos arquivos na área de trabalho e a janela de documento do InDesign. Certifique-se de que a quarta parte inferior esquerda da página 2 do seu documento esteja visível.

4 Arraste o arquivo 09_d.psd para a página 2 no documento do InDesign e a posicione no pasteboard. Utilize então a ferramenta Selection (▸) para reposicionar o elemento gráfico de modo que ele permaneça no canto esquerdo inferior da página.

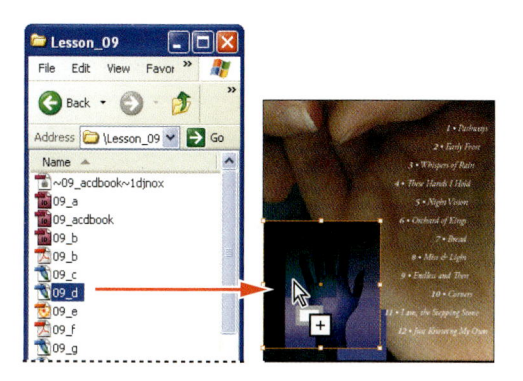

● **Nota:** Ao inserir o arquivo, tenha cuidado para soltá-lo na área de trabalho à esquerda da página 2. Se você soltá-lo em um quadro preexistente, ele será posicionado dentro do quadro. Se isso acontecer, escolha Edit > Undo e tente novamente.

5 Se necessário, maximize a janela do InDesign de acordo com o tamanho anterior. Você terminou de importar o arquivo.

Examine os traçados e os canais alfa do Photoshop

Na imagem do Photoshop que você acabou de arrastar para o InDesign, a mão e o fundo compartilham boa parte dos mesmos valores de luminosidade. Portanto, o fundo não pode ser facilmente isolado utilizando a opção Detect Edges na caixa de diálogo Clipping Path.

Em vez disso, você configurará o InDesign para que ele utilize um caminho ou canal alfa do Photoshop. Primeiro, utilize o painel Links para abrir a imagem diretamente no Photoshop a fim de ver quais caminhos ou canais alfa ele já inclui.

O procedimento neste tópico exige uma versão completa do Photoshop 4.0 ou superior e é mais fácil se houver RAM suficiente disponível a fim de que o InDesign e o Photoshop permaneçam abertos à medida que você trabalha. Se sua configuração não incluir estas duas condições, você ainda poderá seguir esses passos para entender a aparência e o que fazem os canais alfa do Photoshop e retomar seu trabalho na próxima seção desta lição.

1 Com a ferramenta Selection (▸), selecione a imagem 09_d.psd no InDesign.

2 Se o painel Links ainda não estiver aberto, escolha Window > Links. O nome do arquivo da imagem aparece selecionado no painel Links.

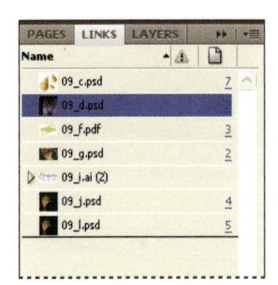

● **Nota:** O botão Edit Original talvez abra uma imagem em um aplicativo além do Photoshop ou no aplicativo em que ela foi criada. Ao instalar um software, alguns recursos do instalador mudam as configurações do seu sistema operacional para associar arquivos a aplicativos. O comando Edit Original utiliza essas configurações para associar arquivos a aplicativos. Para alterar essas configurações, consulte a documentação do seu sistema operacional.

3 No painel Links, clique no botão Edit Original ( ). Isso abre a imagem em um aplicativo que pode visualizá-la ou editá-la. Essa imagem foi salva no Photoshop, portanto, se o Photoshop estiver instalado no seu computador, o InDesign iniciará o Photoshop com esse arquivo selecionado.

4 Se uma caixa de diálogo Embedded Profile Mismatch aparecer à medida que a imagem é aberta no Photoshop, escolha uma das seguintes opções:

- Se você não estiver utilizando gerenciamento de cores, selecione Use The Embedded Profile (em vez de Of The Working Space).

- Se você especificou adequadamente todas as configurações do gerenciamento de cores do Photoshop e do InDesign para seu fluxo de trabalho utilizando perfis ICC exatos, selecione Convert Document's Colors To The Working Space para reproduzir a imagem adequadamente no Photoshop.

5 No Photoshop, escolha Window > Channels para exibir o painel Channels ou clique na guia do painel Channels.

6 Aumente o tamanho do painel Channels, se necessário, para visualizar os três canais alfa (Alpha 1, Alpha 2 e Alpha 3) além dos canais RGB padrão. Esses canais foram desenhados utilizando as ferramentas para mascarar e pintar no Photoshop.

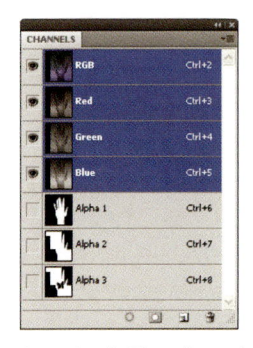

O arquivo do Photoshop salvo com três canais alfa.

7 No painel Channels no Photoshop, clique em Alpha 1 para ver como ele é e, então, clique em Alpha 2 e Alpha 3 para compará-los.

8 No Photoshop, escolha Window > Paths para abrir o painel Paths ou clique na guia do painel Paths.

O painel Paths contém dois traçados nomeados, Shapes e Circle. Eles foram desenhados com a ferramenta Pen (✎) e outras ferramentas Path no Photoshop, mas também poderiam ter sido desenhados no Illustrator e colados no Photoshop.

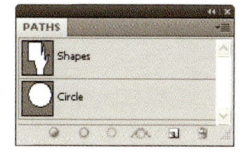

9 No painel Photoshop Paths, clique em Shapes para ver esse traçado e clique em Circle.

10 Feche o Photoshop. Você terminou de utilizá-lo para esta lição.

Utilize os canais alfa do Photoshop no InDesign

Agora retorne ao InDesign e veja como criar diferentes traçados de recorte a partir dos caminhos e dos canais alfa do Photoshop.

1 Alterne para o InDesign. Certifique-se de que o arquivo 09_d.psd continue selecionado na página; se necessário, selecione-o utilizando a ferramenta Selection (▶).

2 (Opcional) Dê um clique com o botão direito do mouse (Windows) ou clique com Control pressionada (Mac OS) na imagem da mão e escolha Display Performance > High Quality no menu contextual que aparece. Esse passo não é necessário, mas permite visualizar precisamente os passos a seguir.

3 Com a imagem da mão ainda selecionada, escolha Object > Clipping Path > Options para abrir a caixa de diálogo Clipping Path. Se necessário, mova a caixa de diálogo Clipping Path para que você possa ver a imagem ao trabalhar.

> **Dica:** Você pode fazer o ajuste fino do traçado de recorte que o InDesign cria a partir de um canal alfa ajustando as opções Threshold e Tolerance, como foi feito na seção "Remova um fundo branco com o InDesign", anteriormente nesta lição. Para os canais alfa, inicie com um valor de Threshold baixo, como 1.

> **Dica:** Você pode ver como é o recorte na forma de borboleta no Photoshop visualizando o canal Alpha 3 no arquivo do Photoshop original.

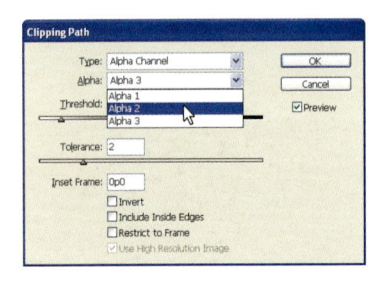

4 Certifique-se de que Preview está selecionado e então escolha Alpha Channel no menu Type. O menu Alpha torna-se disponível, listando os três canais alfa que você viu no Photoshop pelos nomes utilizados nesse aplicativo.

5 No menu Alpha, escolha Alpha 1. O InDesign cria um traçado de recorte a partir do canal alfa. Então escolha Alpha 2 no mesmo menu e compare os resultados.

6 Escolha Alpha 3 no menu Alpha e, então, selecione a opção Include Inside Edges. Observe as alterações na imagem.

Selecionar a opção Include Inside Edges faz com que o InDesign reconheça um recorte na forma de uma borboleta pintada no canal Alpha 3 e o adicione ao traçado de recorte.

7 Escolha Photoshop Path no menu Type e, então, escolha Shapes no menu Path. O InDesign reformata o quadro da imagem para que ele corresponda ao traçado do Photoshop.

8 Escolha Circle no menu Path. Clique em OK.

Insira arquivos nativos

O InDesign permite importar arquivos Adobe nativos, como Photoshop, Ilustrator e Acrobat de uma maneira única e fornece opções para controlar como o arquivo é exibido. Por exemplo, você pode ajustar a visibilidade das camadas do Photoshop no InDesign e também visualizar diferentes composições de camada. De maneira semelhante, se você importar um PDF em camadas criado com o Ilustrator para um layout no InDesign, é possível variar a ilustração ajustando a visibilidade da camada.

Insira um arquivo do Photoshop com camadas e composições em camadas

No exercício anterior, você trabalhou com um arquivo do Photoshop com traçados de recorte e canais alfa salvos; entretanto, o arquivo tinha apenas uma camada de fundo. Ao trabalhar com um arquivo do Photoshop em camadas, você pode ajustar a visibilidade das camadas individuais, bem como visualizar diferentes composições de camada.

Criadas no Photoshop e salvas como parte do arquivo, as composições de camada são muito utilizadas para criar múltiplas composições de uma imagem para comparar diferentes estilos ou trabalhos artísticos. Quando o arquivo é inserido no InDesign, você pode visualizar diferentes composições em relação a todo seu layout. Agora você visualizará algumas composições de camada.

1 No painel Links, clique no link para 09_j. psd e no botão Go To Link ( ) para selecionar o arquivo e centralizá-lo em sua janela de documento. Esse arquivo, que você revinculou em um exercício anterior, tem quatro camadas e três composições de camada.

2 Escolha Object > Object Layer Options para abrir a caixa de diálogo Object Layer Options. Essa caixa de diálogo permite ativar e desativar camadas, e alternar entre composições de camada.

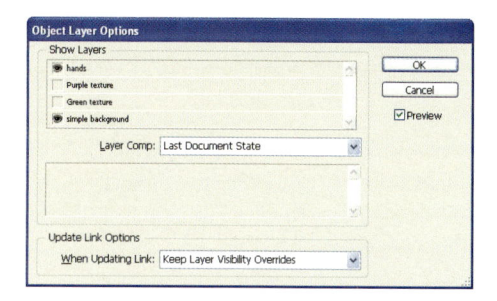

3 Mova a caixa de diálogo Object Layer Options para a parte inferior da tela para ver a imagem selecionada mais claramente. Selecione a opção Preview para que você possa visualizar as modificações e ao mesmo tempo manter a caixa de diálogo aberta.

4 Na caixa de diálogo Object Layer Options, clique no ícone de olho (👁) à esquerda da camada Hands. Isso desativa a camada Hands, deixando visível apenas a camada Simple Background. Clique no quadrado ao lado da camada Hands para reativar a visibilidade.

5 Escolha Green Glow no menu Layer Comp. Essa composição de camada tem um fundo diferente. Agora escolha Purple Opacity no menu Layer Comp. Essa composição de camada tem um fundo diferente e a camada Hands está parcialmente transparente. Clique em OK.

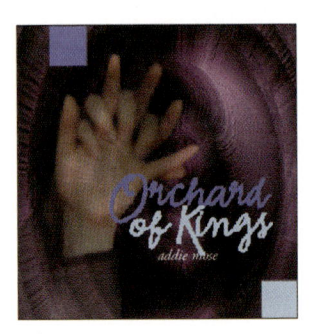

Composições de camada não são meramente um arranjo de diferentes camadas, mas são capazes de salvar efeitos de camadas, visibilidade e valores de posição do Photoshop. Quando a visibilidade de um arquivo em camadas é modificada, o InDesign informa isso na seção Link Info do painel Links.

6 Clique no botão Show/Hide Link Information (▷) para exibir a seção Link Info do painel Links se ela ainda não estiver visível. Localize a listagem Layer Overrides. "Yes (2)" é exibido para Layer Overrides a fim de que você saiba que duas camadas foram substituídas. "No" é exibido quando não há substituição de camada.

7 Escolha File > Save para salvar seu trabalho até agora.

Insira elementos gráficos incorporados no texto

Elementos gráficos incorporados fluem com o texto. Neste exercício você vai inserir o logotipo do álbum em um quadro de texto na página 6.

1 No painel Pages dê um clique duplo na segunda página espelhada e escolha View > Fit Spread In Window. Role para baixo se necessário. O logotipo Orchard of Kings está na parte inferior da área de trabalho. Você vai inserir esse elemento gráfico em um parágrafo na página acima.

2 Utilizando a ferramenta Selection (▶), clique no logotipo e escolha Edit > Cut para remover o elemento da página e armazená-lo na área de transferência.

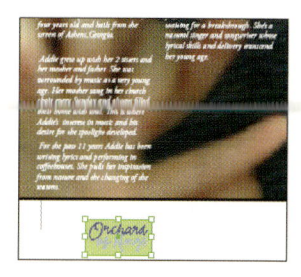

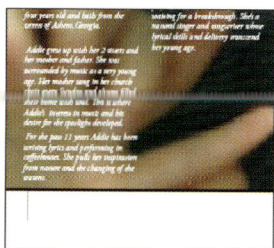

3 Selecione a ferramenta Zoom (🔍) e clique no quadro de texto na página 6 para ampliar a visualização. Este exercício utiliza 150%.

4 Escolha Type > Show Hidden Characters para visualizar os espaços e os retornos de parágrafo no texto. Isso ajuda a localizar onde você quer colar o elemento gráfico incorporado.

5 Selecione a ferramenta Type (**T**) e posicione um ponto de inserção à esquerda do segundo retorno de parágrafo abaixo da palavra "streets". Escolha Edit > Paste para inserir o elemento gráfico entre os dois parágrafos de texto. Observe que o texto depois do elemento gráfico reflui quando a imagem é inserida.

● **Nota:** Mostrar caracteres ocultos não é um passo necessário ao posicionar elementos gráficos incorporados; aqui ele é utilizado para ajudar a identificar a estrutura do texto.

Você agora criará espaço entre o elemento gráfico e o texto adjacente utilizando a opção Space Before.

6 Clique no botão Paragraph Formatting Controls (¶) no painel Control. Na opção Space Before (⬆☰), clique no botão Up Arrow para mudar o valor para 0p4. À medida que você aumenta o valor, o elemento gráfico incorporado e o texto deslocam-se ligeiramente para baixo.

7 Escolha File > Save para salvar seu trabalho.

Faça o texto recorrer em torno de um elemento gráfico incorporado dentro do texto

É possível fazer o texto recorrer em torno de um elemento gráfico incorporado (inline). O texto em contorno permite experimentar diferentes layouts e ver os resultados imediatamente.

1 Utilizando a ferramenta Selection (▶), selecione o logotipo Orchard of Kings que você inseriu no exercício anterior.

2 Pressione Shift+Ctrl (Windows) ou Shift+Command (Mac OS) e arraste a alça superior direita do quadro para cima e para a direita, até que o elemento gráfico seja redimensionado em mais ou menos 25% na segunda coluna. Essa combinação de teclas permite redimensionar de maneira proporcional o elemento gráfico e o quadro simultaneamente.

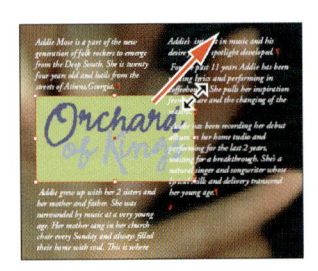

3 Escolha Window > Text Wrap para acessar as opções de texto em contorno. Embora o elemento gráfico esteja incorporado (inline) no texto, ele é inserido abaixo do texto existente na outra coluna.

4 No painel Text Wrap, selecione Wrap Around Object Shape (▣) para adicionar o texto em contorno ao elemento gráfico.

5 Para aumentar o espaço em torno da caixa delimitadora do elemento gráfico, clique no botão Up Arrow na opção Top Offset (⇕) e mude o valor para 1p0.

Além da caixa delimitadora, o texto contorna a forma do elemento gráfico.

6 Para ver isso mais claramente, clique na área de trabalho em branco para desmarcar e clique novamente no logotipo Orchard of Kings. Pressione a tecla de barra invertida (/) para não aplicar uma cor de preenchimento.

7 No painel Text Wrap, escolha Detect Edges no menu Type. Como essa imagem é um elemento gráfico vetorial, o texto em contorno respeita as bordas do texto. Para visualizar o documento claramente, clique no pasteboard branco para remover a seleção do elemento gráfico e escolha Type > Hide Hidden Characters para ocultar os recuos de parágrafo e espaços.

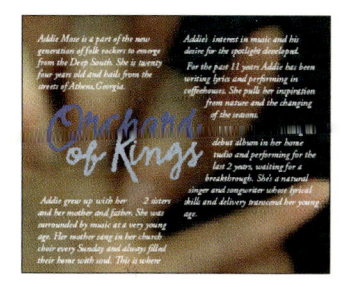

8 Utilizando a ferramenta Selection (↖), selecione o logotipo Orchard of "Kings" novamente.

9 No painel Text Wrap, escolha estas opções no menu Wrap To uma de cada vez:

- Right Side. O texto se moverá para o lado direito da imagem, evitando a área à direita abaixo da imagem, mesmo que haja espaço para ele ser exibido abaixo do limite do texto em contorno.
- Both Right & Left Sides. O texto ocupa todas as áreas disponíveis em torno da imagem. Você notará que uma pequena quebra no texto aparece onde o limite do texto em contorno entra na área do texto.
- Largest Area. O texto se move para a área maior em um dos lados do limite do texto em contorno.

10 (Opcional) Selecione a ferramenta Direct Selection (↖) e, então, clique no elemento gráfico para visualizar os pontos de ancoragem utilizados para fazer o texto contorná-lo. Utilizando a opção Detect Edges, você pode ajustar manualmente os pontos de ancoragem que definem o contorno, clicando nos pontos de ancoragem e arrastando-os para uma nova posição.

11 Feche o painel Text Wrap.

12 Escolha File > Save.

Insira um arquivo do Illustrator

O InDesign tira pleno proveito das linhas suaves em elementos gráficos vetoriais EPS (Encapsulated PostScript) como aqueles do Adobe Illustrator. Quando você utiliza a exibição de tela de alta qualidade do InDesign, os elementos gráficos vetoriais EPS e o texto aparecem com bordas suaves e definidas em qualquer tamanho ou ampliação. A maioria dos elementos gráficos vetoriais EPS não requer um traçado de recorte porque boa parte dos aplicativos salva essas imagens com fundos transparentes. Nesta seção, você vai inserir um elemento gráfico do Illustrator no seu documento do InDesign.

1 No painel Layers, selecione a camada Graphics. Escolha Edit > Deselect All para certificar-se de que não há algo selecionado no documento.

2 Escolha View > Fit Spread In Window para ver a página espelhada inteira.

3 Então escolha File > Place e selecione o arquivo do Illustrator 09_e.ai na pasta Lesson_09. Certifique-se de que Show Import Options não está selecionado. Clique em Open.

4 Clique no canto superior esquerdo da página 5 com o ícone de gráficos carregados para adicionar o arquivo do Illustrator à página. Posicione-o como mostrado a seguir. Os elementos gráficos criados no Illustrator são transparentes nas áreas em que não há ilustração.

5 Escolha File > Save para salvar seu trabalho.

Insira um arquivo do Illustrator com camadas

Você pode importar arquivos do Illustrator nativos com camadas para um layout no InDesign. É possível controlar a visibilidade das camadas e reposicionar o elemento gráfico; mas você não pode editar os traçados, objetos ou texto do arquivo importado.

1 Desmarque clicando na área de trabalho da janela de documento.

2 Escolha File > Place. No canto inferior esquerdo da caixa de diálogo Place, selecione Show Import Options. Selecione o arquivo 09_n.ai e clique em Open. A caixa de diálogo Place PDF aparece quando a caixa Show Import Options está selecionada.

3 Na caixa de diálogo Place PDF, certifique-se de que Show Preview está selecionada. Na seção Genre, escolha Bounding Box no menu Crop To e certifique-se de que Transparent Background está selecionado.

4 Clique no botão Layers para visualizar as camadas. Esse arquivo contém três camadas: uma imagem de fundo de árvores (Layer 3), uma camada de texto em inglês (English Title) e uma camada de texto em espanhol (Spanish Title).

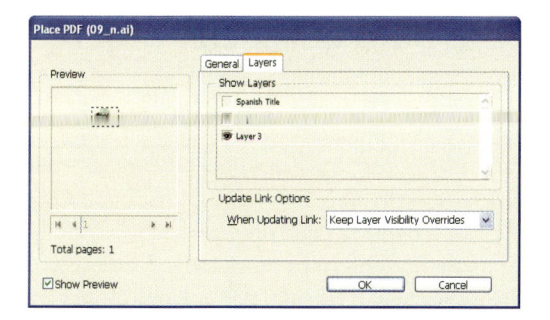

Embora você possa especificar quais camadas quer importar, a pequena área Preview dificulta ver os resultados.

5 Clique em OK. Você selecionará as camadas a importar no próprio documento.

6 Com o ícone de gráficos carregados ( ), posicione o cursor à esquerda da grande caixa azul na página 5. Não posicione o ícone de gráficos carregados na caixa azul porque ele insere o elemento gráfico nesse quadro. Clique uma vez para inserir o elemento gráfico e então utilize a ferramenta Selection ( ) para posicionar o elemento de modo que permaneça visualmente centralizado sobre a caixa azul.

7 Utilize a ferramenta Zoom ( ) para ampliar o elemento gráfico.

8 Com o elemento gráfico ainda selecionado, escolha Object > Object Layer Options. Mova a caixa de diálogo, se necessário, para que você possa ver o elemento gráfico no documento.

9 Selecione Preview e então clique no ícone de olho ( ) ao lado da camada English Title para desativá-la. Agora clique na caixa vazia ao lado de Spanish Title para ativar essa camada. Clique em OK e desmarque a seleção do elemento gráfico clicando no pasteboard branco.

Utilizar arquivos do Illustrator em camadas permite várias opções no uso das ilustrações sem criar dois documentos separados.

10 Escolha File > Save para salvar seu trabalho.

Utilize uma biblioteca para gerenciar objetos

As bibliotecas de objetos permitem armazenar e organizar elementos gráficos, texto e páginas usados com frequência. Você também pode adicionar guias de régua, grades, formas desenhadas e imagens agrupadas a uma biblioteca. Cada biblioteca aparece como um painel separado que pode ser agrupado a outros painéis. Você pode criar o número de bibliotecas que precisar – por exemplo, diferentes bibliotecas para cada um dos seus projetos ou clientes. Nesta seção, você importará um elemento gráfico armazenado atualmente em uma biblioteca e então criará sua própria biblioteca.

1 Se não estiver ainda na página 5, digite **5** na caixa de página na parte inferior de sua janela de documento para ir até essa página e, então, pressione Enter ou Return.

2 Escolha View > Fit Page In Window para ver a página inteira.

3 Escolha File > Open, selecione o arquivo 09_k.indl na pasta Lesson_09 e então clique em Open. Arraste o canto inferior direito do painel para exibir todos os itens que ele contém.

4 No painel Library 09_k, selecione o botão Show Library Subset ( ). Na última caixa para a opção Parameters, digite **tree** e clique em OK.

5 No painel Layers, certifique-se de que a camada Graphics esteja definida como destino. Abra o painel Links.

● **Nota:** O painel Links talvez exiba um ícone de link ausente ( ) ou um ícone de link modificado ( ) porque você copiou o arquivo Tree.psd da localização original para a unidade de disco rígido. Para remover o alerta, clique no botão Update Link no painel Links ou clique no botão Relink no painel Links e navegue até a pasta Lesson_09 para localizar Tree.psd.

6 Entre os dois objetos visíveis no painel Library 09_k, arraste Tree.psd para a página 5. O arquivo é adicionado à página. Observe como o nome do arquivo aparece no painel Links.

7 Utilizando a ferramenta Selection ( ), posicione a imagem Tree.psd como mostrado a seguir.

Crie uma biblioteca

Agora você criará sua própria biblioteca. Ao adicionar um elemento gráfico a uma biblioteca do InDesign, o arquivo original não é copiado para a biblioteca; o InDesign mantém um link para o arquivo original inicial. Os elementos gráficos armazenados em uma biblioteca ainda requerem o arquivo original de alta resolução na impressão.

1 Escolha File > New > Library. Digite **CD Projects** como o nome do arquivo de biblioteca, navegue até a pasta Lesson_09 e clique em Save. A biblioteca aparece como um painel flutuante, utilizando o nome do arquivo que você especificou.

2 Navegue até a página 3. Utilizando a ferramenta Selection (▶), arraste o logotipo Ricky Records para a biblioteca que você acabou de criar. O logotipo agora é salvo na biblioteca para uso em outros documentos do InDesign.

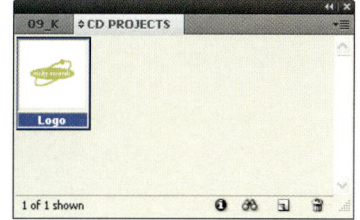

3 Na biblioteca CD Projects, dê um clique duplo no logotipo Ricky Records. Para Item Name, digite **Logo** e clique em OK.

4 Utilizando a ferramenta Selection (▶), arraste o bloco de texto de endereço para a biblioteca CD Projects.

5 Na biblioteca CD Projects, dê um clique duplo no bloco de texto de endereço. Para Item Name, digite **Address** e clique em OK.

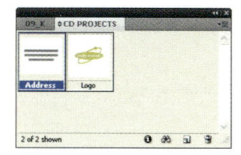

Agora sua biblioteca contém texto e elementos gráficos. Depois que você concluir as alterações na biblioteca, o InDesign as salva.

6 Feche ambas as bibliotecas clicando na caixa Close no canto superior direito do painel biblioteca e escolha File > Save.

Utilize fragmentos

Um fragmento é um arquivo que contém objetos e descreve a localização em relação ao outro em uma página ou página espelhada. Utilize fragmentos para reaproveitar e posicionar de maneira conveniente objetos de página. Crie um fragmento salvando objetos em um arquivo de fragmento, cuja extensão é .IDMS. (As versões anteriores do InDesign utilizam a extensão .INDS.) Ao inserir o arquivo de fragmento no InDesign, você pode determinar se os objetos são armazenados nas posições originais ou onde você clica. É possível armazenar fragmentos em uma biblioteca de objetos, no Adobe Bridge e também no disco rígido.

O conteúdo dos fragmentos mantém suas associações de camada quando você os insere. Quando um fragmento contém definições de recurso e essas definições também estão presentes no documento para o qual ele é copiado, o fragmento utiliza as definições de recurso no documento.

Fragmentos criados no InDesign CS4 não podem ser abertos nas versões anteriores do InDesign.

Para criar um fragmento, escolha uma das seguintes opções:

- Utilizando uma ferramenta de seleção, escolha um ou mais objetos e então escolha File > Export. No menu Save As Type (Windows) ou Format (Mac OS), escolha InDesign Snippet. Digite um nome para o arquivo e clique em Save.
- Utilizando uma ferramenta de seleção, escolha um ou mais objetos e então arraste a seleção até a área de trabalho. Um arquivo de fragmento é criado. Renomeie o arquivo.
- Arraste um item a partir de Structure View para a área de trabalho.

Para adicionar um fragmento a um documento:

1 Escolha File > Place.

2 Selecione um ou mais arquivos de fragmento (.IDMS ou .INDS).

3 Clique no cursor do fragmento carregado onde você quer que o canto superior esquerdo do arquivo de fragmento esteja.

Se você posicionou o ponto de inserção em um quadro de texto, o fragmento é inserido no texto como um objeto ancorado.

Todos os objetos permanecem selecionados depois de você inserir o fragmento. Arrastando você pode ajustar a posição de todos os objetos.

4 Se você carregou mais de um fragmento, role e clique no cursor de fragmento carregado para inserir os outros.

Em vez de inserir objetos de fragmento de acordo com o local em que você clica em uma página, é possível inseri-los nas suas localizações originais. Por exemplo, um quadro de texto que apareceu no meio de uma página quando tornou-se parte de um fragmento pode aparecer na mesma localização quando você o insere como um fragmento.

- Nas preferências, na opção File Handling, escolha Position At Original Location para preservar as localizações originais dos objetos nos fragmentos; escolha Position At Cursor Location para inserir fragmentos de acordo com o local em que você clica em uma página.

— *Extraído do InDesign Help*

Utilize o Adobe Bridge para importar elementos gráficos

O Adobe Bridge é uma ferramenta separada que é instalada com o Adobe InDesign CS4. Compatível com várias plataformas, o Adobe Bridge é um aplicativo que permite pesquisar imagens nos seus computadores locais e em uma rede e então inseri-las no InDesign – entre vários outros recursos.

1 Escolha File > Browse in Bridge para carregar o Adobe Bridge.

Os painéis Favorites e Folders no canto superior esquerdo da janela do Adobe Bridge listam várias localizações onde você pode navegar pelos documentos no Adobe Bridge.

2 Dependendo de onde você posicionou a pasta Lesson_09, escolha uma das seguintes opções:

- Se você posicionou a pasta Lesson_09 utilizada para esta lição na área de trabalho, clique em Desktop no painel Favorites, localize a pasta na janela do Adobe Bridge e dê um clique duplo para visualizar seu conteúdo.

- Se você posicionou a pasta Lesson_09 em uma localização diferente, clique em My Computer (Windows) ou Computer (Mac OS) no painel Folders e então clique no triângulo à esquerda de cada pasta para navegar até a pasta Lesson_09. Clique em um ícone de pasta para visualizar seu conteúdo no meio da janela do Adobe Bridge.

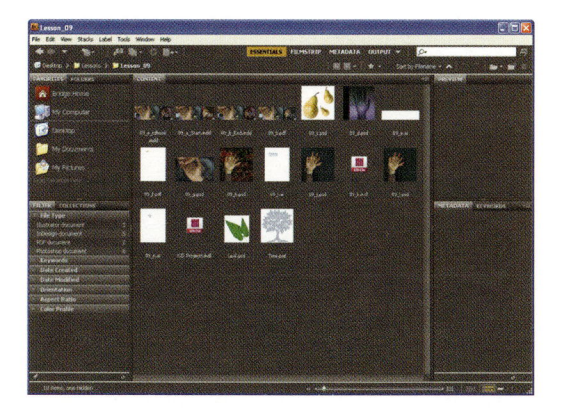

O Adobe Bridge permite visualizar as miniaturas de todas as suas imagens.

3 O Adobe Bridge fornece um modo fácil de localizar e renomear arquivos. Clique no elemento gráfico chamado Leaf.psd uma vez; clique então uma vez no nome do arquivo para selecionar a caixa de nome do arquivo. Renomeie o arquivo **09_o.psd** e pressione Enter ou Return para confirmar a modificação.

4 Para reduzir o tamanho da janela do Bridge, clique no botão Switch To Compact Mode ( ) no canto superior direito da janela. Arraste então o arquivo 09_o.psd até a área de trabalho do seu documento do InDesign.

5 Clique no botão Switch To Compact Mode novamente para ampliar a janela do Bridge e então escolha File > Return to Adobe InDesign para retornar ao InDesign.

6 Posicione o elemento gráfico da folha no canto superior esquerdo da página 4, na parte de cima da caixa roxa.

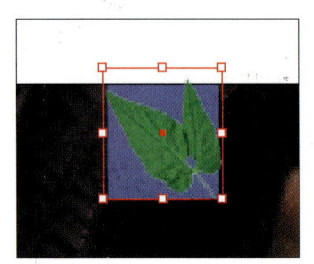

Depois de importar os arquivos gráficos para o InDesign, você pode facilmente localizar e acessar os arquivos originais aproveitando a integração do Adobe Bridge e do Adobe InDesign.

7 Selecione o arquivo 09_j.psd no painel Links. Clique então com o botão direito do mouse (Windows) ou clique com Control pressionada (Mac OS) no link e, no menu contextual, escolha Reveal In Bridge.

Essa ação faz com que você mude do InDesign para o Adobe Bridge e seleciona o arquivo 09_j.psd.

8 Retorne ao InDesign e salve o arquivo.

Parabéns! Você criou um livreto de CD importando, atualizando e gerenciando elementos gráficos a partir de diferentes formatos de arquivo gráfico.

Explore por conta própria

Agora que você trabalhou com elementos gráficos importados, eis alguns exercícios para praticar mais.

1 Posicione diferentes formatos de arquivo com o comando Show Import Options selecionado na caixa de diálogo Place e veja que opções aparecem para cada formato. Para uma descrição de todas as opções disponíveis para cada formato, consulte o InDesign Help.

2 Insira um arquivo PDF de múltiplas páginas com Show Import Options selecionado na caixa de diálogo Place e importe diferentes páginas a partir dele.

3 Crie bibliotecas de texto e elementos gráficos para facilitar a localização dos seus arquivos.

Perguntas de revisão

1 Como você pode determinar no seu documento o nome de arquivo de um elemento gráfico importado?

2 Quais são as três opções na caixa de diálogo Clipping Path e o que um elemento gráfico importado deve conter para que cada opção funcione?

3 Qual é a diferença entre atualizar o link de um arquivo e substituir o arquivo?

4 Quando uma versão atualizada de um elemento gráfico torna-se disponível, como você se certifica de que ela foi atualizada no seu documento do InDesign?

Respostas

1 Selecione o elemento gráfico e escolha Window > Links para verificar se o nome de arquivo do elemento gráfico está destacado no painel Links. O elemento gráfico aparecerá no painel Links se ele tiver mais de 48 KB no disco e se tiver sido inserido ou arrastado.

2 A caixa de diálogo Clipping Path no InDesign permite criar um traçado de recorte a partir de um elemento gráfico importado utilizando:

- A opção Detect Edges quando um elemento gráfico contém um fundo preto chapado ou branco chapado.
- A opção Photoshop Path quando um arquivo do Photoshop contém um ou mais traçados.
- A opção Alpha Channel quando um elemento gráfico contém um ou mais canais alfa.

3 Para atualizar o link de um arquivo simplesmente utilize o painel Links para atualizar a representação do elemento gráfico na tela de modo que ele represente a versão mais recente do original. Para substituir um elemento gráfico selecionado utilize o comando Place para inserir outro elemento gráfico no lugar do elemento gráfico selecionado. Se quiser alterar uma das opções de importação do elemento gráfico posicionado, você deve substituir o elemento gráfico.

4 No painel Links, certifique-se de que nenhum ícone de alerta é exibido para o arquivo. Se um ícone de alerta aparecer, simplesmente selecione o link e clique no botão Update Link. Se o arquivo foi movido, você poderá localizá-lo novamente utilizando o botão Relink.

10 CRIANDO TABELAS

Visão geral da lição

Nesta lição, você vai aprender a:

- Importar tabelas formatadas a partir de outros aplicativos, como o Microsoft Word e o Microsoft Excel
- Formatar tabelas com cores de linha alternadas
- Formatar traçados e bordas de célula
- Excluir e redimensionar colunas
- Configurar dimensões precisas de colunas
- Criar e aplicar estilos de célula
- Inserir um único elemento gráfico ou múltiplos elementos gráficos dentro de uma célula
- Formatar o texto nas tabelas por colunas e por linhas

Esta lição levará aproximadamente 60 minutos.

Tabelas são uma maneira eficiente e eficaz de transmitir grandes volumes de informações. Com o InDesign, é possível criar e modificar facilmente tabelas. Você pode criar suas próprias tabelas ou importá-las a partir de outros aplicativos.

Introdução

Nesta lição, você vai trabalhar na página espelhada de um catálogo de jardinagem fictício que contém tabelas de informações e as apresenta em um design visual eficiente. Você formatará uma grande tabela utilizando as opções no menu Table e o painel Table, que fornecem controle total sobre os recursos de tabela.

● **Nota:** Se você ainda não copiou os arquivos de recurso desta lição do CD do Adobe InDesign CS4 Classroom in a Book para o seu disco rígido, faça isso agora. Veja "Copie os arquivos do Classroom in a Book", na página 14.

1 Para assegurar que as preferências e configurações padrão do seu programa Adobe InDesign CS4 correspondam àquelas utilizadas nesta lição, mova o arquivo InDesign Defaults para uma pasta diferente seguindo o procedimento em "Salve e restaure o arquivo InDesign Defaults" na página 14.

2 Inicie o Adobe InDesign CS4. Para assegurar que os comandos de painéis e menu correspondam àqueles utilizados nesta lição, escolha Window > Workspace> [Advanced] e escolha Window > Workspace > Reset Advanced.

3 Escolha File > Open e abra o arquivo 10_a_Start.indd na pasta Lesson_10 dentro da pasta Lessons localizada na pasta InDesignCIB no disco rígido. Esse layout contém informações específicas sobre o passeio por um jardim.

4 Escolha File > Save As, nomeie o arquivo como **10_Gardens. indd** e salve-o na pasta Lesson_10.

5 Para ver a aparência do documento final, abra o arquivo 10_b_End.indd na mesma pasta. Você pode deixar esse documento aberto como um guia enquanto trabalha. Quando você estiver pronto para retomar o trabalho no documento de lição, clique na guia 10_Gardens.indd no canto superior esquerdo da janela de documento.

Crie uma página espelhada

No painel Pages do seu documento 10_Gardens.indd, observe que a página 1 e a página 2 estão em páginas espelhadas diferentes. Será melhor se essas páginas ficarem lado a lado em uma única página espelhada, portanto, você vai numerá-las como 2 e 3.

▶ **Dica:** Toda vez que você precisar iniciar um documento de páginas espelhadas em uma página esquerda, utilize a técnica mostrada aqui – o importante é iniciar a numeração de páginas em um número par.

1 No painel Pages, dê um clique duplo na página 1 para selecioná-la.

2 No menu do painel Pages, escolha Numbering & Section Options.

3 Na caixa de diálogo Numbering & Section Options, selecione Start Page Numbering At e digite **2**. Clique em OK.

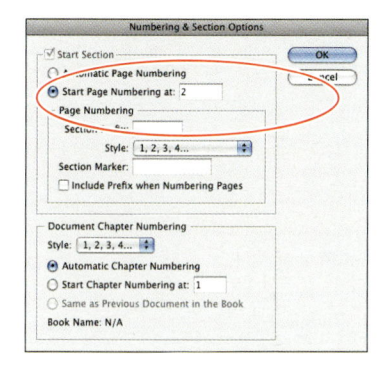

4 No menu do painel Pages, desmarque Allow Selected Spread To Shuffle para manter essas duas páginas juntas, caso você adicione ou remova páginas.

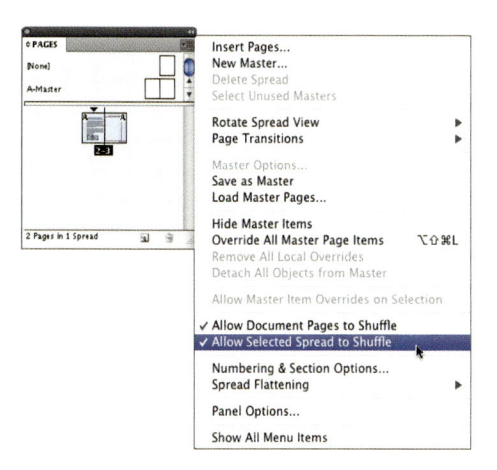

5 Escolha File > Save.

Selecione a camada da tabela

Nesse documento, o designer criou camadas separadas para o texto, folhas de fundo e tabela para impedir que outros objetos sejam selecionados e modificados acidentalmente. Para facilitar o trabalho na tabela, você ocultará a camada Leaves, bloqueará a camada Text e, então, selecionará a camada Table.

1 Escolha Janela > Camadas.

2 Certifique-se de que a camada Text está bloqueada (🔒).

3 Para selecionar a camada Table, clique no seu nome.

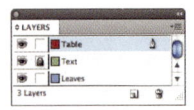

4 Escolha File > Save.

Insira e formate uma tabela

Como você já trabalhou com tabelas em uma lição anterior, você sabe que elas são grades de células individuais configuradas em linhas (horizontais) e em colunas (verticais). A borda da tabela é um traçado/fio que reside fora do perímetro da tabela inteira. Traçados de célula são linhas dentro da tabela que especificam o espaço entre as células individuais. Muitas tabelas incluem linhas de cabeçalho ou colunas especiais que descrevem a categoria de informações que elas contêm. Em geral, estas estão na linha superior ou na primeira coluna.

● **Nota:** Ao atualizar tabelas vinculadas, você perderá a formatação de tabela e de texto aplicadas no InDesign.

O InDesign CS4 pode importar tabelas a partir de outros aplicativos, incluindo o Microsoft Word e o Microsoft Excel. Você pode até criar um link para esses arquivos externos de modo que, se atualizar o arquivo do Word ou Excel, poderá facilmente atualizar essas informações no seu documento do InDesign. Nesta seção, você importará uma tabela que foi criada no Word, contendo todas as informações sobre o passeio pelo jardim que você quer incluir no seu layout do InDesign, organizadas em linhas e colunas.

Importe uma tabela do Microsoft Word

A tabela desse documento já existe em um arquivo do Microsoft Word. Neste exercício, você vai alterar uma preferência a fim de criar um link para o arquivo do Word quando você o importa de modo que seja possível atualizar o arquivo posteriormente. Depois você importará a tabela.

1 No painel Pages, dê um clique duplo na página 3 para centralizá-la na janela de documento.

2 Escolha View > Grids & Guides > Snap To Guides. Snap To Guides deve estar marcado para que seja fácil alinhar os objetos.

3 Selecione Edit > Preferences > File Handling (Windows) ou InDesign > Preferences > File Handling (Mac OS). Na seção Links, selecione Create Links When Placing Text And Spreadsheet Files e, então, clique em OK.

4 Com a ferramenta Type (T), clique para posicionar um ponto de inserção no quadro de texto com um contorno vinho na página 3. Você colocará a tabela nesse quadro.

5 Escolha File > Place e navegue até a pasta Lesson_10. Certifique-se de que Show Import Options está desmarcado e dê um clique duplo no arquivo 10_Table.doc.

● **Nota:** Se uma mensagem de alerta sobre fontes ausentes aparecer, clique em OK.

O arquivo flui pelo quadro de texto. Como ele é uma tabela, o texto em contorno flui dentro das células. Você pode editar o texto e selecionar linhas, colunas ou a tabela inteira.

● **Nota:** Se necessário, utilize a ferramenta Selection para arrastar a parte inferior do quadro de texto a fim de que a tabela inteira seja exibida.

Se um ponto vermelho aparecer em uma das colunas, ele indica que a coluna não tem uma largura suficiente para acomodar o texto. Ajuste a coluna posicionando a ferramenta Type (T) sobre um traço de coluna. Com o ícone de seta horizontal, arraste para tornar a coluna mais larga até que o texto se ajuste.

Agora você está pronto para começar a formatar a tabela.

Formate bordas e crie linhas com cores alternadas

O InDesign CS4 inclui muitas opções de formatação que podem ser utilizadas para tornar as tabelas atraentes e fazer com que os leitores obtenham as informações de que necessitam com facilidade.

Agora você vai adicionar um contorno preto a cada célula e, então, aplicar uma cor em linhas alternadas para melhor distinguir as informações.

1 Utilizando a ferramenta Zoom (🔍), clique na área superior esquerda da página 3 para aumentar a ampliação para 200% ou mais. Centralize a página na janela de documento se necessário. Selecione a ferramenta Type (T).

2 Mova o cursor para o canto superior esquerdo da tabela importada para que ele apareça como uma seta diagonal. Clique uma vez para selecionar a tabela inteira.

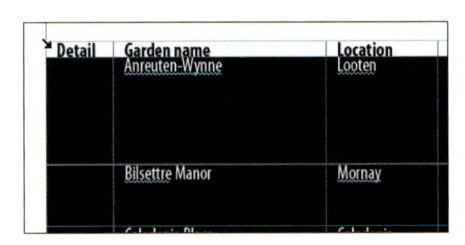

● **Nota:** Aumente a ampliação se tiver dificuldade em fazer com que a seta diagonal apareça.

Uma maneira alternativa de selecionar uma tabela inteira é clicar na ferramenta Type em qualquer lugar da tabela e, então, escolher Table > Select > Table. Se o ponto de inserção de texto não estiver na tabela, esse comando não estará disponível.

3 Escolha Table > Table Options > Table Setup.

4 Na guia Table Setup, na seção Table Border, configure as seguintes opções:

- Weight: 4,73 dl
- Color: [Black]
- Type: Solid
- Tint: 50%

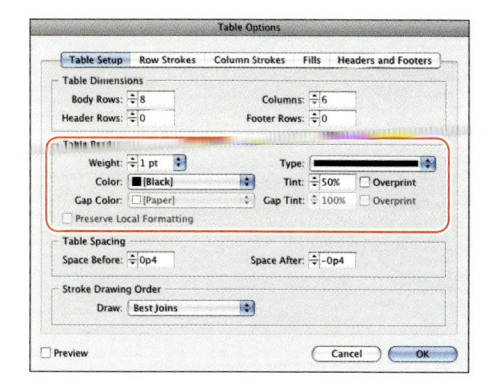

5 Clique na guia Fills e configure as opções a seguir:
   - No menu Alternating Pattern, escolha Every Other Row.
   - No menu Color no lado esquerdo da caixa de diálogo, escolha a amostra de cor verde cáqui nomeada C = 43, M = 0, Y = 100, K = 56.
   - Digite **20%** na caixa Tint.
   - No menu Color no lado direito da caixa de diálogo, escolha [Paper].
   - Na caixa Skip First, digite **1** para que a alternância de cores inicie na linha 2 (a linha abaixo dos títulos).

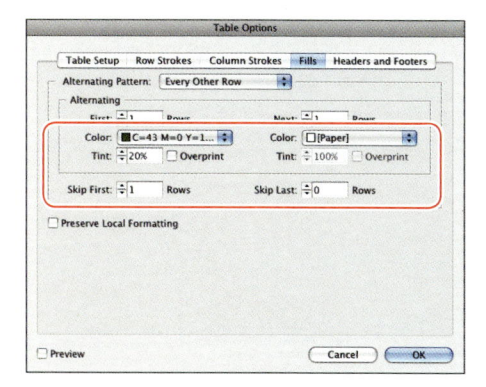

6 Clique em OK. Escolha Edit > Deselect All para que você possa ver os resultados.

7 Escolha File > Save.

Cada linha alternada agora tem um fundo verde-claro.

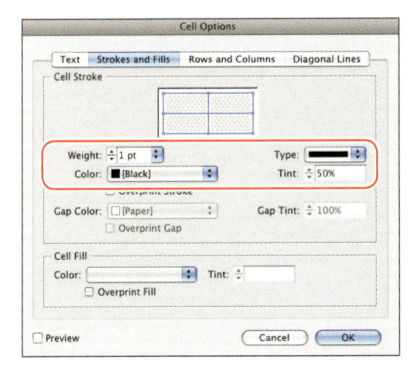

Edite traçados de célula

Traçados de célula são as linhas em torno de células individuais. Talvez você queira editar os traçados pretos padrão ou removê-los. Nesta seção, você vai alterar os traçados das células para que eles correspondam à nova borda da tabela.

1 Utilizando a ferramenta Type (T), mova o cursor para o canto superior esquerdo da tabela até que ele se transforme em uma seta diagonal (↘) e, então, clique para selecionar a tabela inteira.

2 Escolha Table > Cell Options > Strokes And Fills ou escolha o mesmo comando no menu do painel Table.

3 Na seção Cell Stroke da caixa de diálogo, configure estas opções:

- Weight: 4,73 dl
- Color: [Black]
- Type: Solid
- Tint: 50%

4 Clique em OK e selecione Edit > Deselect All para ver os resultados de sua formatação.

5 Escolha File > Save.

Formate as células de cabeçalho de coluna

Outra forma de tornar a leitura de uma tabela mais fácil é configurar as categorias separadamente dos dados da tabela. Se você tornar as categorias visualmente distintas, há maiores probabilidades de seus leitores compreenderem as informações na tabela. Neste exercício, você criará margens internas para que o texto não ultrapasse a área de cada célula e então fornecerá à linha de cabeçalho uma cor única de preenchimento.

1 Utilizando a ferramenta Type (T), mova o cursor sobre a borda esquerda da primeira linha até que ele apareça como uma seta horizontal (→). Clique para selecionar a primeira linha inteira.

● **Nota:** Ao selecionar a linha de cabeçalho, que tem o texto branco em um fundo preto, a seleção parece branca.

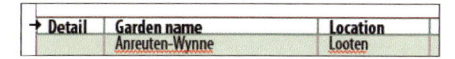

2 Escolha Table > Cell Options > Text.

3 Na guia Text, configure estas opções:

- Em Cell Insets, digite **0p3.6** para Top e clique no ícone Make All Settings The Same ( ) para configurar os valores Bottom, Left e Right para que eles correspondam.

- Em Vertical Justification, escolha Align Center no menu Align.

- Para First Baseline, certifique-se de que Offset está configurado como Ascent. Deixe a caixa de diálogo aberta.

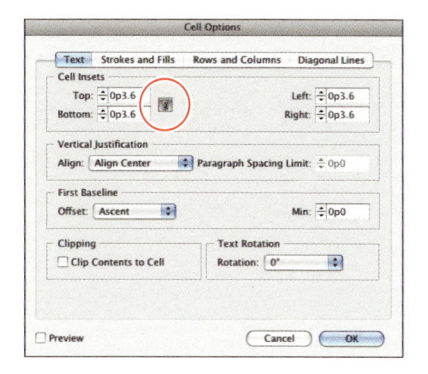

4 Clique na guia Strokes And Fills. Na seção Cell Fill, escolha a amostra de cor verde cáqui identificada como C = 43, M = 0, Y = 100, K = 56.

5 Digite **40%** na caixa Tint e deixe a caixa de diálogo aberta.

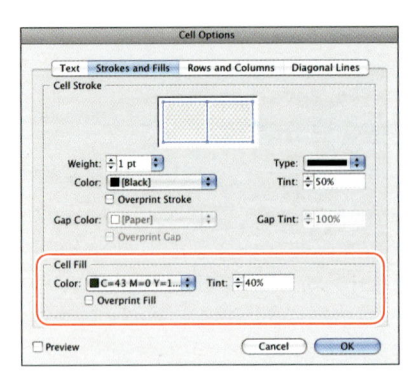

> **Dica:** Você encontrará comandos adicionais no menu Table e no menu do painel Table para inserir colunas e linhas, para excluir linhas, colunas e tabelas inteiras, e para selecionar linhas, colunas, células e tabelas inteiras.

6 Selecione a guia Rows And Columns. Para Row Height, escolha Exactly no menu e digite **2p0** na caixa à direita do menu.

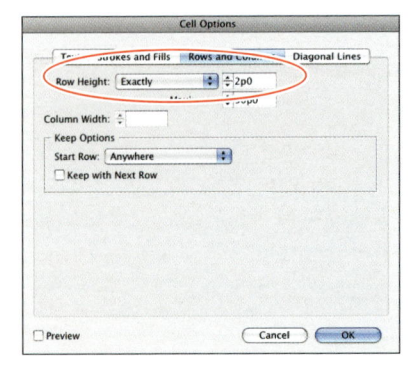

7 Clique em OK para fechar a caixa de diálogo. Escolha Edit > Deselect All.

8 Escolha File > Save.

A linha de cabeçalho da tabela agora aparece formatada com o texto branco contra um fundo verde.

Detail	Garden name	Location	Description	Services	2008 Tour
	Anreuten-Wynne	Looten	Small gardens; outbuildings and historical ornament of note; guided tours provided Tuesday–Saturday at noon; bookstore with [illegible] Wynne.	disabled, bus, dining	Yes
	Bilsettre Manor	Mornay	Mansion estate; unusual collection of rare peonies and topiary; open April through October.	disabled, baby, retail	Yes
	Caledonia Place	Caledonia	Former college; five buildings and reflecting pool, sculpture garden.	baby, bus, taxi, retail	No
	Ducca D'oro	Arepa	Garden reflects designs of original owners, landscape designers with French formal gardening background.	disabled, bus, lockers	Yes
	Dveenolde Pilke	Denham	Unusual greenhouse and rare blooming plants.	disabled, baby, bus, taxi, retail	No
	Filbenne Grand Gardens	Sutton	Very grand garden estate currently undergoing major renovations; most areas open.	disabled, baby	Yes
	G'honoré-Wyatt	Limson	Mansion, extensive gardens.	retail, lockers, coffee	No

Exclua uma coluna

Depois de criar ou importar uma tabela, você pode adicionar ou excluir linhas ou colunas inteiras da estrutura da sua tabela. Às vezes, você quer excluir apenas o conteúdo de uma célula, linha ou coluna; outras vezes, a célula, linha ou coluna, incluindo seu conteúdo.

● **Nota:** Os níveis de ampliação sugeridos são apropriados para um monitor grande. Se você tiver um monitor menor, use uma escala que seja confortável para trabalhar com a tabela.

As informações sobre o 2008 Tour na coluna da extremidade direita da tabela não são necessárias, portanto, você excluirá a coluna inteira.

1 Utilizando a ferramenta Type (T), mova o cursor para a borda superior da coluna 6 (a última coluna à direita) até ele transformar-se em uma seta para baixo (↓). Clique para selecionar a coluna inteira.

2 Escolha Table > Delete > Column. A coluna inteira desaparece.

3 Escolha File > Save.

● **Nota:** Para excluir apenas o conteúdo de uma coluna, selecione a coluna e pressione a tecla Delete.

Utilize imagens dentro de tabelas

O InDesign pode ser usado para criar tabelas que combinam texto, fotografias e ilustrações. As técnicas empregadas são tão fáceis quanto as usadas para trabalhar com texto. Nesta seção, você ajustará a formatação de sua tabela de modo que as células tenham os tamanhos corretos para as imagens e os ícones do jardim que serão inseridos. Em seguida, você vai ancorar (inserir) os elementos gráficos nas células.

Configure dimensões fixas de colunas e linhas

É possível definir os tamanhos das células, colunas ou linhas para que elas correspondam precisamente às medidas. Neste exercício, você ajustará o tamanho da primeira coluna para que as imagens de uma polegada caibam perfeitamente dentro das células.

1 Utilizando a ferramenta Type (T), selecione a primeira coluna, arrastando-a de cima para baixo ou clicando na borda superior da coluna quando a seta apontando para baixo (↓) aparecer. Ou clique em uma célula qualquer da coluna e selecione Table > Select > Column.

2 Escolha Window > Type & Tables > Table para mostrar o painel Table, se ele ainda não estiver visível.

3 Na caixa Column Width (▤), digite **6p10.8** e pressione Enter ou Return. Clique em qualquer lugar na tabela para remover a seleção da coluna.

4 Utilizando a ferramenta Type, arraste-a para baixo a partir da segunda célula na primeira coluna. Selecione todas das células, exceto a célula no topo da coluna.

5 No painel Table, selecione Exactly para a opção Row Height (⬚) e, então, digite **6p10.8** na caixa à direita do menu. Pressione Enter ou Return.

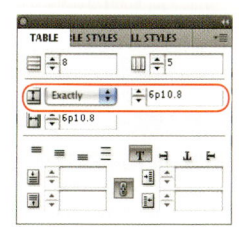

6 Se necessário, utilize a ferramenta Selection (▶) para redimensionar o quadro de texto de modo que a tabela se ajuste.

7 Escolha File > Save.

Insira imagens em células de tabela

Todas as imagens que serão adicionadas à tabela estão armazenadas em uma biblioteca. Você pode arrastá-las a partir da biblioteca para a página de documento ou para a área de trabalho. As imagens (elementos gráficos e fotos) são então posicionadas e ancoradas nas células de tabela.

Inicialmente, você importará uma imagem que ainda não está no arquivo InDesign.

1 Utilizando a ferramenta Type (T), clique para posicionar o ponto de inserção na primeira célula na segunda linha (um pouco abaixo da célula "Detail").

2 Escolha File > Place e localize o arquivo 10_c.tif na sua pasta Lesson_10. Verifique se Show Import Options não está selecionada e, então, dê um clique duplo para abrir o arquivo. A imagem de flores aparece na primeira célula.

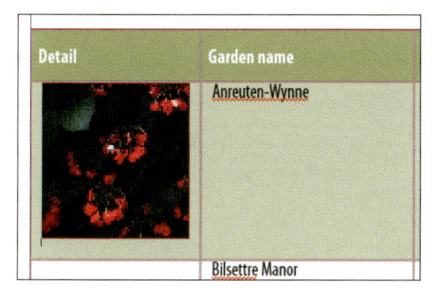

● **Nota:** Se um sinal de adição vermelho (+) aparecer na porta de saída do quadro de tabela, escolha Object > Fitting > Fit Frame To Content.

● **Nota:** Você deve utilizar a ferramenta Type para inserir ou colar o conteúdo para células de tabela. Você não pode arrastar itens para células de tabela. Arrastar somente posiciona o item acima ou abaixo da tabela na ordem de empilhamento do layout, sem posicioná-lo dentro de uma célula.

3 Dê um clique duplo na página 3, no painel Pages, para centralizá-la na janela de documento.

4 Escolha File > Open e localize o arquivo 10_GraphicsLibrary.indl na sua pasta Lesson_10. A extensão .indl indica um arquivo de biblioteca. Dê um clique duplo para abrir a biblioteca.

5 Escolha Large Thumbnail View no menu do painel Library para que você possa ver as imagens e seus nomes. Se necessário, redimensione a biblioteca para ver todas as imagens.

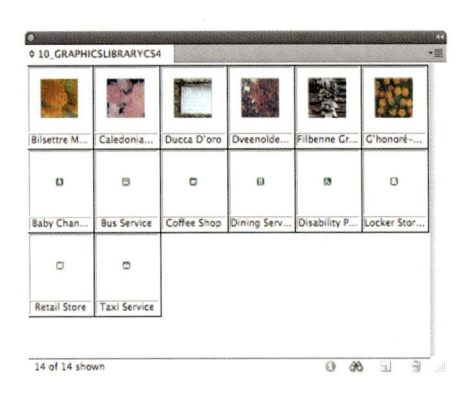

▶ **Dica:** Você pode alternar rapidamente entre as ferramentas Type e Selection pressionando a tecla Ctrl (Windows) ou Command (Mac OS).

6 Utilizando a ferramenta Selection (▶), arraste todas as imagens – ícones e fotos do jardim – da biblioteca para a área de trabalho à direita da página 3. Deixe a biblioteca aberta para referência.

7 Utilizando a ferramenta Selection, clique na imagem Bilsettre Manor na área de trabalho. (Se você não souber qual é a imagem, examine os nomes na biblioteca.) Escolha Editar > Recortar.

8 Dê um clique duplo para posicionar um ponto de inserção na terceira linha da primeira coluna, um pouco abaixo da imagem que você inseriu no passo anterior. Escolha Edit > Paste.

9 Continue a cortar e colar para inserir cada uma das cinco imagens nas células vazias na coluna 1.

10 Escolha Window > Layers para abrir o painel Layers. Para exibir a camada Leaves, clique na caixa em branco na extremidade esquerda do seu nome. O ícone de olho (👁) aparece.

11 Escolha File > Save.

Insira múltiplos elementos gráficos em uma célula

Os elementos gráficos que você insere ou cola nas células de tabela são ancorados no texto dentro das células. Desse modo é possível adicionar a uma única célula quantos elementos gráficos forem necessários. O único limite é o tamanho da célula.

Agora você vai inserir ícones indicando os serviços disponíveis em vários jardins.

1 Selecione a ferramenta Zoom (🔍) e, então, clique e arraste para isolar o canto superior direito da página 3, junto com os ícones que você arrastou para a área de trabalho.

2 Utilizando a ferramenta Selection (▶), selecione o ícone de cadeira de rodas no pasteboard.

3 Escolha Editar > Recortar.

4 Alterne para a ferramenta Type (T) e examine na coluna 5, intitulada Services, a primeira instância de "disabled". Arraste para selecionar a palavra inteira, a vírgula e o espaço depois dela.

5 Escolha Edit > Paste. Pressione a barra de espaço para adicionar um espaço depois do ícone.

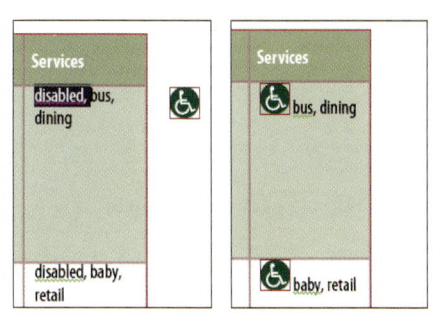

● **Nota:** Para exibir os elementos gráficos na área de trabalho do documento, oculte todos os painéis abertos, minimize ou feche-os.

6 Localize as outras instâncias da palavra "disabled" nas células restantes dessa coluna, selecione-as e substitua o texto pelo ícone de cadeira de rodas.

7 Repita esse processo para cada uma das palavras e ícones remanescentes: "Baby," "Bus," "Taxi," "Retail," "Lockers," "Coffee" e "Dining." (Se você tiver alguma dúvida sobre que ícone é esse, examine os nomes na biblioteca.)

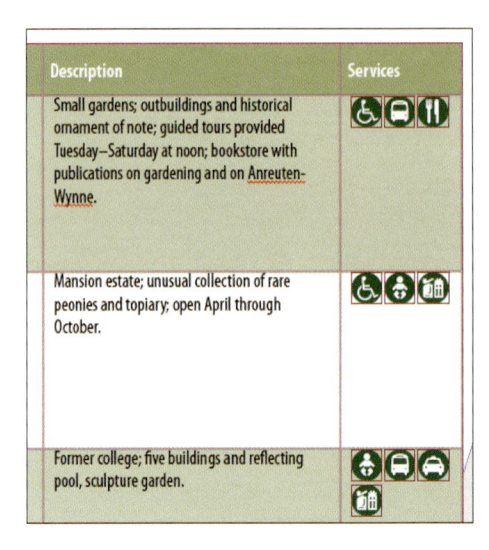

Como você ainda não ajustou as larguras da coluna, seus ícones talvez se sobreponham verticalmente nessa fase do seu trabalho. Você corrigirá isso na próxima seção.

8 No painel Pages, dê um clique duplo na página 3 para centralizá-la na janela de documento.

9 Escolha File > Save. Clique no botão fechar da biblioteca para fechá-la.

Formate o texto dentro de uma tabela

Tudo o que resta a fazer no projeto de sua tabela são alguns ajustes finais para que o espacejamento do texto, os elementos gráficos e a tabela se encaixem à página espelhada.

Edite os estilos de parágrafo em uma tabela

Se você já se sente à vontade com a formatação de texto dentro de quadros, formatar texto em tabelas é uma extensão fácil e natural de suas habilidades no InDesign. Neste exercício, você vai alterar a formatação do cabeçalho e do corpo do texto e, depois, redefinir os estilos de parágrafo.

LIÇÃO 10 | 319
Criando Tabelas

1 Selecione a ferramenta Zoom (🔍) e clique para ampliar em 200% se necessário.

2 Escolha Type > Paragraph Styles para abrir o painel Paragraph Styles.

3 Escolha Type > Character para abrir o painel Character.

4 Utilizando a ferramenta Type (T), selecione a palavra "Detail" na primeira linha da tabela. Observe no painel Paragraph Styles que esse texto já contém o estilo de parágrafo "header" aplicado a ele.

Esse estilo foi importado com o documento do Word, onde a tabela foi originalmente formatada. Você especificará a nova formatação e atualizará o estilo para refletir a nova formatação.

5 No painel Character, configure estes atributos:
- Font: Myriad Pro
- Style: Regular
- Size: 47,32 dl
- Leading: 66,24 dl
- Tracking: 150
- Horizontal Scale: 125%

6 Escolha All Caps no menu do painel Character.

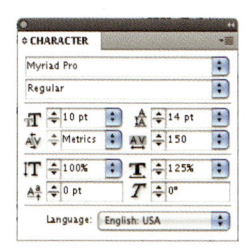

7 Escolha Window > Swatches. Clique em Black para o texto selecionado.

No painel Paragraph Styles, um sinal de adição (+) agora aparece ao lado do estilo de cabeçalho.

8 Escolha Redefine Style no menu do painel Paragraph Styles.

9 Na terceira coluna, selecione a palavra "Looten".

Observe no painel Paragraph Styles que esse texto já contém o estilo de parágrafo "bodytable" aplicado a ele. Esse estilo foi importado com o documento do Word, onde a tabela foi originalmente formatada. Você especificará a nova formatação e então atualizará o estilo para refleti-la.

● **Nota:** Se parte do texto não se ajustar nas células, você terá a chance de corrigir isso mais adiante nesta lição. O texto excedente (overset text) das células é representado por um ponto vermelho dentro da célula.

10 No painel Character, configure estes atributos:
- Font: Myriad Pro
- Style: Regular
- Size: 37,85 dl
- Leading: 47,32 dl

No painel Paragraph Styles, um sinal de adição (+) agora aparece ao lado do estilo de corpo de tabela.

11 Escolha Redefine Style no menu do painel Paragraph Styles.

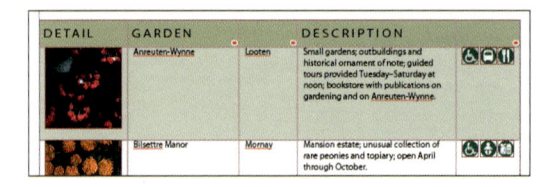

Crie um novo estilo de célula

Agora um novo estilo de célula será criado assim como foi feito na Lição 8, que contém o estilo de parágrafo editado há pouco, bem como a formatação de célula. Você alinhará verticalmente o texto nessas células no centro.

1 Selecione a ferramenta Type (T) e clique para posicionar um ponto de inserção na palavra "Looten".

2 Selecione Window > Type & Tables > Cell Styles. No menu do painel Cell Styles, escolha New Cell Style.

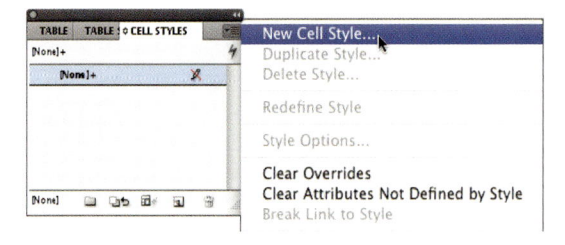

3 Nomeie o estilo **Table Body** na caixa Style Name.

4 No menu Paragraph Style, escolha Bodytable. Isso assegura que o estilo seja parte da formatação da célula.

LIÇÃO 10 | 321
Criando Tabelas

5 Selecione Text no lado esquerdo da caixa de diálogo. Na seção Cell Insets, insira **0p5** na caixa Top e clique no ícone Make All Settings The Same (📟) para preencher os mesmos valores para Bottom, Left e Right.

6 Na seção Vertical Justification da caixa de diálogo, escolha Align Center no menu Align.

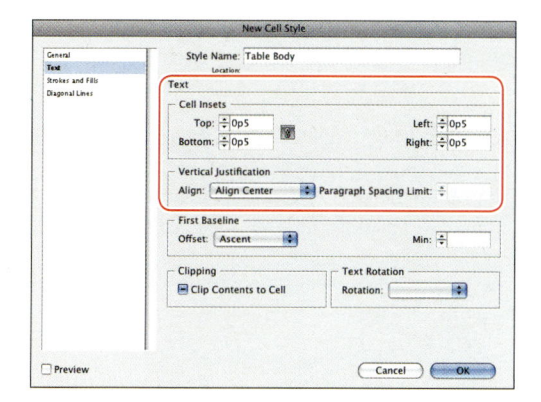

7 Clique em OK. O novo estilo de célula Table Body aparece no painel Cell Styles.

8 Com a ferramenta Type (T), arraste para selecionar todas as linhas e colunas (excluindo a linha de cabeçalho de coluna) e clique em Table Body para aplicar o novo estilo a todas as células selecionadas.

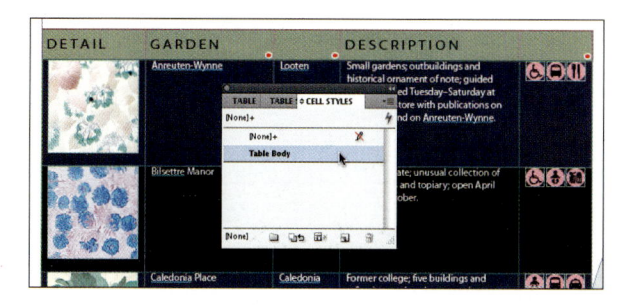

● **Nota:** Se o texto não mudar e você continuar a ver um sinal de adição (+) ao lado do estilo, pressione a tecla Alt (Windows) ou Option (Mac OS) à medida que clicar no estilo. Isso substitui qualquer formatação existente no texto.

Embora não haja texto na primeira e última colunas, aplicar o estilo de célula centraliza os elementos gráficos ancorados dentro das células.

Duplique um estilo de célula

A entrelinha na última coluna é muito estreita para acomodar os ícones. Para corrigir isso, você aumentará a entrelinha e criará um novo estilo de parágrafo e, posteriormente, um estilo de célula que utiliza o novo estilo de parágrafo.

1 Com a ferramenta Type (T), selecione os três ícones que estão ligeiramente sobrepostos. Eles estão na segunda célula do corpo na última coluna. Para selecionar objetos ancorados como esses, arraste como se você estivesse selecionando o texto.

2 No painel Character, aumente a entrelinha para 24 pt. Mantenha os ícones selecionados.

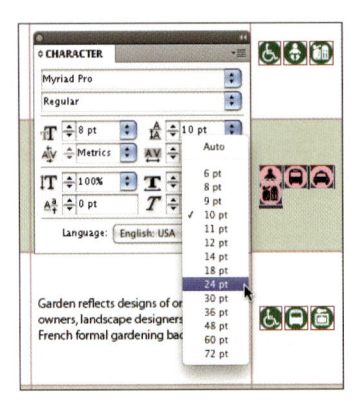

3 No menu do painel Paragraph Styles, escolha New Paragraph Style. Sua nova entrelinha é exibida na caixa Style Settings.

4 Digite **Table Icons** na caixa Style Name para atribuir um nome a esse estilo. Clique em OK.

5 Escolha Windows > Type & Tables > Cell Styles e clique no estilo Table Body.

6 Escolha Duplicate Style no menu do painel Cell Styles. A caixa de diálogo Duplicate Cell Style exibe os mesmos atributos do estilo Table Body original.

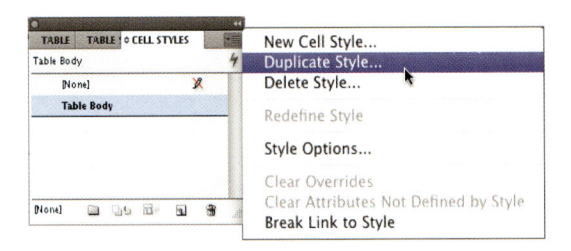

7 Digite **Table Icons** na caixa Style Name.

8 Na seção Paragraph Styles da caixa de diálogo, escolha Table Icons no menu Paragraph Style.

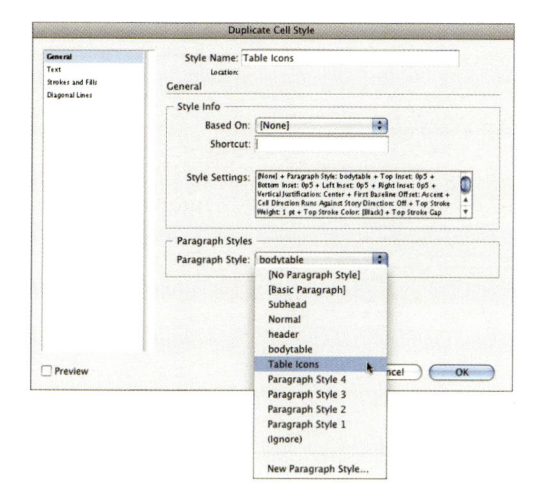

9 Clique em OK. O novo estilo Table Icons agora aparece no painel Cell Styles.

10 Com a ferramenta Type (T), selecione todas as células com ícones verdes, exceto a linha de cabeçalho.

11 Clique em Table Icons no painel Cell Styles para aplicar o novo estilo a essas células.

12 Escolha File > Save.

Todos os ícones na última coluna agora devem estar espacejados apropriadamente e, se necessário, você só precisa ajustar as larguras da coluna para acomodar o texto e os elementos gráficos.

Arraste para ajustar o tamanho de coluna

Em tabelas, o texto ou os elementos gráficos que não cabem em uma célula são considerados como excesso, o que é indicado por um pequeno círculo vermelho no canto inferior direito da célula. Células de tabela não suportam vinculação. Se o conteúdo não se ajustar em uma célula, torne-o menor ou torne a célula maior.

Para essa tabela do catálogo, você redimensionará as colunas para que tudo se ajuste na tabela.

1 Escolha View > Fit Page In Window para ver a tabela inteira.

2 Posicione a ferramenta Type (T) sobre a linha vertical que separa as colunas "Region" e "Description" até que o cursor torne-se uma seta dupla (↔) e então arraste a borda da coluna para a direita a fim de torná-la mais larga até que o conteúdo de cada célula na coluna esteja visível.

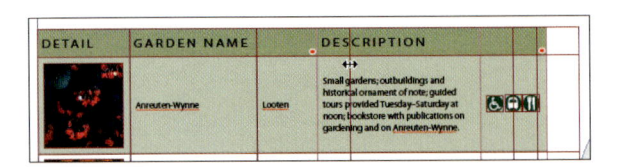

3 Movendo-se da esquerda para a direita, redimensione cada uma das colunas para que o conteúdo se ajuste dentro delas.

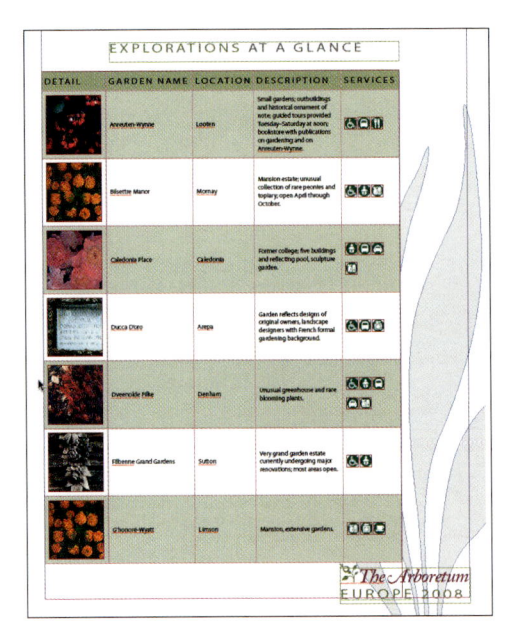

4 Se necessário, utilize a ferramenta Selection (▸) para redimensionar o quadro de texto horizontal e verticalmente a fim de que a tabela inteira se ajuste.

5 Desmarque tudo, escolha View > Fit Spread In Window e escolha File > Save.

Finalize

Como um passo final, você verá o catálogo do jardim pronto.

1 No painel Tools, clique em Preview.

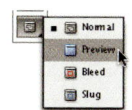

2 Pressione Tab para ocultar todos os painéis e revise os resultados do seu trabalho.

Parabéns! Você completou a lição.

Explore por conta própria

Agora que você domina os princípios básicos de como trabalhar com tabelas no InDesign, experimente outras técnicas para a criação de tabelas.

1 Para criar uma nova tabela, role a página espelhada até alcançar a área de trabalho e clique e arraste com a ferramenta Type (T) para criar um novo quadro de texto. Então, escolha Table > Insert Table e insira o número de linhas e o número de colunas que você quer na sua tabela.

2 Para inserir informações em sua tabela, certifique-se de que o ponto de inserção esteja na primeira célula para então começar a digitar. Para avançar para a próxima célula na linha, pressione Tab. Para mover-se para a célula abaixo na coluna, pressione a tecla de seta para baixo.

3 Para adicionar uma coluna utilizando o mouse, mova a ferramenta Type (T) sobre a borda direita de uma das colunas na tabela para que o cursor torne-se uma seta dupla (↔) e comece a arrastar para a direita. Mantenha pressionada Alt (Windows) ou Option (Mac OS) e arraste a borda um pouco para a direita aproximadamente meia polegada. Ao soltar o botão do mouse, uma nova coluna aparece com uma largura igual à da distância pela qual você arrastou a borda.

4 Para combinar várias células em uma única célula, arraste com a ferramenta Type (T) para selecionar duas ou mais células e então escolha Table > Merge Cells.

5 Para converter a tabela em texto, escolha Table > Convert Table To Text. Tabulações podem separar aquilo que anteriormente eram colunas e quebras de parágrafo podem separar as linhas. Você também pode modificar essas opções. De maneira semelhante, você pode converter texto com tabulações em uma tabela selecionando o texto e escolhendo Table > Convert Text To Table.

6 Para criar o texto girado, clique com a ferramenta Type para posicionar um ponto de inserção na célula mesclada que você acabou de criar. Escolha Window > Type & Tables > Table. No painel Table, selecione a opção Rotate Text 270° (↤). Digite então o texto que você quer inserir nessa célula.

Perguntas de revisão

1 Quais são as vantagens de usar tabelas em vez de simplesmente digitar o texto e usar tabulações para separar as colunas?
2 Quando ocorreria uma célula com excesso de texto?
3 Qual é a ferramenta mais utilizada para trabalhar com tabelas?

Respostas

1 Tabelas fornecem muito mais flexibilidade e são bem mais fáceis de formatar. Em uma tabela, o texto pode recorrer automaticamente dentro de uma célula; logo não é necessário adicionar linhas extras para acomodar as células que contêm muito texto. Além disso, é possível atribuir estilos a linhas individuais, colunas e células – incluindo estilos de caractere e até mesmo estilos de parágrafo – porque cada célula é considerada um parágrafo separado.

2 As células com texto excedente ocorrem quando o conteúdo não se ajusta dentro das dimensões atuais da célula. Esse excesso ocorre se você tiver fixado a largura e a altura da célula (ou de suas linhas e colunas). Do contrário, quando você inserir o texto na célula, este irá recorrer na célula, que então se expandirá verticalmente para acomodar o texto. Quando você insere um elemento gráfico em uma célula que não tem um tamanho limite definido, a célula se expande verticalmente, mas não horizontalmente e, desse modo, a coluna mantém sua largura original.

3 A ferramenta Type deve estar selecionada para trabalhar em uma tabela. É possível utilizar outras ferramentas para lidar com os elementos gráficos dentro das células de tabela, mas para trabalhar com a própria tabela, por exemplo, para selecionar linhas ou colunas, inserir texto ou conteúdo gráfico, ajustar as dimensões da tabela, etc., utilize a ferramenta Type.

11 TRABALHANDO COM TRANSPARÊNCIA

Visão geral da lição

Nesta lição, você vai aprender a:

- Transformar uma imagem importada em preto e branco em uma colorida
- Alterar a opacidade dos objetos desenhados no InDesign
- Aplicar configurações de transparência a elementos gráficos importados
- Aplicar configurações de transparência ao texto
- Aplicar modos de mistura para sobrepor objetos
- Aplicar efeitos de difusão a objetos
- Aplicar múltiplos efeitos a um objeto
- Editar e remover efeitos

Esta lição levará aproximadamente 45 minutos.

O InDesign CS4 oferece inúmeros recursos de transparência para você estimular sua imaginação e criatividade, incluindo controles em relação à opacidade, efeitos e misturas de cores. Você também pode importar arquivos que utilizam transparências e aplicar efeitos de transparência adicionais.

Introdução

O projeto desta lição é um menu para um restaurante fictício chamado Bistro Nouveau. Aplicando efeitos de transparência com uma série de camadas, você criará um design visualmente interessante.

● **Nota:** Se você ainda não copiou os arquivos de recurso desta lição do CD do Adobe InDesign CS4 Classroom in a Book para o seu disco rígido, faça isso agora. Veja "Copie os arquivos do Classroom in a Book", na página 14.

1 Para assegurar que a preferência e as configurações padrão do seu programa Adobe InDesign CS4 correspondam àquelas utilizadas nesta lição, mova o arquivo InDesign Defaults para uma pasta diferente seguindo o procedimento em "Salve e restaure o arquivo InDesign Defaults" na página 14.

2 Inicie o Adobe InDesign CS4. Para assegurar que os comandos de painéis e menu correspondam àqueles utilizados nesta lição, escolha Window > Workspace> [Advanced] e então escolha Window > Workspace > Reset Advanced.

Para começar, você abrirá um documento do InDesign já parcialmente completado.

3 Escolha File > Open e abra o arquivo 11_a_Start.indd na pasta Lesson_11, que está localizada dentro da pasta Lessons na pasta InDesignCIB no disco rígido.

4 Escolha File > Save As, nomeie o arquivo como **11_Menu. indd** e salve-o na pasta Lesson_11.

O menu aparece como uma longa página em branco porque todas as camadas estão atualmente ocultas. Você tornará essas camadas visíveis uma a uma à medida que forem necessárias, para que seja fácil focalizar objetos e tarefas específicas nesta lição.

5 Para ver o projeto final, abra o arquivo 11_b_End.indd na pasta Lesson_11.

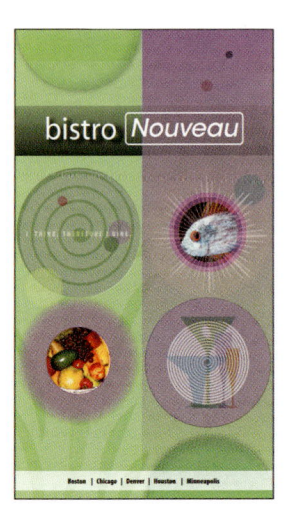

6 Quando você estiver pronto para começar a trabalhar, feche o arquivo 11_b_End.indd ou deixe-o aberto para referência. Retorne ao documento da lição escolhendo 11_Menu.indd no menu Window ou clicando na guia 11_Menu.indd na parte superior da janela de documento.

Importe e colorize uma imagem em escala de cinza

Você começará com a camada Background para o menu do restaurante. Essa camada serve como fundo texturizado que é visível por todos os objetos nas camadas acima dela que contêm efeitos de transparência. Aplicando efeitos de transparência, você pode criar objetos transparentes que revelam todos os objetos abaixo deles.

Como nada está abaixo da camada Background na pilha de camadas, você não aplicará efeitos de transparência aos objetos nessa camada.

1 Escolha Window > Layers para exibir o painel Layers.

2 No painel Layers, selecione a camada intitulada Background, rolando até localizá-la na parte inferior da pilha de camadas. Você vai inserir a imagem importada nessa camada.

3 Certifique-se de que as duas caixas à esquerda do nome da camada mostram que a camada está visível (o ícone de olho (👁) aparece) e desbloqueada (o ícone de cadeado (🔒) não aparece). O ícone de caneta (✒) à direita do nome da camada indica que essa é a camada na qual os objetos importados serão posicionados e os novos quadros serão criados.

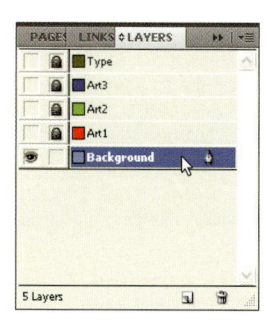

4 Escolha View > Grids & Guides > Show Guides. Você utilizará as guias na página para alinhar a imagem de fundo que você importa.

5 Escolha File > Place e, então, abra o arquivo 11_c.tif na sua pasta Lesson_11. Esse arquivo é um TIF em escala de cinzas.

6 Mova o ícone de gráficos carregados ( ) um pouco para fora do canto superior esquerdo da página; clique no canto onde as guias de sangrado vermelhas se cruzam para que a imagem inserida preencha a página inteira, incluindo as margens e a área de sangrado. Mantenha o quadro de gráfico selecionado.

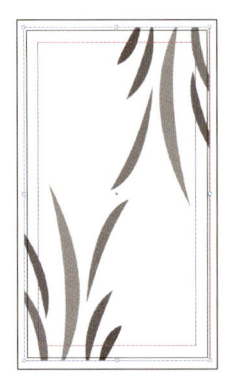

7 Escolha Window > Swatches. Você utilizará o painel Swatches para colorir a imagem, primeiro ajustando a tonalidade da amostra que será usada.

8 No painel Swatch, selecione a caixa Fill ( ). Role pela lista de amostras para localizar a amostra Light Green e selecioná-la. Clique no menu Tint na parte superior do painel e arraste o controle deslizante até 76%.

● **Nota:** Lembre-se de que a ferramenta Direct Selection aparece como uma mão ( ) quando ela está sobre um quadro, mas continua a selecionar o conteúdo do quadro de uma imagem quando você clica.

As áreas brancas da imagem agora têm 76% de tom verde, mas as áreas em cinza permanecem inalteradas.

9 Escolha Edit > Deselect All para remover a seleção da imagem.

10 No painel Tools, selecione a ferramenta Direct Selection ( ), clique na imagem para selecioná-la e então selecione Light Green no painel Swatches. Light Green substitui o cinza na imagem, deixando as áreas com 76% de Light Green como estavam.

Ao clicar dentro de um quadro de gráfico com a ferramenta Direct Selection, você seleciona o gráfico em vez do quadro. Se você aplicar uma cor de preenchimento, a cor será aplicada às partes cinza da imagem em vez de ao fundo do quadro como aconteceria se você clicasse dentro do quadro com a ferramenta Selection (▶).

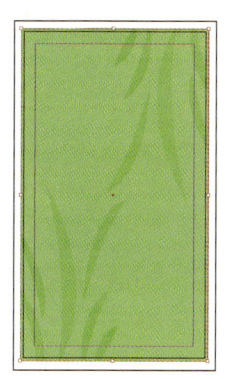

11 No painel Layers, clique na caixa vazia à esquerda do nome da camada Background para bloqueá-la. Deixe a camada Background visível para observar os resultados do trabalho de transparência que você fará acima dessa camada.

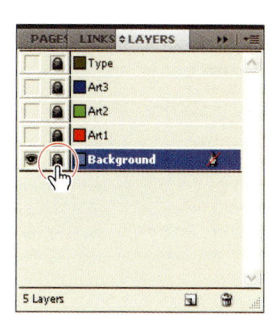

12 Escolha File > Save para salvar seu trabalho.

Você acabou de aprender um método rápido para colorir uma imagem na escala de cinza. Embora esse método seja eficiente para criar composições, os controles de cor disponíveis no Adobe Photoshop CS4 talvez sejam mais eficientes para criar seu trabalho artístico final.

Aplique configurações de transparência

O InDesign CS4 tem vários controles de transparência. Por exemplo, reduzindo a opacidade dos objetos, do texto e mesmo dos elementos gráficos importados, é possível revelar objetos subjacentes que do contrário não estariam visíveis. Recursos de transparência adicionais, como modos de mistura, sombras projetadas, bordas suavizadas e brilhantes, efeitos de chanfro e entalhe fornecem uma grande variedade de opções para criar efeitos visuais especiais; você aprenderá esses recursos adicionais mais adiante na lição.

Nesta parte do projeto, você vai utilizar as várias opções de transparência em cada camada na arte do menu do restaurante.

Sobre o painel Effects

Utilize o painel Effects (Window > Effects) para especificar a opacidade e o modo de mistura de objetos e grupos, isolar uma mistura para um grupo específico, suprimir objetos dentro de um grupo ou aplicar um efeito de transparência.

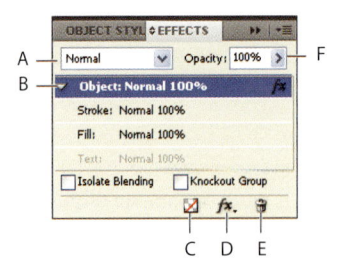

A. Modo de mistura   B. Níveis   C. Limpa efeitos
D. Botão FX   E. Excluir   F. Opacidade

Visão geral do painel Effects

Blending Mode – Permite variar a maneira como as cores dos objetos sobrepostos se misturam.

Opacity – À medida que você reduz o valor de opacidade de um objeto, o objeto torna-se progressivamente mais transparente e os objetos subjacentes tornam-se cada vez mais visíveis.

Level – Informa as configurações de opacidade de Object, Stroke, Fill e Text do objeto selecionado e também se os efeitos de transparência foram ou não aplicados. Clique no triângulo à esquerda da palavra Object (Group ou Graphic) para ocultar e exibir alternativamente essas configurações de nível. O ícone FX aparece em um nível depois que você aplica as configurações de transparência nesse local. Dê um clique duplo no ícone FX para editar essas configurações.

Isolate Blending – Aplica um modo de mistura a um grupo selecionado de objetos sem afetar os objetos subjacentes que não são parte do grupo.

Knockout Group – Faz com que atributos de opacidade e mistura de cada objeto em um grupo bloqueiem ou suprimam objetos subjacentes no grupo.

Botão Clear All – Remove os efeitos – traçado, preenchimento ou texto – de um objeto, configura o modo de mistura como Normal e altera a configuração Opacity para 100% em todo o objeto.

Botão FX – Exibe uma lista dos efeitos de transparência.

Altere a opacidade de objetos de cor chapada

Com o elemento gráfico de fundo completo, comece a aplicar efeitos de transparência aos objetos nas camadas empilhadas acima dele. Inicie com uma série de formas simples desenhadas com o InDesign CS4.

1 No painel Layers, selecione a camada Art1 para ativá-la e clique no ícone de cadeado à esquerda do nome da camada para desbloqueá-la. Clique na caixa vazia logo à esquerda do nome da camada Art1 para que o ícone de olho (👁) apareça, indicando que a camada está visível.

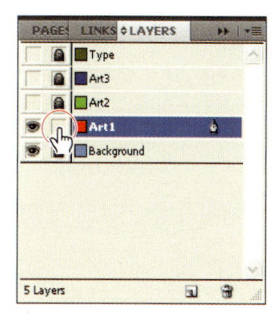

● **Nota:** Se o painel Swatches não estiver aberto, escolha Window > Swatches para abri-lo. As formas mencionadas são nomeadas pela amostra de cores aplicada ao preenchimento do objeto.

2 Utilizando a ferramenta Selection (▸), clique no círculo preenchido com a amostra Yellow/Green no lado direito da página. Esse quadro de uma elipse com um preenchimento sólido foi desenhado no InDesign.

3 Escolha Window > Effects para exibir o painel.

4 No painel Effects, clique na seta no lado direito da porcentagem Opacity. Um ajuste do controle deslizante Opacity aparece. Arraste o controle deslizante até 70%. Alternativamente, digite **70%** na caixa Opacity e pressione Enter ou Return.

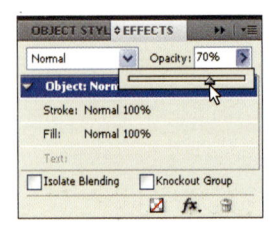

Depois de alterar a opacidade de Yellow/Green Circle, a barra roxa vertical permanece parcialmente visível com a mudança de cores.

5 Na janela de documento, selecione o semicírculo preenchido por Light Green no canto superior esquerdo da página; acesse o painel Effects e configure o valor de Opacity como 50%. O semicírculo agora aparece como uma variação sutil da cor sobre o fundo.

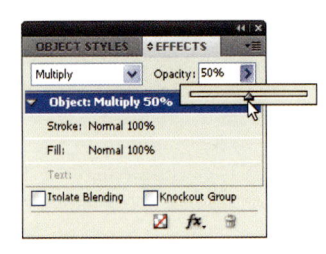

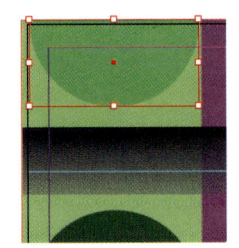

6 Repita o passo 5 para os círculos restantes na camada Art1, utilizando as seguintes configurações para alterar a opacidade de cada círculo:

- Lado esquerdo, círculo do meio preenchido com a amostra Medium Green, Opacity = 60%
- Lado esquerdo, círculo inferior preenchido com a amostra Light Purple, Opacity = 70%
- Lado direito, círculo preenchido com a amostra Light Purple e um traçado preto, Opacity = 60%
- Lado direito, semicírculo inferior preenchido com a amostra Light Green, Opacity = 50%

7 Escolha File > Save para salvar seu trabalho.

Aplique um modo de mistura

Alterar a opacidade cria uma cor que combina os valores das cores do objeto com os objetos abaixo dela. Utilizar modos de mistura é outra maneira de criar interações de cores entre os objetos nas camadas.

Neste procedimento, você aplicará o modo de mistura Multiply a um dos círculos cuja opacidade foi alterada anteriormente.

1 Utilizando a ferramenta Selection (▶), selecione o círculo preenchido com Yellow/Green no lado direito da página.

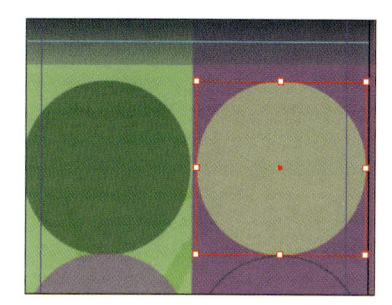

2 No painel Effects, escolha Overlay no menu Blending Mode. Observe como a aparência das cores muda.

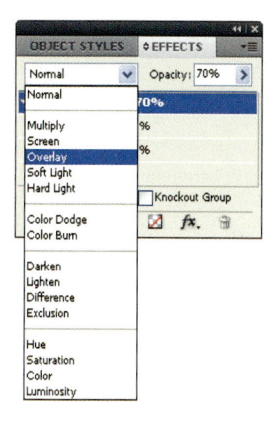

3 Selecione o semicírculo preenchido por Light Green na seção inferior direita da página, mantenha pressionada a tecla Shift e selecione o semicírculo na seção superior esquerda da página.

4 No painel Effects, escolha Multiply no menu Blending Mode.

5 Escolha File > Save.

Para informações adicionais sobre os diferentes modos de mistura, consulte "Specify how colors blend" (Especificar como as cores se misturam) no InDesign Help.

Ajuste as configurações de transparência para imagens EPS

Você aplicou várias configurações de transparência a objetos desenhados com o InDesign, mas também é possível alterar os valores de opacidade e o modo de mistura para elementos gráficos importados de outros aplicativos, como o Adobe Illustrator.

1 No painel Layers, desbloqueie e torne a camada Art2 visível.

2 No painel Tools, certifique-se de que a ferramenta Selection (▶) esteja selecionada.

3 No lado esquerdo da página, clique na imagem espiralada preta, que está na parte superior do círculo colorido com Medium Green. Com a espiral preta ainda selecionada, mantenha a tecla Shift pressionada e clique para selecionar a espiral que está acima do círculo Light Purple no lado direito da página. Ambos os objetos espiralados agora devem estar selecionados.

4 No painel Effects, selecione Color Dodge no menu Blending Mode e configure Opacity como 30%.

Em seguida, você aplicará um modo de mistura ao traçado na imagem do peixe.

5 Com a ferramenta Selection (▶), clique na imagem do peixe no lado direito da página.

6 No painel Effects, clique no nível Stroke abaixo de Object. Selecionar o nível Stroke aplica as alterações de opacidade ou modo de mistura que você fizer no traçado do objeto selecionado.

Um nível indica as configurações de opacidade Object, Stroke, Fill e Text do objeto e do modo de mistura aplicado, e também se os efeitos de transparência foram aplicados ou não. Você pode ocultar ou exibir essas configurações de nível clicando no triângulo à esquerda da palavra Object (ou Group ou Graphic).

7 No menu Blending Mode, escolha Hard Light.

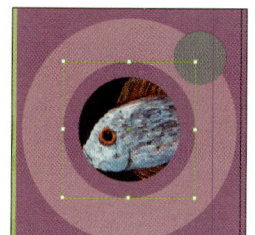

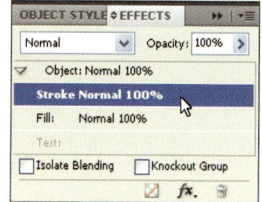

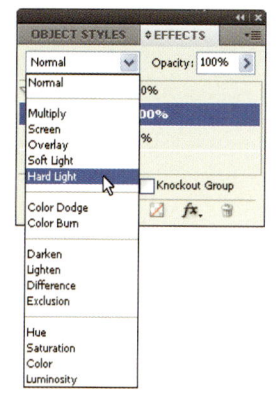

Selecione a imagem (esquerda); selecione então o nível Stroke (centro); e escolha Hard Light (direita).

8 Escolha File > Save para salvar seu trabalho.

Ajuste a transparência para imagens

Em seguida, você vai aplicar transparência a um arquivo do Photoshop importado. Embora esse exemplo utilize uma imagem monocromática, também é possível aplicar as configurações de transparência do InDesign a fotografias complexas multicoloridas. O processo é o mesmo que aplicar transparências a qualquer outro objeto do InDesign.

1 No painel Layers, selecione a camada Art3. Clique para desbloquear essa camada e torná-la visível. É recomendável ocultar as camadas Art1 ou Art2 para facilitar o trabalho. Certifique-se de manter pelo menos uma camada subjacente visível para observar os resultados das interações de transparência.

2 Utilizando a ferramenta Selection ( ), clique na área preta da explosão estelar no lado direito da página.

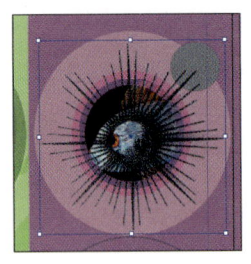

3 No painel Effects, insira **70%** como o valor de Opacity.

4 Mude para a ferramenta Direct Selection ( ), mova o cursor sobre a imagem da explosão estelar para que ele se transforme em uma mão ( ) e, então, clique uma vez na imagem.

5 No painel Swatches, clique na caixa Fill (■) e, então, selecione a amostra de cor Red para que a cor vermelha substitua as áreas pretas da imagem.

Se outras camadas estiverem visíveis abaixo da camada Art3, você poderá ver a explosão estelar como uma cor laranja sutil. Se nenhuma outra camada estiver visível, a explosão estelar será vermelha.

6 Se a imagem da explosão estelar não estiver selecionada, selecione-a novamente com a ferramenta Direct Selection.

7 No painel Effects, escolha Screen no menu Blending Mode e deixe o valor de Opacity em 100%. A explosão estelar muda de cor com base nas camadas que estão visíveis abaixo dela.

8 Escolha File > Save para salvar seu trabalho.

Insira e ajuste arquivos do Illustrator que utilizam transparência

Quando você importa arquivos do Adobe Illustrator para seu layout no InDesign, o InDesign CS4 reconhece e preserva todas as configurações de transparência que foram aplicadas no Illustrator. Também é possível aplicar configurações adicionais de transparência dentro do InDesign, ajustando a opacidade, os modos de mistura e a difusão da imagem inteira.

Agora você vai inserir uma imagem de algumas taças e depois ajustar a transparência.

1 No painel Layers, certifique-se de que a camada Art3 é a camada ativa e que as camadas Art3, Art2, Art1 e Background estão visíveis.

LIÇÃO 11
Trabalhando com Transparência

2 Bloqueie as camadas Art2, Art1 e Background para evitar que elas sejam modificadas.

3 Selecione a ferramenta Selection (▶) no painel Tools e escolha Edit > Deselect All para que a imagem que você importar não seja inserida em um objeto existente.

4 Escolha View > Fit Page In Window.

5 Escolha File > Place. Selecione Show Import Options na arte inferior esquerda da caixa de diálogo Place.

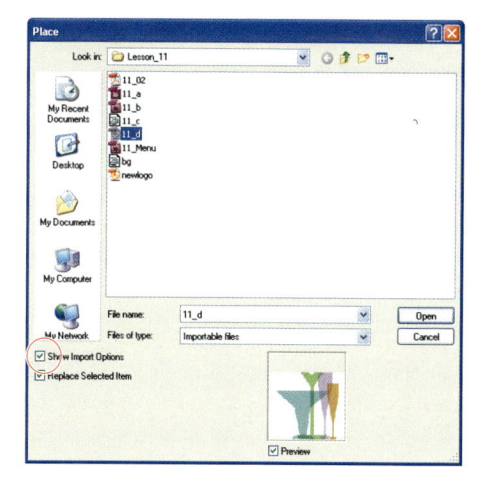

6 Localize o arquivo 11_d.ai na sua pasta Lesson_11 e dê um clique duplo para posicioná-lo.

7 Na caixa de diálogo Place PDF, certifique-se de que Bounding Box está selecionado no menu Crop To.

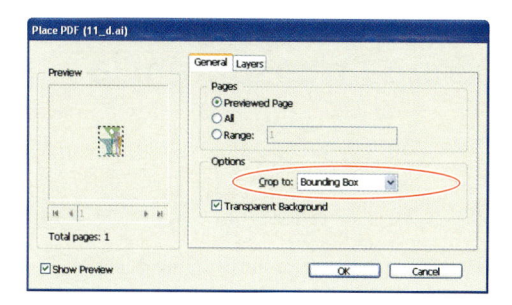

8 Clique em OK. A caixa de diálogo fecha e o cursor torna-se um ícone de gráficos carregados.

9 Posicione o ícone de gráficos carregados ( ) sobre o círculo roxo-claro no lado direito da página. Clique para posicionar a imagem. Se necessário, arraste a imagem para centralizá-la no círculo roxo.

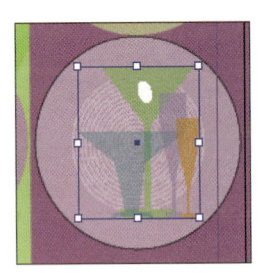

10 No painel Layers, clique para ocultar as camadas Art2, Art1 e Background para que apenas a camada Art3 permaneça visível e você possa examinar somente a imagem inserida e as interações coloridas transparentes dentro da imagem.

11 Clique para reexibir as camadas Art2, Art1 e Background. Observe que a forma branca da "azeitona" está completamente opaca enquanto as outras formas das taças estão parcialmente transparentes.

12 Com a imagem da taça ainda selecionada, altere a configuração de Opacity no painel Effects para 80%. Mantenha a imagem selecionada. Você pode ver agora a espiral por trás da azeitona branca e também que as taças têm uma cor mais sutil.

13 No painel Effects, escolha Color Burn no menu Blending Mode. Agora as cores e as interações da imagem assumem uma forma completamente diferente.

14 Escolha File > Save.

Aplique configurações de transparência ao texto

Alterar a opacidade do texto é tão fácil quanto aplicar configurações de transparência a objetos gráficos no seu layout. Você testará a técnica agora enquanto também muda as cores do texto.

1 No painel Layers, clique para bloquear a camada Art3 e clique outra vez para desbloquear e tornar a camada Type visível.

2 No painel Tools, selecione a ferramenta Selection ( ) e clique no quadro de texto "I THINK, THEREFORE I DINE". Se necessário, amplie para ler facilmente o texto.

Para aplicar configurações de transparência ao texto ou a um quadro de texto e seu conteúdo, selecione o quadro com a ferramenta Selection. Você não pode especificar as configurações de transparência quando o texto é selecionado com a ferramenta Type.

3 No painel Effects, selecione a linha Text para que as modificações feitas no modo de opacidade ou mistura sejam aplicadas apenas ao texto.

4 Escolha Overlay no menu Blending Mode e altere Opacity para 70%.

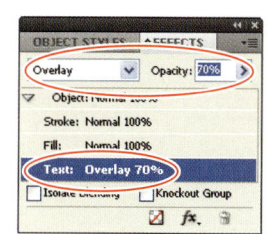

5 Escolha Edit > Deselect All.

Agora você vai alterar a opacidade de um preenchimento de quadro de texto.

6 No painel Tools, certifique-se de que a ferramenta Selection ( ) está selecionada e, então, clique no quadro de texto na parte inferior da página que contém "Boston | Chicago | Denver | Houston | Minneapolis". Se necessário, amplie para ler facilmente o texto.

7 Selecione a linha Fill no painel Effects e altere Opacity para 70%.

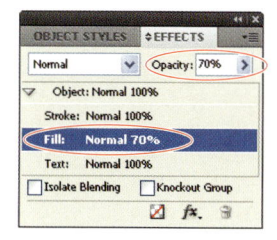

8 Escolha Edit > Deselect All e File > Save.

Trabalhe com efeitos

Até aqui nesta lição, você aprendeu a aplicar a transparência alterando os modos de mistura e a opacidade de objetos desenhados no InDesign, elementos gráficos importados e texto. Outra maneira de aplicar a transparência é utilizando os nove efeitos de transparência no InDesign. Boa parte das configurações e opções para criar esses efeitos é semelhante.

Você testará alguns desses efeitos agora à medida que faz o ajuste fino da arte no menu.

> ## Efeitos de transparência
>
> **Drop Shadow** – Adiciona uma sombra que se projeta atrás do objeto, traçado, preenchimento ou texto.
>
> **Inner Shadow** – Adiciona uma sombra interna às bordas do objeto, traçado, preenchimento ou texto, dando-lhes uma aparência de baixo-relevo.
>
> **Outer Glow e Inner Glow** – Adicionam brilhos que derivam das bordas externas ou internas do objeto, traçado, preenchimento ou texto.
>
> **Bevel and Emboss** – Adiciona várias combinações de áreas claras e escuras que dão ao texto e às imagens uma aparência tridimensional.
>
> **Satin** – Adiciona um sombreamento interno que cria um acabamento acetinado.
>
> **Basic Feather, Directional Feather e Gradient Feather** – Suavizam gradualmente as bordas de um objeto tornando-as transparentes.
>
> — *Extraído do InDesign Help*

Aplique difusão básica às bordas de uma imagem

A difusão (*feathering*) é outra maneira de aplicar transparência a um objeto, criando uma transição sutil entre o objeto e quaisquer imagens subjacentes. O InDesign CS4 tem três tipos de difusão;

- Basic Feather suaviza ou descolore gradualmente as bordas de um objeto em um intervalo que você especifica.
- Directional Feather suaviza as bordas de um objeto tornando as bordas gradualmente transparentes a partir das direções que você especifica.
- Gradient Feather suaviza as áreas de um objeto tornando-as gradualmente transparentes.

Primeiro, você aplicará um Basic Feather e, então, passará para o Gradient Feather.

1. No painel Layers desbloqueie a camada Art 1 se ela estiver bloqueada.
2. Selecione a ferramenta Selection ( ) e depois o círculo preenchido com Light Purple no lado esquerdo da página.
3. Escolha Object > Effects > Basic Feather. A caixa de diálogo Effects aparece, exibindo as opções para vários efeitos de transparência.
4. Na seção Options da caixa de diálogo Effects, configure estas opções:
    - Na caixa Feather Width, digite **0.375** in.
    - Altere o valor Choke e Noise para **10%**.
    - Deixe a opção Corners configurada em Diffused.

5 Certifique-se de que Preview está selecionado e, se necessário, mova a caixa de diálogo para visualizar os efeitos das suas alterações. Note como as bordas do círculo roxo agora estão desfocadas.

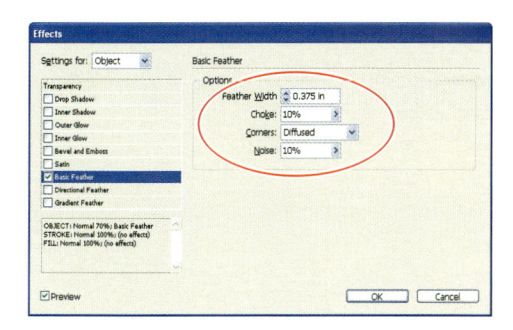

6 Clique em OK para aplicar as configurações e fechar a caixa de diálogo Effects.

7 Escolha File > Save.

Aplique uma difusão gradiente

O efeito Gradient Feather pode ser utilizado para suavizar as áreas de um objeto fazendo com que elas desapareçam gradualmente e se tornem transparentes.

1 No lado direito da página, utilize a ferramenta Selection ( ) para clicar na barra vertical preenchida por Light Purple.

2 Na parte inferior do painel Effects, clique no botão FX (*fx.*) e escolha Gradient Feather no menu pop-up.

● **Nota:** Ao exportar seu documento do InDesign como um arquivo Adobe PDF, a transparência é mantida se você criar o arquivo utilizando o Adobe Acrobat 5.0 ou versão posterior como opção de compatibilidade.

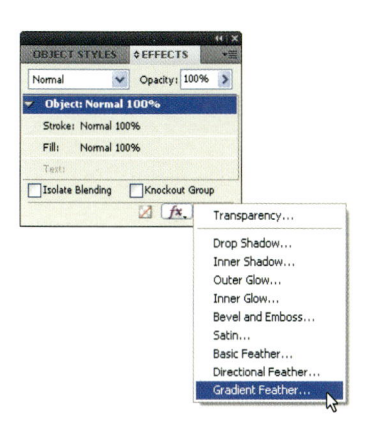

A caixa de diálogo Effects aparece, exibindo as opções Gradient Feather.

● **Nota:** A caixa de diálogo Effects exibe os efeitos aplicados a um objeto selecionado (indicado por uma marca de seleção à esquerda do diálogo) e permite aplicar múltiplos efeitos a um único objeto.

3 Na seção Gradient Stops da caixa de diálogo Effects, clique no botão Reverse Gradient (▧) para inverter as cores sólidas e transparentes.

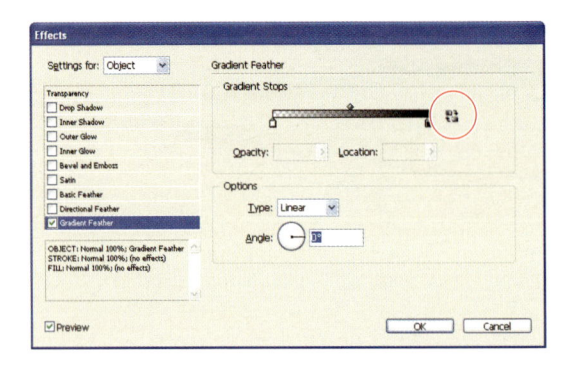

4 Clique em OK. O retângulo roxo deve desaparecer gradualmente e então tornar-se transparente da direita para a esquerda.

Agora você ajustará a direção do desaparecimento gradual.

5 No painel Tools, selecione a ferramenta Gradient Feather (▧). Pressione a tecla Shift e arraste o cursor da parte inferior para a superior do retângulo roxo para alterar a direção do gradiente. Você pode editar o gradiente quantas vezes quiser.

6 Escolha Edit > Deselect All e então File > Save.

Em seguida, você vai aplicar vários efeitos a um único objeto e, depois, editá-los.

Adicione uma sombra projetada a um texto

Quando você adiciona uma sombra projetada a um objeto, o resultado é um efeito 3D que faz com que o objeto flutue acima da página e lance uma sombra na página e nos objetos abaixo. É possível adicionar uma sombra projetada a qualquer objeto, bem como atribuir uma sombra independentemente do traço ou preenchimento de um objeto ou do texto dentro de um quadro de texto.

Agora você testará essa técnica adicionando uma sombra projetada ao texto "bistro".

1. Utilizando a ferramenta Selection (▶), selecione o quadro de texto que contém a palavra "bistro". Utilize a ferramenta Zoom (🔍) para ampliar o quadro a fim de vê-lo claramente.

2. Na parte inferior do painel Effects, clique no botão FX (*fx.*) e escolha Drop Shadow no menu.

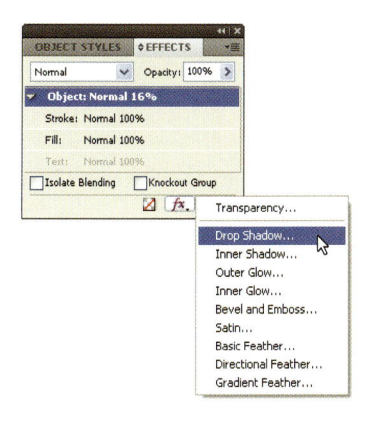

3. Na caixa de diálogo Effects na seção Options, digite **0.125** in para Size e **20%** para Spread. Certifique-se de que Preview está selecionado para poder ver os efeitos na página.

4. Clique em OK para aplicar a sombra projetada ao texto.
5. Escolha File > Save para salvar seu trabalho.

Aplique múltiplos efeitos a um objeto

É possível aplicar diferentes tipos de efeitos de transparência a um objeto. Por exemplo, você pode criar a impressão de que um objeto está chanfrado e tem um brilho em torno dele aplicando dois efeitos de transparência.

Neste exercício, você aplicará um efeito chanfrado e um efeito de brilho externo aos dois semicírculos na página.

1 Escolha View > Fit Page In Window.

2 Utilizando a ferramenta Selection ( ), selecione o semicírculo preenchido com Light Green no canto superior esquerdo da página.

3 Na parte inferior do painel Effects, clique no botão FX ( ) e escolha Bevel And Emboss no menu.

4 Na caixa de diálogo Effects, certifique-se de que Preview está selecionado para visualizar os efeitos na página. Especifique estas configurações na seção Structure:

- Size: **0.3125 in**
- Soften: **0.3125 in**
- Depth: **30%**

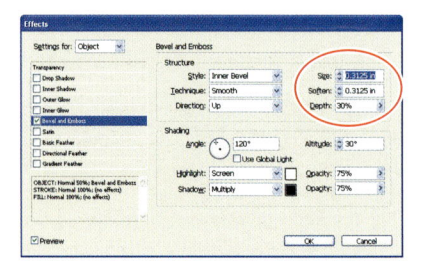

5 Não mexa nas configurações restantes e mantenha a caixa de diálogo Effects aberta.

6 No lado esquerdo da caixa de diálogo, clique na caixa de seleção à esquerda de Outer Glow para adicionar um efeito de brilho externo ao semicírculo.

7 Clique nas palavras Outer Glow para editar o efeito e especificar estas configurações:

- Mode: **Multiply**
- Opacity: **80%**
- Size: **6,35 mm**
- Spread: **10%**

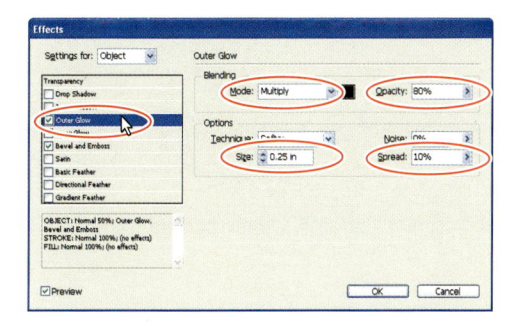

8 Clique em OK para aplicar as configurações para múltiplos efeitos.

Em seguida, você aplicará os mesmos efeitos a outro semicírculo na página, simplesmente arrastando o ícone FX do painel Effects até o semicírculo.

9 Dê um clique duplo na ferramenta Hand ( ) para ajustar a página na janela.

10 No painel Tools, selecione a ferramenta Selection ( ). Se o semicírculo verde no canto superior esquerdo da página não estiver selecionado, selecione-o agora.

● **Nota:** Se você não vir o semicírculo, escolha Edit > Undo Move Object Effects e tente novamente.

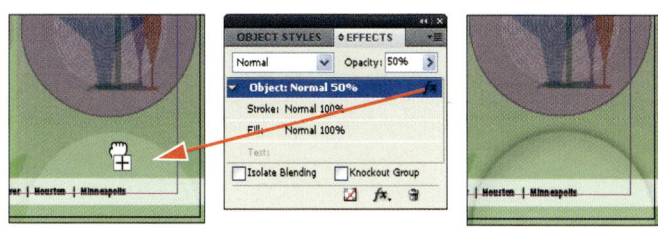

11 Com o painel Effects aberto, arraste o ícone FX no lado direito do nível Object até a página e diretamente sobre o semicírculo verde no canto inferior direito.

Arrastar o ícone FX para o semicírculo (esquerda e centro); resultado (direita).

Em seguida, você aplicará os mesmos efeitos ao pequeno círculo cinza na página.

12 No painel Layers, clique no ícone de olho (👁) para desativar a visibilidade da camada Art3 e desbloqueie a camada Art2.

13 Certifique-se de que o semicírculo verde ainda está selecionado. No painel Effects, clique e arraste o ícone FX até o círculo cinza acima e à direita da imagem do peixe.

14 Escolha File > Save.

Edite e remova efeitos

É possível editar ou remover facilmente os efeitos aplicados, bem como verificar rapidamente se algum efeito foi aplicado a um objeto.

Primeiro, você vai editar o preenchimento de gradiente atrás do título do restaurante e, depois, remover os efeitos aplicados a um dos círculos.

1 No painel Layers, certifique-se de que a camada Art1 está desbloqueada e visível.

2 Com a ferramenta Selection (▶), clique no quadro com o preenchimento de gradiente que está atrás do texto "bistro Nouveau".

3 Com o painel Effects aberto, clique no botão FX (*fx.*) na parte inferior do painel. No menu que aparece, o efeito Gradient Feather tem uma marca de seleção ao lado dele. Escolha a opção Gradient Feather no menu.

4 Na caixa de diálogo Effects, abaixo de Gradient Stops, clique no limite de cor na extremidade direita da barra de gradientes. Mude Opacity para 30% e Angle para 90°.

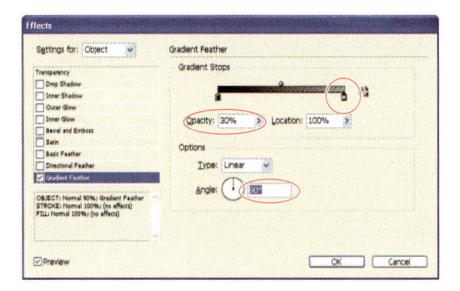

5 Clique em OK para atualizar as opções de gradiente.

Agora você removerá todos dos efeitos aplicados a um objeto.

6 Com a ferramenta Selection (▶), clique no pequeno círculo cinza à direita e acima da imagem do peixe no lado direito da página.

7 Na parte inferior do painel Effects, clique no botão Clear effects (🖉) para remover todos os efeitos aplicados ao círculo.

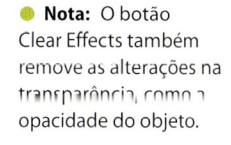

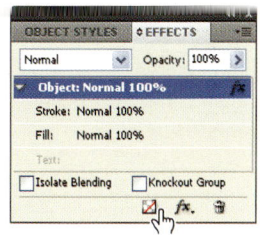

● **Nota:** O botão Clear Effects também remove as alterações na transparência, como a opacidade do objeto.

8 No painel Layers, ative a visibilidade para todas as camadas.
9 Escolha File > Save.

Parabéns! Você completou a lição.

Explore por conta própria

Faça os exercícios a seguir trabalhando com as opções de transparência do InDesign:

1 Role até uma área em branco do pasteboard e crie algumas formas (utilizando as ferramentas de desenho ou importando novas cópias de alguns arquivos de imagens utilizados nesta lição) em uma nova camada. Posicione suas formas para que elas se sobreponham, pelo menos parcialmente. Então:

- Selecione o objeto mais no topo no seu arranjo de formas. Utilizando os controles no painel Effects, teste outros modos de mistura, como Luminosity, Hard Light e Difference. Então selecione um objeto diferente e escolha os mesmos modos de mistura no painel Effects a fim de comparar os resultados. Quando você tiver uma ideia do que os vários modos fazem, selecione todos os seus objetos e escolha Normal como o modo de mistura.

- No painel Effects, altere o valor de Opacity de alguns objetos, mas não o de outros. Selecione diferentes objetos no seu arranjo e utilize os comandos Object > Arrange > Send Backward e Object > Arrange > Bring Forward para ver os diferentes resultados.

- Tente combinações de diferentes opacidades e modos de mistura aplicados a um objeto. Então faça o mesmo com outros objetos que parcialmente se sobrepõem ao primeiro objeto a fim de explorar a variedade de efeitos que você pode criar.

2 No painel Pages, dê um clique duplo na página 1 para centralizá-la na janela de documento. No painel Layers, clique nos ícones de olho das diferentes camadas Art uma de cada vez para ver as diferenças que isso cria no efeito geral do layout.

3 No painel Layers, certifique-se de que todas as camadas estejam desbloqueadas. No layout, clique na imagem das taças para selecioná-la. Utilize o painel Effects para aplicar uma sombra projetada.

Perguntas de revisão

1 Como você muda a cor de áreas brancas de uma imagem em escala de cinza? Como você altera as áreas cinza?

2 Como você pode mudar os efeitos de transparência sem alterar o valor de Opacity de um objeto?

3 Qual é a importância da ordem de empilhamento de camadas e objetos dentro de camadas quando você trabalha com transparência?

4 Se você aplicou efeitos de transparência a um objeto, qual é a maneira mais fácil de aplicar os mesmos efeitos a um objeto diferente?

Respostas

1 Para mudar a cor de áreas brancas, selecione o objeto com a ferramenta Selection e, então, selecione uma cor no painel Swatches. Para mudar as áreas cinza, selecione o objeto com a ferramenta Direct Selection e depois selecione a cor que você quer utilizar no painel Swatches.

2 Além de selecionar o objeto e alterar o valor de Opacity no painel Effects, você também pode criar efeitos de transparência alterando o modo de mistura, suavizando de várias maneiras um objeto, adicionando sombras e efeitos de baixo e alto relevo, etc. Os modos de mistura determinam a maneira como a cor básica e a cor de mistura se combinam para produzir uma cor resultante.

3 A transparência de um objeto afeta a visualização dos objetos abaixo dela (atrás dela) na ordem de empilhamento. Por exemplo, objetos abaixo de um objeto semitransparente podem ser vistos atrás dele – como ocorre com objetos atrás de uma película plástica colorida. Um objeto opaco bloqueia a visualização da área atrás deles na ordem de empilhamento, independentemente de os objetos atrás deles terem valores reduzidos de opacidade, difusão, modos de mistura ou outros efeitos.

4 Selecione o objeto ao qual você aplicou os efeitos de transparência e arraste o ícone FX exibido no lado direito do painel Effects para outro objeto.

12 TRABALHANDO COM DOCUMENTOS LONGOS

Visão geral da lição

Nesta lição, você aprender a:

- Combinar múltiplos documentos do InDesign em um arquivo de livro
- Controlar a numeração de páginas em todos os documentos de um livro
- Criar variáveis de texto para cabeçalhos ou rodapés corridos
- Adicionar notas de rodapé
- Criar referências cruzadas
- Especificar um documento de origem para definir os estilos de um livro
- Criar um sumário para um livro
- Criar referências de índice
- Gerar um arquivo de índice e classificar entradas
- Editar referências de índice

Esta lição levará aproximadamente 45 minutos.

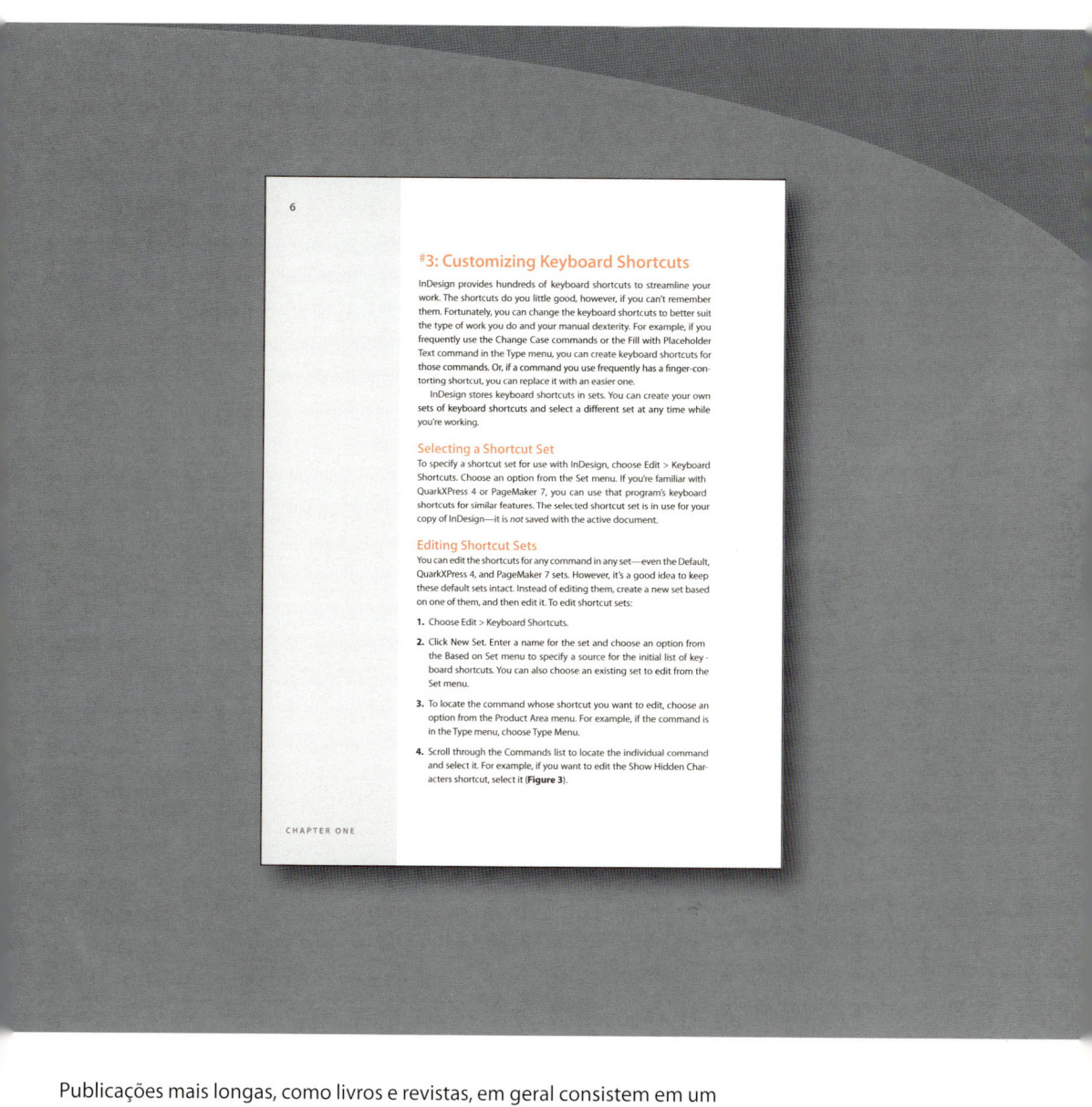

Publicações mais longas, como livros e revistas, em geral consistem em um documento por capítulo ou artigo. Os recursos de livro do InDesign permitem combinar os documentos para que você possa monitorar o número de páginas em todos os capítulos; criar sumários, índices, referências cruzadas e notas de rodapé; atualizar globalmente estilos; e gerar o livro como um único arquivo.

Introdução

Nesta lição, você vai combinar vários documentos em um arquivo de livro do InDesign. Um arquivo de livro permite executar várias funções por todos os documentos – como criar um sumário ou atualizar estilos – e ao mesmo tempo reter a capacidade de abrir e editar cada documento individualmente. Os quatro documentos de exemplo com os quais você vai trabalhar consistem no sumário, primeiro capítulo, segundo capítulo e índice de um livro de 11 capítulos. As habilidades aprendidas nesta lição se aplicam a arquivos de livro com qualquer número de documentos.

● **Nota:** Se você ainda não copiou os arquivos de recurso desta lição do CD do *Adobe InDesign CS4 Classroom in a Book* para o seu disco rígido, faça isso agora. Veja "Copie os arquivos do Classroom in a Book", na página 14.

1 Para assegurar que as preferências e configurações padrão do seu programa Adobe InDesign CS4 correspondam àquelas utilizadas nesta lição, mova o arquivo InDesign Defaults para uma pasta diferente seguindo o procedimento em "Salve e restaure o arquivo InDesign Defaults" na página 14.

2 Inicie o Adobe InDesign CS4. Para assegurar que os comandos de painéis e menu correspondam àqueles utilizados nesta lição, escolha Window > Workspace> [Advanced] e, então, escolha Window > Workspace > Reset Advanced.

Inicie um livro

No InDesign, um livro é um tipo especial de arquivo exibido como um painel, quase como uma biblioteca. O painel Book exibe os documentos que você adiciona ao livro e fornece acesso rápido à maioria das funções relacionadas a livro. Nesta seção, você vai criar um arquivo de livro, adicionar documentos (capítulos) e especificar a numeração de página para os capítulos.

Crie um arquivo de livro

Antes de iniciar um livro, uma boa ideia é agrupar todos os documentos do InDesign para o livro em uma única pasta do projeto. Essa pasta também é um bom local para armazenar todas as fontes, arquivos gráficos, bibliotecas, perfis de comprovação, perfis de cores e outros arquivos necessários para completar o livro.

▶ **Dica:** Você abre e fecha arquivos de livro da mesma maneira como você abre e fecha bibliotecas. Utilize File > Open para abrir o livro e clique no botão fechar do painel para fechar um livro.

Neste exercício, os documentos do InDesign já estão armazenados na pasta de lição. Você vai criar um novo arquivo de livro e armazená-lo na pasta de lição.

1 Escolha File > New > Book.

2 Na caixa de diálogo New Book, digite **HowTos.indb** na caixa Save As. Clique em Save para armazenar o arquivo na pasta Lesson_12. O novo painel Book aparece.

3 Posicione o painel Book no centro da tela.

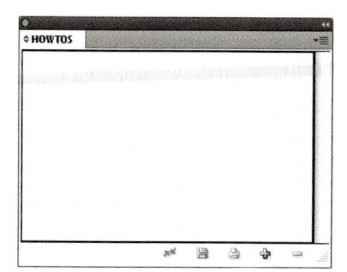

Adicione documentos a um arquivo de livro

O painel Book exibe um link para cada documento no livro – ele não contém literalmente os documentos. Você pode adicionar documentos um após o outro, à medida que se disponibilizam ou todos de uma vez. Se você iniciar com alguns documentos e adicionar mais documentos posteriormente, sempre será possível alterar a ordem dos documentos e atualizar a numeração de página, estilos, sumário, etc., conforme necessário. Neste exercício, você adicionará os quatro capítulos do livro ao mesmo tempo.

1 Escolha Add Document no menu do painel Book.

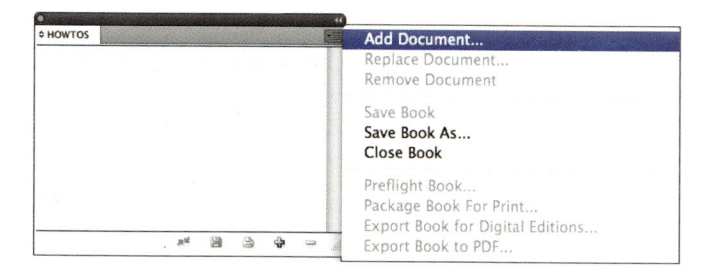

▶ **Dica:** Você também pode clicar no botão Add Documents na parte inferior do painel Book para adicionar documentos a um livro.

2 Na caixa de diálogo Add Documents, selecione os quatro arquivos do InDesign na pasta Lesson_12. Você pode selecionar uma série de arquivos contínuos clicando e pressionando a tecla Shift no primeiro e no último arquivos.

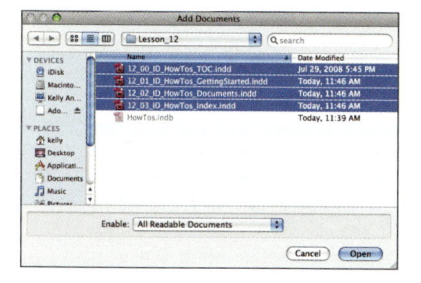

● **Nota:** Os documentos são listados no painel Book na ordem em que você os adiciona. Você pode arrastar documentos para cima e para baixo no painel para reordená-los. Por uma questão de organização, a maioria dos editores nomeia os arquivos de documento em uma determinada ordem, iniciando com 00 para a introdução, 01 para o primeiro capítulo, 02 para o segundo capítulo e assim por diante.

3 Clique em Open para exibir os documentos no painel Book. Se a caixa de diálogo Save As for exibida para cada documento, clique em Save.

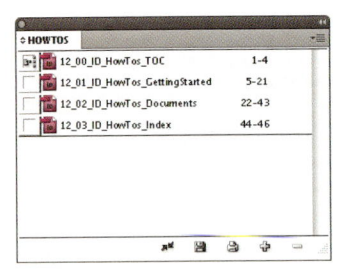

4 Escolha Save Book no menu do painel Book.

Especifique a numeração de página em todo o livro

Um aspecto desafiador ao trabalhar com publicações de vários documentos é monitorar o número de páginas ao longo de arquivos individuais. O recurso Book do InDesign pode automatizar isso para você, numerando as páginas de um livro do início ao fim em vários documentos. Você pode substituir a numeração de página conforme necessário alterando as opções de numeração de um documento ou criando uma nova seção dentro de um documento.

Nesta parte da lição, você especificará as opções de numeração de página para assegurar números de páginas contínuos e atualizados à medida que os capítulos são adicionados ou reorganizados.

1 Observe a numeração de página mostrada ao lado de cada capítulo no painel Book.

2 Escolha Book Page Numbering Options no menu do painel Book.

● **Nota:** Os recursos de numeração de página para livros são essencialmente projetados para livros com capítulos que iniciam nas páginas ímpares, páginas à direita. A única maneira de iniciar um capítulo em uma página esquerda é especificar que a seção inicie em uma página par.

3 Na caixa de diálogo Book Page Numbering Options, selecione Continue On Next Odd Page na seção Page Order.

4 Selecione Insert Blank Page para assegurar que cada capítulo termina em uma página par. Se um capítulo terminar em uma página ímpar, uma página em branco será adicionada automaticamente.

5 Se necessário, selecione Automatically Update Page & Section Numbers para manter o número de páginas atualizado em todo o livro.

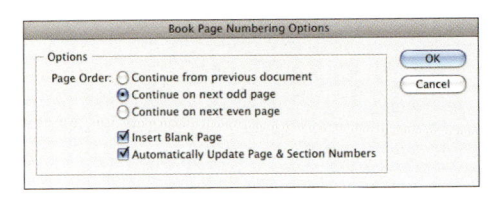

6 Clique em OK. Escolha Save Book no menu do painel Book.

LIÇÃO 12 | 359
Trabalhando com Documentos Longos

Personalize a numeração de página

Nesse ponto, a numeração de página é configurada da primeira página no primeiro capítulo do livro ao último capítulo. O primeiro capítulo no livro, contendo o sumário, deve utilizar algarismos romanos. O segundo capítulo do livro, contendo o capítulo de Introdução, deve iniciar na página 1.

1 No painel Book, clique para selecionar o primeiro capítulo: 12_00_ID_HowTos_TOC.

2 Escolha Document Numbering Options no menu do painel Book.

Isso abre o capítulo e exibe a caixa de diálogo Document Numbering Options.

3 Em Page Numbering, escolha os algarismos romanos em letras minúsculas (i, ii, iii, iv) no menu Style.

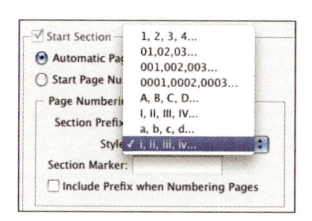

Tipicamente, as páginas de entrada, como o sumário, são numeradas com algarismos romanos.

4 Clique em OK.

5 Escolha File > Save e feche o documento.

6 No painel Book, clique para selecionar o segundo capítulo: 12_01_ID_HowTos_GettingStarted.

7 Escolha Document Numbering Options no menu do painel Book.

8 Na caixa de diálogo Document Numbering Options, selecione Start Page Numbering At e, então, digite **1** na caixa de texto.

9 Certifique-se de que os algarismos arábicos (1, 2, 3, 4) estão selecionados no menu Style.

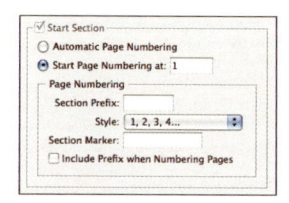

10 Clique em OK.

11 Escolha File > Save e feche o documento.

> **Dica:** À medida que adiciona, edita e reorganiza os capítulos, você também pode forçar a atualização da numeração de página escolhendo um dos comandos Update Numbering no menu do painel Book.

12 Agora revise a numeração de página do livro. O primeiro documento, contendo o sumário, agora está numerado i–iv com os documentos restantes iniciando na página 1 e continuando até a página 43. Tente arrastar os dois últimos capítulos para cima e para baixo na lista para ver como a numeração de página muda quando você reorganiza os documentos em um arquivo de livro. Ao terminar, coloque os capítulos na ordem correta.

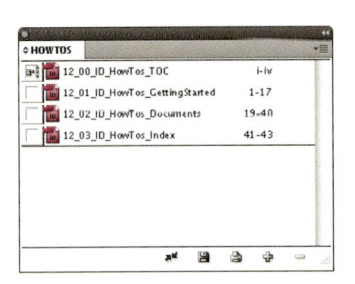

Crie um rodapé

> **Dica:** Cabeçalhos e rodapés são um dos usos do recurso Text Variables. Você pode usar uma variável de texto para inserir e atualizar a data em um documento, por exemplo.

Um cabeçalho ou rodapé é um texto que se repete nas páginas do capítulo – como o número do capítulo no cabeçalho e o título do capítulo no rodapé. O InDesign pode preencher automaticamente o texto de um rodapé de acordo com o título de um capítulo. Para fazer isso, crie uma variável de texto para o texto de origem, nesse caso o título do capítulo. Insira então a variável de texto na página-mestre no rodapé (ou onde você quer que ela apareça no documento).

A vantagem de utilizar uma variável de texto em vez de simplesmente digitar o título do capítulo na página-mestre é que, se o título de capítulo mudar (ou você iniciar um novo capítulo a partir de um modelo), o rodapé é automaticamente atualizado. Como você pode inserir variáveis de texto em qualquer lugar, os passos para criar cabeçalhos e rodapés corridos são os mesmos.

Nesta parte da lição, você vai criar uma variável de texto para o título do capítulo no segundo capítulo, inseri-la na página-mestre e ver como ela é atualizada em todas as páginas do capítulo.

Defina uma variável de texto

Primeiro, você criará uma variável de texto para o título do capítulo.

1 No painel Book, dê um clique duplo no segundo capítulo: 12_01_ID_HowTos_GettingStarted. Se necessário, dê um clique duplo no ícone da página 1 no painel Pages para centralizá-la na janela de documento.

2 Escolha Type > Paragraph Styles para abrir o painel Paragraph Styles.

3 Utilizando a ferramenta Type (T), clique no título do capítulo "Getting Started with InDesign" para ver o estilo de parágrafo aplicado a ele: Chapter Title.

Você utilizará essa informação para criar a variável de texto, que especificará que qualquer texto com estilo de parágrafo Chapter Title seja inserido no rodapé.

4 Feche o painel Paragraph Styles.
5 Escolha Type > Text Variables > Define.
6 Na caixa de diálogo Text Variables, clique em New.

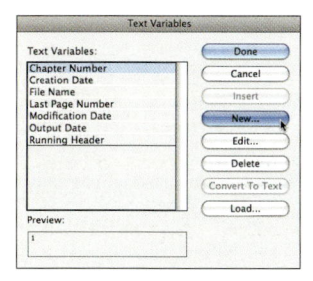

7 Digite **Chapter Title for Footer** na caixa Name.

Agora você especificará que quer que o texto seja formatado com um estilo de parágrafo específico para ser utilizado em um cabeçalho (ou, nesse caso, um rodapé).

8 Escolha Running Header (Paragraph Style) no menu Type. O menu Style lista todos os estilos de parágrafo no documento.

Você escolherá o estilo de parágrafo que é aplicado ao título do capítulo.

9 Escolha Chapter Title no menu Style.

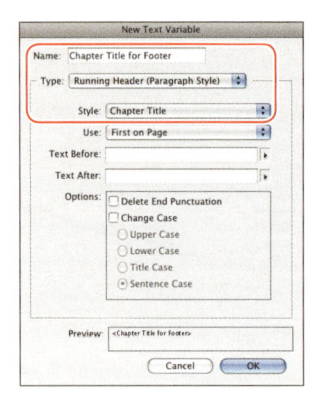

10 Deixe todas as outras configurações em seus padrões e clique em OK. A nova variável de texto aparece na lista de variáveis. Clique em Done para fechar a caixa de diálogo Text Variables.

Insira uma variável de texto

Agora que a variável de texto foi criada, você pode inseri-la na página-mestre (ou em qualquer lugar no documento).

1 Clique no menu de número de página no canto inferior esquerdo da janela de documento. Role para baixo até a página-mestre e escolha T-Text.

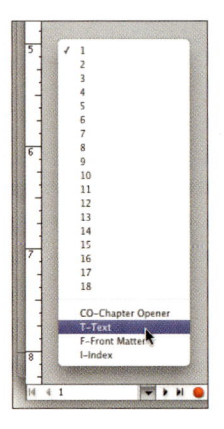

2 Escolha Type > Show Hidden Characters, se necessário, para ver onde inserir a variável de texto.

3 Amplie o canto inferior esquerdo da página-mestre.

4 Utilizando a ferramenta Type, clique para posicionar o ponto de inserção de texto depois do caractere de tabulação (>>). É aqui que você vai inserir a variável.

5 Escolha Type > Text Variables > Insert Variable > Chapter Title for Footer.

6 No menu de número de página na janela de documento inferior esquerda, escolha 2.

Na página 2, observe como o título do capítulo agora é inserido no rodapé corrido.

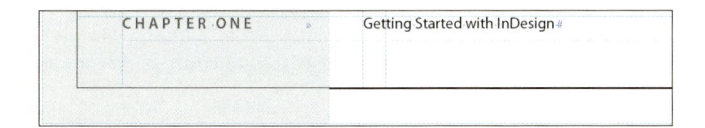

7 Escolha View > Fit Spread In Window e role pelas páginas para ver como o rodapé é atualizado em todos os lugares.

8 Escolha File > Save. Deixe o documento aberto para a próxima parte da lição.

Cada capítulo no livro pode utilizar a mesma variável de texto, mas conter um rodapé diferente de acordo com o título do capítulo.

▶ **Dica:** Alterar o texto de origem – nesse caso, a primeira instância do texto formatado com o estilo de parágrafo Chapter Title – muda automaticamente o rodapé em cada página.

Adicione uma nota de rodapé

Com o InDesign, você pode criar notas de rodapé ou importá-las do texto importado como um documento do Microsoft Word ou como um arquivo rich-text format (RTF). No último caso, o InDesign cria e insere automaticamente as notas de rodapé que podem ser ajustadas na caixa de diálogo Document Footnote Options. Se estiver trabalhando com um arquivo de livro, você pode especificar se a numeração da nota de rodapé reinicia em cada documento ou continua entre um documento e outro.

Neste exercício, você adicionará uma nota de rodapé e personalizará a formatação.

1 Com o capítulo 12_01_ID_HowTos_GettingStarted aberto, escolha a página 11 no menu de página na parte inferior esquerda da janela de documento.

2 Amplie conforme necessário para ver o parágrafo do corpo principal, iniciando com "To reduce the size".

3 Utilizando a ferramenta Type (T), selecione da segunda a última oração no parágrafo, iniciando com "For example".

4 Escolha Edit > Cut. Esse texto será utilizado em uma nota de rodapé em vez de no corpo do texto.

> To reduce the size and complexity of the Control panel, you can customize it to display only the controls you need. Choose Customize from the Control panel menu to open the Customize Control Panel dialog box (**Figure 5d**). Click the arrow next to a category of controls (such as Character) to see all the options (such as Fonts, Kerning, Style, etc.) and uncheck any options you want to hide. For example, if you're not using Adobe Bridge, you can uncheck it to remove that button from the Control panel. When you're finished, click OK.

5 Posicione o ponto de inserção de texto logo depois de "hide".

6 Escolha Type > Insert Footnote.

Um número de referência de nota de rodapé aparece no texto. Além disso, um quadro de texto de nota de rodapé e um espaço reservado aparecem na parte inferior da página, junto com o ponto de inserção de texto piscando à direita do número da nota de rodapé.

7 Escolha Edit > Paste.

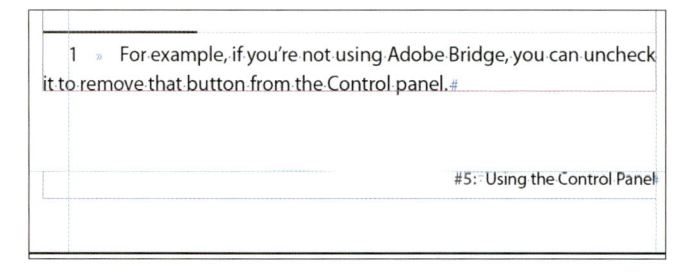

> 1 » For example, if you're not using Adobe Bridge, you can uncheck it to remove that button from the Control panel.
>
> #5: Using the Control Panel

8 Escolha Type > Document Footnote Options.

Observe todas as opções para personalizar a numeração e formatação da nota de rodapé. Aqui você pode controlar o estilo de numeração e a aparência dos números de referência da nota de rodapé e o texto da nota de rodapé em um documento.

9 Na caixa de diálogo Footnote Options em Footnote Formatting, escolha Tip/Note Text no menu Paragraph Style. Clique em Preview para ver a modificação na formatação do texto da nota de rodapé.

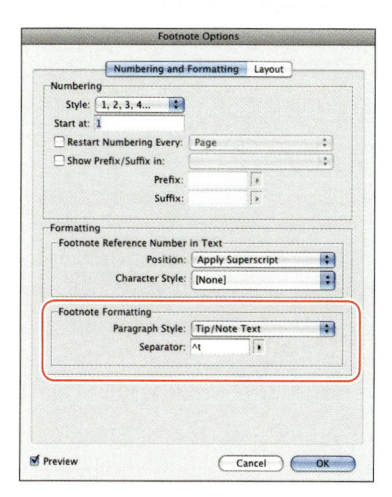

10 Clique na guia Layout para visualizar todas as opções para personalizar o posicionamento e a formatação das notas de rodapé no documento inteiro. Deixe todas as configurações nos seus padrões.

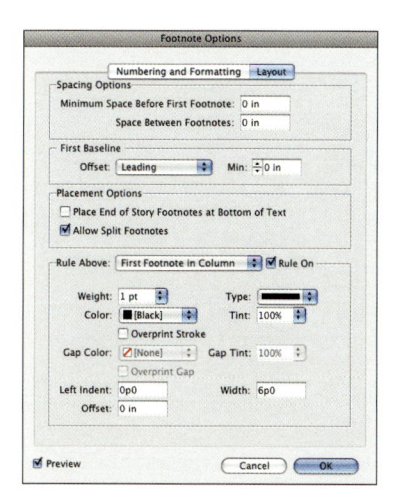

11 Clique em OK para formatar a nota de rodapé.

12 Escolha File > Save. Deixe o capítulo aberto para a próxima parte da lição.

> 1 » For example, if you're not using Adobe Bridge, you can uncheck it to remove that button from the Control panel.#

Adicione uma referência cruzada

Referências cruzadas, comuns em livros técnicos, indicam em outra seção de um livro informações adicionais. Manter as referências cruzadas atualizadas à medida que os capítulos em um livro são editados e revisados pode ser difícil e demorado. O InDesign CS4 permite inserir referências cruzadas automáticas que são atualizadas em todos os documentos em um arquivo de livro. Você pode controlar o texto utilizado nas referências cruzadas e também sua aparência.

Neste exercício, você adicionará uma referência cruzada que leva o leitor a uma seção em outro capítulo do livro.

1 Com 12_01_ID_HowTos_GettingStarted aberto, escolha a página 3 no menu de página na parte inferior esquerda da janela de documento.

2 Amplie conforme necessário para ver o texto sob "Creating new files".

3 Utilizando a ferramenta Type (T), selecione o texto "#9".

Você substituirá essa referência cruzada criada manualmente por uma referência cruzada automática que é atualizada se o texto no capítulo refluir.

> • » **Document:** This lets you set up the page size and other details for a new document (see #9 for more information).¶
> • » **Book:** This lets you create a book file for managing all the documents that make up a single publication (see #85 for more information).¶

4 Escolha Type > Hyperlinks & Cross-References > Insert Cross-Reference.

5 Na caixa de diálogo New Cross-Reference, deixe Link To configurado como Paragraph.

Você vinculará a referência cruzada ao texto formatado com um estilo de parágrafo específico.

6 Em Destination, escolha Browse no menu Document. Escolha 12_02_ID_HowTos_Documents.indd na pasta Lesson_12 e clique em Open.

7 Na lista de rolagem à esquerda, selecione Head 1 para especificar o estilo de parágrafo do texto referido. A referência cruzada que você está criando está relacionada ao nome de uma seção em outro documento formatado com o estilo Head 1.

Todo o texto formatado com o Head 1 aparece na lista de rolagem à direita. Nesse caso, você sabe que a seção #9, à qual você está criando a referência cruzada, é intitulada "Creating New Documents". Ao criar referências cruzadas em todos os documentos, talvez seja necessário primeiro examinar o documento referido para determinar como o texto está formatado.

8 Na lista de rolagem à direita, selecione #9: Criando novos documentos. Arraste a caixa de diálogo New Cross-Reference para fora do caminho a fim de ver o texto inserido em #9.

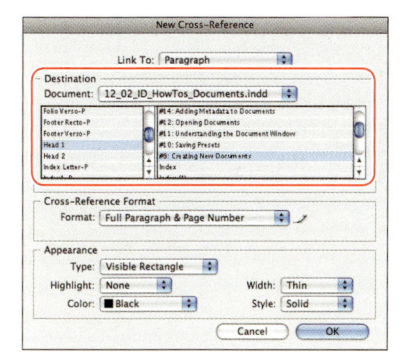

Agora você formatará o texto da referência cruzada.

9 Em Cross-Reference Format, escolha Page Number no menu Format.

10 Clique no botão Create Or Edit Cross-Reference Formats ( ) à direita do menu Format.

11 Na caixa de diálogo Cross-Reference Formats, selecione Character Style para Cross-Reference. Escolha Body Bold-P no menu para especificar a formatação de caracteres do texto da referência cruzada.

12 Clique em OK para aplicar a modificação e retorne à caixa de diálogo New Cross-Reference.

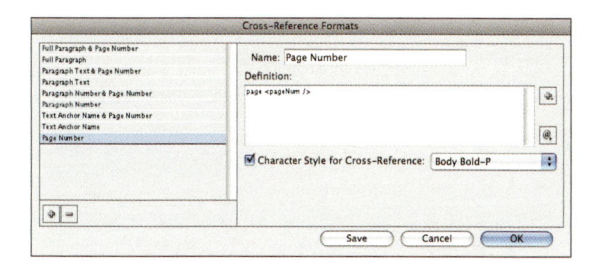

13 Em Appearance, escolha Invisible Rectangle no menu Type para remover a caixa em torno do texto da referência cruzada.

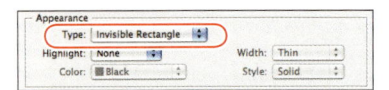

14 Clique em OK para criar a referência cruzada e fechar a caixa de diálogo.

15 Escolha File > Save. Deixe o documento aberto para o próximo exercício.

Sincronize um livro

● **Nota:**
A sincronização de documentos compara todos os estilos em um documento com o documento de origem. O processo adiciona todos os estilos ausentes e atualiza as variações no capítulo de origem, mas não altera estilos adicionais não incluídos no documento de origem.

Para manter a consistência em todos os documentos em um arquivo de livro, o InDesign permite especificar um documento de origem para especificações como estilos de parágrafo, amostras de cores, estilos de objeto, variáveis de texto e páginas-mestre. Você pode então sincronizar os documentos selecionados com o documento de origem.

Neste exercício, você vai adicionar uma amostra de cor a um capítulo, utilizar a nova cor em um estilo de parágrafo e então sincronizar o livro para que a cor seja utilizada de forma consistente.

1 Com 12_01_ID_HowTos_GettingStarted aberto, escolha View > Fit Page in Window. Não importa qual página é exibida.

2 Escolha Window > Swatches para abrir o painel Swatches.

3 Escolha New Color Swatch no menu do painel Swatches.

4 No menu Color Mode, escolha Pantone Process Coated.

5 Digite **73-1C** na caixa Pantone DS (ou role para localizar e selecionar a cor).

6 Clique em OK para adicionar a cor e fechar a caixa de diálogo New Color Swatch.

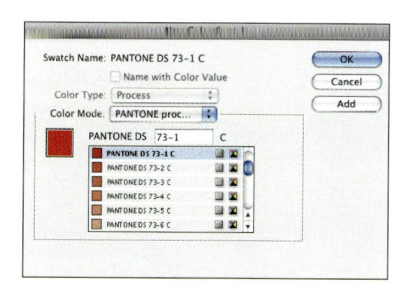

7 Escolha Type > Paragraph Styles para abrir o painel Paragraph Styles. Clique na área de trabalho para certificar-se de que nada está selecionado.

8 Dê um clique duplo em Head 1 para editar o estilo. Nas categorias no lado esquerdo da caixa de diálogo Paragraph Style Options, selecione Character Color.

9 À direita em Character Color, clique na nova amostra PANTONE DS 73-1 C. Deixe Tint configurado como 70%.

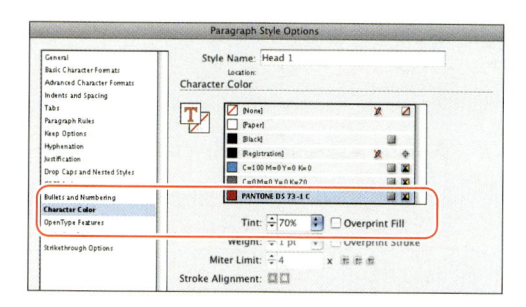

10 Clique em OK para atualizar o estilo de parágrafo.

11 Escolha File > Save para salvar a alteração com o documento.

Você agora precisa especificar que o capítulo atual, Getting Started, é o documento de origem no livro.

12 No painel Book à esquerda do nome do capítulo 12_01_ID_HowTos_GettingStarted, clique na caixa em branco.

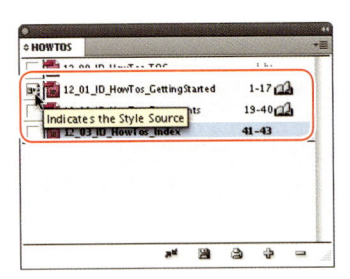

▶ **Dica:** O InDesign permite sincronizar as páginas-mestre em um livro. Por exemplo, se você adicionar um bloco de cores a uma página-mestre utilizada para aberturas de capítulo, é possível sincronizar as páginas-mestre e aplicar a modificação a todos os capítulos.

13 Escolha Synchronize Options no menu do painel Book. Revise as opções disponíveis na caixa de diálogo Synchronize Options; clique em Cancel.

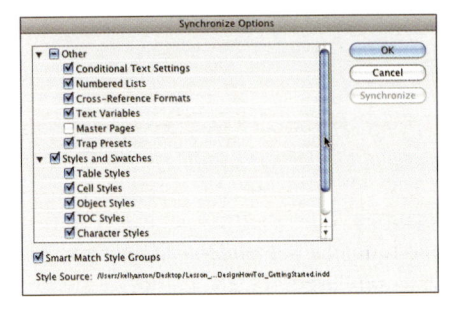

Agora você selecionará os capítulos que você quer sincronizar – nesse caso, todos eles.

14 Clique com Shift pressionada no primeiro e último capítulos no painel Book para selecionar todos os capítulos do livro.

Você pode optar por sincronizar apenas os capítulos selecionados – por exemplo, é possível omitir a seleção da capa se o livro tiver uma capa que você não quer alterar.

15 Escolha Synchronize Book no menu do painel Book.

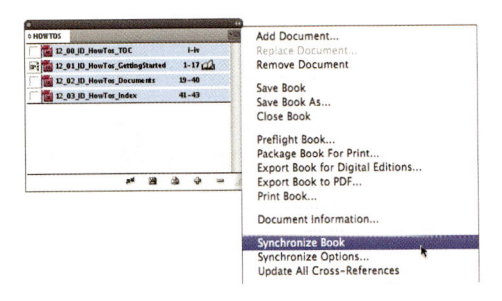

16 No alerta que informa a conclusão do processo, clique em OK.

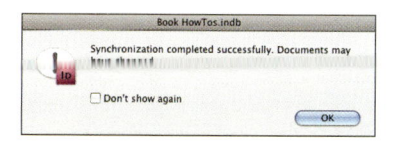

17 Escolha Save Book no menu do painel Book. Dê um clique duplo em outro capítulo para abri-lo. Observe as novas amostras no painel Swatches; agora essa cor é aplicada ao texto formatado com o estilo Head 1.

Você perceberá que as cores dos subtítulos também mudaram. Isso porque no modelo para esse livro, o Head 2 baseia-se no Head 1, então incorpora todas as modificações feitas na formatação comum no Head 1.

Gere um sumário

Com o InDesign, você pode gerar um sumário totalmente formatado com números de páginas precisos para um único documento ou para todos os documentos em um arquivo de livro. O sumário consiste em um texto que pode ser inserido em qualquer lugar – no início de um documento ou em um documento próprio dentro de um arquivo de livro. O recurso funciona copiando o texto formatado com os estilos de parágrafo específicos, compilando o texto na ordem e então reformatando o texto com novos estilos de parágrafo. Portanto, a informação do sumário depende dos estilos de parágrafo corretamente aplicados.

▶ **Dica:** Embora o recurso seja chamado Table of Contents, você pode utilizá-lo para criar qualquer tipo de lista baseada em texto formatado com estilos de parágrafo específicos. A lista não precisa conter números de páginas e pode ser alfabética. Se você estivesse trabalhando em um livro de receitas, por exemplo, o recurso Table of Contents poderia ser usado para compilar uma lista alfabética dos nomes das receitas no livro.

Neste exercício, você vai gerar um sumário para o livro.

Prepare-se para gerar o sumário

Para gerar um sumário, é necessário saber quais estilos de parágrafo estão aplicados ao texto que será inserido no sumário. Também é preciso criar estilos de parágrafo para formatar o texto no sumário. Agora você abrirá um capítulo para analisar os estilos de parágrafo e abrirá o capítulo do sumário para ver como está formatado.

1 No painel Book, dê um clique duplo em 12_01_ID_HowTos_GettingStarted para abrir o capítulo.

2 Escolha Type > Paragraph Styles para abrir o painel Paragraph Styles.

3 Na página 1 do capítulo Getting Started, clique no título do capítulo. No painel Paragraph Styles, observe que o estilo de parágrafo Chapter Title é aplicado.

4 Na página 2 do capítulo, clique no nome da seção numerada. No painel Paragraph Styles, observe que o estilo de parágrafo Head 1 é aplicado.

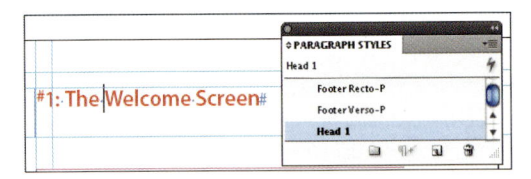

5 Feche o capítulo Getting Started; dê um clique duplo em 12_00_ID_HowTos_TOC no painel Book para abri-lo.

▶ **Dica:** Para ver como o estilo TOC Section Name é criado, dê um clique duplo nele no painel Paragraph Styles. Na caixa de diálogo Paragraph Style Options, selecione Drop Caps And Nested Styles à esquerda. Você só verá um estilo de caractere aplicado quando um dois pontos é encontrado no texto. Os dois estilos de parágrafo para o sumário também especificam uma guia Right-Justified com uma guia de tabulação à esquerda do número da página.

6 Com o painel Paragraph Styles aberto, utilize a ferramenta Type (T) para clicar nos dois tipos de formatação que você vê na página:

- TOC Chapter Title é aplicado aos títulos de primeiro nível, os nomes dos capítulos.
- TOC Section Name é aplicado aos títulos de segundo nível, os nomes das seções numeradas.

7 Escolha Edit > Select All. Pressione então a tecla Backspace ou Delete para excluir o sumário.

Você vai gerar seu próprio sumário nos dois exercícios a seguir.

8 Escolha File > Save.

Configure o sumário

Agora que você está familiarizado com todos os estilos de parágrafo que serão utilizados para gerar o sumário, você vai "mapeá-los" na caixa de diálogo Table of Contents. Neste exercício, você especificará o título, quais estilos de parágrafo serão incluídos e como o sumário final será formatado.

1 Escolha Layout > Table Of Contents.

2 Na caixa de diálogo Table Of Contents, digite **Contents** na caixa Title. Esse é o título que aparecerá acima do sumário.

3 Para especificar como o título é formatado, escolha Chapter Title no menu Style.

4 Em Styles In Table Of Contents, role pela caixa de listagem Other Styles para localizar Chapter Title. Selecione-o e clique em Add.

5 Repita o passo 4 para localizar e selecionar Head 1. Clique em Add. Deixe a caixa de diálogo aberta.

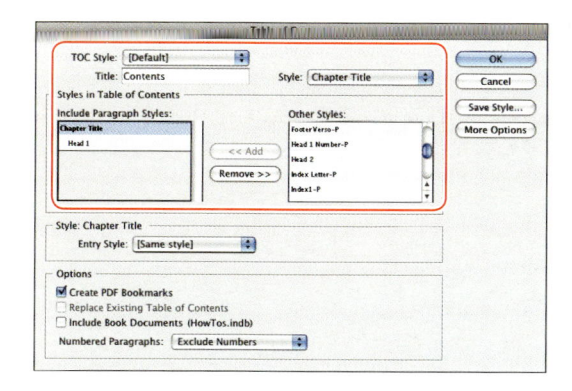

Agora que você especificou qual texto vai ser inserido no sumário – texto formatado com Chapter Title seguido pelo Head 1 – você especificará a aparência dele no sumário.

6 No lado esquerdo da caixa de diálogo Table of Contents na caixa de listagem Include Paragraph Styles, selecione Chapter Title. Em Style: Chapter Title, escolha TOC Chapter Title no menu Entry Style.

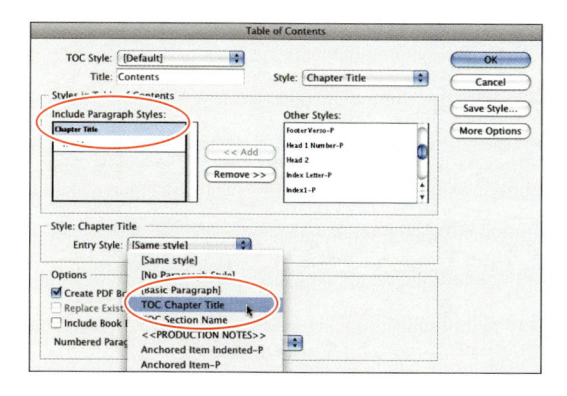

▶ **Dica:** Na caixa de diálogo Table of Contents, clique em More Options para ver os controles para suprimir os números das páginas, colocar a lista em ordem alfabética e aplicar uma formatação mais sofisticada. Se houver mais de uma lista em um documento – por exemplo, um sumário e uma lista de figuras – clique em Save Style para salvar as configurações para cada tipo.

7 Na caixa de listagem Include Paragraph Styles, selecione Head 1. Em Style: Head 1, selecione TOC Section Name no menu Entry Style.

8 Selecione Include Book Documents para gerar um sumário para todos os capítulos no arquivo de livro.

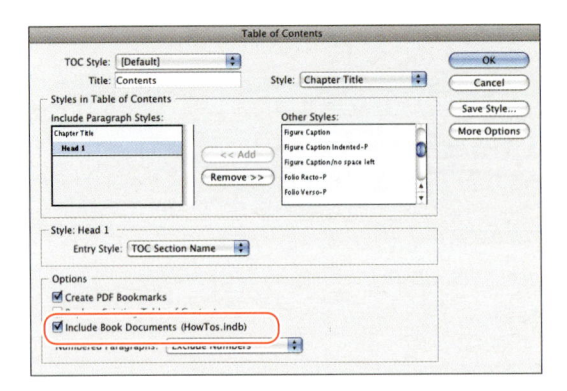

9 Clique em OK. Isso carrega o cursor com o texto do sumário.

Faça o sumário fluir

▶ **Dica:** À medida que os capítulos são adicionados ao livro, editados e refluídos, você pode atualizar o sumário escolhendo Layout > Update Table Of Contents.

Você faz o texto do sumário fluir da mesma maneira que outro texto importado. Clique em um quadro de texto existente ou clique e arraste para criar um novo quadro de texto.

1 Clique no quadro que continha o sumário de exemplo. O sumário flui no quadro de texto.

2 Escolha File > Save e feche o documento.

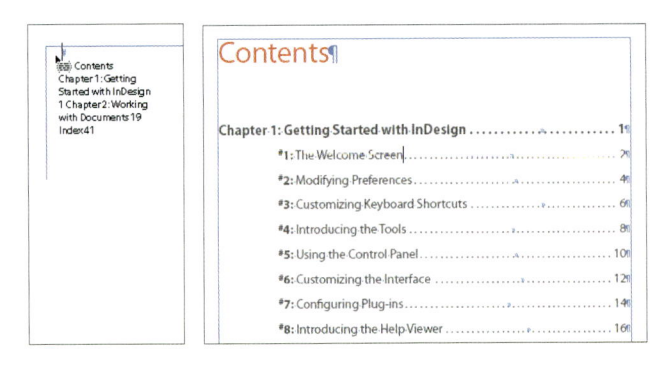

3 No menu do painel Book, escolha Save Book. Isso salva todas as modificações feitas no arquivo de livro.

Indexe um livro

Para criar um índice no InDesign, aplique marcações não-imprimíveis ao texto. As marcações indicam o tópico no índice – o texto mostrado no índice – e a referência – o intervalo de páginas ou referência cruzada mostrada no índice. É possível criar um índice de até quatro níveis com referências cruzadas para um documento específico ou para um arquivo de livro. Quando você gera o índice, o InDesign aplica os estilos de parágrafo e caractere e insere a pontuação. Embora a indexação seja uma habilidade editorial que exige treinamento especial, os designers podem criar índices simples e gerar um índice a partir do texto marcado.

Neste exercício, você vai adicionar alguns tópicos e referências de índice e então gerar um índice parcial para o livro.

Adicione tópicos e referências de índice

Uma referência de índice é uma entrada no índice relacionada a um tópico – uma referência ao número de uma página ou outra entrada como uma referência "ver também". Na primeira vez que você adiciona uma referência de índice, a entrada de índice também é adicionada.

Agora você visualizará as entradas de índice existentes em um capítulo e adicionará dois tópicos com referências.

▶ **Dica:** O InDesign permite importar uma lista de tópicos de índice de outro documento do InDesign. Você também pode criar uma lista de tópicos independentes das referências de índice. Depois de criar a lista de tópicos, você pode começar a adicionar referências.

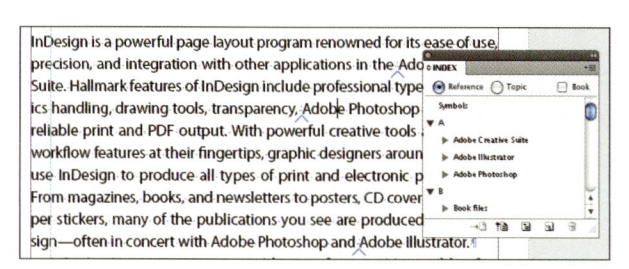

1 No painel Book, dê um clique duplo em 12_01_ID_HowTos_GettingStarted para abrir o capítulo. Amplie o primeiro parágrafo da primeira página.

2 Escolha Window > Type & Tables > Index para abrir o painel Index.

3 Observe os marcadores de índice (⋀) no texto e os tópicos listados no painel Index. Clique nas setas no painel Index para ver os tópicos.

4 Navegue até a página 5 do documento e amplie conforme necessário para ver a lista com marcadores na parte superior da página.

5 Utilizando a ferramenta Type (T), selecione as palavras "Type pane" no primeiro marcador.

6 Certifique-se de que Reference está selecionado no painel Index e escolha New Page Reference no menu do painel Index.

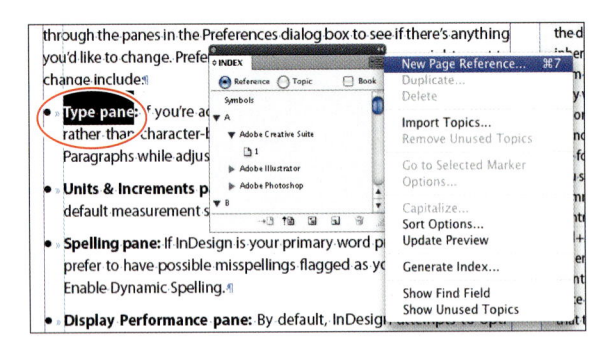

7 Na caixa de diálogo New Page Reference em Type, certifique-se de que Current Page está selecionado no menu.

As opções no menu Type indicam que texto essa referência ao tópico de índice abrange – e, portanto, quais números de páginas listar. Uma escolha comum para indicar que o tópico muda com o próximo subtítulo é To Next Style Change.

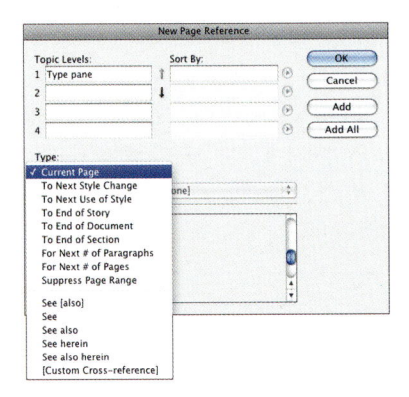

8 Clique em OK para adicionar o tópico no índice e uma referência à página atual. No painel Index, role para baixo até a seção T. Clique na seta ao lado do T para ver a referência de página.

O segundo tópico de índice que você vai adicionar será um subtópico sob o tópico "Preferences" existente.

9 Utilizando a ferramenta Type, selecione as palavras "Units & Increments pane" no segundo marcador.

10 Escolha New Page Reference no menu do painel Index.

11 Clique na seta para baixo ao lado de "Units & Increments pane" na caixa 1 Topic Levels. Isso move a entrada de índice para baixo até um tópico de índice de segundo nível.

12 Na caixa de listagem na parte inferior da caixa de diálogo, localize o cabeçalho "P" e clique na seta ao lado dele. Dê um clique duplo em Preferences para torná-lo o tópico de índice de primeiro nível.

13 Clique em OK para adicionar o tópico de segundo nível e a referência.

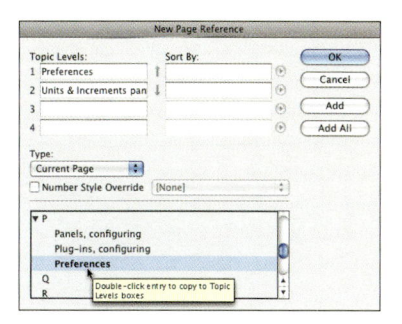

14 Escolha File > Save.

Crie uma referência cruzada de índice

Em um índice, uma referência cruzada como "ver" ou "ver também" é outra maneira de especificar uma referência ao tópico no índice. Mas, em vez de listar os números das páginas, você conduz o leitor a uma parte diferente do índice para localizar o número da página.

Neste exercício, você adicionará um tópico de índice e uma referência "ver também".

1 Com o capítulo 12_01_ID_HowTos_GettingStarted ainda aberto, navegue até a página 9. Amplie conforme necessário para ver a nota lateral à direita.

2 Utilizando a ferramenta Type (T), selecione as palavras "Tool Preferences" no título da nota lateral.

3 Escolha New Page Reference no menu do painel Index.

4 Na caixa de diálogo New Page Reference, escolha See [Also] no menu Type.

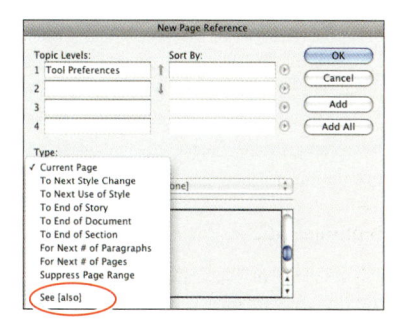

5   Na caixa de listagem na parte inferior da caixa de diálogo, localize o cabeçalho "P" e clique na seta ao lado dele. Arraste a entrada Preferences para inseri-la na caixa Referenced.

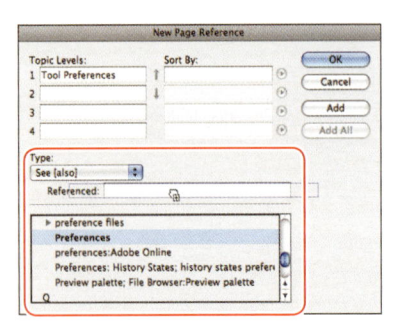

6   Clique em OK para adicionar a referência cruzada e fechar a caixa de diálogo.

7   No painel Index, role até o cabeçalho "T" e clique na seta ao lado dele para ver os tópicos. Clique na seta ao lado de "Tool Preferences" para visualizar "See [also] Preferences."

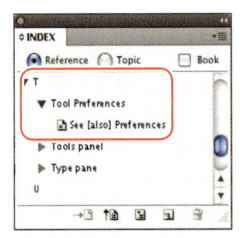

8   Escolha File > Save. Feche o capítulo Getting Started.

Gere um índice

Assim como com um sumário, ao gerar um índice você precisa especificar os estilos de parágrafo. Também é possível fazer um ajuste fino no índice com estilos de caractere e pontuação personalizada. O InDesign fornece estilos padrão para o índice, mas, no geral, você utilizará os estilos configurados para o modelo de um livro.

Neste exercício, você vai revisar os estilos em um índice de exemplo, visualizar o índice para um livro e gerar o índice formatado.

1   No painel Book, dê um clique duplo em 12_03_ID_HowTos_Index para abrir o capítulo de índice.

2   No painel Index, clique em Book no canto superior direito para exibir o índice para todos os capítulos do livro.

3 Escolha Type > Paragraph Styles. Utilizando a ferramenta Type (T), clique nos quatro tipos de formatação que você vê:

- Chapter Title é aplicado ao cabeçalho "Index" na parte superior da página
- Index Letter-P é aplicado aos cabeçalhos das seções de cada letra: A, B, C, etc.
- Index 1-P é aplicado aos tópicos de primeiro nível.
- Index 2-P é aplicado aos tópicos de segundo nível.

4 Utilizando a ferramenta Type (T), clique no quadro de texto que contém o índice de exemplo.

Você excluirá o índice de exemplo para gerar um atualizado.

5 Escolha Edit > Select All e então pressione a tecla Backspace ou Delete. Deixe o ponto de inserção de texto no quadro de texto.

6 No painel Index, escolha Generate Index no menu do painel.

7 Na caixa de diálogo Generate Index, exclua a palavra destacada "Index" na caixa Title. O título já está inserido na página em um quadro de texto diferente.

8 Clique em More Options para ver todos os controles de índice.

9 Na parte superior da caixa de diálogo, selecione Include Book Documents para compilar o índice de todos os capítulos.

10 Selecione Include Index Section Headings para adicionar os cabeçalhos de letra: A, B, C, etc.

11 No lado direito da caixa de diálogo em Index Style, escolha Index Letter-P no menu Section Heading. Isso especifica a formatação dos cabeçalhos de letra.

12 Em Level Style, escolha Index1-P em Level 1 e Index2-P em Level 2 para especificar os estilos de parágrafo aplicados a vários níveis de entradas no índice.

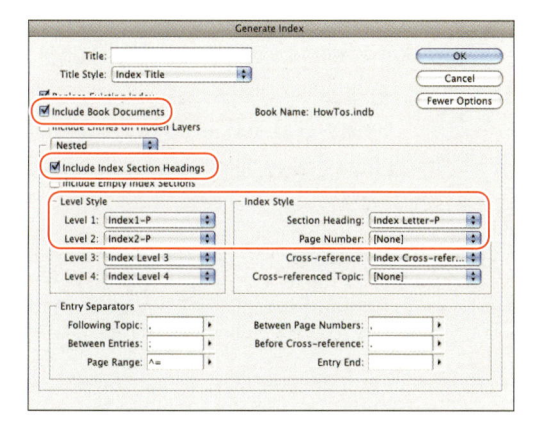

13 Na parte inferior da caixa de diálogo em Entry Separators, digite uma vírgula e um espaço na caixa Following Topic. Isso especifica a pontuação inserida depois de um tópico de índice e a primeira referência.

Agora você fará o índice fluir no quadro de texto.

14 Clique em OK para fazer o índice fluir automaticamente no quadro de texto selecionado. Se o quadro de texto não estiver selecionado, clique no cursor carregado no quadro de texto principal para fazer o índice fluir.

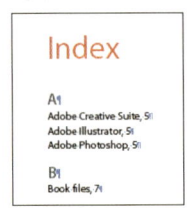

```
Index

A¶
Adobe Creative Suite, 5¶
Adobe Illustrator, 5¶
Adobe Photoshop, 5¶
B¶
Book files, 7¶
```

15 Escolha File > Save e feche o documento.

Parabéns. Você completou a lição.

Explore por conta própria

Para testar outros recursos para documentos longos, faça os exercícios a seguir:

- Adicione e exclua páginas de um dos documentos em um arquivo de livro para ver como os números das páginas no painel Book são atualizados automaticamente.

- Altere um objeto em uma página-mestre no documento de origem. Escolha Synchronize Options no menu do painel Book e marque Master Pages na caixa de diálogo Synchronize Options. Sincronize o livro para ver como todas as páginas baseadas nessa página-mestre são atualizadas.

- Adicione uma nova nota de rodapé e teste os controles de layout e formatação.

- Crie diferentes referências cruzadas no livro para fazer referência ao nome de um capítulo ou nome de seção em vez de ao número de página.

- Gere uma lista além de um sumário. Por exemplo, você pode compilar uma lista de dicas no livro a partir do texto formatado com o estilo de parágrafo Sidebar Head.

- Adicione mais tópicos de índice e referências em vários níveis.

Perguntas de revisão

1 Quais são as vantagens de utilizar o recurso livro?

2 Descreva o processo e os resultados de mover um arquivo de capítulo em um livro.

3 Por que é difícil criar um sumário ou índice automático?

4 Como você cria cabeçalhos e rodapés corridos?

Respostas

1 O recurso livro permite combinar múltiplos documentos em uma única publicação com a numeração apropriada de páginas e um sumário e índice completos. Você também pode gerar múltiplos arquivos em um único passo.

2 Para mover um arquivo em um livro, selecione-o no painel Book e arraste-o para cima ou para baixo. O livro é repaginado conforme necessário.

3 Os recursos de sumário e índice automático precisam ser pensados e configurados, mas são formatados automaticamente, precisos e fáceis de atualizar.

4 Utilize a variável de texto Running Header em uma página-mestre para criar um cabeçalho ou rodapé. O texto em cada página de documento é atualizado de acordo com a definição da variável de texto.

13 SAÍDA E EXPORTAÇÃO

Visão geral da lição

Nesta lição, você vai aprender a:

- Confirmar se um arquivo do InDesign e todos os seus elementos estão prontos para impressão
- Preparar todos os arquivos necessários para impressão ou envio para um fornecedor de serviços ou gráfica
- Gerar um arquivo Adobe PDF para revisão de provas
- Visualizar um documento antes de imprimir
- Imprimir um documento que contém cores especiais e de processo
- Selecionar as configurações de impressão apropriadas para fontes e elementos gráficos
- Criar uma configuração predefinida de impressão para automatizar o processo de impressão

Esta lição levará aproximadamente 45 minutos.

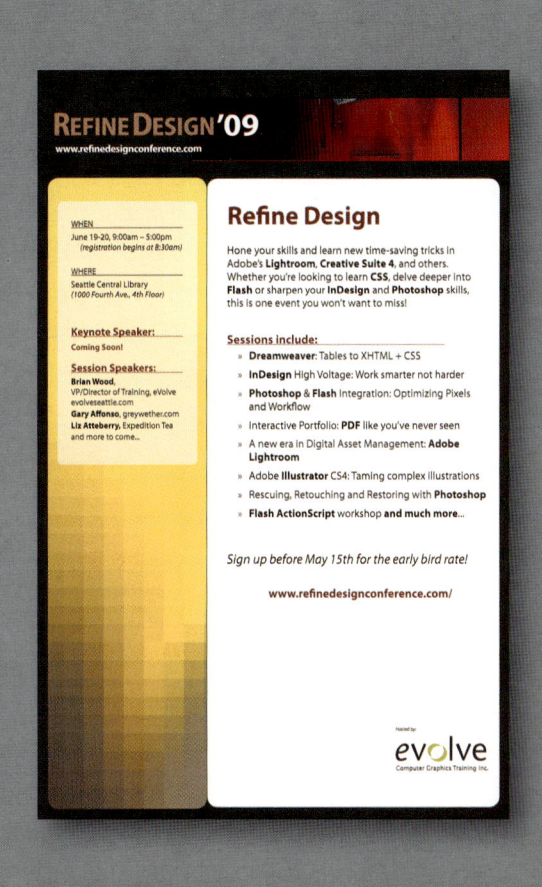

O Adobe InDesign CS4 oferece controles avançados de impressão e de preparação para impressão para gerenciar suas configurações de impressão, independentemente do seu dispositivo de saída. Você pode facilmente imprimir seu trabalho em uma impressora a laser ou jato de tinta, filme de alta resolução ou em um dispositivo de imagem direto para a chapa.

Introdução

Nota: Se você ainda não copiou os arquivos de recurso desta lição do CD do Adobe InDesign CS4 Classroom in a Book para o seu disco rígido, faça isso agora. Veja "Copie os arquivos do Classroom in a Book", na página 14.

Nota: Se você não tiver uma impressora ou tiver acesso apenas a uma impressora P&B, você ainda pode seguir os passos desta lição. Você utilizará algumas configurações de impressão padrão que ajudam a entender os controles e capacidade que o InDesign CS4 oferece para a impressão e tratamento/criação de imagens.

Dica: Uma nova opção de preferência no InDesign CS4 permite controlar se um alerta é exibido quando você abre um documento com links ausentes ou modificados. Para desativar o alerta, desmarque a opção Check Links Before Opening Document no painel File Handling da caixa de diálogo Preferences.

Nesta lição, você trabalhará em um prospecto de especificações de produto para marketing de uma única página que contém imagens coloridas e também utiliza uma cor especial. O documento será impresso em uma impressora a laser ou jato de tinta (inkjet) para a revisão de provas e também em um dispositivo de geração de imagens de alta resolução, como uma CTP ou uma fotocompositora (*imagesetter*) de filme. Antes da impressão, o documento será enviado para revisão como um arquivo Adobe PDF, que exportaremos do Adobe InDesign CS4.

1 Para assegurar que a preferência e as configurações padrão do seu programa Adobe InDesign CS4 correspondam àquelas utilizadas nesta lição, mova o arquivo InDesign Defaults para uma pasta diferente seguindo o procedimento em "Salvando e restaurando o arquivo InDesign Defaults" na página 14.

2 Inicie o Adobe InDesign CS4. Para assegurar que os comandos de painéis e menu correspondam àqueles utilizados nesta lição, escolha Window > Workspace> [Advanced] e então escolha Window > Workspace > Reset Advanced.

3 Escolha File > Open e abra o arquivo 13_Start.indd na pasta Lesson_13, localizada na pasta Lessons dentro da pasta InDesignCIB no disco rígido.

4 Uma mensagem de alerta informa que o documento contém links ausentes ou modificados. Clique em OK para fechar a janela de alerta; você corrigirá esse problema mais adiante nesta lição.

Quando você imprime ou gera um arquivo Adobe PDF, o InDesign CS4 deve acessar a arte original que foi inserida no layout. Se a arte original foi deslocada, seu nome mudou ou o local de armazenamento de arquivos não estiver mais disponível, o InDesign CS4 o alerta de que a arte original não pôde ser localizada. Esse alerta aparece quando um documento é aberto, impresso, exportado ou marcado para impressão utilizando o comando Preflight. O InDesign CS4 mostra o *status* de todos os arquivos necessários para impressão no painel Links.

5 Escolha File > Save As, renomeie o arquivo como **13_Brochure.indd** e salve-o na pasta Lesson_13.

Faça a comprovação de arquivos

O Adobe InDesign CS4 fornece controles integrados para realizar uma verificação de qualidade em um documento antes de imprimi-lo ou enviá-lo a um provedor de serviços. *Comprovação* e *fechamento de arquivos* é o termo padrão do setor gráfico editorial para esse processo. Na seção "Faça a comprovação de arquivos à medida que você trabalha" na Lição 2, página 45, você aprendeu como aproveitar as novas capacidades de comprovação em tempo real do InDesign CS4 e especificar um perfil de comprovação nas primeiras etapas da criação de um documento. Isso permite monitorar um documento à medida que você o cria para impedir que potenciais problemas de impressão ocorram.

Você pode utilizar o painel Preflight para confirmar se todos os elementos gráficos e as fontes utilizadas no arquivo estão disponíveis para impressão e se não há instâncias do texto com excesso de tipos. Aqui, você utilizará o painel Preflight para identificar um elemento gráfico ausente no layout de exemplo.

1 Escolha Window > Output > Preflight.

2 No painel Preflight, certifique-se de que On está marcado e confirme se "[Basic] (Working)" está selecionado no menu Profile. Observe que um erro é listado.

Observe que nenhum erro TEXT aparece na seção Error, o que confirma que o documento não tem fontes ausentes nem texto com excesso de tipos.

3 Clique no triângulo à esquerda de LINKS; clique então no triângulo à esquerda de Missing Link para exibir o nome do arquivo gráfico ausente. Dê um clique duplo no nome do link rdlogo_red.ai; isso centraliza o elemento gráfico na janela de documento e seleciona o quadro de gráfico.

4 Na parte inferior do painel Preflight, clique no triângulo à esquerda de Info para exibir as informações sobre o arquivo ausente.

Nesse caso, o problema é um arquivo gráfico ausente e a correção é utilizar o painel Links para localizar o arquivo vinculado. Agora você substituirá o elemento gráfico RDlogo_red.ai por uma versão revisada que inclui uma alteração de cor.

5 Escolha Window > Links. Certifique-se de que o arquivo RDlogo_red está selecionado no painel Links e então escolha Relink no menu do painel. Navegue para a pasta Links dentro da pasta Lesson_13. Dê um clique duplo no arquivo RDlogo_red_new.ai. O novo arquivo agora está vinculado, em vez do arquivo original.

6 Escolha File > Save para salvar as modificações que você fez no documento.

Crie um perfil de comprovação

Você pode criar seus próprios perfis de comprovação ou carregá-los do seu provedor de serviços de impressão ou de outra fonte. Quando você ativa o recurso de comprovação em tempo real (marque On no painel Preflight), o perfil de comprovação padrão é a comprovação [Basic] (Working). Esse perfil verifica três condições: arquivos gráficos ausentes ou modificados, texto com excesso de tipos e fontes ausentes.

Se quiser verificar condições adicionais, configure perfis de comprovação personalizados que definem quais condições são detectadas. Eis como criar um perfil que o alerta quando cores não-CMYK são utilizadas em um layout:

1. Escolha Window > Output > Preflight e então escolha Define Profiles no menu do painel Preflight.
2. Clique no botão New Preflight Profile ( ) no lado inferior esquerdo da caixa de diálogo Preflight Profiles para criar um novo perfil de comprovação. Na caixa Profile Name, digite **CMYK Colors Only**.
3. Clique no triângulo à esquerda de Color para exibir as opções relacionadas às cores, marque para selecionar Color Spaces And Modes Not Allowed e então marque para selecionar todos os modos de cores, exceto CMYK (RGB, Gray, Lab e Spot Color).

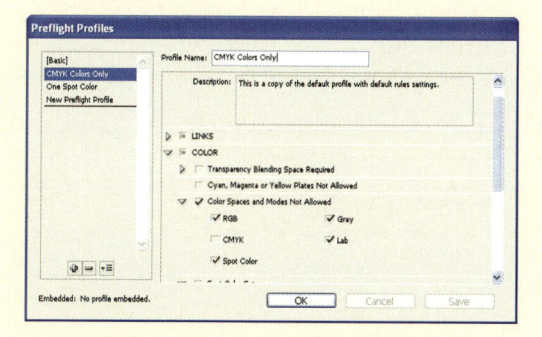

4. Deixe os critérios de comprovação existentes para Links, Images And Objects, Text e Document como estão. Clique em Save e então clique em OK.
5. Escolha CMYK Colors Only no menu Profile. Observe os erros adicionais no painel Preflight.
6. Clique na seta ao lado de Color para ampliar a tela e então clique na seta ao lado de Color Space Not Allowed para ver uma lista dos objetos que não utilizam o modelo de cores CMYK. Clique em vários objetos para visualizar as informações sobre o problema e como corrigi-lo.
7. Escolha [Basic] (Working) no menu Profile para retornar ao perfil padrão utilizado para esta lição.

Empacote arquivos

O comando Package pode ser usado para montar uma cópia do seu documento do InDesign e de todos os itens vinculados, inclusive elementos gráficos, em uma nova pasta. O InDesign também copia as fontes necessárias para a impressão. Agora você armazenará os arquivos da brochura de marketing para preparar o envio deles para sua gráfica. Isso assegura que todos os componentes do projeto necessários para a saída são fornecidos.

1 Escolha File > Package. O painel Summary notifica-o sobre dois outros problemas de impressão, além do link ausente listado no painel Preflight:

- Como o documento contém uma imagem RGB, o InDesign CS4 alerta-o quanto à presença disso. Você converterá essa imagem em CMYK mais adiante nesta lição.

- O documento também contém duas cores especiais duplicadas. Você utilizará o recurso Ink Manager mais adiante na lição para gerenciar essa situação.

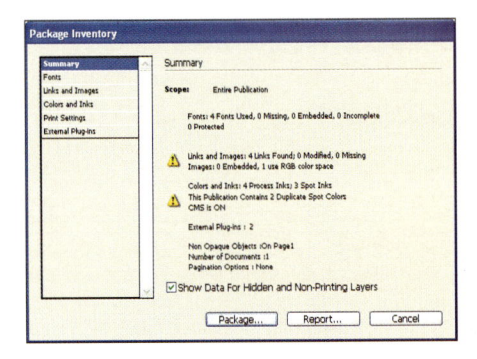

2 Clique em Package.

3 Na caixa de diálogo Printing Instructions, digite um nome para o arquivo de instruções que acompanha o documento do InDesign (por exemplo, "Informações para impressão") e também inclua suas informações de contato. Clique em Continue.

O Adobe InDesign CS4 utiliza essas informações para criar um arquivo de texto de instruções que acompanhará o arquivo, os links e as fontes do InDesign na pasta do pacote. O destinatário do pacote pode utilizar o arquivo de instruções para entender melhor o que deve ser feito e como contatá-lo se houver alguma dúvida.

4 Na caixa de diálogo Package Publication, navegue para localizar a pasta Lesson_13. Observe que a pasta criada para o pacote é nomeada 13_Brochure Folder. O InDesign nomeia automaticamente a pasta com base no nome do documento que você atribuiu no início desta lição.

5 Confirme se as opções a seguir estão selecionadas:
- Copy Fonts (Except CJK)
- Copy Linked Graphics
- Update Graphic Links In Package

6 Clique em Package (Windows) ou Save (Mac OS).

7 Leia a mensagem de aviso que informa sobre as restrições de licença que podem afetar sua capacidade de copiar fontes e, então, clique em OK.

8 Vá para o seu sistema operacional e navegue até 13_Brochure Folder na pasta Lesson_13 (localizada na pasta Lessons dentro da pasta InDesignCIB no disco rígido). Abra a pasta.

Note que o Adobe InDesign CS4 criou uma versão duplicada do documento e também copiou todas as fontes, elementos gráficos e outros arquivos vinculados necessários para impressão em alta resolução. Como você selecionou Update Graphics Links In Package, o arquivo duplicado do InDesign agora tem links para os arquivos de elementos gráficos copiados localizados na pasta do pacote, e não nos arquivos vinculados originais. Isso torna o gerenciamento do documento mais fácil para gráficas ou fornecedores de serviços gráficos e também torna o arquivo de pacote ideal para arquivamento.

9 Quando terminar de visualizar o conteúdo, feche 13_Brochure Folder e retorne ao InDesign CS4.

Crie uma prova Adobe PDF

Se seus documentos precisam ser revisados por outros, você pode facilmente criar arquivos Adobe PDF (Portable Document Format) para serem transferidos e compartilhados. Há vários benefícios nesse formato digital: os arquivos são compactados em um tamanho menor, todas as fontes e os links estão contidos em um único arquivo composto e compatíveis com diferentes plataformas Mac/PC. O Adobe InDesign CS4 exporta diretamente para o Adobe PDF.

Salvar um arquivo composto do seu trabalho artístico no Adobe PDF tem muitas vantagens: Você cria um arquivo compacto e confiável que você ou seu prestador de serviços pode visualizar, editar, organizar e verificar. Então, mais tarde, o prestador de serviços poderá imprimir diretamente o arquivo PDF ou processá-lo usando ferramentas de várias origens para tarefas de pós-processamento, como verificações de comprovação, trapping, imposição e separação de cores.

1 Escolha File > Export.

2 Escolha Adobe PDF no menu Save As Type (Windows) ou Format (Mac OS) e, para o nome do arquivo, digite **Proof**. Se necessário, navegue para a pasta Lesson_13 e então clique em Save. A caixa de diálogo Export Adobe PDF se abre.

3 No menu Adobe PDF Preset, escolha [High Quality Print]. Essa configuração cria arquivos PDF adequados para gerar saída em uma impressora a laser de escritório.

4 No menu Compatibility, escolha Acrobat 6 (PDF 1.5). Essa é a primeira versão que suporta mais recursos avançados no arquivo de PDF, incluindo camadas. A versão Acrobat 5 (PDF 1.4) não suporta camadas.

5 Na seção Options da caixa de diálogo, selecione as seguintes opções:

- View PDF After Exporting
- Create Acrobat Layers

Visualizar automaticamente o PDF depois de exportar é uma maneira eficiente de verificar os resultados do processo de exportação de arquivo. A opção Create Acrobat Layers converte as camadas do layout do InDesign CS4 em camadas que podem ser visualizadas no arquivo PDF resultante.

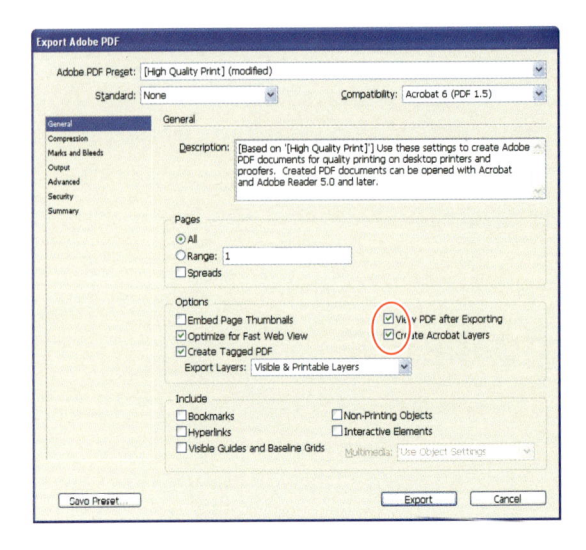

6 Escolha Visible Layers no menu Export Layers.

Você tem a opção de escolher as camadas a serem exportadas ao criar o PDF. Você também pode escolher All Layers ou Visible & Printable Layers.

7 Clique em Export.

8 Se uma caixa de diálogo de advertência aparecer informando que alguns objetos no layout estão em camadas ocultas, clique em OK. Um arquivo Adobe PDF é gerado e exibido no monitor no Adobe Acrobat ou Adobe Reader.

9 Revise o Adobe PDF no Adobe Acrobat ou Adobe Reader e então retorne ao Adobe InDesign CS4.

● **Nota:** Se você não tiver o Adobe Reader, você pode fazer o download dele gratuitamente a partir do site da Adobe (www.adobe.com).

Visualize um arquivo Adobe PDF em camadas com o Adobe Acrobat 9

Utilizar camadas em um documento do InDesign (Window > Layers) pode ajudar a organizar o texto e os elementos gráficos em uma publicação. Por exemplo, você pode inserir todos os elementos de texto em uma camada e todos os elementos gráficos em outra. A capacidade de exibir/ocultar e bloquear/desbloquear camadas fornece mais controle sobre os elementos de design. Além de exibir e ocultar camadas no Adobe InDesign CS4, você também pode exibir e ocultar camadas em documentos no InDesign que foram exportados como Adobe PDF abrindo os documentos com o Adobe Acrobat 9. Siga esses passos para visualizar um arquivo PDF em camadas criado com o Adobe InDesign CS4.

1 Clique no ícone Layers à esquerda da janela de documento ou escolha View > Navigation Panels > Layers, para exibir o painel Layers.

2 Clique no sinal de adição (+) à esquerda do nome do documento no painel Layers.

As camadas no documento são exibidas.

3 Clique no ícone de olho (👁) à esquerda da camada Text. Quando o ícone estiver oculto, todos os objetos nessa camada também estarão ocultos.

4 Clique na caixa vazia à esquerda da camada Text para ativar novamente a visibilidade do texto.

5 Escolha File > Close para fechar o documento. Retorne ao Adobe InDesign CS4.

Visualize separações

Se os seus documentos precisam de separação de cor para a gráfica, você pode usar o painel Separations Preview, que será abordado neste exercício, para entender melhor como cada parte do documento será impressa.

1 Escolha Window > Output > Separations Preview.

2 Selecione Separations no menu View no painel Separations Preview. Mova o painel para ver a página e ajustar sua altura para que todas as cores listadas estejam visíveis. Se ainda não estiver selecionado, escolha View > Fit Page in Window.

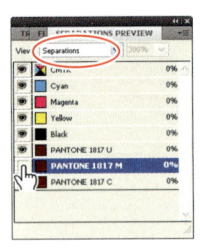

● **Nota:** A empresa de tintas Pantone utiliza PMS (Pantone Matching System) para especificar suas tintas. O número indica a matiz da cor, enquanto a letra indica o tipo de papel para o qual a tinta é mais apropriada. O mesmo número PMS com diferentes letras significa que as tintas têm uma cor semelhante, mas foram concebidas para impressão em diferentes tipos de papel. U é para papéis não revestidos, C é para papéis brilhantes revestidos e M é para papéis de acabamento fosco.

3 Clique no ícone de olho (👁) ao lado de cada uma das três cores Pantone 1817 para desativar a visualização dessas cores de tinta no documento.

Note como certos objetos, imagens e texto desaparecem cada vez que você clica para desativar a visualização de uma cor Pantone. Isso ocorre porque as cores Pantone foram aplicadas a diferentes objetos. Talvez você tenha percebido que as três cores Pantone compartilham o mesmo número. Embora sejam cores semelhantes, elas representam três tipos de tintas concebidas para diferentes usos de impressão. Isso pode causar confusões na saída ou levar a custos de chapas de impressão indesejáveis. Você corrigirá isso mais adiante usando o Ink Manager.

4 Escolha Off no menu View no painel Separations Preview para ativar a visualização de todas as cores.

Visualize como a transparência será nivelada

As imagens nessa brochura foram ajustadas utilizando os recursos de transparência como opacidade e modos de mistura. O nivelador de transparência é utilizado para determinar como a transparência influenciará a versão impressa final.

1 Escolha Window > Output > Flattener Preview.

2 Dê um clique duplo na ferramenta Hand (✋) para ajustar o documento ao tamanho da janela atual e posicionar o painel Flattener Preview para que você veja a página inteira.

3 No painel Flattener Preview, escolha Affected Graphics no menu pop-up Highlight.

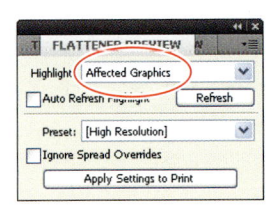

4 Se já não estiver selecionado, escolha [High Resolution] no menu Preset. Você utilizará essa configuração novamente mais adiante nesta lição ao gerar a imagem para esse arquivo.

Note como aparece um destaque vermelho sobre alguns dos objetos na página uma vez que eles foram afetados pela transparência utilizada nesse documento. Você pode usar esse destaque para identificar áreas de sua página que podem ser acidentalmente afetadas pela transparência, de modo que possa ajustar suas configurações de transparência de forma apropriada.

A transparência pode ser aplicada no Photoshop CS4, no Illustrator CS4 ou diretamente no layout do InDesign CS4. A Flattener Preview identifica objetos transparentes, independentemente de a transparência ser criada com o InDesign ou importada de outro aplicativo.

5 Escolha None no menu Highlight.

Visualize a página

Agora que você viu como as separações e a transparência ficarão quando impressas, você visualizará a página inteira.

1 Se você precisar alterar a ampliação da tela para ajustar a página à janela de documento, dê um clique duplo na ferramenta Hand ( ).

2 Escolha Edit > Deselect All.

3 Na parte inferior do painel Tools, clique no botão Preview Mode ( ) e escolha Preview no menu exibido. Todas as guias, bordas de quadro e outros itens não-imprimíveis permanecem ocultos.

4 Clique em Preview Mode e escolha Bleed Mode ( ). O espaço adicional fora do perímetro do tamanho do documento final é exibido. Isso confirma que o fundo colorido se estende além da borda do documento, assegurando uma cobertura completa na parte impressa. Depois que o trabalho é impresso, essa área excedente é aparada de acordo com o tamanho impresso final.

5 Clique no botão Bleed Mode, no canto inferior direito do painel Tools e escolha Slug Mode ( ). A página exibe agora um espaço extra além da borda da área de sangria. Essa área adicional costuma ser utilizada para informações da produção sobre o trabalho. Você pode ver essa área de espaçador abaixo da parte inferior do documento. Se você quiser configurar as áreas de sangrado ou áreas de espaçador em um arquivo existente, escolha File > Document Setup e clique em More Options para exibir as opções de configuração de sangrado e espaçador.

▶ **Dica:** É comum configurar áreas de sangrado e de espaçador quando você cria um novo documento no InDesign. Depois de escolher File > New, clique em More Options na caixa de diálogo New Document para exibir os controles de sangrado e espaçador.

Depois de confirmar que o arquivo parece corretamente configurado, você está pronto para imprimi-lo.

Sobre como nivelar arte transparente

Se seu documento ou arte contém transparência, ele normalmente precisa passar por um processo chamado *nivelamento* ou *achatamento* (*flattening*) para que sua saída seja gerada. O nivelamento divide a arte transparente em áreas baseadas em vetor e áreas rasterizadas (bitmaps). À medida que a arte torna-se mais complexa (misturando imagens, vetores, texto, cores especiais, superimposição, etc.), o mesmo ocorre com o nivelamento e seus resultados.

O nivelamento pode ser necessário ao imprimir ou ao salvar ou exportar para outros formatos que não suportam transparência. Para reter a transparência sem o nivelamento durante a criação de arquivos PDF, salve o arquivo como Adobe PDF 1.4 (Acrobat 5.0) ou versão superior.

Você pode escolher uma configuração predefinida de nivelador no painel Advanced da caixa de diálogo Print ou na caixa de diálogo específica ao formato que aparece depois da caixa de diálogo inicial Export ou Save As. Você pode criar seu próprio nivelador predefinido ou escolher entre as opções padrão fornecidas com o software. As configurações de cada um desses padrões são projetadas para corresponder à qualidade e à velocidade do nivelamento com uma resolução adequada para áreas transparentes rasterizadas, dependendo da finalidade do documento:

[High Resolution] é para saída impressa final e provas de alta qualidade, como as provas de cor com separação.

[Medium Resolution] é para provas eletrônicas e documentos impressos sob demanda que serão finalizados em impressoras PostScript coloridas.

[Low Resolution] é para provas rápidas geradas em impressoras de mesa P&B e para documentos publicados na Web ou exportados para SVG.

— *Extraído do InDesign Help*

Imprima uma prova a laser ou em jato de tinta

O InDesign facilita a impressão de documentos em uma variedade de dispositivos de saída. Nesta parte da lição, você criará uma predefinição de impressão para salvar as configurações – e economizar tempo no futuro – sem precisar configurar individualmente cada opção para o mesmo dispositivo.

● **Nota:** Se você não tiver uma impressora conectada, escolha PostScript File a partir da lista Printer e escolha Device Independent na lista PPD. Isso permite seguir os passos desta lição sem estar conectado a uma impressora.

1 Escolha File > Print.

2 No menu pop-up Printer, escolha a impressora a laser ou jato de tinta.

Note como o Adobe InDesign CS4 seleciona automaticamente o software de PPD (descrição de impressora) que foi associado com essa impressora quando você a instalou.

LIÇÃO 13 | **395**
Saída e Exportação

3 No lado esquerdo da caixa de diálogo Print, clique na opção General e então escolha Print Layers: Visible Layers.

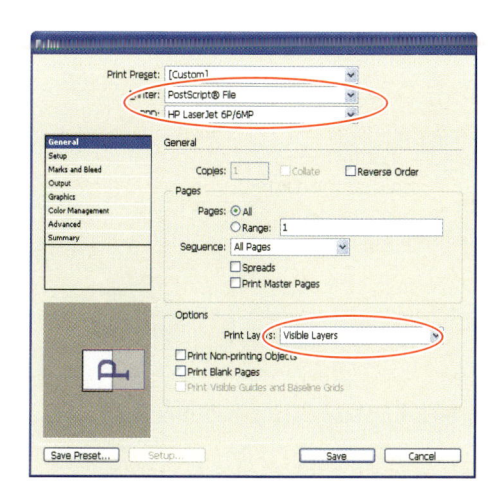

4 No lado esquerdo da caixa de diálogo Print, clique na opção Setup e escolha as seguintes opções:

- Paper Size: Letter
- Orientation: Portrait
- Scale to Fit

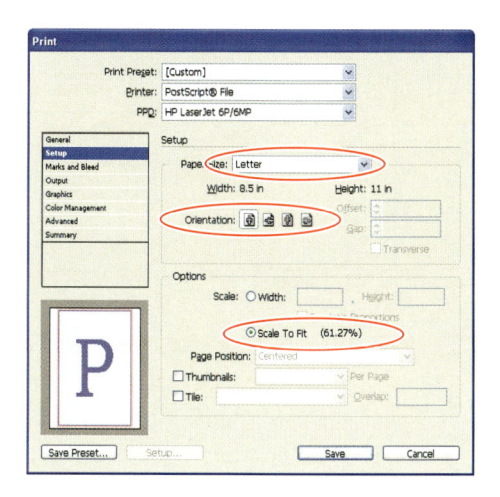

● **Nota:** Se você tiver selecionado PostScript File junto com o Device Independent PPD, em oposição a uma impressora real, não será possível redimensionar ou ajustar o posicionamento do arquivo.

5 No lado esquerdo da caixa de diálogo Print, clique na opção Marks And Bleed e selecione estas opções:

- Crop Marks
- Page Information
- Use Document Bleed Settings
- Include Slug Area

6 Insira o valor em Marks Offset de .125 in. Esse valor determina a distância além das bordas da página em que as marcas de corte e as informações sobre a página aparecem.

As marcas de corte são impressas fora da área de página e fornecem guias que mostram onde o documento final será refilado depois de impresso. As informações sobre a página adicionam automaticamente o nome do documento, junto com a data e a hora em que ele foi impresso, na parte inferior da saída impressa.

Utilizar as configurações Bleed and Slug faz com que o InDesign imprima objetos que estão fora da borda da área da página. Essas opções eliminam a necessidade de inserir a quantidade de área extra que deve ser gerada.

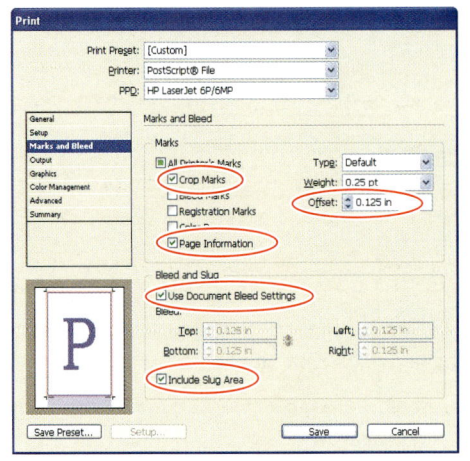

A caixa sombreada em azul no painel de visualização na parte inferior esquerda indica a área de espaçador.

7 No lado esquerdo da caixa de diálogo Print, clique na opção Output. Confirme se Color está configurada como Composite CMYK no menu pop-up Color.

Essa configuração faz com que qualquer objeto RGB, incluindo imagens, seja convertido em CMYK na hora da impressão. Essa configuração não altera o elemento gráfico inserido original. Essa opção não está disponível se você estiver imprimindo para um arquivo Postscript.

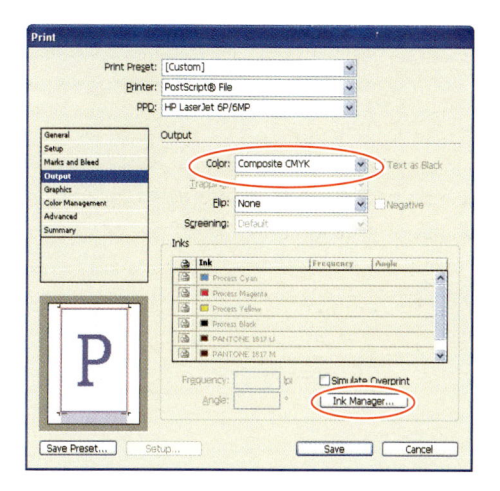

● **Nota:** Você pode fazer o InDesign conservar as cores existentes utilizadas em um trabalho escolhendo Composite Leave no menu pop-up Color. E, se você trabalhar em uma gráfica ou prestador de serviços gráficos de pré-impressão e precisar imprimir separações de cores a partir do Adobe InDesign CS4, escolha Separations ou In-RIP-separations com base no seu fluxo de trabalho. Além disso, certas impressoras, como uma impressora de provas RGB, podem não permitir a escolha de CMYK Composite.

8 Clique no botão Ink Manager no canto inferior direito da caixa de diálogo Print.

Você pode utilizar o Ink Manager para converter cores especiais, como cores Pantone, para cores de escala (CMYK) e gerenciar cores especiais duplicadas.

9 Na caixa de diálogo Ink Manager, clique no ícone de cor especial (◉) à esquerda da amostra de cor Pantone 1817 U. Ele muda para um ícone CMYK (✖). A cor agora é impressa como uma combinação de cores CMYK em vez de ser impressa em sua própria chapa de cor separada.

Essa é uma boa solução para limitar a impressão ao processo de quatro cores sem precisar alterar todas as cores especiais nos arquivos de origem.

10 Clique no ícone CMYK que agora aparece à esquerda da amostra de cor Pantone 1817 U para convertê-la de volta em uma cor especial. Mantenha a caixa de diálogo Ink Manager aberta.

11 Novamente na caixa de diálogo Ink Manager, clique na amostra de cor Pantone 1817 M e, então, escolha Pantone 1817 U no menu pop-up Ink Alias. O Ink Alias pede para o Adobe InDesign CS4 tratar essas duas cores como idênticas, de modo que elas sejam impressas como uma separação de cor em vez de várias separações.

Aplicar uma Ink Alias significa que todos os objetos com essa cor agora são impressos na mesma separação que sua cor alternativa. Em vez de obter duas separações de cores separadas, você obtém uma.

12 Repita esse processo para selecionar Pantone 1817 C e escolha Pantone 1817 U no menu Ink Alias. Agora as três cores Pantone são impressas na mesma separação. Clique em OK.

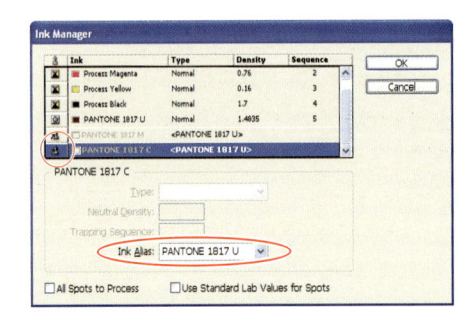

● **Nota:** Na impressão de um arquivo Postscript, a opção Send Data não está disponível.

● **Nota:** A opção Optimized Subsampling não pode ser alterada se você estiver utilizando o Device Independent PPD, porque esse driver genérico não pode determinar quais informações serão necessárias para uma impressora específica escolhida posteriormente.

13 No lado esquerdo da caixa de diálogo Print, clique na opção Graphics. Confirme se Optimized Subsampling está selecionada no menu Send Data.

Quando Optimized Subsampling está selecionada, o InDesign envia apenas os dados da imagem necessários para a impressora que você selecionou na caixa de diálogo Print. Isso pode acelerar o tempo exigido para enviar o arquivo à impressão. Para obter as informações completas sobre o elemento gráfico de alta resolução enviado para a impressora, que pode levar mais tempo para gerar, selecione All no menu pop-up Send Data.

14 Se necessário, escolha Subset no menu Font Download. Isso faz com que apenas as fontes e os caracteres que na verdade são utilizados no trabalho sejam enviados ao dispositivo de saída.

15 Clique na opção Advanced e configure Transparency Flattener Preset como High Resolution no menu pop-up Preset.

A configuração predefinida do nivelador determina a qualidade da arte inserida ou das imagens com transparência, além de ter um impacto sobre a qualidade da impressão de objetos que utilizam recursos de transparência e efeitos aplicados a eles dentro do InDesign, incluindo objetos com sombras ou difusão. Você pode escolher a configuração predefinida do nivelador de transparência apropriada às suas necessidades.

16 Clique em Save Preset, nomeie a configuração predefinida como **Proof** e clique em OK.

Criar uma configuração predefinida de impressão salva essas configurações para que não seja necessária a configuração individual de cada opção toda vez que o mesmo dispositivo de saída for usado. É possível criar múltiplas configurações predefinidas para atender as várias necessidades de qualidade de impressoras individuais que podem ser usadas. Quando quiser utilizar essas configurações no futuro, você pode escolhê-las no menu pop-up Print Preset na parte superior da caixa de diálogo Print.

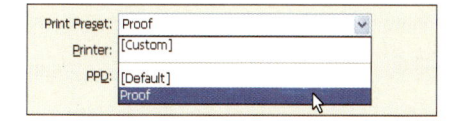

Opções para imprimir elementos gráficos

Ao exportar ou imprimir documentos que contêm elementos gráficos complexos (por exemplo, imagens de alta resolução, imagens EPS, páginas PDF ou efeitos transparentes), em geral, é necessário alterar as configurações de resolução e rasterização (conversão em bitmap) para obter os melhores resultados.

Send Data – Controla a quantidade de dados em imagens de bitmap inseridas a ser enviada para a impressora ou arquivo.

All – Envia dados sobre a resolução completa, que é apropriada a qualquer impressão de alta resolução ou para imprimir imagens em escala de cinza ou coloridas com alto contraste, como em texto P&B com uma cor especial. Essa opção exige mais espaço em disco.

Optimized Subsampling – Envia os dados suficientes sobre a imagem para imprimir o elemento gráfico na melhor resolução possível do dispositivo de saída. (Uma impressora de alta resolução utilizará mais dados do que uma impressora modelo de mesa de baixa resolução.) Selecione essa opção quando estiver trabalhando com imagens de alta resolução, exceto ao imprimir provas em uma impressora de alta resolução.

● **Nota:** O InDesign não diminui a resolução de imagens EPS ou PDF por amostragem (subsampling), mesmo quando Optimized Subsampling estiver selecionada.

Proxy – Envia versões de resolução de tela (72 dpi) de imagens de bitmap inseridas, reduzindo assim o tempo de impressão.

None – Remove temporariamente todos os elementos gráficos enquanto você os imprime e os substitui por quadros de elemento gráfico com barras transversais, reduzindo assim o tempo de impressão. Os quadros de elemento gráfico têm as mesmas dimensões dos elementos gráficos importados, e os traçados de recorte são mantidos, então você ainda pode verificar os tamanhos e o posicionamento. Eliminar a impressão dos elementos gráficos importados é útil quando você quer imprimir apenas as provas de texto para editores ou revisores. A impressão sem elementos gráficos também é útil quando você está tentando isolar a causa de um problema de impressão.

— *Extraído do InDesign Help*

Opções para fazer download de fontes para uma impressora

As fontes instaladas na impressora estão em uma memória de impressão ou em uma unidade de disco conectada à impressora. As fontes Type 1 e TrueType podem estar armazenadas na impressora ou no computador; as fontes de bitmap só são armazenadas no computador. O InDesign faz o download de fontes conforme a necessidade, contanto que elas estejam instaladas no disco rígido do computador.

Escolha entre as seguintes opções na área de imagens da caixa de diálogo Print para controlar como o download das fontes é feito para a impressora.

None – Inclui uma referência à fonte no arquivo Postscript, que informa ao RIP ou a um pós-processador onde a fonte deve ser incluída. Essa opção é apropriada se as fontes residirem na impressora. As fontes TrueType são nomeadas de acordo com o nome Postscript na fonte; entretanto, nem todos os aplicativos podem interpretar esses nomes. Para assegurar que as fontes TrueType sejam interpretadas corretamente, utilize uma das outras opções de download de fonte.

Complete—Faz download de todas as fontes necessárias ao documento no início da tarefa de impressão. Todos os glifos e caracteres na fonte são incluídos mesmo se não forem utilizados no documento. O InDesign gera automaticamente um subconjunto das fontes que contêm mais do que o número máximo de glifos (caracteres) especificado na caixa de diálogo Preferences.

Subset – Faz apenas o download dos caracteres (glifos) utilizados no documento. O download de glifos é feito uma página por vez. Essa opção em geral resulta em arquivos Postscript mais rápidos e menores quando utilizados com documentos de uma única página ou documentos curtos sem muito texto.

Download PPD Fonts – Faz o download de todas as fontes utilizadas no documento, mesmo se essas fontes residirem na impressora. Utilize essa opção para assegurar que o InDesign use os contornos de fonte (*font outlines*) do seu computador para impressão de fontes comuns, como Helvetica e Times. Utilizar essa opção pode resolver problemas de versões de fonte, como conjuntos de caracteres divergentes entre o computador e a impressora ou variações de contorno no trapping. A menos que você use conjuntos de caracteres estendidos com frequência, você não precisa dessa opção para provas de baixa resolução em impressoras locais.

— Extraído do InDesign Help

> **Dica:** A numeração de página absoluta pode ser usada durante a divisão de documentos de muitas páginas em seções. Por exemplo, para imprimir a terceira página de um documento você pode inserir **+3** na seção Page Range da caixa de diálogo Print. Você também pode utilizar os nomes de seção. Para informações adicionais, veja "Especifique as páginas a serem impressas" no InDesign Help.

17 Clique em Imprimir. Se você estiver criando um arquivo PostScript, clique em Save e navegue até a pasta Lesson_13. O arquivo Postscript poderia ser fornecido ao fotolito, à gráfica ou convertido em um arquivo Adobe PDF utilizando o Adobe Acrobat Distiller.

18 Escolha File > Save para salvar seu trabalho e, então, feche o arquivo.

Parabéns! Você completou a lição.

Explore por conta própria

1 Crie novas predefinições de impressão escolhendo File > Print Presets > Define. Especifique as predefinições para utilizar em formatos grandes ou na impressão em dispositivos de saída em várias cores ou em preto e branco.

2 Abra o arquivo 13_Brochure.indd e explore como cada separação de cores pode ser ativada ou desativada utilizando o painel Separations Preview. Escolha Ink Limit no menu View no mesmo painel. Veja como as configurações de tinta totais utilizadas para criar cores CMYK afetam a maneira como as várias imagens são impressas.

3 Com o arquivo 13_Brochure.indd ativo, escolha File > Print. Clique em Output no lado esquerdo da caixa de diálogo Print e examine as diferentes opções para impressão de documentos coloridos.

4 Escolha Ink Manager no menu do painel Swatches e experimente adicionar cores substitutas para cores especiais e converter cores especiais em cores de escala.

Perguntas de revisão

1 Que problemas o InDesign procura ao utilizar o comando Preflight?

2 Que elementos o InDesign coleta ao empacotar um arquivo?

3 Se quiser imprimir a versão de alta qualidade de uma imagem digitalizada em uma impressora a laser de resolução inferior ou em uma impressora de provas, que opções podem ser selecionadas?

Respostas

1 Você pode confirmar se todos os itens necessários para a impressão de alta resolução estão disponíveis escolhendo File > Preflight. Por padrão, o painel Preflight confirma se todas as fontes utilizadas no documento ou dentro de elementos gráficos inseridos estão disponíveis. O InDesign também procura arquivos de elementos gráficos vinculados e arquivos de texto vinculados para confirmar se eles não foram modificados desde que foram importados e também chama a atenção sobre quadros de texto em excesso.

2 O Adobe InDesign CS4 coleta uma cópia do documento do InDesign junto com as cópias de todas as fontes e elementos gráficos utilizados no documento original. Os itens originais permanecem inalterados.

3 O InDesign envia somente os dados de imagem necessários para um dispositivo de saída como sua configuração padrão. Se quiser enviar o conjunto inteiro de dados da imagem, mesmo se isso levar mais tempo para imprimir, na caixa de diálogo Print, nas opções Graphics, você pode escolher All no menu pop-up Send Data.

14 CRIANDO DOCUMENTOS INTERATIVOS

Visão geral da lição

Nesta lição, você vai aprender a:

- Criar um novo documento para uso online
- Alternar para o espaço de mistura RGB
- Alternar para o sistema de medidas em pontos (pixels)
- Adicionar botões, transições de página e um hiperlink
- Exportar como Flash
- Exportar como Adobe PDF
- Converter um documento impresso para uso online

Esta lição levará aproximadamente 60 minutos.

É possível criar documentos Adobe InDesign CS4 que podem ser exportados para o Flash ou Adobe PDF para visualização online. Para arquivos Flash, você pode especificar o tamanho de página de acordo com a resolução do monitor e então adicionar botões, transições de página e hiperlinks antes de exportar no formato SWF ou XFL. Para arquivos Adobe PDF, você pode adicionar marcadores, hiperlinks, botões, filmes e clipes de som para criar documentos dinâmicos.

Introdução

● **Nota:** Se você ainda não copiou os arquivos de recurso desta lição do CD do Adobe InDesign CS4 Classroom in a Book para o seu disco rígido, faça isso agora. Veja "Copie os arquivos do Classroom in a Book", na página 14.

Nesta lição, você vai trabalhar em um layout que contém vários elementos de design —logotipos, paleta de cores e fontes – para uma revista imaginária. Mas, em vez de criar um layout concebido para impressão, nesta lição você inicialmente criará um novo layout do zero concebido para distribuição eletrônica e visualização online. Você então adicionará o toque final – botões, hiperlinks e transições de página – a uma versão quase terminada do layout e a exportará como um arquivo Flash (SWF).

Você também exportará o layout – incluindo botões, hiperlinks e transições de página – como um arquivo Adobe PDF que preserva toda a interatividade e fornece outra opção para a distribuição eletrônica. Por fim, você abrirá uma versão impressa da publicação que foi convertida para uso online e exportará o layout como um arquivo SWF que pode ser aberto e visualizado com o Flash Reader ou aberto e editado com o Adobe Flash.

1 Para assegurar que a preferência e as configurações padrão do seu programa Adobe InDesign CS4 correspondam àquelas utilizadas nesta lição, mova o arquivo InDesign Defaults para uma pasta diferente seguindo o procedimento em "Salve e restaure o arquivo InDesign Defaults" na página 14.

2 Inicie o Adobe InDesign CS4. Para assegurar que os comandos de painéis e menu correspondam àqueles utilizados nesta lição, escolha Window > Workspace> [Advanced] e então escolha Window > Workspace > Reset Advanced.

3 Para ver como será o documento concluído, abra o arquivo 14_End.indd na pasta Lesson_14, localizada na pasta Lessons dentro da pasta InDesignCIB no disco rígido.

Configure um documento online

Publicações online diferenciam-se de várias maneiras das publicações impressas. Portanto, as configurações que você seleciona ao criar publicações online também se diferenciarão das configurações impressas tradicionais. Por exemplo, o tamanho de página das publicações online está relacionado ao tamanho dos monitores, embora muitas publicações impressas utilizem tamanhos padrão de papel. O espaço de cores também é diferente: onde os documentos impressos costumam utilizar o espaço de cores CMYK, os documentos online utilizam o espaço de cores RGB.

Crie um novo documento para uso online

Você começará selecionando um tamanho de publicação adequado para visualização online, à medida que cria um novo documento.

1 Escolha File > New > Document.

2 Na caixa de diálogo New Document, configure o seguinte:
   - Na caixa Number of Pages, digite **5**.
   - Desmarque Facing Pages.
   - Escolha 1024 x 768 no menu Page Size. Essas são as dimensões de um monitor de 17 polegadas padrão.
   - Na seção Columns, digite **3** na caixa Number.

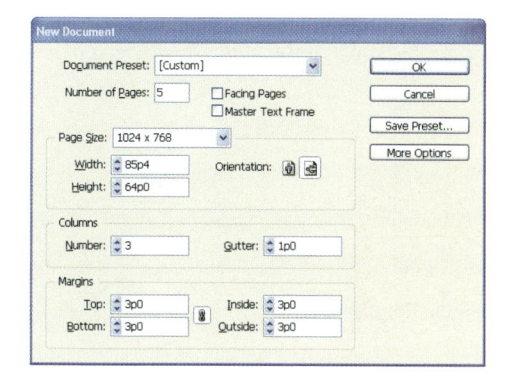

3 Clique em OK.

4 Escolha File > Save As, nomeie o arquivo como **14_DesignElements1.indd**, navegue para a pasta Lesson_14 e, então, clique em Save.

Altere a configuração das transparências e o sistema de medidas

Visto que o layout que você criará será exportado como um arquivo Flash (SWF) para visualização online, você vai alterar o documento para uma configuação de transparência compatível. Para misturar as cores de objetos transparentes em uma página, o InDesign converte as cores de todos os objetos em um espaço de cores comum usando o perfil de cores CMYK ou RGB do documento. Documentos do Flash utilizam o espaço de cores RGB, portanto, você vai alternar do espaço de mistura CMYK padrão apropriado para publicações impressas ao RGB. E, como você está trabalhando com um documento cujas dimensões são expressas em pixels, você vai alternar para um sistema de medidas diferente.

1 Escolha Edit > Transparency Blend Space > Document RGB para alternar para o espaço de mistura RGB.

2 Escolha Edit > Preferences > Units & Increments (Windows) ou InDesign > Preferences > Units & Increments (Mac OS) para abrir a caixa de diálogo Preferences.

3 Na seção Ruler Units, escolha Points nos menus Horizontal e Vertical. Um ponto é aproximadamente 1/72 polegada.

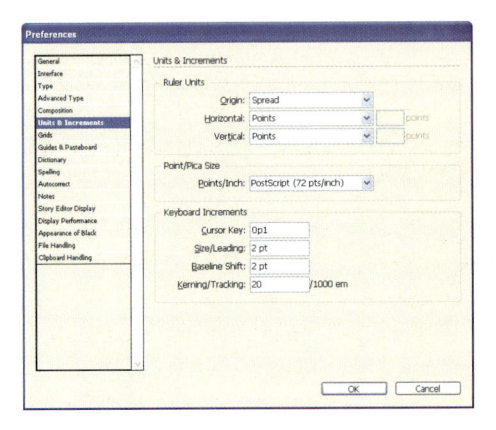

4 Clique em OK para salvar as modificações que você fez na caixa de diálogo Preferences.

5 Escolha File > Save para salvar o documento e então escolha File > Close para fechá-lo. Você continuará está lição trabalhando em uma versão quase final do documento.

Adicione botões, transições de página e hiperlinks

Depois que você começa a criar uma publicação online, várias tarefas são idênticas àquelas feitas em publicações impressas – formatar texto; criar, modificar e organizar texto e elementos gráficos; adicionar e excluir páginas; e assim por diante. Você aprendeu como realizar todas essas tarefas nas lições anteriores e, agora, você vai adicionar alguns elementos que não são encontrados em publicações impressas – botões, hiperlinks e transições de página – a um layout quase completo.

Adicione botões de navegação

Os controles de navegação em um documento online fornecem uma maneira fácil para que os visualizadores do documento acessem as informações. Em seguida, você converterá um par de objetos em botões Previous Page/Next Page que permitirão aos visualizadores dos arquivos SWF e Adobe PDF exportados navegar entre uma página e outra.

1 Escolha File > Open. Localize e abra o arquivo DesignElements2.indd na pasta Lesson_14, localizada na pasta Lessons dentro da pasta InDesignCIB no disco rígido.

2 Escolha File > Save As, nomeie o arquivo como **14_DesignElementsFinal.indd** na pasta Lesson_14 e clique em Save. Salvar o documento utilizando um nome diferente preserva o arquivo original para uso posterior por outras pessoas que utilizam os arquivos de exemplo.

3 Escolha Window > Pages para exibir o painel Pages e então dê um clique duplo no ícone de página A-Master para exibir a página-mestre na janela de documento.

4 Utilize a ferramenta Selection ( ) para selecionar o triângulo que aponta para a esquerda na parte inferior da página. Se preferir, utilize a ferramenta Zoom ( ) para ampliar as duas setas à medida que você trabalha nelas. (Os triângulos foram criados com a ferramenta Polygon.)

Todas as páginas de uma publicação online exigem controles de navegação para exibir diferentes páginas. Inserindo esses elementos em uma página-mestre assegura que eles aparecerão e terão o mesmo funcionamento em todas as páginas.

▶ **Dica:** Você também pode clicar em Convert Object To A Button na parte inferior do painel Buttons para converter um objeto em um botão.

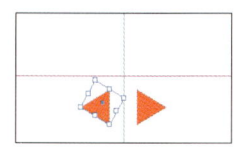

5 Escolha Object > Interactive > Convert to Button para converter o objeto em um botão e exibir o painel Buttons.

6 No painel Buttons, digite **Previous Page** na caixa Name para identificar o botão. No menu Event, certifique-se de que On Release está selecionado. Esse evento desencadeia o botão Previous Page quando um usuário dos arquivos Flash e Adobe PDF exportados clica nele e solta o botão do mouse.

Agora que você nomeou o botão e configurou o evento de gatilho, você precisa selecionar qual ação ocorrerá.

7 Clique em Add New Action For Selected Event ( ) e escolha Go To Previous Page no menu. Você configurou o botão para que, quando um usuário do arquivo SWF exportado clique nele, a página anterior seja exibida.

Agora você repetirá o procedimento para criar um botão para avançar pelas páginas.

8 Utilize a ferramenta Selection ( ) para selecionar o triângulo que aponta para a direita e então escolha Object > Interactive > Convert To Button.

9 No painel Buttons, digite **Next Page** na caixa Name. Clique em Add New Action For Selected Event ( ) e escolha Go To Next Page.

10 Feche o painel Buttons e escolha File > Save para salvar suas modificações.

Você conseguirá ver o comportamento dos botões mais adiante nesta lição, após exportar o arquivo como Flash e Adobe PDF e então abrir os arquivos exportados.

Adicione transições de página

Novo no InDesign CS4 é a capacidade de adicionar transições de página animadas que os usuários verão à medida que eles mudam páginas nos arquivos SWF e PDF que você exporta. Você pode visualizar transições de página no InDesign como animações Flash e testar diferentes velocidades e direções para a transição. Entre as várias opções de transição de páginas estão Curl, Wipe, Dissolve e Split Window. Quando um usuário do arquivo online clica nos botões que você criou anteriormente para navegar entre uma página e outra, as transições de página que você especifica nos passos a seguir determinam o que acontece visualmente quando uma página substitui outra na tela.

1 No painel Pages, dê um clique duplo em Page 1 para exibi-la na janela de documento. Se necessário, escolha View > Fit Page In Window para exibir a página inteira.

2 Escolha Window > Interactive > Page Transitions para exibir o painel Page Transitions.

3 No painel Page Transitions, escolha Dissolve no menu Transition. Deixe Speed em Medium. Se você mover o cursor dentro do retângulo de visualização na parte superior do painel Page Transitions, uma visualização da transição selecionada será exibida.

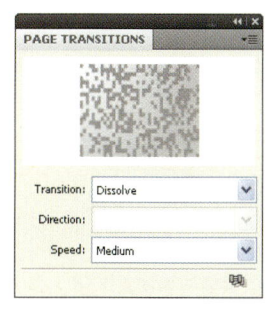

4 Escolha Apply To All Spreads no menu do painel Page Transitions para aplicar a transição Dissolver a todas as páginas do documento.

5 Feche o painel Page Transitions e então escolha File > Save para salvar suas modificações.

Como com os botões de navegação que você adicionou anteriormente, você só consegue ver as transições de página aplicadas depois de visualizar o arquivo Flash ou Adobe PDF exportado.

Adicione um hiperlink

Você pode adicionar hiperlinks a um documento para que depois que você exporta o documento como Flash ou Adobe PDF, um usuário do arquivo possa clicar no link para passar para outras localizações no mesmo documento, em outro documento ou em um site Web. Em seguida, você adicionará um hiperlink que permite aos usuários pular dos arquivos Flash e Adobe PDF exportados para um site Web.

Para criar um hiperlink, você primeiro criará um destino de hiperlink e então atribuirá esse destino a um quadro de texto vinculado por hiperlink ou a um quadro de gráfico vinculado por hiperlink. Aqui, você criará um destino de hiperlink e o atribuirá a um quadro de texto vinculado por hiperlink.

1 No painel Pages, dê um clique duplo no ícone da página A-Master para exibir a página-mestre na janela de documento.

2 Escolha Window > Interactive > Hyperlinks para exibir o painel Hyperlinks.

3 Escolha New Hyperlink Destination no menu do painel Hyperlinks. Na caixa de diálogo New Hyperlink Destination, configure as seguintes opções:

- No menu Type, escolha URL.
- Na caixa Name, digite **checkmagazine online**.
- Na caixa URL, digite **http://www.checkmagazine.com**.

4 Clique em OK para fechar a caixa de diálogo. Utilize então a ferramenta Type (**T**) para selecionar o texto de rodapé "checkmagazine.com" no canto inferior direito da página. Você pode dar um clique triplo no texto para selecioná-lo ou arrastar para selecionar o texto. Se preferir, utilize a ferramenta Zoom ( ) para ampliar o quadro de texto.

5 Escolha New Hyperlink no menu do painel Hyperlinks.

LIÇÃO 14 | **413**
Criando Documentos Interativos

6 Na caixa de diálogo New Hyperlink, certifique-se de que as seguintes configurações estão especificadas:

- Menu Link To: Shared Destination.
- Menu Document: DesignElements2.indd.
- Nome do menu: checkmagazine online.
- O URL é http://www.checkmagazine.com.
- Appearance Type: Invisible Rectangle.

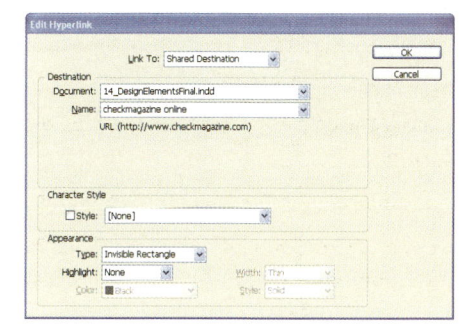

7 Clique em OK para salvar o novo hiperlink e fechar a caixa de diálogo.

8 Feche o painel Hyperlinks e então escolha File > Save para salvar suas modificações.

Como com os botões de navegação e transições de página que você adicionou anteriormente, o hiperlink que você acabou de criar só funcionará depois que o layout for exportado como arquivo Adobe PDF ou Flash.

Exporte como Flash

Agora que você terminou de adicionar botões, transições de página e hiperlinks ao seu layout, você está pronto para exportá-lo como um arquivo Flash. Após exportar o layout, você abrirá o arquivo no navegador Web, utilizará os botões de navegação e texto vinculado por hiperlink criados anteriormente e visualizará as transições de página. Você realizaria uma verificação semelhante dos botões e hiperlinks antes de postar o layout para visualização ao vivo em um site Web.

1 Escolha File > Export.

2 Na caixa de diálogo Export, escolha SWF no menu Save As Type (Windows) ou no menu Format (Mac OS). Nomeie o arquivo **14_DesignElements.swf**, navegue até a pasta Lesson_14 e clique em Save.

3 Deixe as configurações na caixa de diálogo Export SWF inalteradas.

Por padrão, Generate HTML File é selecionado em Pages na caixa de diálogo Export SWF. Essa opção cria automaticamente uma versão HTML do arquivo na exportação do arquivo SWF, o que permite visualizar o arquivo mesmo se você não tiver o aplicativo Adobe Flash Player gratuito ou o software Adobe Flash. Você abrirá esse arquivo HTML depois de exportá-lo como SWF para visualizar o arquivo SWF.

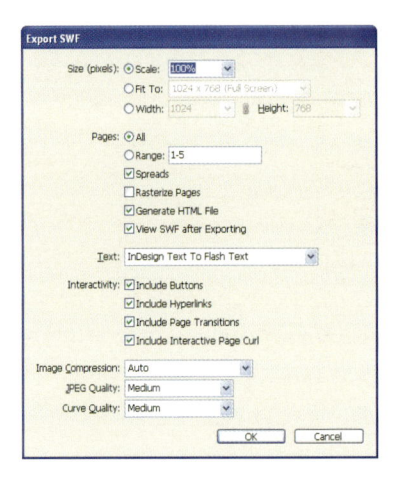

4 Clique em OK para fechar a caixa de diálogo Export SWF e gerar um arquivo SWF, bem como um arquivo HTML.

O arquivo 14_DesignElements.html abre automaticamente no navegador Web padrão. Esse arquivo contém uma cópia incorporada do arquivo SWF exportado criada quando você clica em OK na caixa de diálogo Export SWF.

● **Nota:** Se tiver o Adobe Flash, você poderá abrir arquivos SWF exportados a partir do Adobe InDesign CS4 e editá-los. Você também pode abrir arquivos SWF com o Adobe Flash Player, disponível gratuitamente no site Web da Adobe (www.adobe.com).

5 No navegador Web, clique nos botões de navegação que você criou anteriormente nesta lição para mover-se entre uma página e outra. (Se necessário, utilize as barras de rolagem do navegador para exibir os botões de navegação.) As transições de página especificadas anteriormente aparecem quando você altera as páginas.

Ao exportar um arquivo SWF, a opção Include Interactive Page Curl na seção Interactivity é selecionada por padrão. Essa opção fornece outro método para navegar dentro do arquivo exportado.

6 Mova o cursor sobre o canto inferior direito ou inferior esquerdo de uma página. Note a ondulação de página animada que é exibida. Clicar na ondulação animada no canto inferior esquerdo de uma página exibe a página anterior; clicar na ondulação no canto direito inferior de uma página exibe a próxima página. (Nota: Uma ondulação de página animada não é exibida no canto inferior esquerdo da primeira página ou no canto inferior direito da última página.)

7 Clique no texto vinculado por hiperlink no canto inferior direito da página para acessar o URL associado.

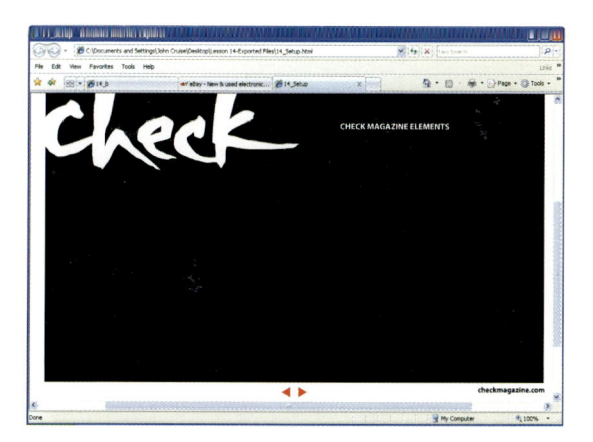

8 Depois de terminar de explorar o documento online, feche o navegador e retorne ao Adobe InDesign CS4.

Exporte como Adobe PDF

Da mesma forma que arquivos Flash exportados, os arquivos Adobe PDF exportados a partir do Adobe InDesign CS4 podem incluir botões, transições de página e hiperlinks. Além disso, os arquivos PDF podem conter SWF, QuickTime e arquivos de som para criar uma experiência de leitura imersiva.

Agora você vai exportar o layout como um arquivo Adobe PDF, abrir o arquivo no Adobe Reader ou Adobe Acrobat Professional e utilizar os botões e texto vinculado por hiperlink criados anteriormente e visualizar as transições de página.

1 Escolha File > Export.

2 Na caixa de diálogo Export, escolha Adobe PDF no menu Save As Type (Windows) ou no menu Format (Mac OS). Nomeie o arquivo **14_Design-Elements.pdf**, navegue até a pasta Lesson_14 e clique em Save.

3 Na caixa de diálogo Export Adobe PDF, escolha Smallest File Size no menu Adobe PDF Preset. Escolher essa opção ajuda a assegurar a exibição mais rápida possível do arquivo Adobe PDF exportado.

4 No lado esquerdo da caixa de diálogo Export Adobe PDF, clique em General na lista. Então, na seção Options à direita, certifique-se de que View PDF After Exporting está selecionado. Essa opção especifica que o arquivo Adobe PDF abre automaticamente depois de ser exportado. Na seção Include, selecione Hyperlinks e Interactive Elements; você está escolhendo quais elementos interativos aparecerão no arquivo exportado.

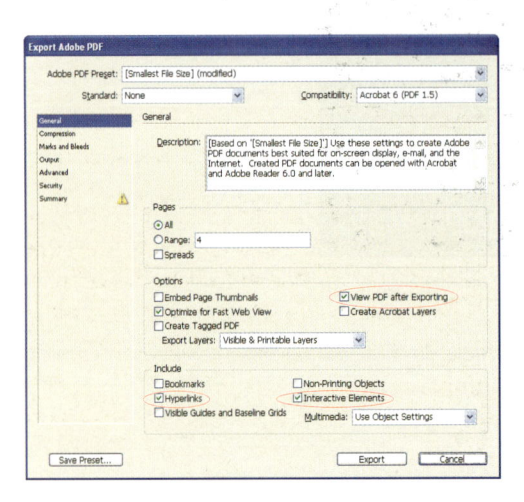

5 Clique em Export para exportar o arquivo e fechar a caixa de diálogo. Um arquivo Adobe PDF é gerado e exibido no monitor.

● **Nota:** Se você não tiver o Adobe Reader, você pode fazer o download dele gratuitamente a partir do site da Adobe (www.adobe.com).

No Windows, os arquivos Adobe PDF são abertos automaticamente no Adobe Reader se ele estiver instalado; no Mac OS, os arquivos Adobe PDF são abertos automaticamente em Preview se o Adobe Reader ou o Adobe Acrobat Professional não estiverem instalados.

6 Teste os elementos interativos no arquivo Adobe PDF exportado:

- Clique nos botões de navegação criados anteriormente na lição para mover-se entre uma página e outra.

- Clique no texto vinculado por hiperlink no canto inferior direito para abrir o URL associado em um navegador.

- Para ver as transições de página, escolha View > Full Screen Mode para alternar para o modo Full Screen no Adobe Acrobat Professional ou Adobe Reader.

7 Depois de explorar o documento interativo, retorne ao Adobe InDesign CS4 e escolha File > Save para salvar suas modificações.

8 Escolha File > Close para fechar o documento.

Converta um documento impresso para uso online

Além de criar documentos online do zero, é fácil converter publicações impressas para distribuição eletrônica e exibição online. A seguir, você abrirá uma versão impressa do layout online utilizado anteriormente. Você então exportará uma versão do layout impresso que foi convertida para uso online com a adição dos botões, transições de página e hiperlinks.

1 Escolha File > Open. Localize e abra o documento de exemplo 14_DesignElementsPrint.indd na pasta Lesson_14.

2 Utilize o painel Pages para visualizar o documento e a página-mestre.

Você descobrirá que o layout é semelhante ao layout online já apresentando nesta lição. Ele é uma versão impressa (8,5 x 11 polegadas) que contém o mesmo texto e elementos gráficos que a versão online. Como esse layout foi projetado para impressão, ele não tem os elementos que você adicionou à versão online – botões, transições de página e hiperlinks. Em vez de repetir os passos anteriores para criar esses elementos, você abrirá uma versão atualizada do documento que os inclui.

3 Escolha File > Close para fechar o documento 14_DesignElementsPrint.indd.

4 Escolha File > Open. Localize e abra o documento de exemplo 14_DesignElementsPrint2.indd na pasta Lesson_14.

5 Utilize o painel Pages para visualizar o documento e a página-mestre. Ele é idêntico à versão impressa que você acabou de visualizar, mas com os botões, as transições de página e os hiperlinks que foram adicionados ao layout online.

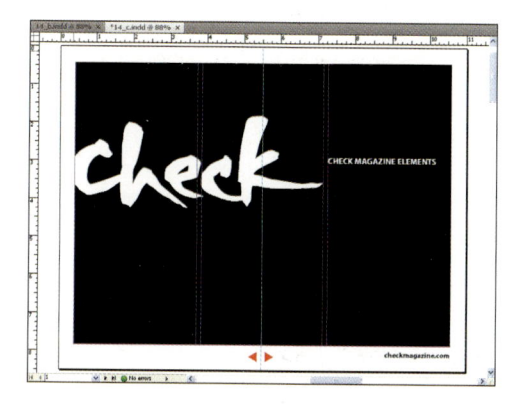

6 Escolha File > Export.

7 Na caixa de diálogo Export, escolha SWF no menu Save As Type (Windows) ou no menu Format (Mac OS). Renomeie o arquivo **14_DesignElementsPrint2.swf**, navegue até a pasta Lesson_14 e clique em Save.

8 Deixe as configurações na caixa de diálogo Export SWF inalteradas e clique em OK.

9 Escolha File > Close para fechar o documento 14_DesignElementsPrint2.indd.

O arquivo 14_DesignElementsPrint2.html é aberto automaticamente no navegador Web padrão. Esse arquivo contém uma cópia incorporada do arquivo SWF exportado criada quando você clica em OK na caixa de diálogo Export SWF.

Parabéns. Você concluiu a lição.

Explore por conta própria

Um bom modo de ampliar as habilidades que você desenvolveu nesta lição é rever alguns recursos-chave e testá-los fazendo diferentes escolhas:

1 Para o exercício, abra o arquivo 14_DesignElements2.indd em que você trabalhou antes. Em vez de utilizar a transição de página Dissolve, tente outras — Wipe, Zoom In or Zoom Out, etc. Em vez de utilizar uma transição para todas as páginas, tente utilizar diferentes transições para diferentes páginas. Cada vez que você exporta uma versão com diferentes transições, abra o arquivo exportado e examine-o.

2 Crie mais botões com diferentes ações. Crie outro botão na parte inferior da página-mestre e atribua uma ação diferente, como como Go To First Page (uma ajuda de navegação prática para qualquer layout online).

Perguntas de revisão

1 Que tipos de elementos você pode adicionar a publicações online que não funcionam para publicações impressas?

2 Como você converte um objeto em um botão?

3 Como você pode ver a aparência de uma determinada transição de página?

4 O que você deve fazer antes de criar um texto vinculado por hiperlink?

5 Quando você exporta um layout que foi especificado para distribuição eletrônica e exibição online, que formatos de arquivo preservam a funcionalidade dos botões, transições de página e hiperlinks?

Respostas

1 Publicações online podem incluir botões, transições de página e hiperlinks. Arquivos PDF também podem incluir marcadores, sons e filmes.

2 Selecione um objeto com a ferramenta Selection e então escolha Object > Interactive > Convert To Button. Utilize os controles no painel Buttons para especificar o comportamento do botão.

3 No painel Page Transitions, escolha uma opção no menu Transition e então mova o cursor para dentro do retângulo de visualização na parte superior do painel.

4 Antes de criar um texto vinculado por hiperlink, você deve criar um destino de hiperlink. Depois de criar um destino de hiperlink, você pode atribuí-lo ao texto ou a um elemento gráfico.

5 Arquivos SWF, Adobe PDF e Adobe Flash Pro CS4 Pro (XFL) suportam botões, transições de página e hiperlinks.

ÍNDICE

A

ACE (Adobe Certified Expert) 16–17
Acrobat 234, 345, 390–392, 394–395, 416
Acrobat Distiller 401–402
Adobe, certificação 16–17
Adobe ACE, mecanismo 223–225
Adobe Acrobat 234, 345, 390–392, 394–395, 416
Adobe Authorized Training Center (AATC) 16–17
Adobe Bridge 222–227
   acessando arquivos com 42–44
   atribuindo perfis 227–228, 231–232
   atualizando imagens 230–231
   carregando 23, 42
   configurando áreas de trabalho padrão 224–225
   exibindo informações sobre o documento 42–44
   importando elementos gráficos 299–300
   incorporando perfis 228–229
   mecanismo Adobe ACE 223–225
   método de renderização 226
   perfis de origem 225–226
   visão geral 222–224
Adobe Certified Expert (ACE) 16–17
Adobe Design Center 15–16
Adobe InDesign. *Ver* InDesign
Adobe Online Forums 16–17
Adobe Paragraph Composer 188–190
Adobe Reader 390, 416
Adobe TV 16–17
Adobe Updater 17
Advanced, comando 32
algarismos arábicos 93–94, 359
algarismos romanos 92–94, 359
Align, painel 133–134
alinhamento
   capitulares 186–187
   margens 174–176, 184
   objetos 111, 133–134
   parágrafo 183–184
   texto. *Ver* alinhando texto
alinhando texto
   centralizando 54–55, 82, 116–117
   com grid de linhas de base 174–177
   horizontalmente 153–155
   Optical Margin Alignment 184
   para guias 190–193
   verticalmente 116–117, 146, 153–155, 174–176

amostras
   cor 203–204, 368–372
   gradiente 208–209, 216–217
   tintas 211, 215
ampliando/reduzindo 26, 32–34
aninhando estilos 250–257
área de espaçador 46–47, 393
área de sangrado 46–47, 72, 84, 393
área de trabalho 18–39, 75, 84, 101
   avançados 32
   componentes 19, 20–27
   criando 31–32
   excluindo 32
   padrão 31–32, 224–225
   personalizando 20, 31–32
   redefinindo 20
   tipos de 31
arquivo 14–16, 20
arquivos. *Ver também* documentos
   ausentes 280, 386
   Classroom in a Book 14
   Defaults 14–16, 20
   empacotando 388–390
   fragmentos 298
   HTML 413–416
   importando via caixa de diálogo Place 63–64
   modificados 280
   nativos 289–295
   renomeando 20
   salvando 20, 43–46, 48–49
   vinculados 277–278
   visualizando no Explorer/Finder 278
Arquivos Adobe PDF. *Ver* PDF, arquivos
arquivos da lição 14–16
arquivos de livro
   abrindo/fechando 356
   adicionando capítulos a 357–358
   criando 356–357
   documentos de origem para 368
   nomes 358
   reorganizando capítulos em 358, 360
arquivos de recursos 14
arquivos nativos 289–295
arquivos SWF (Flash) 405, 413–416
aspas 51–53
atalhos, ferramentas 22
atalhos de teclado
   ampliação de documento 34
   criando 244
   editando 22
   ferramentas 22
   Go To Page 35, 62–63
   Mac OS e 34

B

barra 21, 23
biblioteca de elementos gráficos 296–298
bibliotecas de objeto 296–297
bordas
   alterando para traços 206–207
   detectando 283–285
   difusão 344–346
   estilo 54–55
   tabela 306, 308–309
   ocultando/mostrando 101
botões
   adicionando a páginas 409–410
   convertendo objetos em 409–410
botões de navegação 409–410, 413–415
botões de página 34–35, 409–410
Bridge. *Ver* Adobe Bridge

C

cabeçalhos 47–48
cabeçalhos corridos 360–363
caixas delimitadoras 114, 120–121, 126–127
camadas
   Acrobat 390–392
   arquivos do Illustrator importados 294–295
   arquivos do Photoshop importados 289–290
   bloqueando/desbloqueando 63–65, 108–109, 117, 122
   criando 109–110
   descrição 62–63, 107
   especificando alvo 62–65
   fundo 109–110, 289–290
   inserindo objetos em 62–65
   múltiplos 107
   nomeando 109
   ocultando/mostrando 108
   PDF, arquivos 391–392
   tabelas 306
   Text 108–110, 117, 123
   trabalhando 107–110
camadas de fundo 109–110, 289–290
caminhos, recortes
   editando 60–61, 294
   traçados de recorte 282–288, 293
   visualizando 114
canais alfa 284–288
capitulares 184–186
capítulos. *Ver também* arquivos de livro
caracteres
   adicionando traços a 186
   capitulares 184–186

especiais 161, 180–183
estilos 55–60, 246–257
exibindo ocultado 115, 190, 291–292, 362
formatando 24, 82
fração 182–183
substituindo por glifos 179–180
caracteres de fração 182–183
caracteres especiais 161, 180–183
carregando estilos 156–158, 268–270
CD do Classroom in a Book 14
células
  elementos gráficos em 315–319
  estilos 56–57, 260–265, 320–324
células de cabeçalho 311–313
centralizando elementos gráficos 122–123, 128–131, 133–134
centralizando texto 54–55, 82, 116–117
certificação 16–17
Check Magazine 20
citações de abertura (olhos, destaque da matéria) 51–53, 184
Classroom in a Book, arquivos 14–16
Clear All, botão 334
CMM (color management module) 221–222
CMYK, cores 203, 212–213, 220–223, 408
CMYK, espaço de cores 407
CMYK, modelo de cores 212–214, 229, 387
color settings file (CSF) 222–224
colunas. *Ver também* colunas de tabela
  adicionando. *Ver* fluxos de texto
  alterando o número de 22, 71, 155–157
  criação de quadro de texto 48–49, 89
  encadeando texto em quadros 48–52
  fazendo texto fluir em. *Ver* fluxos de texto
  múltiplas 115, 154–157
  quebrando 151, 153–155
  tipos de 21
colunas de tabela. *Ver também* colunas
  dimensões fixas 314–316
  excluindo 311
  redimensionando 323–324
comando Reset Advanced 20
comandos 61–62, 122
  personalização de menu 31
  visualização 32–33
  tecla 22, 34, 37–38
composições de camadas 289–290
comprovação 45–46, 53–54, 385–387
configurações 334
configurações predefinidas
  configurações personalizadas de página 71–72
  descrição 71
  gerenciamento de cores 222–223
  impressão 398–399
  nivelador 394–395, 398–399

Control, painel 21, 23–25
controles de zoom 32–34
cor 198–239
  amostras 203–204, 368–372
  amostras de gradientes 208–209, 216–217
  CMYK. *Ver* CMYK, cores
  colorindo imagens preto e branco 331–333
  consistência 219
  elementos 98–99
  especial 212–214, 397–398, 400
  formas 86–88
  gradientes 208–210, 216–218
  impressão 201–202, 212–213, 220
  LAB 212–213, 221–222, 225
  linhas 264–266, 308–310
  monitores 212–213, 220, 225, 227
  nomes 203–204
  objetos 53–54, 204–206, 214
  papel 206
  preenchimentos 135–137, 204, 264–265
  processo 212–213
  prova 225
  quadros de texto 53–54
  RGB. *Ver* RGB, cor
  texto 53–54, 98–99, 213–215
  tintas 211, 215
  traçados tracejados 206–207
  visualizando 212–213, 219, 225, 236
cor do papel 206
cores de processo 212–213
cores de prova 225
cores especiais 212–214, 397–398, 400
correção de cor 200, 219
cortando imagens 64–65
criação de índice 375–380
CSF (color settings file) 222–224

D

dicas de ferramenta 22, 23
dicionários 162–168
difusão de gradiente 344–346
Direct Selection, ferramenta
  alternando para/a partir da ferramenta Selection 22, 114, 120
  descrição 60–61
  reformatando quadros de texto 113–114, 123–124
  reposicionando elementos gráficos 61–62
  selecionando itens com 113, 129–130, 135–136
  trabalhando com imagens gráficas 60–61
documentos. *Ver também* livros
documentos impressos, exportando para uso online 417–418
documentos online
  botões de navegação 409–410
  configurando 407–408
  convertendo documentos de impressão 417–418

  exportando arquivos de impressão como 417–418
  exportando como arquivos Flash 405, 413–416
  hyperlinks 412–414
  transições de página 411
Dynamic Preview 121

E

editando
  arrastando/soltando 167–169
  demarcadores 60–61, 294
  efeitos 350–352
  estilos de parágrafo importados 318–321
  modo Fast Display e 227
  Story Editor (editor de matéria) 168–169
  traçados de célula 310–311
efeito acetinado 344
efeito chanfro 344
efeito de brilho 344
efeitos
  editando 350–352
  múltiplos 348–350
  removendo 350–351
  trabalhando com 343–352
  transparências 343–352
  visualizando 345, 347–349
Effects, painel 334–335
elementos gráficos 60–65. *Ver também* quadros de elementos gráficos; imagens
  atualizando 279–280
  bitmaps 55–56, 274–276
  centralizando 122–123, 128–131, 133–134
  contornos de texto 292–293
  cortando 64–65
  em células de tabela 315–319
  em tabelas 314–319
  fazendo o texto contornar 85, 125–128
  ferramentas de seleção 60–61
  girando 131–133
  importando. *Ver* importando elementos gráficos/imagens
  imprimindo 400
  inserindo em páginas 95–97
  inserindo em quadros 61–63, 119
  links para 274–275, 389–390
  movendo 64–65, 130–132
  posicionando em páginas 95–97
  posicionando em quadros 60–63, 120–121
  quadros de espaço reservado para 83–84
  qualidade da visualização 281
  redimensionando 55–56, 120–121
  revisados 279–280
  texto 95–97
  trabalhando com 60–65
elementos gráficos inline (incorporados) 290–293
elementos gráficos vetoriais 274–276

ÍNDICE

empacotando arquivos 388–390
encadeando quadros de texto 48–52
encaixe, trabalhando com 28–31
entalhe, efeito 344. Ver EPS
entrelinha do grid. Ver grid de linhas de base
EPS (Encapsulated PostScript) 293
EPS, imagens 338–340
erros
   durante a comprovação 45–46, 53–54, 386–387
   fontes ausentes 142
   ortografia 165
   perfis 202
   uso de letras maiúsculas e minúsculas 166
espacejamento
   entre letras 187–190
   entre palavras 187–190
   entre parágrafos 177–178
   espacejamento uniforme com Smart Guides 111
   vertical 174–178
espaço de cores 221–222, 407–408
espaço de mistura de transparência 408
espaços funcionais 224–226, 286. *Ver também* perfis
espaços reservados, título 81–83
estilos 240–271
   aninhando 250–257
   aplicando 56–61
   atualizando globalmente 266–269
   caracteres 55–60, 246–257
   carregando de outros documentos 156–158, 268–270
   células 56–57, 260–265, 320–324
   criando 58–60
   importando 149, 156–158
   objetos 56–57, 59–61, 256–262
   parágrafos. *Ver* estilos de parágrafo
   tabelas 56–57, 260–262, 264–267
   texto 55–60, 148–149
   trabalhando 55–61
   visão geral 55–57
   visualizando 254–255, 257–258, 267–268
estilos de fonte 178–180. *Ver também* fontes
estilos de parágrafo
   aplicando 56–58, 149, 245–246
   criando 243–246
   descrição 55–56
   editando em tabelas 318–321
Excel 306
exibição, comandos 32–33
exibições. *Ver* monitores
Explorer (Windows) 278, 284–285
exportando itens
   arquivos de impressão para uso online 417–418
   arquivos do Illustrator como arquivos PDF 233–234
   arquivos do InDesign como arquivos PDF 345, 389–392, 415–416
   arquivos online como arquivos Flash 405, 413–416

   como fragmentos 298
   elementos ausentes e 280, 384–385
   nivelando e 394–395
Eyedropper, ferramenta 98–99, 205–206

F

Fast Display, modo 227
Ferramenta Rectangle (Retângulo) 83, 128–129
ferramentas 21–23, 60–61
Finder (Mac) 278, 284–285
fios/linhas 194–196
Flash (SWF), arquivos 405, 413–416
fluxo de trabalho 45–46, 221–223
   CMYK 45–46, 221–223
   comuns 158–159
   cor 203
   ICC, perfis 286
fluxos de texto
   adicionando páginas durante 158–161
   automáticos 150–151
   em quadros existentes 48–50, 158–159
   manuais 146–148
   recurso Smart Text Reflow 96–97, 158–161
   semiautomáticos 154–155
fontes. *Ver também* texto
formas
   compostas 127–129
   convertendo 128–130
   cor 86–88
   quadros 123–130
   quadros de elementos gráficos 123–126
formatando
   caracteres 24, 82
   localizando/alterando 160–162
   parágrafos 78, 153
   texto 24, 145, 153
   texto em tabelas 318–326
fotografias. *Ver* imagens
fundos
   alterando 123–124
   página-mestre como 73
   removendo 282–285
fundos transparentes 284–285, 293
FX, botão 334

G

gamuts/gamas de cores 212–213, 219, 220–223
gerenciamento de cores 219–223
   configurando 229
   exibição de resolução completa 227
   Illustrator 233, 235–236
   imagens importadas 227–236
   incorporando perfis 230–231
   versus correção de cores 200, 219
   visão geral 219–222
glifos 179–180

Gradient, ferramenta 210, 218
gradientes 208–210
   aplicando a objetos 217–218
   cor 208–210, 216–218
   descrição 208
   misturas 209, 210
   preenchimentos 209
   técnicas avançadas 216–218
   transparência e 344–346
grid de linhas de base 174–178, 183
grids
   adicionando 74
   ocultando/mostrando 46–47, 101
guias
   aderindo a 83
   adicionando à página-mestre 74
   adicionando texto 47–49
   ajustando às margens 74
   área de trabalho 75
   arrastando a partir de réguas 75–76, 83
   bloqueando/desbloqueando 86
   descrição 74
   ocultando/exibindo 46–47, 101
   sangradas 84
   Smart Guides 111, 125–126
guias, configurando 190–195
guias de sangrado 84, 127–128

H

Hand, ferramenta 36–37, 44, 62–63, 120–121
Help, recurso 15–16
hiperlinks 412–414
HTML, arquivos 413–416

I

ICC, perfis 220–222, 286
ícone de gráficos carregados 63–64, 95–96, 122, 341–343
ícone de texto carregado 48–51, 150
ícones de página 90–92
ícones de página-mestre 81
Illustrator
   gerenciamento de cores 233, 235–236
   perfis incorporados 233–234
Illustrator, arquivos
   ajustando a transparência 340–343
   importando 293–295, 340–343
   inserindo no InDesign 235–236
imagens. *Ver também* elementos gráficos
   abrindo 286
   ajustando a transparência 339–341
   atualizando 230–231
   cortando 64–65
   difusão 344–346
   importando. *Ver* importando elementos gráficos/imagens
   movendo 64–65
   qualidade da visualização 281
imagens de bitmap 274–276
imagens em escala de cinza 331–333

importando elementos gráficos/imagens
  atribuindo perfis 227–228, 231–232
  canais alfa e 284–285
  com o Adobe Bridge 299–300
  de outros programas 274–275
  gerenciamento de cores 227–236
  imagens identificadas já importadas 276–277
  importando/colorindo imagens em escala de cinza 331–333
importando itens
  arquivos do Illustrator 293–295, 340–343
  arquivos do Photoshop 284–285, 289–290
  de outros programas 274–275
  estilos 149, 156–158
  estilos de parágrafo em tabelas 318–321
  gerenciando links 276–278
  tabelas 306–307
  tabelas do Word 306–307
  texto 95–97, 146–147, 150
  texto do Word 147
impressoras
  configurações predefinidas 398–399
  escolhendo 394–395
  fazendo o download de fontes para 401–402
imprimindo
  cor 201–202, 212–213, 220
  elementos gráficos 400
  Ink Manager 397–398
  provas laser/jato de tinta 394–402
  requisitos para 201–202
  resolução 389–390, 394–395, 398–400
InDesign CS4
  atualizações 17
  descrição 13
  documentação 15–16
  filmes instrucionais 16–17
  fontes incluídas com 14
  home page de produto 16–17
  instalando 14
  padrão 14–16
  recurso Help 15–16
  recursos 15–17
  recursos-chave 40–67
  recursos de treinamento 16–17
  recursos novos 20, 158–159
  tour rápido 40–67
  tutoriais 15–16
InDesign Defaults, arquivo 14–16, 20
Ink Manager, 397–398
instalação 14–16
Isolate Blending, opção 334
itens agrupados
  aplicando efeitos a 334–335
  objetos 60–61, 134–137, 139
  painéis 29
itens de página-mestre 78, 97–100
itens vinculados
  arquivos de elementos gráficos 274–275, 389–390
  arquivos importados 274–278

ausentes 274, 296
hiperlinks 412–414
livros 357
reatribuindo 280
referências cruzadas 366
status, estado 280
tabelas 306–307, 323–324
visualizando informações sobre 277–278

J

janelas. *Ver também* painéis
  ajustando páginas em 23, 25, 33
  consolidando 27
  documento 21, 25–27
  gerenciando 26
  redimensionando 27
  reposicionando 27

K

kerning do texto, configurando 187–188
Knockout Group, opção 334

L

LAB, cores 212–213
LAB, modelo de cores 221–222, 225
LAB, perfis 225
layouts 51–56, 79–80, 224–225, 292
Level, configurações 334
lições, descrição 13
limites de cor 208, 216, 350–351
linhas
  cores 264–266, 308–310
  dimensões fixas 314–316
  tabelas 314–316
  tamanho 312, 314–315
linhas de salto 152–155
Links, painel 274–281, 285–286, 290
listas, criando 371–374
Live Preflight, recurso 45–46, 387
livros
  adicionando documentos a 357–358
  cabeçalhos/rodapés corridos 360–363
  cabeçalhos/rodapés recorrentes 360–363
  criação de índice 375–380
  criação de lista 371–374
  criando sumário a partir de 371–374
  descrição 356
  iniciando 356–360
  inserindo página em branco 358
  links para 357
  notas de rodapé 363–366
  numeração de página 358–360
  números de página 358–360
  referências cruzadas 366–368
  reorganizando a numeração 358, 360
  sincronizando 368–372
  sumário 371–374
  títulos 360–362

localizador de ponto de referência 77
localizando itens 160–162
Lock Guides, comando 86

M

Mac OS, sistemas
  Finder 278, 284–285
  fontes 14
  InDesign Defaults, arquivo 15–16
  menus contextuais 36–37
  PDF, arquivos 389–390
  problemas de atalho de teclado 34
  quadro 25
  visualizando arquivos no Finder 278
margens
  ajustando guias a 74
  alinhando 174–176, 184
  configurações 71–72
  grids de linhas de base 174–176
  guias de configuração 190–195
  Optical Margin Alignment 184
  pontuação recuada 184
mecanismos de gerenciamento de cores 221–222
menu de ampliação 32–33
menus
  personalizando 31
menus contextuais 36–38, 120
menus de painel 31
mestres de espaço reservado 80–81
mestres filho 79–80
mestres pai 79–80
método de renderização 226
Microsoft Excel 306
Microsoft Word
  encadeando texto a partir de 50–52
  importando tabelas de 306–307
  importando texto de 147
  inserindo texto de 48–50
miniaturas 43–44, 122, 299–300, 315–316
misturas, gradiente 209, 210
Mode, botões 46–47
modelos de cores 212–214, 221–222, 225, 229, 387
modo View 46–47
modos de mistura 335, 337–341, 343
módulo de gerenciamento de cores (*color management module* – CMM) 221–222
monitoramento 187, 188
monitores
  cor 212–213, 220, 225, 227
  perfis 224–225
  qualidade da visualização 280
  resolução 227

N

nivelando a transparência 392–395
notas de rodapé 363–366
número de página de linha de salto 152–155
números
  algarismos arábicos 93–94, 359
  algarismos romanos 92–94, 359

...es 182–183
...inha 169
números de página
    absolutos 401–402
    algarismos arábicos 93, 94, 359
    algarismos romanos 92–94, 359
    linhas de salto 152–155
    livros 358–360
    mudando esquema de numeração 92–94
    navegando 26, 44, 135–136
    opções para 73
    páginas-mestre 76–80
    seções 73, 92–94

O

objetos
    agrupados. *Ver* itens agrupados
    alinhando 111, 133–134
    alterando a opacidade de 335–341
    aplicando gradientes a 217–218
    atração 111
    convertendo em botões 409–410
    cor 53–54, 204–206, 214
    desmarcando/removendo a seleção de 48–49
    estilos 56–57, 59–61, 256–262
    fazendo o texto contornar 52–54
    gerenciando com bibliotecas 296–297
    girando 131–133
    inserindo em diferentes camadas 62–65
    selecionando com a ferramenta Direct Selection 113, 129–130, 135–136
    selecionando com a Ferramenta Selection 55–56, 108–109, 139
    tamanho 111
opacidade
    alterando em objetos 335–341
    configurações 334
    texto 342–343
Optical Margin Alignment 184

P

Pages, painel
    expandindo/recolhendo 27–28
    virando páginas 34–35
    visualizando documentos 43–44
página direita 73
página esquerda 73
páginas. *Ver também* documentos
    adicionando a arquivos de livro 357–358
    adicionando a documentos 94–95
    adicionando ao fazer o texto fluir 158–161
    ajustando na janela 23, 25, 33
    alternando entre 73
    ampliação 32–34
    aplicando mestres a 90–92
    cabeçalhos 47–48
    cabeçalhos/rodapés 360–363
    capítulos em. *Ver* capítulos

carregando a ferramenta Type com 148
carregando estilos de 156–158, 268–270
comando Go To Page 85
comprovação 45–46, 53–54, 385–387
configurações padrão 77
configurações personalizadas 71–72
continuações 152–153
criação de índice 375–380
espelhando 44, 71, 160–161, 305, 358, 407
especificando número de 71–72, 407
excluindo 94–95
exportando. *Ver* exportando itens
frente 73
"incluindo" com a ferramenta Hand 36–37
importando. *Ver* importando itens
imprimindo. *Ver* imprimindo
iniciando novos 70
inserindo página em branco 358
inserindo texto/elementos gráficos em 95–97
margens. *Ver* margens
mestre. *Ver* páginas-mestre
navegando 34–37
número de 71
online. *Ver* documentos online
organizando seqüência 94–95
páginas espelhadas 305
posicionando elementos gráficos em 95–97
primeiro 34–35
renomeando 43–44
salvando 20, 43–46, 48–49
sincronizando 368–372
substituindo itens de página-mestre em 97–100
tamanho 71
tamanho real 33
último 34–35
verso 73
virando 34–35
visualizando 43–44, 46–47, 393–395
páginas espelhadas
    criando 305
    girando 100
    páginas opostas 44, 160–161, 305
    visualizando 101
páginas-mestre 73–92
    adicionando guias 74
    adicionando rodapés 76–80
    aplicando a páginas de documento 90–92
    arrastando guias a partir de réguas 75–76
    contornando elementos gráficos com o texto 85
    criando 79–80
    criando quadro de texto em 76–80
    criando quadros de texto com colunas 89

descrição 72–73
editando 77–80
marcador de lugar 80–81
múltiplas 79–80
números de página 76–80
pai/filhas 79–80
quadros de espaço reservado de título 81–83
quadros de espaço reservado para elementos gráficos 83–84
renomeando 79–80
sincronizando 370
painéis. *Ver também* janelas
    abrindo/fechando 28
    agrupando/desagrupando 29–30
    empilhando 30
    expandindo/recolhendo 27–28, 30
    flutuantes 21, 29, 31
    ocultas 28
    padrão 21
    personalizando 29–31
    redimensionando 30
    removendo do encaixe 29
    reorganizando 28–30
    trabalhando com 27–31
painéis encaixados 21–28
painel de caractere 77
palavras
    adicionando a dicionário 163–165
    adicionando a quadros 47–49
    adicionando traços a 186
    alinhando. *Ver* alinhando texto
    alteração 160–162
    arrastando/soltando 167–169
    bordas 54–55
    cabeçalhos 47–48
    capitulares 184–186
    caracteres especiais 161, 180–183
    centralizando 54–55, 82, 116–117
    citações de destaque 51–53, 184
    colocando 48–50, 95–97
    cor 53–54, 98–99, 213–215
    corrigindo ortografia de 162–168
    criando 145
    desmarcando 56–57
    elementos gráficos 95–97
    espaçamento 187–190
    espaçamento vertical 174–178
    estilos 55–60, 148–149
    fazendo texto recorrer em torno de elementos gráficos 52–54, 85, 125–128
    fluxo. *Ver* fluxos de texto
    fontes 47–48
    formatando. *Ver* formatando
    glifos 179–183, 186, 401–402
    importando 95–97, 146–147, 150
    inserindo 145
    kerning 187–188
    localizando/alterando 160–162
    monitoramento 187–188
    movendo com arrastar/soltar 167–169
    no InDesign 47–48
    opacidade 342–343
    origem 360, 363

pontuação recuada 184
redimensionando 113
reposicionando 54–55
selecionando 47–48, 54–57, 62–63
sombras projetadas 258–260, 347
substituindo 160–162
tamanho 47–48, 77
texto com excesso de tipos 48–50
threading, encadeamento 48–52
transparências 342–343
verificação ortográfica 162–168
Pantone Matching System (PMS) 392, 405
parágrafos
  alinhando 183–184
  aplicando um fio acima 194–196
  densidade 188
  espacejando entre 177–178
  estilos. *Ver* estilos de parágrafo
  formatando 78, 153
  quebras de linha 112, 188–210
  recuando 181, 192–195
Paragraph Composer 188–190
Paragraph Formatting Controls 78
Pathfinder 128–129
PDD, fontes 401–402
PDF, arquivos
  camadas do Acrobat 390–392
  considerações 384–385
  criando a partir de arquivos do Illustrator 233–234
  criando provas PDF 389–392
  exportando arquivos do InDesign como 345, 389–392, 415–416
perfis. *Ver também* espaços de trabalho
  atribuindo ao importar 231–232
  atribuindo depois de importações 227–228
  ausentes 230–231, 234
  falta de correspondências 286
  ICC 220–222, 286
  imagens do Illustrator 233–234
  imagens do Photoshop 228–229
  incorporando 228–231, 233–234
  monitor 224–225
  utilizando 201–202
perfis de comprovação 45–46, 201–202, 387
perfis de cores 225, 408
perfis de origem 225–226
Photoshop, arquivos
  aplicando transparência a 339–341
  importando 284–285, 289–290
  traçados de recorte 285–287
Place, caixa de diálogo 48–49, 63–64, 148
Place, comando 48–49, 63–64, 95–97
plug-ins 16–17
PMS (Pantone Matching System) 392, 405
Polygon, ferramenta 128–129, 137–138
pontos de ancoragem 113–114, 123–124, 293
pontuação recuada 184

Position, ferramenta
  descrição 60–61, 129–130
  trabalhando com elementos gráficos 60–61, 129–131
  utilizando 62–63, 129–132
PostScript, arquivos 394–398, 401–402
PostScript, fontes 181
predefinições de nivelador 394–395, 398–399
preenchimentos
  cor 135–137, 204, 264–265
  gradiente 209
  texto 98–99
preferências padrão 14–16
pré-requisitos 13
Preview, modo 46–47
Print, caixa de diálogo 394–402
provas, imprimindo 394–402

Q

quadros 104–139. *Ver também* quadros de elementos gráficos; quadros de texto
  adicionando texto a 47–49
  adicionando traços a 53–55
  alterando posição de texto 54–55
  bordas 54–55
  camadas em. *Ver* camadas
  cantos 60–61, 114
  editando atributos de texto 77
  encadeando texto em 48–52
  formas 123–130
  fundo 86–88
  girando 132–133
  inserindo elementos gráficos em 62–65, 119
  inserindo/fluindo texto em. *Ver* fluxos de texto
  marcador de lugar 81–85
  movendo 129–132
  posicionando elementos gráficos em 60–63, 120–121
  redimensionando 47–50, 61–62, 145
  reposicionando 23–24
  trabalhando com 127–131
quadros de elementos gráficos 117–128. *Ver também* quadros; imagens gráficas
  alterando forma de 123–130
  criando 117–118
  formas compostas 127–129
  inserindo/posicionando imagens em 60–63, 119–121
  redimensionando 119–121
  substituindo conteúdo de 122–123
  tamanho de imagem 120–121
quadros de espaço reservado 81–85
quadros de fundo 86–88
quadros de texto 110–117. *Ver também* quadros
  ajustando inserção de texto 115–116
  alinhando texto verticalmente em 116–117

alterando o número de colunas 115, 155–157
cor 53–54
criando 47–48, 51–52, 110–113, 145
criando com colunas 48–49, 89
criando com ferramenta Type 76–77, 110
criando na página-mestre 76–80
desmarcando 78
encadeados 89, 96–98
fazendo texto fluir em. *Ver* fluxos de texto
importando texto em 95–97, 146–147, 150
opções para 88–89, 115–116
redimensionando 110–113, 145, 150–151
reformatando 113–114, 123–124
vinculando 89
quadros encadeados 96–98
qualidade da visualização 281
quebras de linha 112, 188–190

R

Rectangle Frame, ferramenta 83, 118
recuo de parágrafos 181, 192–195
recuos deslocados 193–195
recurso Autocorrect 166–168
recurso de fluxo automático 150–151, 154–155
recurso de fluxo semiautomático 154–155
recurso Smart Text Reflow 96–97, 158–161
recursos 15–17
redimensionando
  elementos gráficos 55–56
  objetos agrupados 134–135
  texto 113
referências cruzadas
  índice 377–378
  livros 366–368
regras de produção. *Ver* perfis
réguas
  arrastando guias de 75–76, 83
  trabalhando com tabulações 190–193
resolução
  imprimindo 389–390, 394–395, 398–400
  monitor 227
  para nivelamento 394–395
RGB, cor 45–46, 212–213, 220–223, 229, 407
RGB, elementos gráficos 45–46, 202, 388, 396–397
RGB, espaço de cores 407–408
rodapés
  livro 360–363
  rodapé 360–363
  tabela 75–80
rotação
  elementos gráficos 131–133
  objetos 131–133

ÍNDICE | **427**

inas espelhadas 100
adros 132–133
ando camadas 62–65

S

saída
   comprovando arquivos 385–387
   empacotando arquivos 388–390
   provas de PDF 389–392
saltos, hiperlink 412–414
salvando documentos 20, 43–46, 48–49
Scale, ferramenta 113
seções 92–94
Selection, ferramenta
   ampliando com 34
   cortando com 64–65
   descrição 60–61
   editando atributos de texto 77
   exibindo menus contextuais 36–37
   mudando para/a partir da ferramenta Direct Selection 22, 114
   redimensionando frames 47–48
   selecionando elementos gráficos com 55–56
   selecionando grupos com 139
   selecionando itens com 108–109
   selecionando texto com 23, 52–53, 82, 115
   trabalhando com elementos gráficos 60–61
separações
   visualizando 391–392
separações de cores 391–392, 396–397
sincronizando livros 368–372
Single-Line Composer 188–190
sistema de medidas 408
sistemas Windows
   arquivo InDesign Defaults 15–16
   arquivos PDF 389–390
   Explorer 278, 284–285
   fontes 14
   menus contextuais 36–37
   visualizando arquivos no Explorer 278
sites Web
   Adobe Authorized Training Centers 16–17
   Adobe Online Forums 16–17
   Home page do produto InDesign 16–17
   plug-ins do InDesign 16–17
   programa de certificação da Adobe 16–17
   recursos de treinamento do InDesign 16–17
Smart Guides 111, 125–126
Snap To Guides, opção 83
sombras 258–260, 344, 347
Story Editor (editor de matéria) 168–169
subamostragem 398–400
sumário 371–374
Swatches, painel 53, 55, 202, 210

T

tabelas 302–327
   bordas 306, 308–309
   células. *Ver* células
   colunas. *Ver* colunas de tabela
   elementos gráficos em 314–319
   estilos 56–57, 260–262, 264–267
   estilos de parágrafo em 318–321
   formatando texto dentro de 318–326
   guias de tabulação 190–193
   importando 306–307
   linhas. *Ver* linhas
   links para 306–307, 323–324
   selecionando camada 306
   visualizando 325–326
   Word 306–307
teclas, comandos 22, 34, 37–38
Text, camada 108–110, 117, 123
Text Fill, caixa 98–99
texto
   alterando o estilo de fonte 178–183
   capitular 184–186
   caracteres especiais 161, 180–183
   espaçamento vertical 174–178
   glifos 179–183, 186, 401–402
   Paragraph Composer 188–190
   pontuação recuada 184
   Single-Line Composer 188–190
texto de origem 360, 363
texto em contorno, adicionando a elementos gráficos inline (incorporados) 292–293
tipografia (tipos/fontes)
   alterando 47–48, 144, 178–183
   ausentes 142, 144
   comprovação e 385–386, 389–390
   configurações de impressão 398–399, 401–402
   fazendo o download para impressora 401–402
   gerenciando 142–143
   glifos 179–183, 186, 401–402
   incluída com o InDesign 14
   instalando 14, 144
   localizando 144
   no Story Editor 169
   OpenType 179, 181–182
   PostScript 181
   PPD 401–402
   tamanho 77
títulos
   capítulo 360–362
   espaços reservados 81–83
tons 211, 215
Tools, painel 21–23
traçados de célula 310–311
traçados de recorte 282–288, 293
traços
   adicionando a quadros 33–35
   adicionando a texto 186
   tracejados 206–207
transições de página 411
transparências 328–353
   ajuste em imagens 339–341
   arquivos do Illustrator 340–343
   arquivos do Photoshop 339–341
   configurações 334–339
   efeitos 343–352
   gradientes e 344–346
   imagens EPS 338–340
   nivelando/achatando 392–395
   texto 342–343
trechos 298
tutoriais 15–16
Type, ferramenta
   adicionando texto com 47–48
   carregando com múltiplos arquivos 148
   criando quadro de texto 76–77, 110
   exibindo a ferramenta Hand 36–37
   exibindo menu contextual 36–37
   selecionando texto com 24, 57–59

U

unidades de medida 72

V

variáveis de texto 360–363
verificador ortográfico 162–168
visualizações
   cor 212–213, 219, 225, 236
   documentos 46–47
   Dynamic Preview 121
   efeitos 345, 347–349
   estilos 254–255, 257–258, 267–268
   imagens 61–64, 95–96, 294–295
   nivelador de transparência 392–393
   ocultando elementos não imprimíveis 101
   páginas 63–64, 393–395
   páginas espelhadas 101
   separações 391–392
   tabelas 325–326

W

Word. *Ver* Microsoft Word

Z

Zoom, ferramenta 26, 33–34, 98–99
Zoom, ícone da ferramenta 34
Zoom Level, caixa 32–33
Zoom Level, menu 32–33

Notas de produção

O *Adobe InDesign CS4 Classroom in a Book* foi criado eletronicamente utilizando o InDesign. Arte adicional foi produzida utilizando o Adobe Illustrator e o Adobe Photoshop.

As referências a nomes de empresa nas lições são apenas para propósitos de demonstração e não pretendem referir-se a uma organização ou pessoa real.

Famílias de fonte utilizadas

Este livro foi composto com as famílias de fonte Adobe Myriad Pro e Adobe Minion Pro OpenType. Estas, juntamente com as fontes European Pi, Lucida Sans Typewriter e Warnock Pro Fonts, são utilizadas em todas as lições. Para mais informações sobre as fontes OpenType e Adobe, visite www.adobe.com/type/opentype/.

Créditos da equipe

As seguintes pessoas contribuíram para o desenvolvimento de lições novas e atualizadas desta edição do *Adobe InDesign CS4 Classroom in a Book*:

Escritores: John Cruise e Kelly Kordes Anton
Editor de projeto: Susan Rimerman
Editor de produção: Lisa Brazieal
Editor de texto: Judy Walthers von Alten
Revisores técnicos: Gabriel Powell e Cathy Palmer
Revisor: Liz Welch
Compositor: Jan Martí
Indexador: Karin Arrigoni
Produtor de mídia: Eric Geoffroy
Design da capa: Eddie Yuen
Design interno: Mimi Heft